플러터 실무 개발

Korean edition copyright © 2020 by acorn publishing Co. All rights reserved.

First published in English under the title Practical Flutter;
Improve your Mobile Development with Google's Latest Open-Source SDK by Frank Zammetti, edition: 1
Copyright © 2019 by Frank Zammetti
This edition has been translated and published under licence from APress Media, LLC, part of Springer Nature.
APress Media, LLC, part of Springer Nature takes no responsibility
and shall not be made liable for the accuracy of the translation.

이 책은 APress Media, LLC와 에이콘출판㈜가 정식 계약하여 번역한 책이므로
이 책의 일부나 전체 내용을 무단으로 복사, 복제, 전재하는 것은 저작권법에 저촉됩니다.

플러터 실무 개발

3가지 애플리케이션을 만들면서 배우는

프랭크 자메티 지음 김성일 옮김

에이콘

나는 이 책을 바람에 날갯짓(flutter)하는 나비들에게 바치고 싶다.
잠깐, 아니다. 이건 너무 쉽다.

나는 이 책을 영국 사람들이 말하는 것처럼 경마에 돈(flutter)을 거는
도박꾼들에게 바치고 싶다.
그렇다. 이것이 세상에서 플러터(flutter)가 사용되는 방식이다.
하지만 이것도 너무 쉽다.

나는 이 책을 인류가 아직 발견하거나 만들어내지 못한 미지의 것들에게 바치고 싶다.
나는 비관론자로 태어났지만 날마다 바뀌기 위해 노력한다. 우주는 경이로운 곳이고,
매일 저녁 뉴스에서 말하는 것처럼 인류는 위대한 아름다움과 놀라운 창조력을
지니고 있음을 알기 때문이다.

그리고 나는 아직 죽지 않았으므로 불멸이라는 나의 목표와 함께, 전에도 그랬듯이
앞으로 나아가 죽음을 건너뛰어 삼라만상을 볼 수 있기를 기대한다.

지은이 소개

프랭크 자메티^{Frank Zammetti}

아주 작다는 의미로 '약간의' 명성이 있는 기술 저자다. 거의 40년 동안 프로그래머였고 그중 25년은 전문적으로 일했다. 요즘에는 명함에 아키텍트라고 쓰지만 여전히 개발자로 일하며 거의 매일 코드를 다룬다.

전문 용어로 표현하면 최상급 괴짜다. 사악한 명령을 따르는 코드를 만들지 않을 때는 공상 과학 영화를 보거나 공상 과학 소설을 읽고 쓴다. 또한 레일건, 테슬라 코일 등 언젠가 자신의 생명을 앗아갈지도 모를 장치를 만들기도 한다. 단순히 좋아한다는 이유로 뜬금없이 「전함 바빌론 5^{Babylon 5}」, 「반지의 제왕^{Lord of the Rings}」, 「리딕 - 헬리온 최후의 빛^{Chronicles of Riddick}」, 「21세기 두뇌 게임^{Real Genius}」의 대사를 인용할 때도 있다. 또한 우주의 영웅인 척하는 게임이나 <기타 히어로^{guitar hero}> 부류의 게임을 주로 즐긴다. 키보드를 연주하는 프로그레시브 록 뮤지션이며, 피자와 모든 탄수화물을 열렬히 섭취하는 사람이다. 아내, 자녀, 반려견과 함께 지낸다는 점이 더욱 굉장하다. 시간 계획을 세울 때면 항상 일어나서 "그리고 내 도끼도!"라고 외친다. 앞서 말했지만 별 이유 없이 「반지의 제왕」에서 인용한 대사다. 정말 괴짜다.

감사의 글

한 번도 책을 써본 적이 없다면 비밀을 하나 알려주려 한다. 이런 책을 쓸 때 실제로 글을 쓰는 사람의 역할은 책을 완성하고 가능한 한 좋은 책을 만드는 데 있어 아주 작은 부분을 차지할 뿐이다. 때로는 가장 작은 역할일 수 있다고 생각한다.

낸시 첸Nancy Chen, 루이스 코리건Louise Corrigan, 제임스 마컴James Markham, 헤르만 반 로스말렌Herman van Rosmalen, 웰모드 스파르Welmoed Spahr, 데니쉬 쿠마르Dhaneesh Kumar를 비롯해 이 프로젝트를 완료하고(물리적이든 디지털이든) 여러분의 손에 쥐어질 수 있도록 열심히 일한 모든 분께 감사한다. 그리고 귀하의 이름이 이 리스트에 없지만 반드시 있어야 한다면 진심으로 사과드린다. 의도적으로 빠뜨린 것은 아니며, 이 페이지에 있지 않더라도 감사할 것이다.

플러터를 뒷받침하는 아주 우아하고 전혀 불편하지 않은 프로그래밍 언어인 다트를 만든 라스 백Lars Bak과 캐스퍼 런드Kasper Lund에게도 감사의 말씀을 전한다. 수년 전에 언어와 툴체인을 만든 사람으로서 나는 여러분이 만들어낸 것에 대단히 감사한다.

그리고 플러터 책을 쓰면서 플러터 개발 팀 모두에게 감사의 인사를 빼놓을 수 없다. 나는 거의 20년 동안 다양한 형태로 모바일 개발을 해왔다(etherient.com에서 제품 페이지를 살펴보자. 좀 더 구체적으로는 2001년에 마이크로소프트의 포켓피씨PocketPC 플랫폼용으로 출시한 게임인 <엘리미네이터Eliminator>가 있다. 그것이 내 첫 번째 모바일 앱이라 생각한다). 나는 많은 모바일 툴킷, 프레임워크, 라이브러리를 사용했다. 그 모든 경험을 고려할 때 플러터는 처음 출시됐을 때조차도 이들보다 비교 우위에 있었다.

비교적 짧은 기간 동안 이 모두를 성취할 수 있었던 것은 정말 놀랍다. 여러분의 노력 없이는 분명 이 책을 쓸 수 없었을 것이다. 나는 플러터가 점점 더 많이 사용되기를 기대하며, 여러분이 앞으로 만들 것에도 기대가 크다.

기술 감수자 소개

헤르만 반 로스말렌 Herman van Rosmalen

네덜란드 중앙은행인 De Nederlandsche Bank N.V.의 개발자/소프트웨어 아키텍트로 일하고 있다. 다양한 프로그래밍 언어로 소프트웨어 애플리케이션을 30년 이상 개발한 경험이 있다. 메인 프레임, PC, 클라이언트 서버, 웹, 모바일 애플리케이션을 구축하는 데 참여했다. 자바 기술로 15년 동안 일한 후 지난 4년간은 주로 .NET C#과 앵귤러Angular로 애플리케이션을 개발하는 데 참여했다. 네덜란드의 작은 마을인 파이네커Pijnacker에서 부인 리자베스Liesbeth와 자녀인 바바라Barbara, 레오니Leonie, 라몬Ramon과 함께 살고 있다. 소프트웨어 개발 이외의 여가 시간을 활용해 벌써 10년 가까이 여자 축구 팀의 코치를 맡고 있기도 하다. 물론 페예노르트Feyenoord를 응원한다.

옮긴이 소개

김성일(kim.star.one@gmail.com)

전자공학을 전공했지만 소프트웨어에 대한 호기심이 많다. 대학 시절 프리랜서로 공공기관과 기업 SI를 통해 실무 경험을 쌓았다. 디자인에도 관심이 많아 웹 디자이너 생활도 했으며, 중소기업청 예비기술창업 중점 과제에 선정돼 '모바일 광고 플랫폼' 스타트업 대표로 활동했다. 이후 삼성 SDS 연구소를 거쳐 지금은 LGU+ 빅데이터 담당에서 데이터엔지니어로 근무 중이다. 모든 것은 하나로 통한다는 신념으로 다양한 경험을 즐기며, 언젠가 올 그날을 위해 항상 준비하고 공부하는 중이다. 에이콘출판사에서 출간한 『리액티브 안드로이드 프로그래밍』(2018), 『MariaDB 성능 분석과 최적화』(2015), 『반응형 안드로이드 앱 UI 개발』(2015)을 번역했다.

옮긴이의 말

새로운 것을 배우는 것은 항상 신나는 일이다. 하루가 멀다고 여러 기술이 나오지만, 그중에서 최근에 가장 눈에 띄는 것은 플러터다. 이미 미국에서는 정말 뜨거운 반응을 그대로 느낄 수 있다. 우연한 기회에 플러터를 접했고, 기존 하이브리드 앱 개발 기술에 많이 실망했던 터라 그냥 지나갈 뻔했지만, 구글이 만들었다는 이야기에 다시 한 번 눈이 가기 시작했다. 인터넷에 있는 많은 플러터 샘플 앱을 본다면 가장 처음 느끼는 감정은 '예쁘다'일 것이다. 디자인에도 신경을 많이 써서 성능뿐만 아니라 감성도 고려한 프레임워크라는 생각이 들 것이다. 이런 감정을 느끼던 시기에 우연히 번역 의뢰를 받았고, 그 당시에는 플러터에 관한 책이 한국에 한 권도 없었기에 사람들에게 큰 도움이 될 것이라 생각하고 선뜻 번역을 시작했다. 이런저런 이유로 작업 기간이 늘어지면서 비록 국내 1호 플러터 책이 되지는 못했지만 책 내용만큼은 훌륭하다고 생각한다. 다트라는 새로운 언어를 사용해야 한다는 부담감은 있겠지만 실용적인 예제를 함께 만들어가면서 책을 끝마칠 때쯤이면 플러터 앱 몇 개를 완성하게 될 것이다. 이 책은 개발 초심자가 따라 하기는 조금 어려울 수 있지만, 안드로이드나 iOS 개발을 1년 이상 해본 경험이 있다면, 쉽게 따라 할 수 있을 것이다. 플러터가 앱 개발 시장에서 어떻게 자리매김할지는 아무도 모를 일이다. 중요한 것은 지금까지 나온 하이브리드 앱 개발 프레임워크 중에서 플러터가 가장 완성도 있고 미래가 기대된다는 점이다. 이 책을 통해 여러분이 다른 사람보다 먼저 미래를 경험하길 바란다.

차례

지은이 소개 6
감사의 글 7
기술 감수자 소개 9
옮긴이 소개 10
옮긴이의 말 11
들어가며 21

1장 플러터: 가벼운 소개   25

심연에 관한 명상 26
바보 같은 이름에는 무엇이 있는가? ... 28
다트: 신들의 언어? 30
왼쪽에 위젯, 오른쪽에도 위젯 34
기본 사항: 플러터의 장단점 39
말은 그만하고, 플러터를 써보자 43
    플러터 SDK 44
    안드로이드 스튜디오 45
약간 덜 전형적인 'Hello, World!' 앱 .. 46
핫 리로드: 이것을 좋아할 것이다. 56
기본 플러터 애플리케이션 구조 59
약간의 추가 세부 사항 63
요약 64

2장　다트 제대로 알아보기　65

꼭 알아야 하는 것　66
- 노코멘트: 주석에 관해　67
- 변수　70
- 데이터 타입(자료형)　73
- 열거형　81
- as와 is 키워드　82
- 흐름 제어(및 논리) 구조　82
- void　85
- 연산자　87
- 다트에서의 객체지향　90
- 함수와 놀기　102
- assert　106
- 시간 초과: 비동기　107
- 라이브러리(및 가시성)　109
- 예외 처리　111
- 제너레이터　113
- 메타데이터　115
- 제네릭　117

요약　119

3장　플러터, 파트 I　　121

위젯 뷔페　　122
레이아웃　　122
내비게이션　　136
입력　　148
다이얼로그, 팝업, 메시지　　166
요약　　176

4장　플러터, 파트 II　　177

위젯 스타일링　　177
Theme와 ThemeData　　178
Opacity　　180
DecoratedBox　　181
Transform　　182
애니메이션과 트랜지션　　183
AnimatedContainer　　183
AnimatedCrossFade　　185
AnimatedDefaultTextStyle　　187
기타: AnimatedOpacity, AnimatedPositioned, PositionedTransition, SlideTransition, AnimatedSize, ScaleTransition, SizeTransition, RotationTransition　　188
드래그 앤 드롭　　189

데이터 뷰 191
    Table 191
    DataTable 194
    GridView 196
    ListView와 ListTile 198

기타 위젯 201
    CircularProgressIndicator(CupertinoActivityIndicator)와 LinearProgressIndicator 201
    Icon 202
    Image 205
    Chip 207
    FloatingActionButton 210
    PopupMenuButton 212

API 213
    핵심 플러터 프레임워크 라이브러리 214
    다트 라이브러리 218
    기타(지원) 라이브러리 222

요약 224

5장   플러터북, 파트 I   225

무엇을 만들 것인가? 225
프로젝트 시작 229
구성과 플러그인 229
UI 구조 231

앱 코드 구조	232
출발선	233
전역 유틸리티	237
상태 관리	240
쉬운 것부터 시작: 메모	246
시작점: Notes.dart	246
모델: NotesModel.dart	248
데이터베이스 계층: NotesDBWorker.dart	250
리스트 화면: NotesList.dart	258
입력 화면: NotesEntry.dart	265
요약	275

6장   플러터북, 파트 II   277

작업	278
TasksModel.dart	278
TasksDBWorker.dart	279
Tasks.dart	279
TasksList.dart	280
TasksEntry.dart	283
날짜 정하기: 일정	285
AppointmentsModel.dart	285
AppointmentsDBWorker.dart	286
Appointments.dart	287

　　　　AppointementsList.dart 287
　　　　AppointmentsEntry.dart 296
　연락처 299
　　　　ContactsModel.dart 299
　　　　ContactsDBWorker.dart 301
　　　　Contacts.dart 301
　　　　ContactsList.dart 301
　　　　ContactsEntry.dart 307
　요약 315

7장　플러터챗, 파트 I: 서버　　　　　　　　　　　　　　　　317

　플러터챗 시작하기 318
　노드 319
　통신 회선 개방 유지: socket.io 323
　플러터챗 서버 코드 328
　　　상태와 객체 소개 330
　　　메시지 333
　요약 347

8장 플러터챗, 파트 II: 클라이언트 ... 349

- Model.dart ... 349
- Connector.dart ... 354
  - 서버 바운드 메시지 함수 ... 358
  - 클라이언트 바운드 메시지 핸들러 ... 360
- main.dart ... 364
- LoginDialog.dart ... 368
  - 기존 사용자 로그인 ... 373
- Home.dart ... 376
- AppDrawer.dart ... 377
- Lobby.dart ... 381
- CreateRoom.dart ... 386
  - Form 구성 ... 390
- UserList.dart ... 393
- Room.dart ... 396
  - 대화방 기능 메뉴 ... 399
  - 메인 화면 내용 ... 402
  - 사용자 초대 또는 쫓아내기 ... 407
- 요약 ... 412

9장	**플러터히어로: 플러터 게임**	**413**
	지금까지의 이야기	414
	기본 레이아웃	415
	디렉터리 구조와 구성 요소 소스 파일	417
	구성: pubspec.yaml	419
	GameObject 클래스	421
	GameObject에서 확장: Enemy 클래스	428
	GameObject에서 확장: Player 클래스	430
	모든 것이 시작되는 곳: main.dart	435
	메인 게임 루프와 핵심 게임 로직	442
	킥오프	442
	최초 초기화	443
	게임 상태 재설정	449
	메인 게임 루프	452
	충돌 확인	456
	객체의 무작위 배치	458
	에너지 전달	459
	제어: InputController.dart	463
	요약	466

찾아보기 467

 에이콘출판의 기틀을 마련하신 故 정완재 선생님(1935-2004)

들어가며

네이티브 앱처럼 보이고, 느껴지고, 기능하는 크로스플랫폼 모바일 앱을 만드는 것은 수년간 개발자들의 노력에도 불구하고 여전히 매우 까다롭다. 플랫폼마다 네이티브 코드를 작성하고 서로 최대한 비슷하게 만들려고 노력하는 것은 네이티브의 성능과 기능을 모두 앱에 가져올 수 있어 분명 좋은 방법이다. 하지만 사실은 앱을 플랫폼의 수만큼 코드도 여러 번 작성해야 한다는 뜻이다. 고객은 이런 비용 지불을 좋아하지 않는 경향이 있다.

아니면 HTML 경로를 사용해 어디서든 통하는 하나의 코드 베이스를 만들 수도 있다. 하지만 그렇게 하면 성능 저하는 물론이고 기기의 기본 기능도 제대로 살리지 못할 때가 많다. 물론 이런 우려를 줄여주는 몇 가지 옵션이 있지만, 옵션이 제 역할을 하더라도 여전히 모든 문제가 해결되진 않는다.

나는 지난 20년 동안 이런 일을 해왔으므로 같은 문제를 여러 번 겪었다. 따라서 저 멀리 수평선에 유니콘처럼 보이는 동물이 있어도 의심이 앞선다. 하지만 가까이 다가가서 진짜 유니콘이라는 것을 눈으로 확인한다면 유니콘은 이제 상상 속의 동물이 아니다. 그렇지 않은가? 놀랍지만 눈으로 확인한 이상 현실이다. 그래서 놀랍게도 현실로 드러난 유니콘을 소개하려 한다. 바로 플러터다! 구글의 유능한 엔지니어 덕분에 플러터는 안드로이드와 iOS에서 똑같이 동작하면서 네이티브의 성능과 기능을 제공하는 하나의 코드 베이스를 작성할 수 있는 수단을 제공하는 플랫폼이다. 최신 도구와 개발 기술로 구축된 플러터는 프로그래머에게 즐거운 모바일 개발의 세계를 열어준다고 감히 말할 수 있다.

이 책에서는 개념을 설명하는 초반 예제 몇 개를 제외하면 지나치게 단순하거나 억지로 만든 예제가 아닌 진짜 앱 두 개를 만들면서 플러터를 배운다. 함께 만들 앱은 단순히 기술을 보여주는 앱이 아니라 원한다면 실제로도 사용할 수 있는 실용적인 앱이다. 그리고 앱을 만드는 동안 개발 과정에서 겪었던 문제점을 포함해 앱 개발의 다양한 측면을 볼 수 있다. 이러한 과정은 나중에 자신의 앱을 만들 때를 대비해 실제 개발 방식으로 플러터를 경험해볼 수 있는 기회가 될 것이다.

또한 노드js$^{Node.js}$와 웹소켓^{WebSocket}을 사용해 서버를 구축하는 등 앱을 구축할 때 중요한 사항을 알려준다. 이런 소중한 보너스 지식을 플러터 개발에 활용할 수 있을 것이다.

처음 두 앱과 완전히 다른 세 번째 앱도 준비돼 있다. 바로 게임이다. 처음 두 앱에서 다루지 않는 플러터의 부가적인 기능을 강조하려는 이유도 있고, 플러터를 다른 각도에서 볼 기회를 주고 최대한 시야를 넓혀주고 싶었다. 게임은 어떤 의미로는 '실용적'이지 않을 수 있지만, 결국 플러터를 잘 다룰 수 있게 될 것이며, 이를 통해 멋진 앱을 만들 수 있는 훌륭한 위치에 서게 될 것이다.

1980년대의 컴퓨터광이라면 게임이나 통장의 잔액을 확인하는 앱을 실행하려고 잡지 크기의 종이 20페이지 정도에 달하는 기계어 코드를 타이핑하는 일에 익숙할 것이다. 정말 그랬다. 또한 아주 잠깐이지만 모뎀이 데이터를 음향 신호로 만들어 전화선을 통해 전송하는 방식과 비슷하게 코드를 방송하는 라디오 방송국도 있었다. 이 방송을 녹음한 뒤에 특정 프로그램을 실행하면 코드로 되돌릴 수 있었다. 이 책에 실린 예제도 물론 일일이 타이핑할 수 있지만 타이핑해야 할 양이 많아서 성가실 수 있다.

따라서 시작하기 전에 Apress 웹사이트에서 이 책을 검색한 후 소스코드를 다운로드하기 바란다. 그러면 직접 타이핑하지 않아도 모든 예제를 손에 넣을 수 있다.

따라서 에이콘출판사의 도서정보 페이지 http://www.acornpub.co.kr/book/practical-flutter에서 예제 코드를 다운로드하길 바란다. https://github.com/Apress/practical-flutter에서도 동일한 코드를 다운로드할 수 있다.

무엇을 배우는 가장 좋은 방법은 직접 수행하는 것임을 잊지 말자. 코드에 확실히 빠져들어 예제와 앱을 해킹하고 변경하면서 어떻게 되는지 확인하라. 각 앱과 관련된 장을 다 읽었을 때 하나 또는 두 개의 기능을 추가해보자. 플러터가 가진 힘으로 인해 작은 변화만으로도 화면에 나타나는 내용에 큰 차이가 생길 수 있다는 것을 곧 알게 될 것이다.

보람 있는 경험이 될 플러터 세상에서 즐겁고 유익한 여행을 떠날 준비를 하기 바란다. 이 책을 즐기고 많은 것을 배우길 바란다. 이것이 내 의도다. 간식을 들고 편한 의자에 앉아 노트북을 준비한 다음 시작하자. 모험이 기다리고 있다(물론 이 말이 얼마나 진부한지 잘 알고 있다).

(대)정오표

정오표

한국어판의 정오표는 에이콘출판사의 도서정보 페이지 http://www.acornpub. co.kr/book/practical-flutter에서 찾아볼 수 있다.

질문

이 책과 관련해 질문이 있다면 이 책의 옮긴이나 에이콘출판사 편집 팀(editor@acornpub.co.kr)으로 문의해주길 바란다.

1장
플러터: 가벼운 소개

출발선에 온 것을 환영한다.

10명의 모바일 개발자에게 안드로이드와 iOS용 모바일 앱을 개발하는 방법을 물어보면 10개의 다른 답변을 얻을 수 있다. 그러나 플러터의 등장으로 인해 이제 상황이 달라질지도 모른다.

1장에서는 플러터가 모바일 개발에 어떻게 적용되는지, 어떤 면에서 판도를 뒤집어 놓았는지 살펴본다. 플러터를 실행하고 기본적인 내용을 이해한 후 이 책의 나머지 부분에서는 실제 앱을 구축하는 과정을 보여줄 것이다.

이제 모바일 개발이 무엇인지 알아보자.

심연에 관한 명상

소프트웨어 개발은 쉽지 않다.

나를 포함해 소프트웨어 개발자는 비트 단위를 다룰 수 있어야 한다. 개인적인 이야기로 여러분을 지루하게 하고 싶지 않지만 간략히 말하자면 나는 약 7살 때부터 어떤 형태로든 프로그래밍을 해왔고 40년간 지속해왔다(전문적으로는 25년). 많은 것을 보고 해오면서 배운 것은 소프트웨어 개발이 쉽지 않다는 것이다. 물론 쉬운 작업이나 쉬운 프로젝트도 있겠지만, 대체로 코딩^{coding}이란 근본적으로 매우 힘든 일이다. 그리고 모바일 개발은 더욱 어렵다.

나는 약 20년 전 마이크로소프트의 윈도우 CE/포켓PC^{PocketPC}, 팜^{Palm}의 팜파일럿^{PalmPilot}, 팜OS^{PalmOS} 시절부터 모바일 개발을 해 왔다(다른 것들도 있었지만 이것들을 주로 다뤘다).

그 당시에는 고려해야 할 장치와 기능이 제한적이었고 개발 도구의 옵션도 부족함이 없어서 그다지 나쁘지 않았다. 요즘의 개발 도구처럼 사용하기 쉬운 도구는 아니었지만, 기본적으로 포켓PC 앱을 개발하는 방법은 하나뿐이었고 팜OS 앱을 개발하는 방법도 하나뿐이어서 선택의 여지가 없었다. 안 좋게 늘릴지도 모르고 실제로 안 좋은 점도 있지만, 선택권의 제거는 개발자의 혼란을 없애주는 효과도 있다. 이는 오늘날 소프트웨어 엔지니어링에서 가장 어려운 문제 중 하나다.

지금과 달리 그때는 크로스플랫폼 개발이라는 개념이 없었다. 두 가지 플랫폼에서 실행하고 싶은 앱이 있다면 앱을 두 번 개발하는 수밖에 없었다. 하지만 플랫폼 사이의 차이점을 생각하면 그렇게 일반적인 일은 아니었다. 당시 앱을 찾아보면 한 플랫폼에 독점적인 앱이 더 많다. 개발자가 다른 플랫폼용으로 포팅할 능력이 부족하거나 귀찮았기 때문이다. 아니면 단지 시간과 노력을 들일 가치가 없어서일 수도 있다. 사실 그게 가장 흔한 이유였다.

그 이후로 모바일 영역은 많은 진화를 거쳤고, 다양한 변화, 확장, 축소가 있었다.

한동안은 안드로이드, iOS, webOS, Tizen, 윈도우 모바일, 기타 기억조차 나지 않는 플랫폼 등 지원해야 할 플랫폼이 엄청나게 많았다. 그리고 상당한 타협을 하지 않는 한 쓸 만한 크로스플랫폼을 개발할 방법이 없었기 때문에 앱을 다른 플랫폼으로 이식하는 것이 일반적이었다. 시간이 지나면서 네이티브 개발 도구의 개선 덕분에 같은 앱을 여러 번 만들어야 하더라도 조금이나마 편해지긴 했다. 애플^{Apple}은 2008년에 iOS SDK를 출시했고, 구글은 1년 후인 2009년에 안드로이드 SDK를 출시했다. 지금까지도 안드로이드와 iOS 플랫폼용 앱을 개발한다는 말은 각 SDK를 사용한다는 뜻이다. iOS 개발은 오브젝티브C$^{Objective-C}$ 언어나 스위프트^{Swift} 언어를 바탕으로 하고, 안드로이드 개발은 주로 자바 언어를 바탕으로 한다.

결국 승자와 패자가 결정되면서 플랫폼의 수는 줄어들기 시작했다. 요즘에는 기본적으로 안드로이드와 iOS가 패권을 놓고 경쟁하는 구도다. 다른 플랫폼도 있긴 하지만 틈새를 노리는 수준이며, 대부분 개발자는 따로 이유가 있지 않은 한 나머지 플랫폼은 무시하는 경향이 있다. 두 플랫폼만 살아남았다는 점 덕분에 크로스플랫폼 개발의 개념이 이목을 끌기 시작했고, 실제로 가능해지기 시작했다.

인터넷의 발전으로 크로스플랫폼 개발의 선택지가 하나 더 생겼다. 인터넷을 뒷받침하는 기술을 사용해 두 플랫폼에서 겉모습과 기능이 거의 같은 앱을 만들 수 있기 때문이다. 하지만 시간이 지나면서 문제가 줄어들고 있더라도 여전히 타협해야 할 문제가 남아있다. 성능과 실제 네이티브 기능 등은 아직 웹 기술로는 해결하기 어렵다.

웹 기술 외에도 지난 몇 년 동안 한 번 앱을 만들면 모든 장치에서 거의 똑같이 동작하면서 네이티브와 비슷한 경험을 제공할 수 있는 여러 크로스플랫폼 개발 기술과 도구가 등장했다. 인기 있는 몇 가지만 예로 들면 주로 게임에 쓰이는 코로나^{Corona} SDK, 자마린^{Xamarin}, 웹 기술만으로 네이티브 웹뷰 컴포넌트를 교묘하게 감싼 폰갭^{PhoneGap}, 티타늄^{Titanium}, 웹 기술을 바탕으로 하지만 훌륭한 추상화 계층을 위에 올린 센차 터치$^{Sencha\ Touch}$ 등이 있다. 선택지는 충분하며 모두 장단점이 있다. 그리고 이제 크로스플랫폼 모바일 앱 작성에 있어 다른 경쟁자를 압도할 참된 방법을 제공하는 새로운 경쟁자가 등장했다.

바로 플러터^{Flutter}다.

이상한 이름인 건 나도 알고 있다. 하지만 플러터가 가져다주는 이점을 생각하면 이상한 이름 정도는 받아들일 수 있다.

바보 같은 이름에는 무엇이 있는가?

플러터는 구글의 피조물이다. 알다시피 구글은 좋은 쪽으로든 나쁜 쪽으로든 인터넷을 지배하는 회사다. 플러터는 좋은 쪽에 속하는 경우라 생각한다. 플러터는 2015년, 다트 개발자 서밋$^{Dart\ developer\ summit}$에서 '스카이^{Sky}'라는 이름으로 시작됐다 (다트^{Dart}라는 단어를 잊지 말자. 곧 다시 등장할 테니). 처음에는 구글의 자체 운영체제인 안드로이드에서만 실행됐지만 오래지 않아 오늘날 양대 모바일 운영체제의 다른 한 축을 이루는 애플의 iOS로도 이식됐다.

첫 발표 이후 다양한 프리뷰 버전이 나왔고, 2018년 12월 4일 마침내 최초의 안정된 릴리스인 플러터 1.0이 출시됐다. 이는 플러터가 제대로 자리매김할 준비가 됐고 개발자가 사용할 수 있는 시기가 됐다는 신호다. 플러터의 인기는 혜성처럼 생겨났다 할 수 있고, 여기에는 꽤 좋은 이유가 있다.

그중 하나로 원래 플러터의 공식 목표, 또는 적어도 가장 큰 목표의 하나는 어떤 상황에서도 변함없이 120fps로 앱의 UI를 렌더링할 수 있게 하는 것이다. 구글은 사용자가 한결같이 매끄러운 UI를 좋아하고 또한 사용하고 싶어 한다는 점을 잘 알고 있었으므로 플러터를 구상할 때 UI를 최우선으로 생각했다. 실제로 달성한 크로스플랫폼 모바일 프레임워크가 거의 없을 정도로 원대한 목표다. 크로스플랫폼이 아닌 프레임워크로도 달성하기 어려울 때가 있을 정도다.

플러터를 설계할 때 구글이 결정한 주요 사항 중 하나는 다른 모바일 개발 방법과 차별화 요소로 플러터가 자체 UI 컴포넌트를 렌더링하게 하겠다는 것이다. 대부분 다른 프레임워크와 달리 플러터는 네이티브 플랫폼의 컴포넌트를 사용하지 않는다. 예를 들어 플러터에 버튼을 그리라고 하면 다른 프레임워크처럼 OS에 버튼을 그리라고 요청하지 않고 플러터가 직접 해당 버튼을 그린다. 이는 다른 프레임워크와의 큰 차별점이고, 플랫폼의 지원 여부를 걱정할 필요 없이 플러터에 새로운 UI 컴포넌트나 위젯(다트와 마찬가지로 곧 등장하니 기억해두자)을 빠르고 쉽게 추가할 수 있다는 장점도 있다. 그리고 이렇게 해서 플러터는 전용 디자인 위젯을 제공할 수 있다. 즉, 플러터가 머티리얼^{Material} 디자인 위젯과 쿠퍼티노^{Cupertino} 디자인 위젯이라는 두 가지 위젯 세트를 제공한다. 전자는 안드로이드의 기본 디자인 언어인 구글 자체 머티리얼 디자인 언어를 구현한다. 후자는 애플의 iOS 디자인 언어를 구현한다. 기본적으로 플러터는 다트 플랫폼부터 시작해 네 가지 주요 부분으로 개념화할 수 있다. 다트 부분은 큰 영역이므로 다음 절에서 이야기하고, 두 번째 부분인 메인 플러터 엔진으로 이동하자. 메인 플러터 엔진은 (주로) C++ 기반 코드 베이스이므로 핵심적인 성능은 네이티브 수준에 가깝다. 이 코드 베이스는 스키아^{Skia} 그래픽 엔진을 사용해 렌더링을 수행한다. 스키아는 C++로 작성된 다부진 오픈소스 그래픽 라이브러리로, 지원하는 모든 플랫폼에서 우수한 성능을 낼 수 있도록 진화했다.

플러터의 세 번째 주요 부분인 파운데이션 라이브러리는 두 주요 플랫폼의 네이티브 SDK에 대한 인터페이스다. 이 라이브러리의 목표는 플러터가 제공하는 API의 일관성을 위해 네이티브 플랫폼 API 사이의 차이점을 없애는 것이다. 예를 들어 iOS에서 카메라 앱을 실행하는 방법과 안드로이드에서 카메라 앱을 실행하는 방법을 걱정할 필요가 없다. 즉, 플랫폼에 따라 API를 고민할 필요가 없다. 카메라 앱을 시작하기 위한 플러터 API 호출만 알고 있으면 두 플랫폼에서 모두 작동한다.

마지막 부분은 위젯이지만, 다트와 마찬가지로 다른 절에서 설명할 것이다.

여기까지가 간략하게 알아본 플러터의 모든 것이다. 명확하게 말하면 플러터 앱을 개발하는 데 알아야 하는 정보가 많지는 않다. 하지만 사용하는 도구의 역사와 내부 구조를 조금이라도 알아두면 항상 유용하다.

지금까지 기억해두라고 했던 용어와 함께 몇 가지 용어를 더 자세히 살펴보자.

다트: 신들의 언어?

구글이 플러터를 만들기 시작했을 때 어떤 프로그래밍 언어를 사용할지 초기에 결정을 해야 했다. 자바스크립트와 같은 웹 기반 언어일 수도 있었고, 안드로이드가 사용하는 자바가 자연스러운 선택일 수도 있었다. iOS를 지원하는 것도 원했기 때문에 오브젝티브C 또는 스위프트가 좋은 선택일 수도 있었다(어쨌든 스위프트는 오픈소스이므로 초기에는 플러터 팀에서 도입 논의의 대상이 됐을 것이라 확신한다). 아마도 고랭^{Golang}이나 루비^{Ruby}와 같은 것이 더 좋을 수도 있었다. 옛날 방식인 C/C++로 가는 것은 어떤가? 아니면 마이크로소프트를 본받아 C#을 사용하는 것은 어떤가?(C# 역시 오픈소스이기 때문이다).

선택의 여지가 많았지만 결국 구글은 몇 년 전에 만든 언어인 다트를 사용하기로 결정했다.

2장 전체에서 다트를 다루므로 여기서는 너무 많은 내용을 다루지 않겠지만 간단한 샘플로 최소한의 내용만 살펴보자. 다음 코드를 보라.

```
import "dart:math" as math;

class Point {
  final num x, y;
  Point(this.x, this.y);
  Point.origin() : x = 0, y = 0;
```

```
  num distanceTo(Point other) {
    var dx = x - other.x;
    var dy = y - other.y;
    return math.sqrt(dx * dx + dy * dy);
  }

  Point operator +(Point other) => Point(x + other.x, y + other.y);
}

void main() {
  var p1 = Point(10, 10);
  var p2 = Point.origin();
  var distance = p1.distanceTo(p2);
  print(distance);
}
```

코드를 모두 이해하는 것은 크게 중요하지 않다. 실제로 이 시점에서는 이해하지 못해도 중요하지 않다. 말하자면 자바나 C와 같은 언어에 경험이 있다면 어려움 없이 이해할 수 있으리라 생각한다. 이것이 다트의 큰 이점 중 하나다. 대부분 현대 개발자가 알고 있는 것과 비슷해서 빠르고 쉽게 이해할 수 있다.

참고

재밌게도 C와 같은(C-like) 언어라고 불리긴 하지만, 사실 C와 C를 기초로 하는 다른 언어는 모두 훨씬 오래된 언어인 알골(ALGOL)의 자손이다. 알골이 역사적으로 마땅히 받아야 할 인정을 받지 못하고 있는 듯해서 인식을 바꾸고 알골을 사랑해달라는 뜻으로 여기에 참고로 남긴다.

2장에서 다트에 관해 자세히 다루겠지만 먼저 약간의 배경 지식을 알려주려 한다. 앞서 언급했듯이 구글은 2011년에 다트를 만들었고, 덴마크 오르후스^{Aarhus}에서 열린 GOTO 콘퍼런스에서 처음 공개했다. 초기 1.0 릴리스는 플러터가 릴리스되기 약 2년 전인 2013년 11월에 공개됐다. 덧붙여서 다트를 개발한 라스 백$^{Lars\ Bak}$(크롬과 노드.js의 토대인 V8 자바스크립트 엔진 개발자)과 카스퍼 런드^{Kasper Lund}에게도 감사 인사를 잊지 말아야 한다.

다트는 플러터 덕분에 빠른 속도로 많은 관심을 받고 있는 깔끔한 언어다. 범용 언어지만 웹 애플리케이션에서 서버 코드, 사물인터넷^{IoT, Internet of Things} 앱에 이르기까지 모두 만들 수 있는 언어다. 필자가 1장을 작성하는 시점에 JAXenter가 시행한 2019년 개발자에게 가장 중요한 언어(자신의 관심사 측면)에 관한 설문조사(https://jaxenter.com/poll-results-dart-word-2019-154779.html)에서 다트와 파이썬, 두 언어가 독보적으로 앞섰고 종합 1위는 다트였다. 또한 다트가 2018년에 가장 큰 성장세를 보였다고 한다. 물론 플러터가 가장 큰 원동력이었겠지만 그것만으로는 이런 결과를 설명하기에 충분하지 않다. 따라서 다트가 모든 방면에서 맹활약하고 있다 해도 과언이 아니다.

그렇다. 다트는 많은 관심을 받고 있다.

그렇다면 다트는 무엇일까? 간단히 말해 다음과 같은 몇 가지 핵심 사항이 있다. 앞의 샘플 코드에서 많은 부분을 보여줬다.

- 다트는 객체지향적이다.
- 가비지 수집 언어이므로 메모리 할당/반환을 걱정할 필요 없다.
- C 기반 문법이라 대부분 개발자가 쉽게 배울 수 있다. 생소할 만한 특징이 몇 가지 있지만, 그 정도는 문법이 비슷한 어떤 언어라도 마찬가지다.
- 인터페이스, 믹스인^{mixin}, 추상 클래스, 구상화 제네릭^{reified generic}, 정적 타이핑과 같은 일반적인 언어 기능을 지원한다.
- 안전한(건전한) 타입 체계^{sound typing system}(그러나 같은 타입(형^{type})을 지정하는 데 유연성이 있어 개발자에게 부담이 아니라 도움이 된다).
- 병행성^{concurrency}을 위한 아이솔레이트^{isolate}가 있어 독립적인 작업을 할 수 있다. 각 작업은 통신을 위해 메모리를 공유하지 않고 메시지를 전달한다. 다른

종류의 동시 프로그래밍 패러다임에 비해 위험을 줄이면서 우수한 성능을 제공한다.

- 다트는 어셈블리의 측면에서 최고 수준의 성능에 도달하고자 원시 코드에 AOT(Ahead-Of-Time) 컴파일을 사용할 수 있다. ARM과 x86 코드로 컴파일되지만 자바스크립트로 변환해 다트 코드를 웹에서도 실행할 수 있다. 이식성을 제외하더라도 플러터가 모바일 플랫폼을 겨냥함으로써 AOT로 컴파일된 다트 코드를 사용할 수 있다.

- 다트는 대부분 개발자가 필요로 하는 거의 모든 것을 위해 핵심 언어 위에 추가 기능을 제공하는 대규모 패키지 리포지토리를 지원하고, 프로젝트에서 이런 패키지를 쉽게 가져올 수 있게 한다.

- 비주얼 스튜디오 코드(Visual Studio Code)와 인텔리제이 아이디어(IntelliJ IDEA)를 비롯한 유명 개발자 도구의 툴링을 지원한다.

- 다트 VM의 핵심인 스냅샷은 런타임에 객체와 데이터를 저장하고 직렬화하는 방법이다(다트 프로그램은 스냅샷으로 컴파일할 수 있다. 스냅샷에는 모든 프로그램 코드와 의존성이 사전 분석돼 시작 시 실행할 준비가 돼 있다. 그리고 스냅샷도 아이솔레이트(isolate)[1]에 많이 이용한다).

다트는 이제 기술위원회 TC52의 ECMA 표준이고, 최신 사양을 www.dartlang.org/guides/language/spec에서 볼 수 있다(www.dartlang.org는 다트 언어의 홈페이지다).

앞서 말했듯이 2장 전체는 플러터 코드를 다룰 수 있을 정도로 다트의 학습 속도를 높이는 데 중점을 두고 있지만, 지금은 이것으로 충분한 소개가 되리라 생각한다.

---

1. 아이솔레이트(isolate)는 다트에서 사용하는 분리된 작업의 단위다. - 옮긴이

왼쪽에 위젯, 오른쪽에도 위젯

실제 주인공인 플러터에 관해 다시 이야기해보자. 다른 것보다도 플러터의 근간이 되는 위젯을 알아보자. 플러터에서는 모든 것이 위젯이다. 모든 것이 위젯이라는 의미는 거의 모든 것이 위젯으로 이뤄졌다는 뜻이다(플러터에서 위젯이 아닌 것을 찾는 것이 훨씬 더 어렵다는 의미다).

위젯이란 무엇일까? 위젯은 UI 덩어리다(드물지만 모든 위젯이 화면에 나타나는 것은 아니다). 위젯은 다음과 같은 코드 덩어리다.

```
Text("Hello!")
```

그리고 다음 또한 위젯이다.

```
RaisedButton(
  onPress : function() {
    // 무언가를 한다.
  },
  child : Text("Click me!")
)
```

다음도 위젯이다.

```
ListView.builder(
  itemCount : cars.length,
  itemBuilder : (inContext, inNum) {
    return new CarDescriptionCard(card[inNum]);
  }
)
```

마지막으로 다음도 위젯이다.

```
Center(
  child : Container(
    child : Row(
      Text("Child 1"),
      Text("Child 2"),
      RaisedButton(
        onPress : function() {
          // 무언가를 한다.
        },
        child : Text("Click me")
      )
    )
  )
)
```

내용은 실제로 위젯의 계층 구조이기 때문에 흥미롭다. Center 아래에 Container 위젯이 있고, 그 아래에 Row 위젯이 있고, 그 아래에 두 개의 Text 자식과 RaisedButton이 있다. 해당 위젯이 무엇인지는 중요하지 않지만 중요한 것은 위젯의 전체 계층 구조가 플러터 영역에서 위젯으로 간주된다는 점이다.

그렇다. 위젯은 플러터의 모든 곳에 있다. 왼쪽에 위젯, 오른쪽에도 위젯!

처음에 말했듯이 거의 모든 것이 플러터의 위젯이다. 사용자 인터페이스의 맥락에서 위젯을 말할 때 사람들이 생각하는 버튼, 리스트, 이미지, 텍스트 폼 필드 등 모든 것이 위젯이다. 이런 것들은 확실히 위젯이다. 그러나 플러터에서는 일반적으로 위젯이라 생각하지 않는 것도 위젯이다. 예를 들어 이미지 주변의 패딩, 텍스트 폼 필드의 상태, 화면에 표시되는 텍스트, 심지어 앱이 사용하는 테마 등 모든 것이 플러터의 위젯이다.

모든 것이 위젯이라는 점을 고려할 때 플러터에서 코드는 상당한 부분이 위젯의 거대한 계층 구조(이 계층은 플러터에서 '위젯 트리'라는 특정 이름을 갖는다)에 불과하다.

알다시피 대부분 위젯은 컨테이너이므로 자식을 가질 수 있다. 일부 위젯은 하나의 자식만 가질 수 있지만 어떤 위젯은 많은 자식을 가질 수 있다. 그리고 그 자식들은 각각 하나 이상의 자식을 계속해서 가질 수 있다.

모든 위젯은 다트 클래스며, 위젯은 일반적으로 하나의 강력한 요구조건이 있다. 바로 build() 메서드를 제공해야 한다는 것이다. 이 메서드는 다음을 반환해야 … 잠깐, 다른 위젯도 있다. 기본 타입(이 경우 문자열)을 반환하는 Text 위젯과 같은 일부 하위 레벨 위젯은 예외가 있지만 대부분 하나 이상의 위젯을 반환한다. 이 요구사항 외에도 코드 수준에서 위젯은 평범하고 오래된 다트 클래스다(다른 객체지향 언어에서 봤던 클래스와는 달리 2장에서 보여주듯이 사소한 구문 차이는 있지만 대부분은 다르지 않다).

플러터 위젯은 플러터 자체가 제공하는 객체지향 패러다임에서 일반적으로 사용되는 소수의 표준 클래스 중 하나를 확장한다. 확장된 클래스는 기본 레벨을 다루는 위젯의 종류를 결정한다. 99%로 StatelessWidget과 StatefulWidget 두 가지를 사용할 것이다.

StatelessWidget을 확장하는 위젯은 절대 변경되지 않으며 상태 없는[stateless] 위젯이라고 한다. 상태가 없기 때문이다. 작은 이미지를 표시하는 Icon 위젯과 텍스트 문자열을 표시하는 Text 위젯과 같은 것은 상태 없는 위젯이라고 한다. 이런 클래스의 예는 다음과 같다.

```
class MyTextWidget extends StatelessWidget {
  Widget build(inContext) {
    return new Text("Hello!");
  }
}
```

그렇다. 별로 얘기할 내용이 없다.

반대로 StatefulWidget 기본 클래스에는 상태 개념이 있다. 즉, 사용자와 상호작용할 때 어떤 방식으로든 변경된다. CheckBox, Slider, TexField는 모두 상태 있는 stateful 위젯의 잘 알려진 예다(이 타입이 대문자로 작성된 것으로 볼 때 일반 필드가 아닌 실제 플러터 위젯 클래스 이름을 참조하고 있고 대조적으로 텍스트 폼 필드처럼 일반적인 필드가 아님을 의미한다). 이런 위젯을 코딩할 때 실제로 상태 있는 위젯 클래스 자체와 함께 사용할 상태state 클래스, 이렇게 두 가지 클래스를 작성해야 한다. 다음은 상태 있는 위젯과 관련된 상태 클래스의 예다.

```
class LikesWidget extends StatefulWidget {
  @override
  LikesWidgetState createState() => LikesWidgetState();
}

class LikesWidgetState extends State<LikesWidget> {
  int likeCount = 0;
  void like() {
    setState(() {
      likeCount += 1;
    });
  }
  @override
  Widget build(BuildContext inContext) {
    return Row(
      children : [
        RaisedButton(
          onPressed : like,
          child : Text('$likeCount')
        )
      ]
    );
```

    }
  }

이전과 마찬가지로 디테일에 너무 신경 쓰지 말자. 2장에서 배울 것이므로 지금은 이해할 필요가 없기 때문이다. 2장에서 다트에 관한 지식을 쌓아보자. 그러나 이전과 마찬가지로 여기에서 무슨 일이 일어나고 있는지는 기본적인 내용은 알 수 있을 것이다. 전체적으로 위젯 코드와 상태 객체가 상호작용하고 연관시키는 방법이며, 분명해 보이지 않아도 걱정할 필요 없다.

상태 없는 위젯으로 돌아가서 '상태 없는^{stateless}'이라는 용어는 약간 오해가 있을 수 있다. 다트 클래스는 속성과 캡슐화된 데이터를 가질 수 있기 때문에 상태 없는 위젯도 이런 의미에서 상태를 갖고 있기 때문이다. 상태 있는 위젯과 상태 없는 위젯의 핵심적인 차이점은, 상태 없는 위젯은 '상태'가 변경될 때 플러터 코어 프레임워크에 의해 자동으로 다시 렌더링되지 않는다는 점이다. 상태 있는 위젯의 상태가 변하면 변경되는 원인에 관계없이 특정 생명주기 이벤트가 발생한다. 이렇게 생명주기 이벤트가 걸려있는 함수 호출을 트리거한 결과 궁극적으로 위젯이 차지하는 화면의 일부를 다시 렌더링한다(변화가 필요하다고 가정하면 플러터는 위젯 상태가 이벤트 전과 후에 어땠는지 알고 있어서 재렌더링을 결정한다).

두 타입의 위젯 모두 어떤 의미에서 상태를 가질 수 있지만 상태 있는 위젯만 플러터가 인식하고 어느 정도까지 관리하는 상태를 갖고 있다. 따라서 상태 있는 위젯만 (코드에서 직접 수동으로 하지 않고) 적당한 시점에 자동으로 다시 렌더링을 할 수 있고 플러터 프레임워크에 의해 제어된다.

작업할 양이 줄어들 것이라고 생각해 항상 상태 있는 위젯을 사용하고 싶을 수 있다. 그러나 2장에서 애플리케이션을 빌드할 때 알 수 있겠지만, 항상 그런 것은 아니다. 결과적으로 직관적이지 않지만 상태 없는 위젯을 많이 쓰게 될 것이다. 이에 관해 앞으로 차차 알아보자.

이 시점에서 주목해야 할 두 가지 주요 사항이 있다. 첫째, 플러터 UI는 위젯을 합성해 만들어진다. 이렇게 앞서 언급한 위젯 트리가 생긴다. 위젯 자체의 코드는 객체지향적이지만 합성돼 UI가 만들어진다. 이는 매우 중요하다. 대부분 플러터 위젯이 자체적으로 매우 단순하며 합성을 통해서만 강력한 UI를 만들 수 있기 때문이다. 일부 프레임워크에서는 컴포넌트가 전체 애플리케이션인 '신적인 컴포넌트'라고 부를 수 있는 것을 갖고 있을 수 있다. 플러터는 그런 경우가 거의 없으며, 비교적 사소한 UI 조차도 여러 위젯을 결합하게 될 것이다.

둘째, 플러터 UI는 코드에서 만들어진다. 당연하게 보이지만 잠시만 생각해보자. 웹 개발과는 다르게 플러터 UI에 관해 별도의 마크업 언어가 없다. 이 경우의 장점은 배워야 할 언어가 하나며, 이해해야 패러다임이 하나라는 것이다. 언뜻 봐서는 분명해 보이지 않고 처음에는 분명히 와 닿지 않지만, 여러 옵션이 있는 것에 비해 큰 이점이라 할 수 있다.

지금은 이런 것들이 위젯에 관해 알아야 할 전부다. 3장에서 플러터와 함께 제공되는 위젯 리스트인 플러터 위젯 카탈로그를 배우면서 자세히 설명할 것이다. 물론 4장에서 세 개의 애플리케이션을 만들면서 각 위젯의 사용법도 살펴볼 것이다. 끝에 가서는 플러터로 개발할 때 가장 많이 사용하는 위젯과 몇 가지 특이한 위젯을 잘 알게 되고 일반적으로 위젯을 사용하고 만드는 기초 지식을 쌓게 된다.

기본 사항: 플러터의 장단점

모든 프레임워크와 마찬가지로 훌륭한 개발자는 고려할 수 있는 모든 옵션의 이점과 함정을 평가해야 하며 플러터도 마찬가지다. 나는 플러터가 장점이 많다고 생각하지만 만병통치약은 아니며, 흠이 없는 것은 아니다(이는 플러터뿐만 아니라 모든 것에 적용할 수 있다). 플러터에는 자신만의 문제(이슈)가 있고 모든 프로젝트에 적합하지는 않지만(최선의 선택이 아닐지라도) 나쁘지 않은 선택이라는 것을 겸손히 제안한다.

따라서 플러터의 장단점을 이야기하고 의미가 있는 경우 다른 프레임워크와 비교해보자.

- **장점 – 핫 리로드**[hot reload]**:** 플러터 개발의 준비 과정을 마치고 첫 번째 샘플 앱을 살펴본 후 다시 이 이야기로 돌아오겠지만, 핫 리로드는 플러터의 큰 장점이다. 리액트 네이티브[React Native]는 서드파티[3rd party] Expo 컴포넌트를 사용하면 이 기능을 사용할 수 있지만, 플러터가 제공하는 기능이 더 좋고 실제로 내 경험에 따르면 훨씬 더 일관성이 있다. 다른 프레임워크에는 비슷한 것이 거의 없다.
- **단점 – 모바일 전용:** 이 글을 쓰는 시점에서 플러터를 사용해 iOS와 안드로이드 모바일 앱을 개발할 수 있다. 플러터를 좋아한다면 모든 개발 요구에 사용할 수 없다는 것에 실망할 것이다. 그러나 '이 글을 쓰는 시점에서'라고 말하면서 시작한 것에 주의하자. 플러터를 사용해 웹 개발과 기본 윈도우, 맥, 리눅스 개발을 수행할 수 있게 한다는 계획이 있기 때문이다.[2] 머지않아 모든 컴퓨팅 세계가 플러터로 구축될 수 있어 이 단점은 장점이 될 수 있다(구글은 지금보다 더 세상을 지배할 것이다. 여러분을 위해 어떤 것을 사용하는 것이 좋을지 결정해야 할 것이다).
- **장점 – 적절한 크로스플랫폼:** 플러터 앱은 최소한의 노력으로 iOS와 안드로이드 (그리고 결국 안드로이드의 후속 버전인 후쿠시아[Fuscia])에서 올바르게 작동한다. 플러터는 기본적으로 iOS 전용 위젯과 안드로이드 전용 위젯 두 가지를 제공하므로 앱이 같이 작동할 뿐만 아니라 각 플랫폼에 적합하게 보일 수 있다. 이는 필수가 아니며 전적으로 여러분에게 달려있다. 이것을 플러터만큼 쉽게 처리할 수 있는 플랫폼은 거의 없다. 일반적으로 많은 분기 코드를 작성해 이를 가능하게 만들고 플러터에서도 여전히 그렇지만 그 수준이 훨씬 낮다.

---

2. 지금은 가능하다. – 옮긴이

- **단점 – 코드 결합:** 일부 개발자, 특히 로직 코드와 UI를 분리하는 것이 일반적인 웹 개발 배경을 갖고 있는 개발자는 플러터 코드에서 모든 로직이 함께 혼합돼 있는 것을 본다면 놀랄 수 있다(백앤드에서 로직 코드가 동작하는 것과는 관계없이 HTML/CSS는 UI, JS와 같은 것을 정의하는 것에 비해). 이는 플러터에만 국한된 것이 아니다. 예를 들어 리액트 네이티브도 같은 문제가 있다.
- **장점 – 다트:** 다트는 단순하고 강력하며 객체지향적이고 강한 타입 strongly typed 이므로 개발자가 매우 빠르게 생산성을 높이고 안전을 유지하면서 작업할 수 있다. (그렇게 크지는 않지만) 처음 학습 곡선을 겪고 나면 대부분 개발자는 자바스크립트, 오브젝티브C, 자바와 같은 언어에 비해 다트를 좋아하는 경향이 있다.
- **단점 – 구글:** 나는 단점으로 나열하고 있지만, 이는 매우 주관적인 것이며 여러분은 확실히 동의할 수도 있고 동의하지 않을 수도 있다. 어떤 사람들은 구글이 인터넷을 통해 너무 많은 것을 컨트롤한다고 불편해 한다(그 컨트롤이 적극적이지 않더라도). 여러분이 지배적인 플레이어라도 더 많이 컨트롤하려는 경향이 있을 것이다. 그러나 일부 사람들은 구글에서 만든 것을 사용해 모바일 앱을 구축하는 개념을 도가 지나치다고 생각할 수도 있다. 반대 측의 사람들은 큰 회사가 이 기술을 뒷받침하는 것이 좋은 일이라고 말하기도 한다. 따라서 이 단점은 논쟁의 여지가 많다. 그러나 이는 여러분 스스로 답해야 할 것이다.
- **장점 – 위젯:** 다양한 위젯 세트가 플러터에 포함돼 있으며 실제로 앱을 빌드하는 데 필요한 모든 것일 수 있다. 하지만 자신만의 것을 만들 수도 있다(사실, 항상 자신만의 것을 만들 수 있지만 그 수준에 따라 다를 수 있다). 플러터의 기능을 확장하고자 많은 서드파티 위젯을 가져올 수도 있다. 이런 위젯은 플러터에서 제공하는 위젯처럼 사용하기 쉽다. 예를 들어 서드파티 위젯을 추가하지 않고 비교적 적은 양의 위젯 세트를 갖는 리액트 네이티브와 비교하면 플러터는 기본적으로 훨씬 더 강력한 기능을 제공한다.
- **단점 – 위젯 트리:** 때때로 매우 깊게 중첩된 계층 구조를 사용하기 때문에 단점

이 될 수 있으며, 코드를 보고 구조를 이해하기 어려울 수 있다. 지난 20년 동안 월드와이드웹World Wide Web의 등장과 함께 이런 종류의 일에 익숙해졌다. HTML도 같은 종류이기 때문이다. 그러나 사실상 플러터의 모든 것이 위젯이기 때문에 HTML보다 계층 구조가 더 깊을 수 있고, 다트의 코드 스타일로 인해 때로는 까다로워 보인다. 물론 이를 완화하는 데 사용할 수 있는 기술이 있다. 2장에서 진짜 애플리케이션 코드를 보면서 이야기하겠지만 의식적으로 인식하고 직접 처리해야 하기 때문에 여전히 단점이다. 플러터와 다트는 이 부분에 관해 호의를 베풀지 않을 것이다.

- **장점 – 도구:** 다음 절에서 볼 수 있듯이 플러터의 기본 개발 환경설정을 하는 것은 쉽다. 그러나 기본 환경을 넘어 다른 개발에도 사용하는 도구를 쓸 수 있다. 이는 개발자에게서 마찰이 낮음을 의미한다.

- **단점 – 반응형 프로그래밍과 상태 관리:** 플러터는 일반적으로 반응형 프로그래밍 패러다임으로 간주한다. 즉, 지정된 위젯의 현재 상태와 관련해 플러터에서 UI를 정의한다. 앞에서 본 `build()` 메서드는 현재 상태를 인수로 사용하며 반환되는 것은 해당 현재 상태를 통합한 위젯의 시각적 표현이다. 상태가 변경되면 위젯은 다시 `build()`를 호출해 다시 빌드하고 새 상태를 전달해 변경에 '반응'한다. 이 모든 것은 플러터의 함수와 그것이 제시하는 이벤트 생명주기에 따라 발생한다. 보통 `build()` 메서드를 제공하는 것 외에는 생각해야 할 것이 많이 없다. 위젯을 구성하는 프레임워크와 대조해 몇 개의 생성자mutator 메서드를 호출해 적절한 상태로 설정한다. 이 패러다임은 플러터를 포함한 여러 곳에서 강력하다고 할 수 있지만 때로는 사소한 일을 어렵게 만들기도 하기 때문에 단점이 될 수도 있다(이후의 장들에서 어떤 어려움이 있고 어떻게 다루는지 보게 될 것이다). 적어도 이 글을 쓰는 시점에서는 상태를 관리하는 이 주제에 관해 표준이 되는 옳고 그른 방법이 없다는 점에서 플러터에서의 결함이기도 하다. 각각 장단점이 있는 수많은 접근 방식이 있고 요구 사항에 가장 적합한 방법을 결정해야 한다.

그리고 내가 봤을 때 좋은 접근 방식이라고 생각하는 것을 제공할 것이다. 구글이 표준이 되는 접근 방식을 준비하고 있지만 아직 완성되지 않았으므로, 완성될 때까지는 확실한 방향이 없다는 점에서 단점으로 말하겠다(이 점이 유연성이 있다는 이유로 장점으로 생각할 수도 있지만 양쪽에 있어서 논쟁하지는 않을 것이다).

- **장점 – 플랫폼별 위젯:** 플러터 UI는 코드로 구성되므로 차이가 있더라도 iOS와 안드로이드를 모두 지원하는 단일 코드 베이스를 사용하는 것이 간단하다. 예를 들어 런타임에 `Platform.isAndroid`와 `Platform.isIOS` 값을 항상 확인해 어디서 코드가 실행 중인지 확인한 후 이 값을 기반으로 분기해 플랫폼별 위젯을 구성할 수 있다. 안드로이드에서는 `RaisedButton`을 원하지만 iOS에서는 일반 `Button`을 원할 것이다. 서로 다른 두 개의 코드 베이스를 만들 필요가 없고 간단한 분기만으로도 많은 경우를 처리할 수 있다.
- **단점 – 앱 크기:** 플러터 앱은 핵심 플러터 엔진, 플러터 프레임워크, 지원 라이브러리, 기타 리소스를 포함해야 하므로 순수 네이티브 앱보다 약간 큰 경향이 있다. 간단한 'Hello, world!' 플러터 앱의 크기는 7MB 이상이다. 확실히 트레이드오프가 있으므로 앱 크기가 중요한 상황이라면 플러터가 최선의 선택이 아닐 수 있다.

자, 이제는 기본 플러터 용어와 플러터가 무엇인지 개념을 안다고 말할 수 있겠다. 지금부터는 실제 코드를 보면서 학습하자.

말은 그만하고, 플러터를 써보자

그래도 실제 코드를 얻기 전에 플러터와 필요한 도구를 설치해야 한다. 상상할 수 있겠지만, 이 단계를 먼저 수행하지 않고 플러터 코드를 실행 가능한 앱으로 빌드하는 것은 쉽지 않다. 다행히도 앞에서 언급했듯이 플러터의 개발 환경설정은 꽤 쉽다.

플러터 SDK

반드시 수행해야 할 첫 번째 단계는 플러터 SDK를 다운로드, 설치, 구성하는 것이다. 모든 것이 이에 달려 있다. 두 번째 단계는 옵션이지만 이 책의 목적에 필요한 것으로 간주되는 안드로이드 스튜디오를 다운로드, 설치, 구성하는 것이다. 이 과정에서 안드로이드 SDK와 에뮬레이터를 설정한다.

먼저 https://flutter.io로 이동하자. 플러터 설치와 문서를 얻기 위한 '원 스톱 쇼핑' 사이트다. 거기에서 상단의 시작하기 버튼을 누른다. 설치 페이지에서 사용 중인 운영체제(윈도우, 맥OS, 리눅스)를 선택할 수 있다.

참고

나는 윈도우 사용자라는 사실을 부끄럽게 생각하지 않는다. 윈도우는 내가 가장 잘 아는 것이며 심지어 좋아하는 것이다. 따라서 이 책은 다소 윈도우 중심적이며 다른 OS를 사용하는 경우 개별적으로 해야 한다. 말하자면 OS 간에 큰 차이가 있는 부분을 지적하려고 노력할 것이다. 실제로는 다른 부분이 없어야 하며, 여기에 표시되는 내용은 윈도우 사용 여부와 관계없이 적용할 수 있어야 한다. 소프트웨어 설치 방법에서는 분명히 차이점이 있지만 도움이 필요한 경우 플러터 웹 사이트를 참고하면 된다.

적절한 링크를 선택하면 플러터 웹 사이트에서 SDK 다운로드와 설치 정보를 제공한다. 다른 SDK나 소프트웨어와 다르지 않아 어려움이 없을 것이다. 그러나 주목해야 할 것은 SDK를 여러분의 경로path에 추가해야 하는 것이다. 이는 확실히 작업을 좀 더 쉽게 만들어주지만, 원한다면 건너뛸 수 있는 단계다. 건너뛰면 SDK 디렉터리 내에서 모든 명령을 실행하거나 해당 디렉터리가 아닌 경우 SDK의 전체 경로를 지정해야 한다. 안드로이드 스튜디오 단계에 들어서면 SDK를 경로에 추가하는 것이 중요하지 않음을 알게 된다. 커맨드라인에서 SDK 명령을 실행하는 경우에만 문제가 될 수 있다. 안드로이드 스튜디오를 사용하면 자동으로 수행할 수 있다. 그리고 명령에 관해 말하자면 SDK를 설치하고 나서 플러터 웹 사이트의 설

명으로 커맨드라인에서 수행할 flutter doctor라는 명령이 있다. SDK에 실행할 명령 대부분은 flutter로 시작한다. doctor는 그 뒤에 사용할 수 있는 명령 중 하나다. 이 명령은 일련의 검사를 수행하고 실행하는 구성 단계가 있으므로 가장 중요하다.

처음에는 실행하고 몇 가지 오류가 발생하는 것을 보게 될 텐데 지금 단계에서는 예상한 부분이다. 다음 단계인 안드로이드 스튜디오를 설치하면서 해결할 것이다.

안드로이드 스튜디오

다시 한 번 플러터 사이트에서 이 과정으로 안내하며 각 OS마다 약간씩 다르지만 일단 설치하면 안드로이드 스튜디오 설정 마법사가 실행된다. 안드로이드 SDK, 에뮬레이터 이미지, 기타 작동에 필요한 모든 것이 다운로드된다. 또한 다트와 플러터 전용 플러그인을 설치해야 하며 문서에 자세히 설명돼 있다.

그 후 설명에 따라 계속 진행하면 안드로이드 폰이나 태블릿을 컴퓨터에 연결하고 flutter doctor가 이를 볼 수 있는 과정으로 안내한다. 그러나 이 단계는 건너뛸 수 있는 단계다. 물론 안드로이드 기기가 있다면 해봐도 좋다. 그러나 iOS 신봉자이거나 플러터 코드를 개발할 때 실제 장치를 사용하지 않으려면 정직하게 핸드폰 기기를 연결하지 않아도 된다. 이 경우 나의 제안은 안드로이드 스튜디오로 이동해 시작 화면의 구성 메뉴에서 찾을 수 있는 AVD^{Android Virtual Machine} 관리자를 실행한 후 자신만의 안드로이드 가상 장치를 만들라는 것이다. API 레벨 28을 사용해 Pixel 2 가상 장치를 만드는 것이 좋다(SDK 관리자에서 수행할 수 있는 특정 SDK를 설치했는지 확인하라. 구성 메뉴에서 찾을 수 있다). 해상도 1080 × 1920(420dpi)과 안드로이드 9 타깃을 제공한다. x86(ABI x86_64) 이미지 중 하나를 선택하라. 오랫동안 안드로이드 가상 장치는 성능 면에서 나쁜 평판을 얻었지만 이런 타입의 가상 장치는 탁월한 성능을 발휘해 대부분 경우 거의 네이티브 성능을 얻을 수 있다. 중요하지는 않지만 512Mb SD 카드에 맞게 구성하라. 대부분 경우 기본값도 상관없지만 핵심은 API 레벨과 CPU 타입이다.

완료되면 안드로이드 스튜디오의 가상 장치에서 플러터 코드를 실행할 수 있다. 또는 SDK를 사용해 커맨드라인에서 이 작업을 모두 수행할 수 있지만 flutter doctor 이외 커맨드라인에서 SDK와 상호작용하는 것은 설명하지 않는다. 이 책의 나머지 부분은 안드로이드 스튜디오를 사용할 것이다.

다시 실행해도 flutter doctor는 여전히 오류를 표시하는 것에 유의한다. 즉, 생성한 가상 장치가 실행되고 있지 않는 한 안드로이드 장치를 찾을 수 없다는 의미다. 그러나 가상 장치를 실행하면 flutter doctor는 이를 감지하고 상태가 깨끗하다고 나타낼 것이다. 마지막으로 가상 장치가 실행 중이 아니며 실제 안드로이드 장치를 컴퓨터에 연결하지 않은 상태에서 flutter doctor가 나타내는 문제가 이전과 같을 뿐이라면 그냥 진행해도 된다. 이 시점에서 iOS에 관해 궁금하다면 잠시 접어두자. 지금은 안드로이드 스튜디오를 사용하고 있어서 방법이 없다. 모양이나 형태가 전혀 다르기 때문에 iOS에서 사용할 수 없다. 배포 대상이 iOS여서 문제가 되는 유일한 시점은 실제 iOS 장치를 테스트하거나 배포할 애플리케이션을 구축하려는 경우이고, 맥 머신과 애플의 엑스코드 IDE$^{\text{Xcode IDE}}$가 설치돼 있어야 한다는 것이다. iOS 또는 안드로이드에 관계없이 앱 배포는 이 책에서 다루지 않는 주제이므로 지금은 에뮬레이터만으로도 충분하다.

약간 덜 전형적인 'Hello, World!' 앱

플러터 웹 사이트의 설명을 계속 따라가면 마지막 단계로 플러터 앱을 약간 만들게 된다. 설명문이 훌륭하지만 그 단계를 건너뛰고 대신 내가 안내하겠다.

실제로 첫 번째 단계는 안드로이드 스튜디오(SDK와 함께)가 앱을 빌드하게 하는 것이다. 프로세스는 매우 간단하며, 가상 장치에서 기본 앱을 설치하고 실행한 후에는 작업 시 핫 리로드를 볼 수 있도록 약간 수정한다. 우선 프로젝트를 만들어 보자. 처음 안드로이드 스튜디오를 시작하면 그림 1-1과 같은 창이 나타난다.

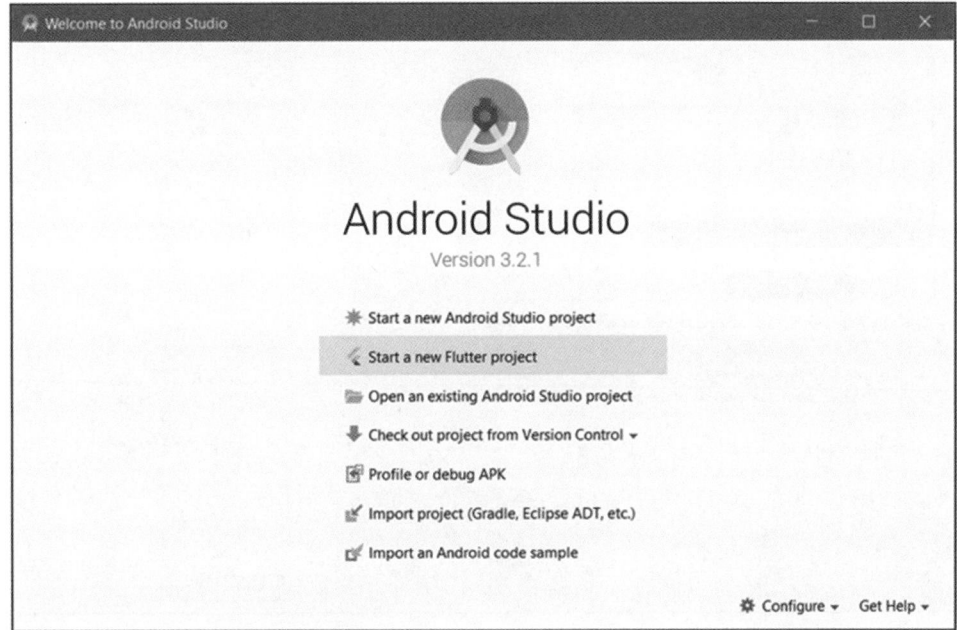

그림 1-1. 안드로이드 스튜디오에서 시작

Start a new Flutter Project^{새로운 플러터 프로젝트를 시작}가 보이는가? 새로운 프로젝트를 만들 것이므로 클릭한다. 그림 1-2에서 볼 수 있듯이 새로운 애플리케이션 마법사의 시작 화면이 나타난다.

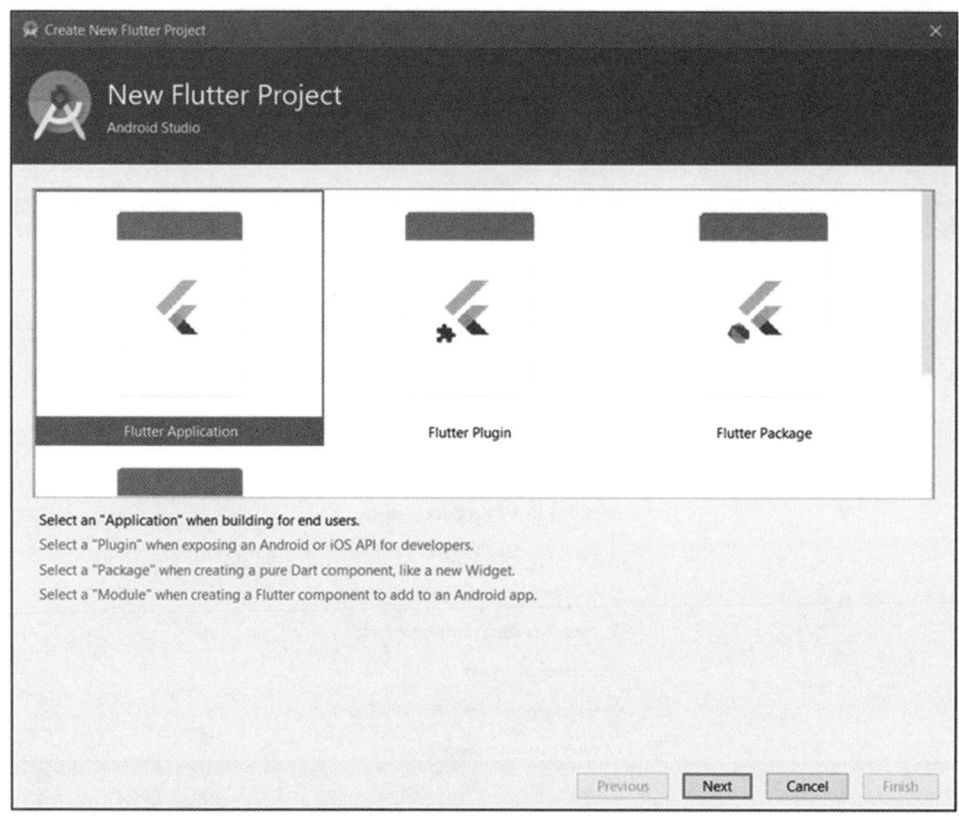

그림 1-2. 만들 플러터 프로젝트 타입을 선택한다.

만들 수 있는 플러터 프로젝트에는 다음과 같은 네 가지 타입이 있다.

- 플러터 애플리케이션(이 책 전체에서 사용한다)
- 플러터 플러그인(이 플러그인을 사용하면 네이티브 안드로이드 또는 iOS 기능을 다트 기반 플러터 애플리케이션에 노출할 수 있다)
- 플러터 패키지(애플리케이션과는 독립적으로 사용자 정의 위젯을 배포하려는 경우에만 필요하다)
- 플러터 모듈(네이티브 안드로이드 앱에 플러터 앱을 임베드embed할 수 있다)

플러터 애플리케이션을 선택하고 Next를 클릭하면 다음과 같은 창이 나타난다.

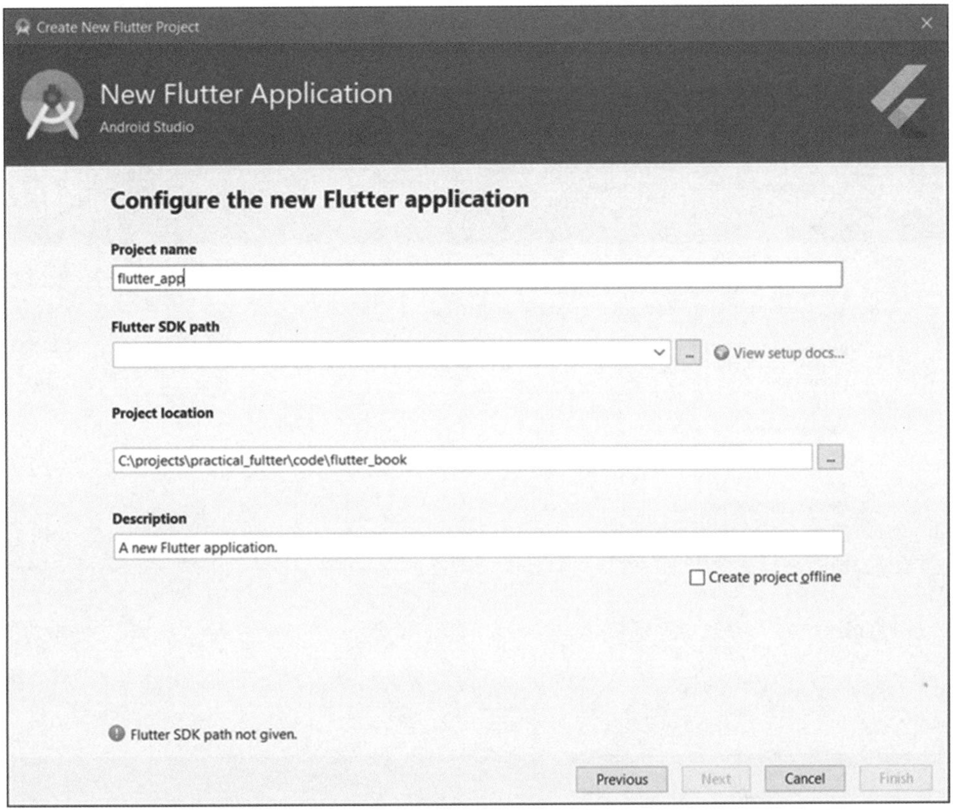

그림 1-3. 새로운 앱의 필수 정보 입력

여기에는 생성 중인 애플리케이션의 필수 정보를 입력한다. 기본값이 괜찮을 수도 있지만 원하는 이름으로 프로젝트에 설명을 제공할 수도 있다. 또한 필요에 따라 프로젝트 위치 필드를 업데이트한다(또는 기본값을 사용한다). 하단에 오류가 보이는가? 그렇지 않다면 괜찮다. 이는 경로를 올바르게 설정했음을 의미한다. 그러나 오류가 보일 경우 안드로이드 스튜디오가 플러터 SDK의 위치를 아직 모르기 때문에 알려줘야 한다.

입력 필드 옆에 있는 점 세 개(…) 버튼을 클릭하고 이미 설치돼 있는 SDK로 이동해 안드로이드 스튜디오가 만족하는지 확인하고(오류가 사라짐) Next를 다시 클릭해 그림 1-4 화면으로 이동한다.

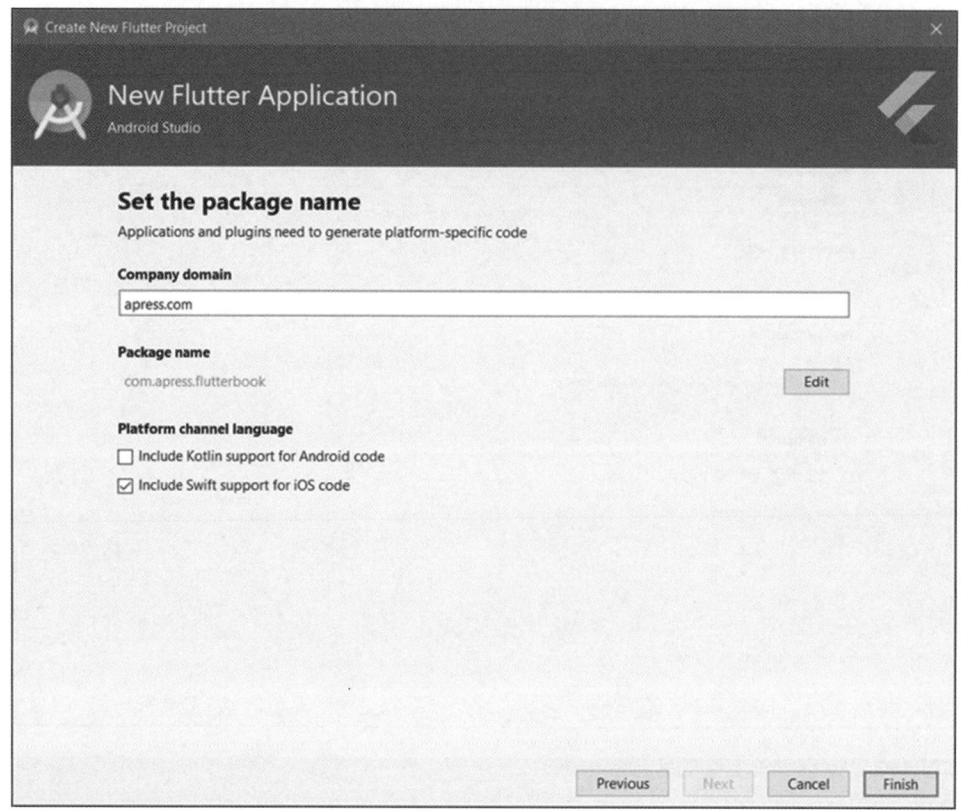

그림 1-4. 프로젝트의 최종 세부 사항

마지막 화면에는 회사 도메인 정보가 좀 더 필요하다. 물론 회사일 필요는 없지만, 요점은 일반적인 '점dot' 타입의 값이어야 하며, 일반적으로 인터넷 도메인을 의미한다. 도메인이 없으면 원하는 값을 넣을 수 있다. 자신의 이름이 Jim이라면 Jim을 입력할 수 있다. 자신의 이름이 아니더라도 Jim을 입력할 수 있지만 조금 이상할 것이다. 요점은 무엇이든지 간에 의미가 있는 값을 입력하라는 것이다.

패키지 이름이 업데이트돼 마지막 화면에 입력한 프로젝트 이름이 회사 도메인과 연결된다. 이 패키지 이름은 앱을 앱 스토어에 게시하려는 경우 고유해야 하지만 지금의 초기 테스트에서는 차이가 없다.

참고

설치된 안드로이드 스튜디오 플러터 플러그인 버전에 따라 샘플 애플리케이션 필드가 표시될 수도 있다. 어느 쪽이든 괜찮다. 마법사가 샘플 코드를 생성하게 하려는 것이지만, 이 책에 필요한 것은 아니기 때문에 중요하지 않다.

마지막으로 플랫폼 채널 언어를 선택한다. 전반적으로 코틀린Kotlin을 선택하지 않고 스위프트Swift를 선택하는 것이 가장 일반적이다. 이는 플러터에서 다루는 기본 플랫폼별 언어를 나타내며, 애플리케이션에서 네이티브 코드와 상호작용하지 않는 한 일반적으로 큰 차이가 없다. 이 책의 내용상에서는 차이가 없을 것이다.

마음에 들 경우 Finish 버튼을 클릭하면 안드로이드 스튜디오가 간단한 플러터 앱을 생성한다. 몇 분이 걸릴 수 있으며, 맨 아래에 있는 상태 표시줄을 보고 모든 작업이 완료됐는지 확인할 수 있다. 완료되면 툴바에서 안드로이드 스튜디오 상단 근처에서 그림 1-5처럼 동그라미 표시된 연결된 장치를 나열하는 드롭다운 요소를 찾아보자.

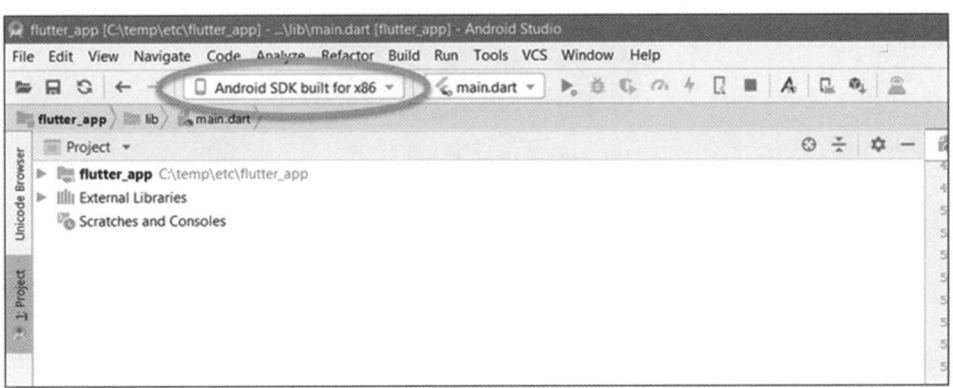

그림 1-5. 안드로이드 스튜디오의 가상머신 드롭다운

앞에서 만든 에뮬레이터가 표시돼야 한다. 이것을 선택하자. 아직 실행 중이 아닌 경우 바로 시작해야 한다. 그런 다음 실행 아이콘인 `main.dart` 옆에 있는 드롭다운 옆에 있는 녹색 화살표(앱의 진입점)를 클릭한다. 그 후 에뮬레이터에서 앱을 빌드, 배포, 시작하는 동안 잠시 기다린다(시스템에 따라 최대 1분이 걸릴 수 있으므로 인내심을 가져야 한다. 초기 빌드 후에는 훨씬 빠르다). 에뮬레이터에서 그림 1-6과 같은 것을 볼 수 있다.

그림 1-6. 첫 번째 플러터 앱

간단한 앱이지만 많은 것을 보여준다. 더하기 부호(Floating Action Button 또는 FAB라고 함)가 있는 맨 아래의 동그란 버튼을 클릭하면 할 때마다 카운트가 올라간다.

생성된 코드는 안드로이드 스튜디오에서 자동으로 열리지만 lib 디렉터리에서 `main.dart`를 찾지 못하면 다음과 같이 만든다. 한 페이지에서 보기에 좀 더 좋게 주석을 제거하고 일부 포맷을 고쳤다.

```dart
import 'package:flutter/material.dart';

void main() => runApp(MyApp());

class MyApp extends StatelessWidget {

  @override
  Widget build(BuildContext context) {
    return MaterialApp(
      title: 'Flutter Demo',
      theme: ThemeData(
        primarySwatch: Colors.blue,
      ),
      home: MyHomePage(title: 'Flutter Demo Home Page'),
    );
  }

}

class MyHomePage extends StatefulWidget {

  MyHomePage({Key key, this.title}) : super(key: key);

  final String title;

  @override
  _MyHomePageState createState() => _MyHomePageState();

}

class _MyHomePageState extends State<MyHomePage> {

  int _counter = 0;

  void _incrementCounter() {
    setState(() {
      _counter++;
    });
  }
```

```
  @override
  Widget build(BuildContext context) {
    return Scaffold(
      appBar: AppBar(
        title: Text(widget.title),
      ),
      body: Center(
        child: Column(
          mainAxisAlignment: MainAxisAlignment.center,
          children: <Widget>[
            Text(
              'You have pushed the button this many times:',
            ),
            Text(
              '$_counter',
              style: Theme.of(context).textTheme.display1,
            ),
          ],
        ),
      ),
      floatingActionButton: FloatingActionButton(
        onPressed: _incrementCounter,
        tooltip: 'Increment',
        child: Icon(Icons.add),
      ),
    );
  }
}
```

그렇게 많은 코드는 아니지만 약간 살펴볼 부분이 있다. 이 시점에서 아직 다트를 자세히 이야기하지 않았기 때문에 깊숙이 알아보기에는 용어에 익숙하지 않다. 그러나 아무런 설명 없이 지나가는 것은 원치 않으므로 몇 가지 주요 사항을 알려 주겠다.

먼저 모든 플러터 앱의 기본 진입점은 `main()` 메서드다. 이 메서드는 플러터 자체에서 제공하는 `runApp()` 메서드를 호출할 뿐이며, 최상위 위젯을 전달한다. 계층 구조의 최상위에는 항상 다른 모든 위젯이 포함된 단일 위젯이 있고, 여기에는 `MyApp` 클래스의 인스턴스가 있다. 이 클래스는 앞에서 설명한 것처럼 상태 없는 위젯이므로 반드시 제공해야 하는 것은 `build()` 메서드뿐이며, 이 코드에서 확인할 수 있다. 거기서 반환되는 위젯은 `MaterialApp`의 인스턴스이기 때문에(`build()`는 항상 자식이 갖고 있을 수도 있는 단일 위젯을 반환하기 때문에) 이는 플러터가 제공하는 위젯이다(상단에서 임포트[import]한 `flutter/material` 패키지에 포함됨). 3장에서 플러터 위젯을 보면서 해당 위젯을 이야기하겠다. 그러나 중요한 것은 머티리얼(구글 UI 스타일) 앱의 기본 프레임워크를 제공한다는 것이다. `title`(여기서 `title`은 `MaterialApp`의 생성자에 관해 명명된 인수 중 하나임)이 설정된 것을 볼 수 있고, 이는 앱이 실행될 때 상태 표시줄에서 사용되는 것이다. 플러터 앱의 `theme`를 설정하고, 이 경우 테마가 사용하는 기본 색상과 같은 세부 정보를 제공할 수도 있다.

이 `MaterialApp` 위젯에는 한 개의 자식이 있는데, 이는 `MyHomePage` 클래스의 인스턴스다. 2장의 내용을 먼저 얘기하기는 그렇지만 다트가 약간 이상한 점은 클래스를 인스턴스화할 때 `new` 키워드를 쓸 필요가 없다는 것이다. 대부분 객체지향 언어와는 다르게 사용한다.

`MyHomePage` 클래스는 상태 있는 위젯을 정의하므로 이 경우 `StatefulWidget`에서 확장되는 '핵심' 클래스와 `State` 확장과 관련된 상태[state] 클래스라는 두 개의 클래스가 필요하다. 처음에는 조금 이상하게 보일지 모르지만 상태 클래스인 `_MyHomePageState`는 사실상 위젯이다. `build()` 메서드가 있어 그렇게 말할 수 있다. 처음의 직감으로는 `build()` 메서드가 `MyHomePage` 클래스 안에 있고, `_MyHomePageState`가 위젯의 상태를 나타내는 데이터만 포함한다는 것을 예상하겠지만 실제로는 반대다.

어느 쪽이든 해당 위젯의 `build()` 메서드는 다시 단일 위젯을 반환한다. 이번에는 `Scaffold` 위젯이 있다. 3장에서 모든 위젯을 배울 수 있으므로 여기서 너무 자세히 알아볼 필요는 없다. 그러나 짧고 간단하게 설명하자면 제목이 있는 상태 표시줄 (실제로는 AppBar 위젯)과 같은 것을 포함해 앱의 기본 시각적 레이아웃을 제공한다는 것이다. Scaffold는 또한 FAB를 '연결'해 FloatingActionButton 위젯의 인스턴스인 FAB를 Scaffold의 생성자에 관해 floatingActionButton 인수의 값으로 제공한다.

Scaffold의 생성자에 전달된 다른 인수는 body다. 이는 다른 위젯을 이 위젯의 자식으로 추가하는 방법이다. 여기서 "모든 것이 위젯이다."라는 말이 사실임을 알 수 있다. Center 위젯은 Container 위젯이며, 오직 하나의 자식child을 중앙에 배열하기 때문이다. 이 경우 child는 플러터가 제공하는 많은 레이아웃 관련 위젯 중 하나인 Column 위젯이며, 하위 자식을 세로로 배치한다. 이 Column은 두 개의 자식이 있는데, 모두 Text 위젯이다. 하나는 정적인 "You have pushed the button this many times:" 텍스트이고 다른 하나는 버튼을 누른 횟수를 표시하는 것이다.

2장, 3장에서 다트와 플러터를 깊이 있게 파고 들어가면 이 부분들이 좀 더 명확해질 것이다. 많은 세부적인 내용을 생략했지만 대략적으로 이 코드에서 무슨 일이 일어나고 있는지 알기에 충분할 것이다. 또한 주석을 읽어보는 것도 도움이 될 것이며, 더 많은 정보를 제공한다. 이 앱을 생성한 후에 주석을 읽어보자.

핫 리로드: 이것을 좋아할 것이다.

자, 지금부터 굉장한 부분을 보여주겠다. 에뮬레이터에서 앱을 실행하고 안드로이드 스튜디오로 이동해 다음 코드 라인을 찾아보자.

```
Text(
  'You have pushed the button this many times:',
),
```

계속해서 'button'을 'FAB'로 변경하고 Ctrl+S를 누르거나 파일 메뉴에서 모두 저장을 선택한다. 이제 에뮬레이터에서 거의 즉시 변경 사항이 화면에 반영되는 것을 볼 수 있다(몇 초가 걸릴 수 있지만 초기 실행보다 훨씬 빠르다).

꽤 대단하다. 그렇지 않은가?

핫 리로드는 디버그 모드에서만 작동하며 앱 오른쪽 상단의 디버그 배너로 알 수 있다. 이 모드에서는 앱이 네이티브 ARM 코드로 컴파일되지 않고 다트 가상머신VM, Virtual Machine에서 실제로 실행된다(그런 이유로 디버그 모드에서는 앱이 조금 느리다). 핫 리로드는 수정된 소스코드 파일을 (앱을 호스팅할) 이미 실행 중인 다트 VM에 주입해 작동한다. 이 경우 VM은 변경된 필드나 메서드를 업데이트해 변경된 클래스를 업데이트한다. 그런 다음 플러터 프레임워크가 위젯 트리의 재구성을 시작하고 변경 사항이 자동으로 반영된다. 다시 빌드하거나 다시 배포하거나 다시 시작할 필요가 없다. 코드가 변경되면 자동으로 화면에 빠르게 반영된다.

내 경험상 아주 드물지만 때때로 변경 사항이 예상대로 핫 리로드되지 않는 것을 알 수 있다. 이 경우 가장 먼저 시도해야 할 것은 그림 1-7과 같이 도구 모음에서 핫 리로드 아이콘을 클릭하는 것이다. 이 아이콘은 번개 모양이다. 실행 메뉴에서 핫 리로드 옵션을 찾을 수도 있고 관련 단축키는 Ctrl + /다.

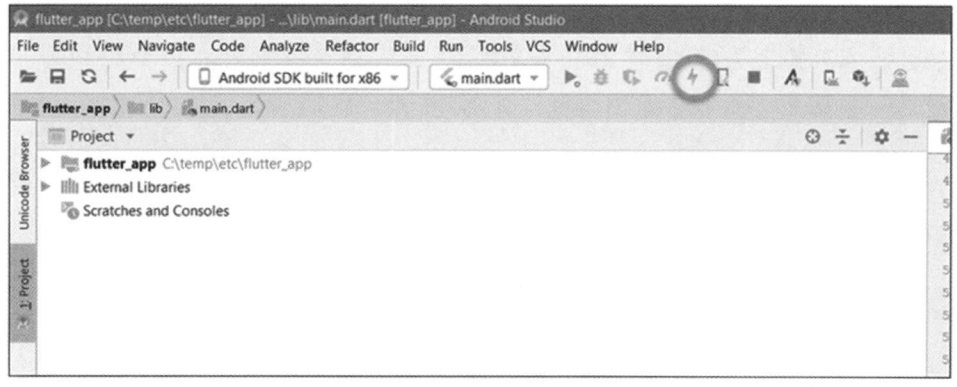

그림 1-7. 안드로이드 스튜디오의 핫 리로드 아이콘

이 아이콘으로 실행하면 된다. 또한 안드로이드 스튜디오 창의 맨 아래에 자동으로 표시되는 콘솔 창에서 다음과 같이 메시지가 표시된다.

```
Performing hot reload...
Reloaded 1 of 448 libraries in 2,777ms.
```

또한 새로 고침이 진행되는 동안 콘솔 근처에 작은 툴팁이 나타난다.

이제 FAB를 몇 번 클릭한 후 텍스트를 변경했을 때 알 수 있는 이 메커니즘의 흥미로운 점은 기존 앱 상태를 유지한다는 것이다. 다시 말해 버튼을 누른 횟수는 다시 로드한 후에도 유지된다. 따라서 UI를 매우 쉽게 수정하고 현재 상태를 표시해서 두 디자인 간에 A/B 테스트를 쉽게 수행할 수 있다. 그러나 상태를 유지하지 않으려면 어떻게 해야 할까? 이 경우 핫 리스타트(재시작)를 원할 것이다. 실행 메뉴에서 핫 리스타트 옵션을 선택하거나 단축키(Ctrl + Shift + /)를 눌러 수동으로 트리거할 수 있다. 핫 리로드와 달리 코드를 변경하고 저장하면 자동으로 발생한다.

흥미롭게도 핫 리스타트를 위한 툴바 아이콘은 나타나지 않지만, 새로 빌드하거나 상태를 지우지 않고 앱을 다시 시작할 수 있다. 원할 때마다 빌드를 트리거할 수 있다(실제로 Run 명령어). 하지만 컴파일 사이클이 진행되므로 속도가 느려진다. 핫 리스타트는 핫 리로드만큼 빠르다. 해야 할 작업이 훨씬 적기 때문이며 거의 동일한 효과를 얻는다. 물론 보류 중인[pending] 코드 변경을 제외하고서다. 이를 위해서는 기본적으로 빌드를 시작하거나 핫 리로드한다.

바라건대 핫 리로드가 얼마나 멋진지, 개발자에게 얼마나 효율적일 수 있는지 확인했으면 한다. 플러터를 알게 될수록 더 고맙게 생각할 것이다.

기본 플러터 애플리케이션 구조

1장에서 다룰 마지막 주제는 여러분을 위해 생성된 애플리케이션의 전체 구조다. 기본 디렉터리 구조는 그림 1-8과 같다.

보다시피 5개의 최상위 디렉터리가 있다.

- **android:** 여기에는 안드로이드 관련 코드, 리소스, 애플리케이션 아이콘, 자바 코드, 그래들[Gradle3] 구성, 임시 리소스 등을 포함한다. 실제로 이는 표준 안드로이드 도구를 사용해 자체적으로 빌드할 수 있는 완전한 안드로이드 프로젝트다. 대부분 경우 icons(android/app/src/main/res 디렉터리에 있고, 각 서브디렉터리가 다른 아이콘 해상도임)에 있는 아이콘만 수정하고 앱의 기능에 따라 안드로이드 관련 애플리케이션 속성을 설정하도록 android/app/src/main 안의 AndroidManifest.xml을 수정한다.

- **ios:** 안드로이드 디렉터리와 마찬가지로 이 디렉터리에는 ios 전용 프로젝트 코드가 있다. 여기서 중요한 내용은 ios/Runner/Assets.xcassets 디렉터리인데, 이곳에 여러분의 앱을 위한 iOS 전용 아이콘이 있고 ios/Runner 안의 Info.plist 파일은 안드로이드용 AndroidManifest.xml과 거의 같은 목적으로 사용한다.

---

3. 그래들은 안드로이드에서 사용하는 빌드 시스템

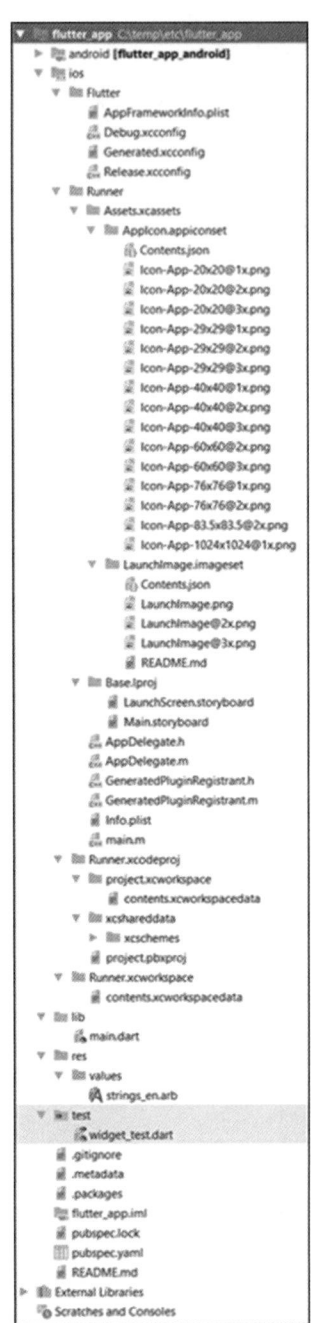

그림 1-8. 기본 플러터 디렉터리 구조

- **lib:** 처음에는 이상하게 보일 수 있지만 lib는 여러분의 애플리케이션 코드가 있는 위치다. 여기서 원하는 대로 코드를 만들거나 디렉터리 구조를 가져갈 수 있지만 진입점 역할을 하는 하나의 파일이 필요하고, 대부분은 main.dart 파일이 될 것이다.
- **res:** 이 디렉터리에는 다국어 앱을 위한 문자열과 같은 리소스가 들어 있다. 이 책에서는 다루지 않을 것이다.
- **test:** 앱 테스트를 실행하는 데 필요한 다트 파일이 있다. 플러터는 이런 테스트를 사용해 위젯의 기능을 확인할 수 있는 위젯 테스터 유틸리티를 제공한다. res 디렉터리와 마찬가지로, 테스트는 플러터 개발의 선택적인 부분이고 이 책의 내용을 보증할 수 있다고 감안할 수 있으므로 다루지 않을 것이다. 테스트는 일반적으로 필수적이지만 플러터 앱 제작을 배우기 전에는 테스트할 것이 없고 이 책은 그 첫 부분에 중점을 둔다.

안드로이드 스튜디오에는 기본적으로 숨겨져 구성 정보를 저장하는 .idea 디렉터리도 있지만 무시할 수 있다. 안드로이드 스튜디오는 인텔리제이 아이디어^{IntelliJ IDEA}를 기반으로 하므로 이름이 나타난다. 또한 안드로이드 스튜디오와 플러터 SDK에서 앱을 빌드하는 데 사용하는 정보가 포함된 숨겨진 build 디렉터리가 있다. 일반적으로 이것을 무시해도 된다.

디렉터리 외에도 프로젝트 루트에 파일이 몇 개 있다. 이 파일들은 일반적으로 lib 디렉터리 이외에 관심을 가질만할 파일들이다. 보통 그 외의 파일들은 알 필요가 없다.

- **.gitignore:** 깃^{Git} 버전 컨트롤은 무시할 파일이 있는 경우 이를 알고자 이 파일을 사용한다. 플러터 앱을 작성할 때 깃 사용은 전적으로 옵션이지만 이 파일은 무조건 생성된다. 소스 제어는 또 다른 중요한 학습 내용이며 이 책에서 다루지 않는 주제이므로 이 파일을 무시해도 된다.

- **.metadata:** 안드로이드 스튜디오가 프로젝트를 추적하는 데이터다. 직접 편집하지 않으므로 무시한다.

- **.packages:** 플러터는 프로젝트 내의 의존성을 관리하고자 자체 패키지 관리자와 함께 제공한다. 이 패키지 관리자를 Pub이라고 하며 이 파일은 프로젝트의 의존성을 추적하는 데 사용한다. 이 파일과 직접 또는 Pub과 직접 상호작용하지 않으므로 무시할 수 있다. 커맨드라인에서 Pub을 직접 사용할 수도 있지만, 안드로이드 스튜디오에서는 대부분 추상화돼 있고 대부분 플러터 SDK 커맨드라인 인터페이스와 함께 제공한다.

- ***.iml:** 이 파일의 이름은 프로젝트의 이름으로 지정되며 안드로이드 스튜디오의 프로젝트 구성파일이다. 직접 편집하지 않으므로 무시한다.

- **pubspec.lock과 pubspec.yaml:** NPM을 사용해 본 적이 있는가? package.json과 그것이 사용하는 package-lock.json 파일에 관해 잘 알고 있는가? 이것들은 같은 역할을 하지만 Pub에서 사용된다. NPM에 익숙하지 않으면 pubspec.yaml은 종속 프로젝트를 포함해 Pub 프로젝트를 설명하는 방법이라고 알면 된다. pubspec.lock 파일은 Pub이 내부적으로 사용하는 파일이다. pubspec.yaml은 편집하게 될 것이지만 pubspec.lock은 편집하지 않을 것이고, 나중에 pubspec.yaml을 더 자세히 살펴본다.

- **README.md:** 원하는 대로 자유롭게 사용할 수 있는 추가 정보 파일이다. 일반적으로 이 마크다운Markdown 파일은 깃허브GitHub와 같은 사이트에서 이 파일이 루트에 있는 저장소를 탐색할 때 프로젝트의 정보를 표시하는 데 사용한다.

지금까지 가장 중요한 파일은 pubspec.yaml이며 편집해야 할 몇 안 되는 파일 중 하나이므로 다른 것을 잊어버리더라도 이것은 기억하라. 나중에 프로젝트에 의존성을 가져와야 할 때 pubspec.yaml을 살펴볼 것이다. 그러나 지금은 생성된 파일로 충분하다.

약간의 추가 세부 사항

ios 디렉터리의 일부 파일을 살펴보면 일부에 'Runner'라는 단어가 표시된다. 이는 릴리스Release를 빌드할 때 플러터 앱이 작동하는 방식의 힌트다. 앞에서 언급했듯이 디버그 모드에서는 코드가 VM에서 실행되므로 핫 리로드가 작동한다. 그러나 출시를 위해 어셈블assembled되면 더는 그렇지 않다. 코드가 네이티브 ARM 코드로 컴파일된다. 실제로 ARM 라이브러리로 컴파일되며 이것이 lib 디렉터리에 코드가 있는 이유다. 폴더 이름이 전혀 잘못된 것은 아니었다.

플러터 엔진의 코드는 애플리케이션 코드에 따라 iOS에서는 LLVM^{Low-Level Virtual Machine} (임의의 프로그래밍 언어로 작성된 프로그램의 컴파일 타임, 링크 타임, 런타임, '유휴 시간' 최적화를 위해 설계돼 C++로 작성된 컴파일러 인프라)으로 AOT^{Ahead-Of-Time} 컴파일되고, 안드로이드에서는 안드로이드 네이티브 개발 키트^{NDK}를 사용해 네이티브 ARM 라이브러리에 컴파일된다. 이 라이브러리는 'runner'라고 부르는 여러분의 코드를 실행하는 네이티브 앱에 포함된다. 앱을 시작하는 방법을 알고 앱에 몇 가지 서비스를 제공하는 여러분의 앱을 감싼 래퍼라고 생각하라. 어떤 면에서 러너는 여전히 VM의 일종이지만 매우 얇다. 도커Docker 컨테이너가 익숙하다면 거의 비슷하다고 생각하면 된다.

마지막으로 runner는 컴파일된 라이브러리와 함께 iOS용 .ipa 또는 안드로이드용 .apk 파일로 패키징되며, 출시 준비가 완료된 완벽한 패키지를 갖게 된다. 앱이 시작되면 runner는 플러터 라이브러리와 앱 코드를 로드하고 그 시점부터 모든 렌더링, 입력/출력, 이벤트 처리가 컴파일된 플러터 앱에 위임된다.

참고

이것은 크로스플랫폼 모바일 게임 엔진이 작동하는 (대부분은 아니지만) 방식과 매우 유사하다. 나는 이전에 애정을 많이 갖고 있는 라이브러리인 코로나 SDK에 관한 책을 썼는데, 사용하는 언어는 다트 대신 루아(Lua)(플러터 팀이 고려했을 만한 언어)지만 유사한 방식으로 동작한다. 구글이 본질적으로 플러터를 만들고자 게임 엔진에서 영감을 받았다는 점은 흥미롭다. 내가 항상 "더 나은 프로그래머가 되려고 기술을 연마하기 위해 해결해야 할 한 가지는 게임을 만드는 것이다."라고 말하는 것을 증명하기 때문이다. 이를 위한 앱 프레임워크가 생겼다. 그리고 아직 살펴보지 않았다면 이 책의 마지막 두 장은 플러터로 게임을 만드는 데 중점을 두고 있다. 나는 '게임 프로그래밍'에 관해 조언하는 것을 좋아하기 때문이다.

요약

1장에서는 플러터 여행을 시작했다. 플러터가 무엇인지, 제공하는 것이 무엇인지, 왜 사용하고 싶어 하는지 배웠다. 그리고 다트와 위젯 같은 중요한 개념을 배웠다. 플러터 코드에서 작업할 수 있도록 개발 환경을 설정하는 방법을 배웠고 매우 간단한 첫 번째 플러터 앱을 만들어 에뮬레이터에서 실행했다.

2장에서는 다트를 더 많이 배우고 훌륭한 기초를 다진다. 머지않아 플러터로 실제 앱을 만들 수 있을 것이다.

2장
다트 제대로 알아보기

1장에서는 구글이 플러터를 지원하고자 선택한 언어인 다트를 간략하게 소개했다. 다트가 제공하는 것의 개괄적이고 간단한 소개였지만, 일부 기본 코드 샘플로 다트가 무엇인지 일반적인 개념을 제공하기에 충분했다.

알다시피 모든 플러터 앱이 다트로 제작됐다는 점을 고려할 때 잘 이해해야 하므로 2장의 모든 내용이 다트를 설명한다. 이 글을 읽으면서 최소한 3장부터는 코드를 시작하기에 충분할 정도로 충분히 다트를 알게 될 것이다(2장의 지식이 여러분의 두뇌에 잘 들어가길 바란다). 좀 더 심도 있게 들어갈 것이지만 2장과 함께 다트의 완전한 그림을 형성하기 때문에 1장의 소개 부분을 떠올려보자.

분명히 말하자면 다트를 철저하게 살펴보지 않을 것이다. 3장 이후에서 애플리케이션 코드를 살펴보면서 설명하지 못한 부분을 채울 수 있겠지만 일부 주제는 거의 사용되지 않거나 매우 전문화돼 있으며, 건너뛰더라도 아무런 문제가 되지 않는다. 실제로 여기에서 다룬 내용은 다트에 관해 알아야 할 것의 거의 95%가 될 것이다. 당연히 다트의 웹 사이트인 www.dartlang.org에서 찾을 수 있는 온라인 다트 문서에는 모든 주제가 있으며, 2장의 내용을 확장하는 경우도 있다. 그러니 다트를 깊게 파고 들고 싶다면 2장을 마친 후 잠시 멈추고 다트의 웹 사이트에 들어가 공부하자.

이제 다트와 가까워지고자 실제적인 기본과 핵심 개념을 이야기하면서 여정을 시작하자.

꼭 알아야 하는 것

현대의 프로그래밍 언어와 마찬가지로 다트는 많은 것을 제공하지만 대부분을 뒷받침하는 몇 가지 핵심 개념이 있다. 다른 언어들과 공통적인 부분도 있지만 플러터를 조금 두드러지게 만드는 것이 있다.

개념을 말하기 전에 멋진 것을 보고 싶은가? 그림 2-1을 보자. 이것은 다트패드 DartPad라고 알려진 것으로, dartlang.org 웹 사이트에서 제공하는 웹 앱이다. 정확하게는 https://dartpad.dartlang.org다.

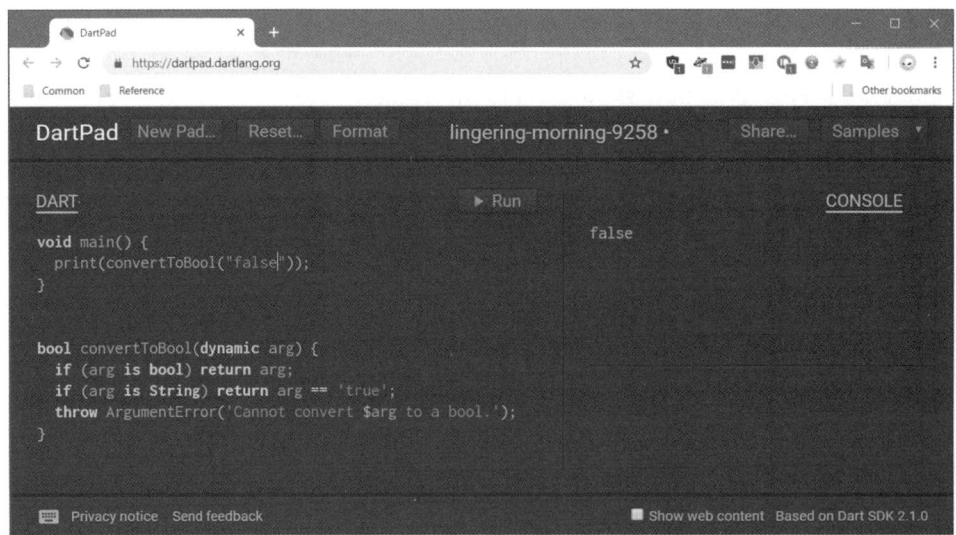

그림 2-1. 플러터패드, 웹에서 다트 코드를 실험하는 놀이터

이 깔끔한 도구를 사용하면 다른 도구를 전혀 설치할 필요 없이 다트 기능 대부분을 실시간으로 실행할 수 있다. 개념을 빠르고 쉽게 테스트할 수 있는 좋은 방법이다. 왼쪽에 코드를 입력하고 실행을 클릭하면 오른쪽에 결과가 표시된다. 빠르고 매우 유용하며 간단하다.

이제 학습을 계속하자.

물론 모든 언어에는 특정한 의미를 내포하고 있어 사용할 수 없는 키워드가 있으며 다트도 예외는 아니다. 이제 키워드를 살펴보자. 나는 가능한 많은 맥락을 제공하고자 적용할 수 있는 관련 개념으로 그룹화하려고 노력했다. 또한 순전히 알파벳 순서의 리스트가 아닌 합리적인 방식으로 순서를 정하려고 노력했다. 따라서 논리적인 순서로 진행하면서 다트 개발자가 알아야 할 많은 개념을 효과적으로 배울 것이다.

참고

이 책은 여러분이 일반적으로 프로그래밍에 관해 초보자가 아니며 C 언어와 비슷한 언어의 경험이 있다고 가정한다. 키워드 중 많은 부분이 여러분이 익숙한 언어와 다르지 않기 때문에 이 절에서 특히 그렇다. 이를 위해 매우 간단한 설명만 제공하며, 다트 고유의 키워드 또는 고유하지 않더라도 최소한 평범하지 않다면 그 개념을 자세히 설명할 것이다.

노코멘트: 주석에 관해

다트에서 주석을 얘기하면서 시작하고 싶다. 일반적으로 개발자들이 주석을 충분히 남기지 않거나 효과적으로 남기지 못한다고 느끼기 때문이다. 사용하기를 좋아하든지 말든지 간에 주석은 프로그래밍의 중요한 부분이다. 따라서 다트는 세 가지 형태의 주석을 제공한다.

첫 번째로 다트는 친숙한 // 문자를 사용해 한 줄 주석을 지원한다. 컴파일러는 이

줄 이후에 나오는 모든 것을 무시한다. 따라서 //는 줄의 첫 번째일 수도 있고 줄 끝에 이런 주석을 놓을 수도 있다.

```
// 사용자의 나이를 정의한다.
int age = 25; // 나이는 25세다.
```

나는 이것이 좋거나 적절한 주석의 예라고 말하지 않겠다. 사실은 정반대다. 다트에서 제공하는 이런 형태의 주석을 보여주고자 예제로 사용한 것이다.

두 번째 타입은 여러 줄로 된 주석이며, 여기서도 다트는 /*와 */ 마커를 사용한다.

```
/*
    이 함수는 Miller-Hawthorne
    계산 방법을 사용해
    계정 잔액을 계산한다.
*/
```

이 두 시퀀스 사이의 모든 것은 무시한다.

다트에서 제공하는 마지막 주석 타입을 문서 주석이라고 한다. 이 주석은 다트 코드에서 문서 생성 도구를 사용할 때 유용한 설명을 제공하도록 설계됐다. /// 또는 /**와 */ 시퀀스를 사용해 한 줄 또는 여러 줄을 사용할 수 있다.

```
/// 이것은 문서 주석이다.
/**
    이것도 역시
    문서 주석이다.
*/
```

다른 타입과 마찬가지로 ///가 있는 줄(줄의 시작이거나 줄의 끝에 고정될 수 있음)은 무시한다. 그러나 예외는 있다. 주석에서 괄호로 묶인 것은 문서화된 프로그램 요소$^{documented\ program\ element}$의 렉시컬 스코프$^{lexical\ scope}$로 해석되는 클래스, 메서드, 필드, 최상위 변수, 함수, 매개변수의 참고로 간주한다. 예를 들면 다음과 같다.

```
class Pet {

  num legs;

  /// 애완동물에게 [Treats]를 준다.
  feed(Treats treat) {
    // 애완동물에게 먹이를 준다.
  }

}
```

여기서 문서가 생성되면 (다트 SDK의 dartdoc 도구로 수행할 수 있는) [Treats] 텍스트는 Treats 클래스의 API 문서에 링크된다(dartdoc가 Pet 클래스의 렉시컬 스코프에서 Treats를 찾을 수 있다고 가정).

> **팁**
>
> 잠시 옆길로 새서 저자의 힘을 빌려 강력하게 말하고 싶다. 제발 여러분이 아닌 다른 사람이 볼 때를 대비해서 코드에 주석을 달고 주석 내용에 신경 써서 작성해줬으면 한다. 여러분밖에 볼 사람이 없다고 하더라도 주석을 잘 작성해 놓으면 몇 년 뒤에 볼 때 정말 유용할 것이다. 프로그래밍 세계에서 주석에 관한 영원한 논쟁이 계속되고 있다. 어떤 사람(코드 자체를 이해(설명)할 수 있도록 만들어야 한다고 생각하는 사람)들은 모든 종류의 주석 작성을 완전히 반대하고, 어떤 사람들은 유용한 주석을 작성하기를 원한다. 나는 후자에 속하며 심지어 좀 더 극단적이다. 나에게 주석은 코드만큼이나 중요하며 다른 사람의 코드를 유지하는 25년의 전문 소프트웨어 개발 경험에 따라 이런 결론에 도달했다. 하지만 '스스로 이해할 수 있는' 코드를 작성하도록 노력해야 하는 것도 맞다. 정말 훌륭한 조언이다. 그러나 일단 그렇게 한 후에는 어쨌든 주석을 남기자. 물론 a++;에 a를 증가시킨다는 주석은 의미가 없으므로 남기지 말자. 이는 포인트를 잘못 잡은 것이다. 의미 있는 주석을 잘 작성해야

한다. 그러나 좋은 코드를 작성하는 것만큼 좋은 주석을 작성하는 데 많은 관심을 기울이지 않으면 적어도 필자의 견해로는 철저하고 정확하게 일을 하지 않는 것이다.

변수

우선 다트의 모든 것은 객체다. 거의 모든 언어와 마찬가지로 다트의 변수는 값이나 무언가에 관한 참조를 저장한다. 일부 언어에서는 숫자와 문자열 같은 기본 요소와 클래스의 인스턴스인 객체 간에 차이가 있다. 다트에서는 그렇지 않다. 모든 것은 객체며 단순한 숫자, 함수, 심지어 `null`도 모든 객체이고 항상 클래스의 인스턴스이며 모두 공통 `Object` 클래스에서 확장한다.

변수 선언과 초기화

다트에서는 두 가지 방법으로 변수를 선언할 수 있다.

```
var x;
```

또는

```
<어떤 특정한 타입> x;
```

이 경우 x가 숫자 타입인 경우에도 x의 값은 `null`이다. 사실상 모든 언어에서처럼 선언과 연결할 변수를 정의하지 않으면 항상 기본값이 된다.

```
var x = "Mel Brooks";
String x = "Mel Brooks";
```

그리고 여기에 흥미로운 것이 있다. var x를 수행하면 다트는 지정된 값에서 타입을 유추한다. 이 경우 x는 문자열에 관한 참조임을 안다. 그러나 String x에서처럼 타입을 명시적으로 선언할 수도 있다. 지역 변수는 var를, 그리고 나머지는 특정 타입(문자열의 경우 String x)의 주석을 선언하라는 스타일 가이드라인이 있는데, 궁극적으로 선호의 영역이다.

또한 세 번째 옵션이 있다.

```
dynamic x = "Mel Books";
```

여기에서 동적 타입 주석은 x가 시간에 따라 참조하는 내용이 변경될 수 있음을 다트에 알려준다. 따라서 나중에 다음과 같이 수행하면 다트는 x가 이제 문자열이 아닌 숫자 값을 가리키고 있다고 불평하지 않는다.

```
x = 42;
```

변수를 선언하는 네 번째이자 마지막 옵션이 있다.

```
Object x = "Mel Brooks";
```

다트의 모든 것이 공통 Object 클래스에서 확장되므로 이 코드도 동작한다. 그러나 2장의 앞부분에서 언급했듯이 중요한 차이점이 있다. 변수가 Object 타입이고 존재하지 않는 참조에 관한 메서드를 호출하려고 하면 컴파일 타임 오류가 발생한다. dynamic을 사용하면 그렇지 않다. 런타임 시에만 문제가 발생한다.

상수와 최종 값

상수와 최종 값은 const와 final 키워드에 관련이 있으며, 둘 다 변수를 상수, 최종 불변 값으로 정의한다.

```
const x = "Mel Books";
```

타입 주석에서도 작동한다.

```
const String x = "Mel Brooks";
```

원하는 경우 final을 대신 사용할 수 있다.

```
final x = "Mel Brooks";
```

그러나 이것은 단지 선호 사항이 아니다. 차이점은 const 변수가 컴파일 타임에 일정하다는 것이다. 즉, 이 값은 런타임 시 어떤 것에도 의존할 수 없다. 따라서 다음과 같이 시도한 경우 작동하지 않는다.

```
const x = DateTime.now();
```

하지만 다음은 동작할 것이다.

```
final x = DateTime.now();
```

본질적으로 final은 한 번만 설정할 수 있지만 런타임에 할 수 있는 반면, const 역시 한 번만 설정할 수 있지만 컴파일 타임에 그 값을 알 수 있어야 한다. const에 관한 마지막 요점은 변수뿐만 아니라 값에도 적용할 수 있다는 점이다. 예를 들어 다음코드는 예상대로 작동한다. 그리고 아직 List가 무엇인지 이야기하지 않았다고 걱정하지 않아도 된다. 곧 나올 예정이며, 여러분이 이해할 수 있다고 확신한다.

```
List lst = const [ 1, 2, 3];
print(lst);
lst = [ 4, 5, 6 ];
print(lst);
lst[0] = 999;
print(lst);
```

초깃값 리스트 (1, 2, 3)이 출력된 다음 새 리스트가 참조돼 (4, 5, 6)이 출력되고 마지막으로 첫 번째 요소가 업데이트돼 다시 (999, 5, 6)이 출력된다. 그러나 lst [0] = 999를 세 번째 줄 이전으로 움직이면 어떻게 될까?

const로 표시된 리스트를 변경하려고 하므로 예외가 발생한다. 이는 다트에서 다소 비정형적이다. 일부 다른 언어에서는 동작하기도 하지만 일반적이지는 않다.

> **참고**
>
> 변수와 기타 식별자는 문자나 밑줄로 시작한 후 문자와 숫자의 조합으로 이어질 수 있다. 물론 원하는 만큼 밑줄을 쓸 수 있다. 밑줄로 시작하는 문자는 특별한 의미가 있다. 다트에서는 자바와 같은 다른 언어에서 볼 수 있듯이 공개(public) 및 비공개(private)와 같은 가시성 키워드가 없지만 밑줄로 시작하는 것은 비공개에서 수행하는 것과 거의 동일하다.

데이터 타입(자료형)

다트는 강력한 타입 언어이지만 흥미롭게도 타입에 주석을 달 필요는 없다. 이는 옵션이며, 주석이 없으면 다트에서 타입 유추를 수행하기 때문이다.

문자열 값

다트는 일련의 UTF-16 코드 단위인 문자열 타입을 제공한다. 작은따옴표나 큰따옴표를 사용해 문자열을 초기화할 수 있다. 문자열은 ${expression} 구문을 사용하는 표현식을 포함할 수 있다. 표현식이 식별자를 나타내는 경우 중괄호를 삭제할 수 있다.

```
String s1 = "Rickety Rocket";
String s2 = "${s1} blast off!";
String s3 = '$s1 blast off!';
print (s2);
print (s3);
```

여기서 큰따옴표와 작은따옴표를 볼 수 있고, 표현식의 두 방식 모두를 확인할 수 있다(때로는 토큰^{token}이라고도 함).

문자열 연결은 많은 언어에서처럼 + 연산자를 사용하거나 다음과 같이 인접한 문자열 리터럴을 사용할 수 있다.

```
return "Skywalker," "Luke";
```

물론 이러한 문자열 리터럴에는 표현식 토큰도 포함할 수 있다.

숫자 값

일반적인 정수 숫자 값의 타입은 int다. 다트 VM에서 값의 범위는 $-2^{63} \sim 2^{63}-1$이다. 다트 코드가 자바스크립트로 컴파일될 때 이 숫자는 자바스크립트 번호의 범위를 취한다. 여기서는 다루지 않는 내용이며, 플랫폼에 따라 64비트보다 크지 않아야 한다.

IEEE 754 표준에 지정된 배정도 부동소수점 숫자는 double 타입이다.

int와 double은 모두 num의 서브클래스이므로 변수를 num w = 5; 또는 num x = 5.5; 뿐만 아니라 int y = 5; 또는 double z = 5.5;로 정의할 수 있다. 다트는 x가 값을 통해 직접 지정한 z와 같이 double이라고 알고 있다.

int와 double 클래스의 toString() 메서드를 사용해 숫자를 문자열로 바꿀 수 있다.

```
int i = 5;
double d = 5.5;
String si = i.toString();
String sd = d.toString();
print(i);
print(d);
print(si);
print(sd);
```

int와 double 클래스의 parse() 메서드를 사용해 문자열을 숫자로 바꿀 수 있다.

```
String si = "5";
String sd = "5.5";
int i = int.parse(si);
double d = double.parse(sd);
print(si);
print(sd);
print(i);
print(d);
```

참고

내 눈에는 조금 이상하지만, String은 대문자로 시작하는 유일한 타입이다. 이유는 잘 모르지만 지금부터 몇 개의 절에서 볼 수 있듯이 Map과 List도 대문자로 시작한다. 그럼에도 불구하고 String은 int 및 double과 같은 좀 더 '내재적인' 데이터 타입임을 염두에 둔다면 같은 범주에 넣어야 하는지는 확실치 않다. 이에 관해 논의는 다음번에 하고, 지금은 일부 데이터 타입은 대문자로 시작하고 일부는 아니라고만 생각하자.

불리언 값

불리언[boolean] 값은 **bool** 타입이며 두 객체에만 불리언 값을 갖는데, **true**와 **false**다 (컴파일 타임 상수).

다트에서 타입 안전성[type safety]은 다음과 같은 코드를 작성할 수 없음을 의미한다.

```
if (some_non_boolean_variable)
```

대신 다음과 같이 작성해야 한다.

```
if (some_non_boolean_variable.someMethod())
```

다시 말해 로직문을 평가할 때 일부 언어에서 할 수 있는 것처럼 '트루시(truthy)'는 불가능하다. 다트에서는 항상 이런 불리언 값 중 하나로 평가해야 한다.

List와 Map

다트의 `List` 클래스는 대부분 언어에서의 배열과 유사하다. 하나의 인스턴스는 자바스크립트와 동일한 구문으로 정의된 값의 목록이다.

```
List lst = [ 1, 2, 3 ];
```

> **참고**
>
> 일반적으로 Map, Set, List 클래스의 인스턴스를 참조할 때 list(및 나중에 set과 map)를 작성하고 실제 클래스를 참조할 때만 대문자를 사용한다.

물론 다음 중 하나를 수행할 수도 있다.

```
var lst1 = [ 1, 2, 3 ];
Object lst2 = [ 1, 2, 3 ];
```

리스트는 0부터 시작하는 인덱스 기법$^{\text{indexing scheme}}$를 사용하므로 `list.length-1`은 마지막 요소다. 다음과 같이 인덱스로 요소에 접근할 수 있다.

```
print (lst[1]);
```

객체인 목록에는 여러 가지 방법이 있다. 2장은 레퍼런스 가이드가 아니므로 모든 내용을 다루지는 않겠다. 특히 대부분은 리스트와 같은 구조를 제공하는 거의 모든 다른 언어에서도 찾을 수 있어 이미 익숙할 것이다. 하지만 간단한 예를 몇 가지 들어보겠다.

```
List lst = [ 8, 3, 12 ];
lst.add(4);
lst.sort((a, b) => a.compareTo(b));
lst.removeLast();
print(lst.indexOf(4));
print(lst);
```

또한 다트는 List와 유사한 Set 클래스를 제공하지만 순서가 없는 목록이므로 인덱스로 요소를 검색할 수 없다. 따라서 `contains()`와 `containsAll()` 메서드를 대신 사용해야 한다.

```
Set cookies = Set();
cookies.addAll([ "oatmeal", "chocolate", "rainbow" ]);
cookies.add("oatmeal"); // No harm, no foul
cookies.remove("chocolate");
print(cookies);
print(cookies.contains("oatmeal"));
print(cookies.containsAll([ "chocolate", "rainbow" ]));
```

contains() 호출은 true를 반환하고, containsAll() 호출은 chocolate이 remove() 됐기 때문에 false를 반환한다. 이미 Set에 있는 값을 add()하더라도 아무런 해가 되지 않는다.

다트에는 Map(때때로 해시[hash], 딕셔너리[dictionary] 또는 자바스크립트에서는 객체 리터럴[object literal]이라고 부르는) 클래스가 있고, 인스턴스는 다음과 같이 몇 가지 방법으로 만들 수 있다.

```
var actors = {
  "Ryan Reynolds" : "Deadpool",
  "Hugh Jackman" : "Wolverine"
};
print(actors);

var actresses = Map();
actresses["scarlett johansson"] = "Black Widow";
actresses["Zoe Saldana"] = "Gamora";
print (actresses);

var movies = Map<String, int>();
movies["Iron Man"] = 3;
movies["Thor"] = 3;
print(movies);
```

```
print(actors["Ryan Reynolds"]);
print(actresses["Elizabeth Olsen"]);
movies.remove("Thor");
print(movies);
print(actors.keys);
print(actresses.values);

Map sequels = { };
print(sequels.isEmpty);
sequels["The Winter Soldier"] = 2;
sequels["Civil War"] = 3;
sequels.forEach((k, v) {
  print(k + " sequel #" + v.toString());
});
```

첫 번째 actors 맵은 중괄호를 사용해 그 안에서 바로 정의된 데이터를 사용한다. 두 번째 actresses 맵은 new 키워드를 사용해 새로운 맵 인스턴스를 명시적으로 만든다. 대괄호 안의 값이 키이고 등호 다음의 값이 해당 키에 매핑되는 값으로 대괄호 표기법을 사용해 요소가 추가한다. 세 번째 버전은 맵에서 키와 값의 타입을 정의할 수도 있음을 보여준다.

```
Movies[3] = "Iron Man";
```

3은 int이므로 컴파일 오류가 발생하지만 키의 타입은 String으로 정의된다(마찬가지로 값 타입은 int로 정의되지만 String을 삽입하려고 한다).

그리고 몇 가지 중요한 방법이 사용되고 있음을 알 수 있다. remove() 메서드는 맵에서 요소를 제거한다. keys와 values의 속성을 읽어 키와 값의 리스트를 얻을 수 있다. 실제로 메서드 호출 후 괄호가 없더라도 '클래스' 절의 뒷부분에서 볼 수 있듯이 게터[getter] 메서드 호출을 의미한다. isEmpty() 메서드는 맵이 비어 있는지를 알려준다(원하는 경우 isNotEmpty() 메서드도 있음). 표시되지는 않았지만 맵은 리스트와 마찬가지로 contains()와 containsAll() 메서드도 제공한다. 마지막으로 forEach() 메서드를 사용하면 맵의 각 요소에 관해 임의의 함수를 실행할 수 있다. 제공한 함수에는 키와 값이 전달된다. 그리고 더 많은 함수가 있기 때문 세부 사항은 아직 걱정하지 말자.

리스트와 마찬가지로 맵에서 사용할 수 있는 많은 유틸리티 메서드가 있지만 앞으로 프로젝트 코드를 살펴보면서 마주하게 될 것이다.

마지막으로 데이터 타입과 관련된 마지막 요점은 특별한 동적(다이내믹) 타입이 있는데, 실제로 다트의 타입 시스템을 신경 쓰지 않아도 된다. 다음과 같이 작성한다고 상상해보자.

```
Object obj = some_object;
```

다트는 `obj`에 `toString()`과 `hashCode()` 같은 메서드를 호출할 수 있다는 것을 알고 있다. 모든 객체가 확장하는 `Object` 클래스에 의해 정의되기 때문이다. `obj.fakeMethod()`를 호출하려고 하면 다트에서 컴파일 타임에 `fakeMethod()`가 `Object` 클래스의 메서드가 아니거나 그 클래스의 인스틴스의 메서드가 아님을 알 수 있으므로 경고가 표시된다. 그러나 다음과 같이 작성한다고 가정해보자.

```
dynamic obj = some_object;
```

이제 `obj.fakeMethod()`를 작성하면 컴파일 타임에 경고가 표시되지 않지만 런타임에 오류가 발생한다. 다트에 다음과 같이 말하는 다이내믹을 생각해보자. "저는 여기 책임자입니다. 저를 믿으십시오. 저는 제가 하는 일이 무엇인지 알고 있습니다." 동적 타입은 일반적으로 인터롭[interop] 행위의 반환값 등과 함께 사용되므로 그다지 많이 접할 수는 없지만, 어떤 객체 타입을 선언하는 것과 근본적으로 다르다는 것을 이해할 필요가 있다.

열거형

고정된 수의 상숫값을 포함하는 객체가 필요한가? 여러 가지 부동형 변수나 본격적인 클래스가 필요하지 않은가? 그런 경우 enum(열거Enumerations의 약자)이 적합하다. 다음과 같은 예제를 살펴보자.

```
enum SciFiShows { Babylon_5, Stargate_SG1, Star_Trek };
```

그리고 다음과 같이 할 수 있다.

```
main() {
  assert(SciFiShows.Babylon_5.index == 0);
  assert(SciFiShows.Stargate_SG1.index == 1);
  assert(SciFiShows.Star_Trek.index == 2);
  print(SciFiShows.values);
  print(SciFiShows.Stargate_SG1.index);
  var show = SciFiShows.Babylon_5;
  switch (show) {
    case SciFiShows.Babylon_5: print("B5"); break;
    case SciFiShows.Stargate_SG1: print("SG1"); break;
    case SciFiShows.Star_Trek: print("ST"); break;
  }
}
```

num의 모든 값에는 암시적 index 게터getter 메서드가 있으므로 항상 주어진 값의 인덱스를 찾을 수 있다(그리고 열거형에서 값이 유효하지 않으면 컴파일 오류가 발생한다). 값의 속성(암시적 게터도 포함)을 통해 enum의 모든 값 목록을 가져올 수도 있다. 마지막으로 enum은 switch문에 특히 유용하며 열거형의 모든 값에 관해 case가 없으면 다트에서 컴파일 오류를 표시한다.

as와 is 키워드

이 두 키워드는 개념적으로는 유사하다. is 키워드를 사용하면 해당 참조가 주어진 타입인지(주어진 인터페이스를 구현하는 경우) 결정하고 주어진 타입 참조를 슈퍼클래스라고 가정해 다른 타입으로 취급할 수 있다. 예를 들면 다음과 같다.

```
if (shape is Circle) {
  print(circle.circumference);
}
```

이 경우 shape에 의한 객체 참조가 Circle 타입인 경우에만 circumference를 print()한다(콘솔에 내용을 기록함).

반대로 다음과 같이 사용할 수 있다.

```
(shape as Circle).circumference = 20;
```

여기서 shape가 Circle인 경우 예상대로 작동하고 shape Circle에 캐스트[cast, 형 변환]할 수 있다면 작동할 것이다(예, shape는 Circle의 서브클래스인 Oval 타입일 수 있다). 그러나 is의 예에서는 shape가 Circle이 아닌 경우 아무 일도 일어나지 않지만, as의 예에서는 shape를 Circle로 캐스트할 수 없으면 예외가 발생한다.

흐름 제어(및 논리) 구조

다트에는 몇 가지 논리와 흐름 제어문, 생성자가 있으며, 대부분 프로그래밍 경험이 있는 사람에게 친숙할 것이다.

루프

다트에서의 루프loop에는 이미 익숙한 for, do, while이 있다.

```
for (var i = 0; i < 10; i++) {
  print(i);
}
```

대상 클래스가 반복 가능한 경우 for-in 타입도 있다.

```
List starfleet = [ "1701", "1234", "1017", "2610", "7410" ];
main() {
  for (var shipNum in starfleet) {
    print("NCC-" + shipNum);
  }
}
```

List는 반복 가능한 클래스 중 하나이므로 잘 작동한다. 더 함수적인 스타일을 선호한다면 forEach를 사용할 수 있다.

```
main() {
  starfleet.forEach((shipNum) => print("NCC-" + shipNum));
}
```

참고

위의 구문이 다소 생소한 경우 이런 기능에 매달리지 말라. 일부 절에서만 이런 구문을 볼 것이며, 수행 시에 빠르게 알아차리자.

do와 while 루프는 do-while와 while-do의 일반적인 두 가지 타입을 제공한다.

```
while (!isDone()) {
  // 무언가 한다.
}

do {
  showStatus();
} while (!processDone());
```

대부분 다른 언어에서와 마찬가지로 continue 키워드는 다트에서도 사용할 수 있어 루프 구조에서 다음 반복으로 건너뛸 수 있다. 루프에서 일찍 나가는 break 키워드도 있다(switch 구조에서도 동일함).

switch문

다트는 switch 구조도 제공하며, 대부분 언어처럼 4개의 키워드가 함께 동작해 switch문을 구성한다.

```
switch (someVariable) {
  case 1:
    // 무언가 한다.
  break;
  case 2:
    // 다른 무언가 한다.
  break;
  default:
    // 1과 2가 아닐 때
  break;
}
```

다트의 switch문은 정수 또는 문자열 타입을 처리할 수 있으며 비교하는 객체는 동일한 타입이어야 하고(여기서는 서브클래스가 허용되지 않는다) 클래스는 == 연산자를 재정의해서는 안 된다.

if문

마지막으로 기본적인 흐름 제어 요소이기 때문에 여러분이 가장 좋아하는 논리 문장인 if도 다트에 있고, 많이 사용하게 될 것이다. 그렇지 않은가? 다트에서 조건식은 항상 불리언 값으로 평가돼야 하며, 다른 것은 허용되지 않는다. 그리고 다음과 같이 쓸 수 있다.

```
if (mercury == true || venus == true ||
  earth == true || mars == true
){
  print ("It's an inner planet");
} else if (jupiter || saturn || uranus || neptune) {
  print ("It's an outer planet");
} else {
  print("Poor Pluto, you are NOT a planet");
}
```

수성, 금성, 지구, 화성이 불리언 타입인 경우 if(mercury || venus || earth || mars)로 쓸 수도 있다.

void

대부분 언어에서 함수가 아무것도 반환하지 않으면 함수 앞에 void를 배치해야 한다. void 키워드를 지원하는 다트에서는 그렇게 할 수 있지만 반드시 그럴 필요는 없다.

그러나 다트에서는 void가 조금 신기한 면이 있다.

우선 함수가 명시적으로 아무것도 반환하지 않으면 반환 타입을 완전히 생략할 수 있다. 대부분 언어처럼 빈칸 앞에 공백을 두지 않아도 된다(원하는 경우에는 자유롭게 할 수 있다). 이런 경우 내재된 반환은 null로, 함수의 끝에 추가한다. 이것이 지금까지 모든 코드 샘플의 경우다.

함수 앞에 void를 넣고 어떤 것이라도 반환하려고 하면 컴파일 타임 오류가 발생한다. 이는 쉽게 이해되지만 null을 반환하려고 시도하면 오류가 생기지 않는다. 또한 void 함수(함수 앞에 void가 있는 것)를 반환할 수도 있다. 아래에서 조금 이상한 부분을 살펴보자.

```
void func() { }

class MyClass {
  void sayHi() {
    print("Hi");
    dynamic a = 1;
    return a;
  }
}

main() {
  MyClass mc = MyClass();
  var b = mc.sayHi();
  print(b);
}
```

sayHi()가 void 함수일 때 a를 반환하면 오류가 발생할 것으로 예상한다. 하지만 오류가 발생하지 않고 컴파일된다. print(b) 줄을 제외하고는 컴파일될 것이다. 이 줄에서 컴파일 타임 오류가 발생할 수 있고, 다트가 void 함수에서 반환된 것을 사용할 수 없기 때문이다. var b = mc.sayHi(); 줄이 문제없이 컴파일되고 실행되더라도 다트에서는 이런 부분이 까다롭다.

그렇다. void는 다트에서 약간 이상하다. 따라서 특별히 필요하지 않은 한 void를 사용하지 않는 것이 좋다.

그러나 void는 반환 타입만을 위한 것이 아니다. 일반 타입의 매개변수에서 void를 사용해 Object와 같은 의미로 처리할 수 있다.

```
main() {
  List<void> l = [ 1, 2, 3 ]; // Equivalent to List<Object> = [ 1, 2, 3 ];
  print(l);
}
```

이렇게 할 수 있는 이유는 '비동기 코드' 절에서 다룰 것이다.

연산자

다트에는 사용할 수 있는 강력한 연산자가 있고, 표 2-1에 나와 있는 것처럼 대부분 익숙할 것이다.

표 2-1. 다트 연산자

연산자	의미
+	덧셈
-	뺄셈
-expr	단항 접두사(일명 부정/반대 표현의 부호)
*	곱하기
/	나누기
~/	나누기, 정수 결과 반환
%	정수 나누기의 나머지(모듈로).

(이어짐)

연산자	의미
++var	접두사 증가, var = var + 1(표현식 값은 var + 1)과 동일
var++	접미사 증가, var = var + 1(표현식 값은 var)
--var	접두사 감소, var = var - 1(표현식 값은 var - 1)
var--	접미사 감소, var = var - 1(표현식 값은 var)
!=	같지 않음
>	보다 큼
<	보다 작음
>=	이상
<=	이하
=	대입
&	논리적 AND
|	논리적 OR
^	논리적 XOR
~expr	단항 비트 보수(0은 1이 되고 1은 0이 됨)
<<	왼쪽 이동
>>	오른쪽 이동
a? b : c	삼항 조건식
a ?? b	이진 조건식: a가 null이 아닌 경우 a를 반환하고, 그렇지 않으면 b를 반환
..	캐스케이드 표기(cascade notation)
()	함수 애플리케이션
[]	리스트 접근
.	멤버 접근

== 연산자의 참고 사항: ==는 객체가 아니라 값을 검사한다. 두 변수가 정확히 동일한 객체를 참조하는지 테스트해야 하는 경우 same() 전역 함수를 사용하라.

if(a == b)에서처럼 == 연산자를 사용할 때 둘 다 null인 경우 true가 반환되고 둘 중 하나인 경우 false가 반환한다. 이 표현식이 실행될 때 첫 번째 피연산자의 ==() 메서드(그렇다. ==는 메서드의 이름이다)가 실행된다.

따라서 다음과 같은 코드가 있을 때

```
if (a == b)
```

다음과 같다.

```
if (a.==(b))
```

= 연산자의 참고 사항: ??= 연산자도 있는데 피연산자가 null인 경우에만 할당을 수행한다.

= 연산자의 또 다른 참고 사항: 연산과 할당을 동시에 하는 복합 연산자에는 다음과 같은 것들이 있다.

```
-=    /=    %=    >>=    ^=    +=    *=    ~/=    <<=    &=    |=
```

. 연산자의 참고 사항: ?로 작성된 조건부 버전도 있다. null일 수 있는 무언가의 멤버에 접근할 수 있게 한다.

아래 코드를 예로 살펴보자.

```
var person = findPerson("Frank Zammetti");
```

person이 null인 경우 print(person?.age)를 작성하면 null 포인터 오류가 발생하지 않는다. 이 경우 결과는 null로 출력되지만 오류는 나지 않는다. 이것이 핵심이다.

.. 연산자의 참고 사항: 다음과 같은 코드를 사용할 수 있다.

```
var person = findPerson("Frank Zammetti");
obj.age = 46;
obj.gender = "male";
obj.save();
```

위 코드 대신 다음과 같이 쓸 수 있다.

```
findPerson("Frank Zammetti")
   ..age = 46
   ..gender = "male"
   ..save();
```

선호하는 스타일을 사용하라. 다트는 어느 쪽이든 상관하지 않는다. 클래스는 사용자 정의 연산자를 정의할 수도 있지만 클래스가 무엇인지 먼저 이야기하지 않는 한 큰 가치가 없다. 이제 시작해보자.

다트에서의 객체지향

다트는 객체지향적이므로 클래스와 객체를 다룬다. 클래스 정의는 다음과 같이 간단하다.

```
class Hero { }
```

이거면 충분하다.

인스턴스 변수

이제 클래스에는 종종 다음과 같이 인스턴스 변수(또는 멤버, 필드, 속성이 모두 동의어)가 있다.

```
class Hero {
  String firstName;
  String lastName;
}
```

값으로 초기화하지 않은 인스턴스 변수는 null 값으로 시작한다. 다트는 각 변수를 위해 게터^{getter}(접근자) 메서드를 자동으로 생성하고 마지막^{final} 변수가 아닌 변수를 위해 세터^{setter}(설정자) 메서드도 생성한다.

인스턴스 변수도 정적으로 표시할 수 있으므로 클래스를 인스턴스화하지 않고 사용할 수 있다.

```
class MyClass {
  static String greeting = "Hi";
}

main() {
  print(MyClass.greeting);
}
```

MyClass 인스턴스를 만들지 않고 'Hi'를 출력한다.

메서드

클래스에는 메서드라는 멤버 함수가 있을 수 있다.

```
class Hero {
  String firstName;
  String lastName;
  String sayName() {
    return "$lastName, $firstName";
  }
}
```

다음 절에서 더 자세히 함수를 살펴볼 것이다. 그러나 이미 일반적인 함수는 잘 알고 있을 것이다. 그렇지 않다면 이 책은 어느 정도의 현대적인 프로그래밍 경험이 있다고 가정하고 설명하기 때문에 이 책으로 시작하는 것은 좋지 않을 것이다. 여기서 반환 키워드는 함수(또는 클래스의 일부인 경우 메서드)에서 호출자에게 값을 반환한다는 것을 이해하라. 이제 다음과 같이 호출할 수 있는 **sayName()** 메서드가 있다고 가정하자.

```
main() {
  Hero h = new Hero ();
  h.firstName = "Luke";
  h.lastName = "Skywalker";
  print(h.sayName());
}
```

여기서 h.firstName = "Luke";가 동작함으로써 세터setter 메서드가 실제로 우리를 위해 만들어졌음을 보여준다.

거의 모든 객체지향 언어에서처럼 new 키워드는 앞 코드에서 볼 수 있듯이 주어진 타입의 객체를 인스턴스화한다. 그러나 다트에서 new 키워드는 옵션이다. 따라서 앞 코드 외에도 다음과 같이 쓸 수 있다.

```
var h = Hero();
```

솔직히 말해 이런 방식은 내가 다트에 익숙해지기까지 가장 이상한 것 중 하나였다. 어떤 것이 더 낫다고 말하기 어렵기 때문에 자신에게 가장 적합한 방식을 선택해서 작성하라.

변수가 할 수 있는 것처럼 메서드를 정적으로 표시할 수도 있다.

```
class MyClass {
  static sayHi() {
    print("Hi");
  }
}
main() {
  MyClass.sayHi();
}
```

정적 변수 예제와 마찬가지로 이 코드는 다시 'Hi'를 출력하지만 이번에는 MyClass를 먼저 인스턴스화하지 않고 sayHi()를 호출한다.

생성자

클래스에는 종종 생성자가 있다. 이는 인스턴스가 생성될 때 실행되는 특수 함수다. 생성자를 추가하는 것은 간단하다.

```
lass Hero {
  String firstName;
  String lastName;
```

```
  Hero(String fn, String ln) {
    firstName = fn;
    lastName = ln;
  }
  String sayName() {
    return "$lastName, $firstName";
  }
}
```

생성자는 항상 클래스와 이름이 같으며 반환 타입이 없다. 테스트 코드는 다음과 같을 것이다.

```
main() {
  Hero h = new Hero("Luke", "Skywalker");
  print(h.sayName());
}
```

그러나 방금처럼 인스턴스 변숫값을 설정하는 생성자는 일반적인 패턴이므로 다트에는 다음과 같이 간단한 생성자 타입이 있다.

```
class Hero {
  String firstName;
  String lastName;
  Hero(this.firstName, this.lastName);
  String sayName() {
    return "$lastName, $firstName";
  }
}
```

this 참조

this 키워드는 생성자 여부와 관계없이 코드 블록을 실행하는 클래스의 현재 인스턴스를 참조한다. 일반적으로 이름 충돌이 있을 때만 this를 사용해야 한다. 예를 들면 다음과 같다.

```
class Account {
  int balance;
  Account(int balance) {
    this.balance = balance;
  }
}
```

그러나 변수 이름을 이런 식으로 따로 가려야 하는지 철학적 논쟁(개인적으로는 그렇게 하지 말라고 한다. 나라면 balance 인수를 inBalance 또는 클래스 수준의 balance와 다른 것으로 이름을 지을 것이다)이 있지만, 이런 경우 더욱 명확하게 하고자 바로 앞 코드처럼 생성자 타입이 필요하다.

앞에서 보여준 Hero 클래스들과 같이 클래스가 생성자를 정의하지 않으면 다트는 슈퍼클래스(여기서는 암시적으로 Object다)의 인수 없는 생성자를 호출하는 기본적인 인수 없는 생성자를 생성한다. 또한 서브클래스는 생성자를 상속하지 않는다.

생성자는 factory 키워드로 표시할 수도 있다. factory 키워드는 생성자가 클래스의 인스턴스를 반환하지 않을 때 사용한다. 대부분 OOP 언어의 특수한 기능이기 때문에 이상하게 들릴 수 있지만 다음과 같은 경우에 발생할 수 있다. 예를 들어 이미 생성된 객체의 캐시에서 클래스의 기존 인스턴스를 반환하고 기본적으로 새 객체를 생성하지 않으려고 할 때 사용한다. factory 생성자는 클래스 자체가 아닌 서브클래스의 인스턴스를 반환할 수도 있다. factory 생성자는 다른 생성자와 똑같이 작동하며 this 참조에 접근할 수 없다는 점만 다르다.

서브클래스

서브클래스를 언급했는데, 어떻게 정의하면 좋을까? 사실은 쉽다.

```
class Hero {
  String firstName;
  String lastName;
  Hero.build(this.firstName, this.lastName);
  String sayName() {
    return "$lastName, $firstName";
  }
}

class UltimateHero extends Hero {
  UltimateHero(fn, ln) : super.build(fn, ln);
  String sayName() {
    return "Jedi $lastName, $firstName";
  }
}
```

서브클래스로 만들려는 이름 뒤에 extends를 붙이면 한다.

그러나 여기서는 좀 더 흥미로운 부분이 있다. 먼저 명명된 생성자의 개념이다. Hero 클래스를 자세히 살펴보자. Hero.build() 메서드가 보이는가? 이것 역시 생성자이지만, 명명된 생성자라고 한다. 명명된 생성자가 필요한 이유는 UltimateHero 클래스에서 생성자가 상속되지 않아 하나를 제공해야 하기 때문이다. 그러나 Hero.build()를 다시 쓴다면 코드를 반복하는 것 외에는 아무런 의미가 없다("스스로 반복하지 말자" 원칙). 그렇다면 부모 클래스에서 생성자를 어떻게 호출할까? UltimateHero(fn, ln) 생성자 뒤의 super.build(fn, ln);으로 할 수 있다.

super 키워드를 사용하면 부모 클래스에서 메서드를 호출하거나 변수에 접근할 수 있다. 그러나 이름을 지정하지 않고 생성자를 호출하는 방법은 없다. 다시 말해 다른 많은 언어에서 작동하는 super(fn, ln)은 다트에서 작동하지 않는다. 그러나 콜론 구문을 사용해 명명된 생성자를 호출하면서 문제를 해결할 수 있다.

게터와 세터

이제 모두 살펴봤으므로, 게터getter와 세터setter의 개념으로 돌아가자. 알다시피 내재적으로 생성된 것을 제외하고는 새로운 인스턴스 변수를 즉석에서 생성할 수 있다. 이를 위해 다트는 **get**과 **set** 키워드를 제공한다.

```
class Hero {
  String firstName;
  String lastName;
  String get fullName => "$lastName, $firstName";
  set fullName(n) => firstName = n;
  Hero(String fn, String ln) {
    firstName = fn;
    lastName = ln;
  }
  String sayName() {
    return "$lastName, $firstName";
  }
}
```

fullName 필드가 있다. 액세스하려면 sayName()이 제공하는 것과 같이 lastName과 firstName을 연결해야 한다. 직접 입력하려고 하면 firstName 필드를 덮어쓴다. 테스트해보자.

```
main() {
  Hero h = new Hero("Luke", "Skywalker");
  print(h.sayName());
  print(h.fullName);
```

```
  h.fullName = "Anakin";
  print(h.fullName);
}
```

출력은 다음과 같다.

```
Skywalker, Luke
Skywalker, Luke
Skywalker, Anakin
```

이렇게 되는 이유를 이해하길 바란다.

인터페이스

다트는 대부분 다른 객체지향 언어와 마찬가지로 클래스와 인터페이스의 개념을 구별하지 않는다. 대신 다트 클래스도 암시적으로 인터페이스를 정의한다. 따라서 UltimateHero 클래스를 다음과 같이 다시 구현할 수 있다.

```
class UltimateHero implements Hero {
  @override
  String firstName;
  @override
  String lastName;
  UltimateHero(this.firstName, this.lastName);
  String sayName() {
    return "Jedi $lastName, $firstName";
  }
}
```

여기서 @override는 메타데이터 어노테이션이지만 나중에 설명하겠다. 지금은 표시된 두 필드에 관한 슈퍼클래스의 게터와 세터를 재정의하고 있음을 다트에게 알려주며, 그렇지 않으면 오류가 발생한다고 이해하면 된다. 이렇게 변경함으로써 생성자도 변경해줘야 한다. 지금은 클래스를 확장하고 있지 않으므로 `Hero.build()` 생성자로 접근할 수 없기 때문이다. 생성자가 상속되지 않고 인터페이스도 구현한다는 것은 인터페이스를 제공하는 클래스의 동작에 접근할 수 없다는 것을 의미하기 때문에 단지 새로운 클래스가 인터페이스에 의해 계약상 의무가 있는 것과 동일한 기능을 제공한다고 말하고 있다. 따라서 대신 Hero의 내용을 모방한 생성자가 된다. 다른 변경 사항은 이제 확장하고자 implements 키워드를 교체하는 것이다. 따라서 이제 확장하기보다는 Hero 클래스에서 정의한 인터페이스를 구현하고 있다.

팁

implements와 extends의 차이는 무엇인가? 많은 사람이 OOP 세계에서 묻는 말이다. 어떤 사람은 미리 구조를 모델링하고 구현하는 implements가 더 깔끔하다고 생각한다. 반대편 사람은 클래스의 계층 구조가 더 적절한 OOP라 생각하고 extends를 선호한다. 관점이 무엇이든 하나의 핵심 요점을 이해하라. 둘은 동등한 개념이 아니며 다트에서 자바 및 다른 많은 OOP 언어와 마찬가지로 단일 클래스만 직접 확장(extend)할 수 있지만 원하는 만큼 많은 인터페이스를 구현(implement)할 수 있다. 따라서 여러 클래스를 모방한 API를 제공하는 클래스를 만드는 것이 목표일 경우 구현하면 된다. 그렇지 않으면 확장을 하며 시간을 낭비할 것이다.

추상 클래스

다음으로 abstract를 살펴보자. 이 키워드는 다음과 같이 추상 클래스를 나타낸다.

```
abstract class MyAbstractClass {
    someMethod();
}
```

MyAbstractClass는 인스턴스화할 수 없으며 대신 인스턴스화할 수 있는 구체적인 클래스로 확장해야 한다. 추상 클래스 내부의 메서드는 구현을 제공하거나 자체적으로 추상적일 수 있고, 이 경우 항상 서브클래스에 의해 구현돼야 한다. 여기서 someMethod()는 추상으로 간주되지만 (메서드 내용이 없기 때문에) 대신 다음과 같이 할 수 있다.

```
abstract class MyAbstractClass {
  someMethod() {
   // 무언가 한다.
  }
}
```

이 경우 someMethod()는 기본 구현과 서브클래스를 갖게 된다. 따라서 원하지 않는 경우 제공할 필요가 없다.

클래스 확장, 인터페이스 구현, 추상 클래스 외에도 다트는 믹스인[mixin] 개념을 제공하고 여기서 with 키워드를 사용한다.

```
class Person { }

mixin Avenger {
  bool wieldsMjolnir = false;
  bool hasArmor = false;
  bool canShrink = true;
  whichAvenger() {
    if (wieldsMjolnir) {
      print("I'm Thor");
    } else if (hasArmor) {
      print("I'm Iron Man");
    } else {
      print("I'm Ant Man");
    }
  }
}
```

```
}
class Superhero extends Person with Avenger { }
main() {
  Superhero s = new Superhero();
  s.whichAvenger();
}
```

Person과 Superhero라는 두 개의 클래스와 Avenger라는 믹스인이 있다(정의 전에 나오는 mixin 키워드를 기반으로 알고 있음). Person과 Superhero는 빈 클래스다. 즉, whichAvenger()의 호출은 다른 곳에서 가져와야 한다. 말하자면 Superhero 클래스 정의에서 with Avenger을 적시해 'Superhero 클래스에 Avenger 믹스인을 혼합'한 것이다. 이제 Avenger 믹스인에 있는 모든 것이 Superhero에도 표시되며 테스트 코드는 예상대로 작동한다.

가시성

자바와 기타 여러 OOP 언어에서는 일반적으로 public, private, protected와 같은 키워드를 사용해 클래스 멤버에 액세스 코드가 무엇인지 지정해야 한다. 다트는 다르다. 밑줄로 시작하지 않으면 모든 것이 공개되고, 밑줄로 시작하면 라이브러리나 클래스에서 private으로 표시한다.

연산자

스티브 잡스가 말했듯이 '한 가지 더!'

다트가 제공하는 다양한 연산자 중 <, >, <=, >=, -, +, /, ~/, *, %, |, ^, &, <<, >>, [], []=, ~, ==는 특별하다(쉼표와 마침표는 연산자가 아니다). 어떻게 특별할까? 연산자 키워드를 사용해 클래스에서 재정의할 수 있는 유일한 것들이다.

```
class MyNumber {
  num val;
  num operator + (num n) => val * n;
  MyNumber(v) { this.val = v; }
}

main() {
  MyNumber mn = MyNumber(5);
  print(mn + 2);
}
```

MyNumber 클래스는 + 연산자를 재정의한다. 이 클래스 인스턴스의 현재 값은 + 연산자를 재정의하는 함수 덕분에 더해지는 대신 곱해진다. 따라서 + 연산자에서 일반적으로 예상하는 것처럼 7을 출력하는 대신 main()을 실행하면 print()문에서 재정의된 + 연산자 다음에 2를 곱해 mn인 5를 곱하기 때문에 대신 10을 출력한다.

유일하게 다른 것은 == 연산자를 재정의하면 클래스의 hashCode 게터도 재정의해야 한다는 것이다. 그렇지 않으면 동등성을 확실하게 보장할 수 없다. 휴, 내용이 참 많았다. 그러나 다트의 클래스와 객체에 관해 알아야 할 대부분 내용을 다뤘을 것이다.

함수와 놀기

다트에서 함수는 일급 시민first-class citizens[1]이며 고유한 타입을 갖는다. 즉, 함수에 변수를 할당하고 매개변수로 전달할 수 있으며 독립 실행형 엔티티도 될 수 있다. 이미 알고 있는 주요 독립 실행형 함수가 하나 있는데 이것이 main()이다.

다트의 함수는 편리한 점도 있다. 명명된 매개변수를 가질 수 있고, 선택적 매개변

---

1. 다른 객체들에 일반적으로 적용 가능한 연산을 모두 지원하는 객체 – 옮긴이

수를 가질 수도 있다. 명명된 매개변수를 사용하든 순전히 위치(일반적인 매개변수 목록 스타일)를 사용하든 선택적 매개변수를 사용할 수 있지만 두 스타일을 혼합할 수는 없다. 매개변수에 관해 기본값을 가질 수도 있다. 다음 코드를 참조하라.

```
greet(String name) {
  print("Hello, $name");
}

class MyClass {
  greetAgain({ Function f, String n = "human" }) {
    f(n);
  }
}

main() {
  MyClass mc = new MyClass();
  greet("Frank");
  mc.greetAgain( f : greet, n : "Traci" );
  mc.greetAgain( f : greet);
}
```

위의 코드에서 대부분을 볼 수 있다. 먼저 독립형 greet() 함수가 있다. 그다음 greetAgain() 메서드가 있는 클래스가 있다. 이 메서드는 명명된 매개변수 리스트를 받아들이고 해당 매개변수 중 하나는 함수다. 또한 n 매개변수의 기본값이 human으로 정의된 것을 참고하라. 그런 다음 함수 내부에서 f가 참조하는 함수를 호출해 n을 전달한다. 다시 말해 f 매개변수의 값으로 전달된 함수는 Function으로 어노테이션되므로 f 참조를 사용해 호출할 수 있다.

이제 main() 함수에서 greet()를 호출해 컴퓨터에 hello라고 말하게 한다. 그런 다음 MyClass 인스턴스 mc의 greetAgain() 메서드를 호출한다. 이번에는 명명된 매개변수를 전달하고 f 매개변수의 값은 greet() 함수에 관한 참조다. 두 번씩 보여줌으로써 이름을 전달하지 않으면 어떻게 작동하는지 알 수 있으며, 일반적인 human에게 인사할 것이다.

참고

많은 언어에서 함수에 전달하는 데이터를 인수(argument)라고 한다. 솔직히 나는 인수를 사용해 왔지만 다트 언어 문서에서는 매개변수(parameter)를 선호하는 것 같다. 때때로 내가 인수와 매개변수라는 용어를 혼용하기도 하겠지만, 이 책에서는 같은 의미다.

불행하게도 이 글을 쓰는 시점에는 DartPad가 라이브러리 가져오기를 허용하지 않는다. greetAgain()에서 f 매개변수 앞은 아니지만, n 매개변수 앞에 @required 어노테이션을 사용해야 한다. 이 코드를 DartPad에서 사용해보고 싶을 수 있으므로 어노테이션을 생략했다. 또한 위치 매개변수를 사용할 때는 @required를 사용하지 않고 선택적 매개변수를 대괄호로 묶는다.

대부분 함수에는 이름이 있지만 반드시 그럴 필요는 없고 익명일 수도 있다.

예를 들어 다음과 같다.

```
main() {
  var bands = [ "Dream Theater", "Kamelot", "Periphery" ];
  bands.forEach((band) {
    print("${bands.indexOf(band)}: $band");
  });
}
```

List 객체 bands의 forEach() 메서드에 전달된 함수가 있지만 이름이 없고 결과적으로 forEach()를 실행하는 동안만 존재한다.

함수에서 중요한 부분은 함수의 범위다. 다트는 '어휘 범위' 언어로 간주되는데, 주어진 것(대부분 변수)의 범위가 코드 자체의 구조에 의해 결정됨을 의미한다. 해당 항목이 중괄호로 묶인 경우 해당 범위 내에 있고 해당 범위가 아래쪽으로 확장한다. 예를 들어 중첩된 함수가 있는 경우(예, 다트에서 완전히 수행할 수 있는 다른 기능) 중첩이 더 깊어진다. 해당 요소들은 여전히 위의 모든 것에 접근할 수 있다. 다음 예제를 통해 이를 확인하자.

```
bool topLevel = true;

main() {

  var insideMain = true;

  myFunction() {

    var insideFunction = true;

    nestedFunction() {
      var insideNestedFunction = true;
      assert(topLevel);
      assert(insideMain);
      assert(insideFunction);
      assert(insideNestedFunction);
    }
  }
}
```

nestedFunction()은 최상위 레벨까지 모든 변수를 사용할 수 있다. 또한 다트는 함수가 원래 범위 밖에서 사용되는 경우에도 함수가 어휘 범위를 캡처하거나 '둘러쌀' 수 있도록 함수를 사용한 클로저 개념을 지원한다. 다시 말해 함수가 변수에 접근할 수 있는 경우 함수가 실행될 때 변수가 있는 범위가 더 '사용 중'이 아니더라도 함수는 해당 변수를 '기억'한다. 예를 들어 다음과 같다.

```
remember(int inNumber) {
  return () => print(inNumber);
}

main() {
  var jenny = remember(8675309);
  jenny();
}
```

여기에서 전달되지는 않았지만 jenny()를 호출하면 8675309가 출력된다. 이는 jenny()에 remember()의 어휘 범위가 포함돼 있고 참조가 캡처될 때 실행 콘텍스트(참조를 가져올 때 remember() 호출에 전달된 값 포함)가 포함되기 때문이다. 이전에 본 적이 없다면 이 부분이 혼란스럽겠지만 내 경험으로는 다트에서 클로저를 많이 사용할 필요가 없다. 자바스크립트에서는 항상 나타는 것과 비교했을 때 좋은 소식이다.

또한 다트는 기능을 정의하는 화살표 표기법이나 람다 표기법을 지원한다. 따라서 다음은 같은 표현이다.

```
talk1() { print("abc"); }
talk2() => print("abc");
```

assert

assert 키워드는 대부분 다른 언어와 유사하며 프로덕션 빌드에는 사용하지 않는다. 주어진 불리언 조건이 거짓인 경우 정상적인 흐름을 방해하고 이 경우 AssertionException을 발생시키는 데 사용한다. 예를 들면 다음과 같다.

```
assert (firstName == null);
assert (age > 25);
```

선택적으로 다음과 같이 메시지를 assert에 첨부할 수 있다.

```
assert (firstName != null, "First name was null");
```

시간 초과: 비동기

요즘은 비동기 프로그래밍이 기본이다. 모든 언어의 모든 곳에서 그러하며 다트도 예외는 아니다. 다트에서 비동기에 관련된 핵심 클래스는 Future와 Stream이며, async 및 await 키워드와 함께 사용한다. 두 클래스 모두 한참 걸리는 작업이 시작될 때 비동기 함수가 반환하는 객체지만 완료되기 전에 프로그램이 다른 작업을 계속하면서 결과를 기다린 후 결과가 다시 오면 중단된 부분에서 계속할 수 있다.

Future를 반환하는 함수를 호출하려면 await 키워드를 사용한다.

```
await someLongRunningFunction();
```

이게 전부다. 코드는 이 줄에서 someLongRunningFunction()이 완료될 때까지 멈출 것이다. 프로그램은 오랫동안 실행되는 작업에 의해 차단되지 않고 다른 작업을 계속 수행할 수 있다. 예를 들어 버튼 클릭에 관한 이벤트 핸들러가 실행되면 someLongRunningFunction()이 동기화된 경우 차단한다.

async 함수는 본문 정의 앞에 async 키워드로 표시해야 하며 반드시 Future를 반환해야 한다.

```
Future someLongRunningFunction() async {
    // 한참 걸리는 무언가를 한다.
}
```

중요한 정보가 하나 더 있다. `someLongRunningFunction()`을 호출하는 함수는 async로 표시해야 한다.

```
MyFunction() async {
  await someLongRunningFunction();
}
```

단일 비동기 함수에서 원하는 만큼 동일하거나 다른 함수를 await할 수 있고, 실행은 각 함수에서 일시 중지한다.

참고

async와 await를 사용하지 않고도 똑같은 일을 할 수 있는 Future API도 있다. 하지만 async/await를 대부분 더 우아한 접근법으로 간주하기 때문에 Futher API는 다루지 않겠다. 궁금한 점이 있다면 해당 API를 참고하자.

스트림은 거의 같은 방식으로 처리되지만 스트림에서 데이터를 읽으려면 비동기 for 루프를 사용해야 한다.

```
await for (varOrType identifier in expression) {
  // 스트림이 값을 방출할 때마다 실행한다.
}
```

이 둘의 차이점은 단순히 Future를 사용하면 오랫동안 실행되는 함수에서 해당 기능이 완료될 때까지는 반환이 발생하지 않지만 시간이 오래 걸린다. Stream을 사용하면 함수는 시간이 지남에 따라 조금씩 데이터를 반환할 수 있고 대기 중인 코드는 Stream이 값을 방출할 때마다 실행한다. 루프에서 중단하거나 반환해 Stream에서 읽기를 중지할 수 있고 async 함수가 Stream을 닫으면 루프가 종료한다. 이전과 마찬가지로 await for 루프는 비동기 함수 내에서만 허용된다.

라이브러리(및 가시성)

다트에서는 코드를 모듈화하고 공유할 수 있도록 하는 데 라이브러리를 사용한다. 라이브러리는 사용하는 다른 코드에 외부 API를 제공한다. 또한 밑줄 문자로 시작하는 라이브러리의 식별자를 해당 라이브러리 내에서만 볼 수 있다는 점에서 격리 방법으로 사용한다. 흥미롭게도 모든 다트 앱은 특별한 작업이든 아니든 자동으로 라이브러리다. 패키지와 자산 관리자인 다트 SDK의 pub 도구를 사용해 라이브러리를 패키징하고 다른 사람에게 제공할 수 있다.

> **참고**
> 라이브러리는 고급 기능이며 지금은 필요하지 않기 때문에 여기에서 라이브러리를 만드는 것은 다루지 않겠다. 따라서 라이브러리 배포에 관심이 있으면 다트 설명서를 참조하면 된다. 다트 SDK는 플러터 SDK의 일부로 제공되므로 여러분은 이미 갖고 있다.

라이브러리를 사용하려면 import 키워드를 사용한다.

```
import "dart:html";
```

일부 라이브러리는 여러분의 코드로 제공되며 다른 라이브러리는 다트에 내장돼 있다. 이런 내장 라이브러리의 경우 따옴표로 묶은 명령문의 일부인 URI와 같은 타입을 갖는다. URI의 체계 식별자 부분은 dart:로 시작한다.

패키지에서 가져온 라이브러리는 1장에서 간략하게 다뤘고 3장에서 더 자세하게 다루는데, dart: 대신 package: scheme을 사용한다.

```
import "package:someLib.dart";
```

라이브러리가 코드의 일부이거나 코드 베이스에 복사한 것이라면 URI는 상대적인 파일 시스템 경로다.

```
import "../libs/myLibrary.dart";
```

때로는 두 개의 라이브러리를 가져오고 싶지만 그 안에 식별자가 충돌하는 경우가 있다. 예를 들어 lib1에는 Account 클래스가 있고 lib2도 있지만 둘 다 가져와야 한다고 해보자. 이 경우 as 키워드를 사용한다.

```
import "libs/lib1.dart";
import "libs/lib2.dart" as lib2;
```

lib1에서 Account 클래스를 참조하려면 다음과 같이 한다.

```
Account a = new Account();
```

그러나 lib2의 Account 객체를 원한다면 다음과 같이 한다.

```
lib2.Account = new lib2.Account();
```

import를 하면 기본적으로 라이브러리의 모든 항목을 가져온다. 그럴 필요가 없을 경우 라이브러리의 일부만 가져올 수도 있다.

```
import "package:lib1.dart" show Account;
import "package:lib2.dart" hide Account;
```

이 코드에서는 lib1의 Account 클래스만 가져오고 lib2의 Account 클래스를 제외한 모든 항목을 가져온다.

지금까지 표시된 모든 import는 라이브러리를 즉시 가져온다. 그러나 다음과 같이 로딩을 연기하면 앱의 초기 시작 시간을 줄일 수 있다.

```
import "libs/lib1.dart" deferred as lib1;
```

해야 할 일이 좀 더 있다. 코드에서 해당 라이브러리가 필요한 지점에 도달하면 라이브러리를 로드해야 한다.

```
await lib1.loadLibrary();
```

앞 절에서 배운 대로 해당 코드는 async로 표시된 함수에 있어야 한다. 라이브러리에서 loadLibrary()를 여러 번 호출하면 문제가 발생하지 않는다. 또한 라이브러리가 로드될 때까지 라이브러리에 정의된 상수(있는 경우)는 실제로 상수가 아니다. 로드될 때까지 존재하지 않으므로 사용할 수 없기 때문이다. 한 라이브러리에서 다른 라이브러리를 동적으로 로드해 차이를 테스트할 수 있으므로 앱으로 A/B 테스트를 수행하려는 경우 지연된 로드가 유용할 수도 있다.

예외 처리

다트의 예외 처리는 간단하며 자바나 자바스크립트 또는 실제로 예외를 처리하는 대부분 다른 언어와 매우 유사하다. 그러나 다른 언어와 달리 다트에서는 주어진 함수가 어떤 예외를 던져야 하는지, 예외도 잡아야 하는지 선언할 필요가 없다. 다시 말해 다트의 모든 예외는 체크되지 않는다.

예외를 스스로 던질 수 있다.

```
throw FormatException("This value isn't in the right format");
```

예외는 객체이므로 던질 객체를 생성해야 한다.

다트의 흥미로운 점은 특정 객체나 특정 하위 타입의 객체를 던질 필요가 없다는 것이다. 여러분은 예외로 무엇이나 던질 수 있다.

```
throw "This value isn't in the right format";
```

이 코드에서는 예외로 문자열을 던지고 있으며, 다트에서 완벽하게 동작한다. 그러나 다트가 제공하는 Error 또는 Exception 클래스에서 확장되지 않은 것을 던지는 것은 일반적으로 나쁜 타입으로 간주되므로 '아무거나 던지는 것'은 다트에서 잊어버리자.

반면 예외를 잡으려면 다음과 같이 쓴다.

```
try {
  somethingThatMightThrowAnException();
} on FormatException catch (fe) {
  print(fe);
} on Exception catch (e) {
  Print("Some other Exception: " + e);
} catch (u) {
  print("Unknown exception");
} finally {
  print("All done!");
}
```

몇 가지 주목할 만한 점이 있다. 먼저 try 블록에서 예외를 처리할 수 있는 코드를 래핑한다. 처리하려는 예외는 검사되지 않은 예외이므로 예외를 처리할 필요가 없다. 그런 다음 적합하다고 생각되는 하나 이상의 예외를 잡는다. 여기에서 somethingThatMightThrowAnException() 함수는 FormatException을 발생시킬 수 있고, 이를 명시적으로 처리하려고 한다. 그런 다음 Exception의 서브클래스인 다른 객체를 처리하고 메시지를 표시한다. 마지막으로 던져진 다른 것은 알 수 없는 예외로 처리한다.

다음으로 구문상의 차이점을 확인하라. <exception_type> catch를 쓰거나 catch (<object_identifier>)를 쓸 수 있다. 여기서 catch(<object_identifier>)는 객체 식별자가 catch 블록에서 원하는 이름으로 던져진 객체다.

여기서 원하는 경우에도 작성할 수 있다. 해야 할 차이점은 다음과 같다. 예외를 처리하고 싶지만 던져진 객체에 신경 쓰지 않는다면 exception만 그냥 작성하면 된다. 타입에 신경 쓰지 않고 던져진 객체를 원한다면 catch만 사용한다. 타입에 관심이 있고 던져진 객체가 필요한 경우 <exception_type> catch(<object_identifier>)를 사용한다.

try ... catch 블록에 finally 절을 추가할 수도 있다. 이 코드는 모든 종류의 예외 발생 여부에 따라 실행한다. 이 코드는 일치하는 catch 절이 작업을 완료한 후에 실행한다.

마지막으로 Exception 또는 Error를 확장해 고유한 예외 클래스를 정의할 수 있다. 그런 다음 다트가 제공하는 예외를 수행할 때 정확하게 사용하라.

제너레이터

어떤 값을 생성하는 코드가 있다고 가정해보자. 해당 코드는 원격 시스템을 호출해서 실행할 수 있다. 이 경우 해당 값이 생성되는 동안 나머지 코드가 실행을 막고 싶지 않을 수 있다. 대신 '게으른' 방식으로 해당 리스트를 생성하려고 하거나 한 번에 모든 값 리스트를 생성하고 싶거나 반대로 하고 싶지 않을 수도 있다. 이런 상황에서 제너레이터가 유용하다.

다트에는 Iterable 객체를 반환하는 동기식과 Stream 객체를 반환하는 비동기식의 두 가지 타입 제너레이터가 있다. 동기식 타입을 먼저 설명하겠다.

```
Iterable<int> countTo(int max) sync* {
  int i = 0;
  while (i < max) yield i++;
}

main() {
  Iterable it = countTo(5);
  Iterator i = it.iterator;
  while (i.moveNext()) {
    print(i.current);
  }
}
```

가장 먼저 알아둬야 할 것은 함수 본문 앞의 sync* 마커다. 이를 통해 다트가 제너레이터 함수라는 사실을 알게 된다(제너레이터는 항상 함수다). 두 번째 요점은 제너레이터에서 yield 키워드를 사용하는 것이다. 이는 씬^{scene} 뒤에서 구성되고 함수에서 반환된 Iterable에 값을 효과적으로 추가한다.

호출되면 countTo()는 즉시 Iterable을 반환한다. 그런 다음 코드에서 이터레이터를 추출해 결과 리스트 반복을 시작할 수 있다(아직 채워지지 않음에도). 흥미로운 점은 countTo()가 호출하는 코드가 해당 이터레이터를 추출한 후 moveNext()를 호출할 때까지 실제로 실행되지 않는다는 것이다. 이 경우 countTo()는 yield문에 도달할 때까지 실행한다. i++ 표현식은 평가^{evaluated}되고 '보이지 않는' 이터레이터를 통해 호출자에게 '넘겨준다^{yielded}'. 그런 다음 countTo()는 아직 종료 조건을 충족하지 못해 중단되고 moveNext()는 호출자에게 true를 반환한다. countTo()를 사용하는 코드는 이터레이터를 반복하므로 현재 속성을 통해 방금 산출한 값을 읽을 수 있다. 그러면 다음에 moveNext()가 호출될 때 countTo()가 실행을 재개한다. 루프가 끝나면 이 메서드는 암시적으로 return을 실행해 종료한다. 이 시점에서 moveNext()는 호출자에게 false를 반환하고 while 루프는 끝난다. 이 코드를 사용해 두 번째 타입의 제너레이터를 시연할 수 있다.

```
Stream<int> countTo(int max) async* {
  int i = 0;
  while (i < max) yield i++;
}

main() async {
  Stream s = countTo(5);
  await for (int i in s) { print(i); }
}
```

차이점은 Stream을 반환 타입으로 사용하고 함수 본문 앞에 sync* 대신 async* 마커를 사용한다는 것이다. 또 다른 점은 countTo() 메서드를 사용하는 방법이다. async 메서드이므로 async로 표시하기 위해 호출되는 함수가 필요하다. 그런 다음 await for를 추가한다. 이는 스트림을 인식하는 타입의 for 루프다. 어떤 의미에서 for 루프는 countTo() 함수가 작업을 수행하기를 기다리고 있어서 이 함수는 반환된 Stream을 통해 for 루프에 값을 효과적으로 '밀어 넣는다'. 이 예제에서는 왜 그렇게 하는지 분명하지 않을 수도 있지만, i를 늘리는 대신 다음 값을 얻으려고 원격 서버로 countTo()를 호출했다고 가정해보자. 바라건대 제너레이터의 가치가 더 분명해지기를 바란다.

메타데이터

다트는 코드에 포함된 메타데이터 개념을 지원한다. 이는 다른 언어에서는 일반적으로 어노테이션이라고 하며, 다트에서도 유사하다. 공식 문서에는 '메타데이터 어노테이션'이라 부르고 있고 장황하지만 좀 더 정확한 표현이라고 생각한다.

다트는 두 가지 어노테이션을 제공하는데, 그중 하나는 앞에서 본 @override다. 앞에서 설명한 것처럼 클래스가 의도적으로 슈퍼클래스 멤버를 재정의하고 있음을 나타낸다.

다트가 제공하는 다른 어노테이션은 @deprecated다. 하지만 재밌게도 사용할 수 없다는 뜻은 아니다. 이는 더 사용해서는 안 되며 언젠가는 제거될 수 있음을 나타낸다. 이는 앞으로 나오게 될(여러분의 코드) 버전에서 제거될 클래스 메서드지만 이 코드를 사용하는 사용자에게 수정할 수 있는 시간적 여유를 주고 싶을 때 사용한다.

고유한 어노테이션을 만들 수도 있다. 어노테이션은 클래스일 뿐이므로 다음 코드도 어노테이션일 수 있다.

```
class MyAnnotation {
  final String note;
  const MyAnnotation(this.note);
}
```

여기서 어노테이션은 인수를 취할 수 있으므로 다음과 같이 사용할 수 있다.

```
@MyAnnotation("This is my function")
Void myFunction() {
  // 무언가 한다.
}
```

라이브러리, 클래스, typedef, 타입 매개변수, 생성자, 팩토리, 함수, 필드, 매개변수, 변수 선언, 가져오기, 내보내기 지시문과 같은 언어 요소에 어노테이션을 달 수 있다. 어노테이션으로 전달되는 메타데이터는 다트의 리플렉션 기능을 사용해 런타임에 검색할 수 있지만, 필요한 경우 여러분이 찾아볼 수 있도록 남겨둔다. 대부분 애플리케이션 코드에서 일반적으로 필요하지 않기 때문이다.

제네릭

제네릭Generic은 다트에 어떤 타입을 알리는 데 사용한다. 예를 들어 다음과 같이 작성했다고 생각해보자.

```
var ls = List<String>();
```

이 경우 다트는 리스트 ls에 String만 포함될 수 있음을 알고 있다. 컴파일 타임에 해당 타입의 안전성을 강화하게 된다.

하지만 상기 예제에서는 구체적으로 타입을 특정지어야만 하는 것처럼 보인다. 그렇지 않은가? 다트에게 List가 어떤 타입을 갖고 있는지를 구체적으로 명시했다. 다음 예제와 같이 작성할 때 제네릭을 사용할 수 있다.

```
abstract class Things<V> {
  T getByName(String name);
  void setByName(String name, V value);
}
```

여기서 다트는 Things 클래스를 모든 타입에 사용할 수 있으며 V는 타입의 대역stand-in이다. 규약에 따르면 이와 같은 제네릭 타입은 단일 문자, 가장 일반적으로는 E, K, S, T, V다. 이제 이 클래스를 인터페이스로 사용하면 다른 타입을 사용해 여러 가지 버전을 구현할 수 있다(Person, Car, Dog, Planet 모두 동일한 기본 인터페이스에서 구현할 수 있다). List와 Map은 앞에서 설명한 대로 일반적으로 정의할 수 있으며, 리터럴 타입으로도 쓸 수 있다.

```
var brands = <String>[ "Ford", "Pepsi", "Disney" ];
var movieStars = <String, String>{
  "Pitch Black : "Vin Diesel",
```

```
    "Captain American" : "Chris Evans",
    "Star Trek" : "William Shatner"
};
```

다트에서 제네릭 타입은 구체화돼 런타임에 타입이 전달되므로 is 키워드를 사용해 컬렉션 타입을 테스트할 수 있다.

```
var veggies = List<String>();
veggies.addAll([ "Peas", "Carrots", "Cauliflower"]);
print(veggies is List<String>);
```

구체화reification 덕분에 예상대로 true를 출력한다. 이는 명백한 것처럼 보이지만 모든 언어에 해당되는 것은 아니다. 예를 들어 자바는 구체화가 아닌 삭제erasure를 사용하므로 런타임에 타입이 제거된다. 따라서 무엇이 List인지 테스트할 수는 있지만 자바에서는 다트에서처럼 List <String>인지 테스트할 수 없다.

마지막으로 메서드는 클래스 정의뿐만 아니라 제네릭을 사용할 수 있다.

```
class C {
  E showFirst<E>(List<E> lst) {
    E item = lst[0];
    if (item is num) {
      print("It's a number");
    }
    print(item);
    return item;
  }
}

main() async {
  C c = new C();
  c.showFirst(<String>[ "Java", "Dart" ]);
```

```
    c.showFirst(<num>[ 42, 66 ]);
}
```

보다시피 showFirst() 메서드에 모든 타입을 제공할 수 있으며 is 키워드를 사용해 타입을 식별하고 그에 따라 조치를 할 수 있다. 이것이 제네릭의 주요 이점 중 하나다. 문자열 처리용과 숫자 처리용의 서로 다른 두 가지 버전의 showFirst()를 작성할 필요 없이 하나의 메서드로도 괜찮다. print()를 하는 항목이 무엇이든 관계없이 작동하기 때문에 이것이 가장 좋은 예는 아니지만, 숫자가 많을 때 더 많은 것을 원한다면 제네릭이 이상적이다.

요약

2장에서는 다트가 제공하는 많은 것을 살펴봤다. 데이터 타입, 연산자, 어노테이션, 논리 및 흐름 제어와 같은 기본 사항을 배웠다. 또한 중간 수준인 클래스, 제네릭, 라이브러리 등을 배웠다. 마지막으로 비동기 함수, 제너레이터, 메타데이터 어노테이션 같은 약간의 고급 주제를 소개했다.

이것에서부터 시작해 탄탄하게 다트 지식의 기초를 갖춰야 한다. 어쨌든 이제부터 플러터 코드에 다이빙을 시작할 수 있게 됐다.

3장에서는 플러터가 제공하는 위젯을 중심으로 플러터에 관한 고급 수준의 조사를 수행한다. 이제 다트 지식의 일부를 잘 활용하면서 플러터 지식을 직접 쌓아갈 것이다. 따라서 4장을 살펴볼 때는 실제 프로젝트를 시작할 준비를 할 것이다.

3장

플러터, 파트 I

1장에서는 플러터를 간략하게 소개하고, 2장에서는 다트를 자세히 살펴봤다. 이제 플러터를 좀 더 자세히 살펴볼 차례다.

플러터의 대부분이 위젯인 것을 고려할 때 여기서는 많은 위젯을 살펴본다. 그러나 방금 말한 것과 충돌하기는 하지만 플러터는 실제로 위젯에 관한 것이 아니다. 위젯과 분리된 API도 있으므로 플러터가 애플리케이션 코드를 제공해야 하는 일부 API도 살펴본다(4장에서 API가 나오지만 실제로는 3장의 후반부다).

3장(4장과 함께)은 2장과 마찬가지로 깊게 들어가거나 레퍼런스용으로는 되지 않을 것이다. 기본적으로 100개가 넘는 위젯을 사용할 수 있으며, 각각 수많은 옵션, 메서드, 이벤트가 포함돼 있어 모두 다루는 데 수백 페이지가 필요할 뿐만 아니라 flutter.io의 웹 사이트에 있는 문서를 복제할 뿐이다. 대신 대부분 개발자가 정기적으로 사용할 위젯과 API를 뽑아내고 그것들이 무엇에 관해 아이디어를 줄 수 있을 만큼 충분하고 자세히 논의하는 것이 좋을 것이다. 또한 주로 사용하지 않는 것으로 생각되는 경우에도 알아야 하거나 알고 싶은 개념을 보여주는 몇 가지를 설명한다(이 모든 것이 API에도 적용됨).

그러나 3장과 4장에서 살펴볼 위젯 이외에도 많은 위젯이 있으며, 이 책이 출간될 때쯤이면 더 많은 위젯이 생길 수 있다. 세 가지 앱을 만들면서 일부 위젯을 소개할 수도 있다. 그러나 3장과 4장에서는 사용할 수 있는 항목에 관해 훌륭한 조사를 제공하고, 향후 애플리케이션 코드를 준비할 수 있다.

위젯 뷔페

위젯을 살펴보는 것으로 시작하겠다. 앞에서 언급했듯이 이 글을 쓰는 시점에는 100개가 넘는 위젯이 있다. 그것들을 논리적인 그룹으로 구성해 그들이 가진 의미를 제시하고자 한다.

참고

가능하면 위젯의 머티리얼 디자인 버전(안드로이드 스타일)과 (iOS 스타일) 버전 위젯을 일치시키려고 했다. 플랫폼마다 약간 다르거나 직접 일치하지는 않지만, 대부분은 일치하므로 여기서 볼 수 있을 것이다. 이런 접근법이 두 플랫폼의 크로스플랫폼 설계 목표를 잘 개념화하는 데 도움이 될 것이다.

레이아웃

레이아웃 위젯은 사용자 인터페이스를 구성하고 애플리케이션을 다양한 방식으로 구성하는 데 도움이 된다. 어떤 의미에서는 앱의 골격을 구축할 수 있다.

MaterialApp, Scaffold, Center, Row, Column, Expanded, Align, Text

일반적으로 플러터의 레이아웃은 주로 그리드 구조로 이뤄지고, 이는 행과 열을 의미한다. 따라서 행 위젯과 열 위젯이 있다. 각 항목에는 하나 이상의 자식이 있을 수 있고, 이런 자식은 행 위젯의 경우 가로(화면을 가로질러)로 배치하고, 열 위젯의 경우 세로(화면 아래)로 배치한다.

예제 3-1에서 볼 수 있듯이 사용법은 매우 간단하다.

예제 3-1. 기본

```dart
import "package:flutter/material.dart";

void main() => runApp(MyApp());

class MyApp extends StatelessWidget {

  @override
  Widget build(BuildContext context) {

    return MaterialApp(title : "Flutter Playground",
      home : Scaffold(
        body : Center(
          child : Row(
            children : [
              Text("Child1"),
              Text("Child2"),
              Text("Child3")
            ]
          )
        )
      )
    );

  }

}
```

그림 3-1은 코드를 실행한 결과를 보여준다.

그림 3-1. 이미지로 기본 확인하기!

단순한 행과 열 위젯 이외의 것들이 있는데 하나하나 살펴보자.

앞 코드는 완전한 플러터 앱이므로 일반적인 머티리얼 스타일 위젯을 제공하는 `material.dart` 라이브러리를 임포트하면서 시작한다. 다음으로 MyApp 클래스를 인스턴스화하고 플러터가 제공하는 `runApp()` 함수에 인스턴스를 전달하는 `main()` 함수가 있다. 이렇게 플러터가 앱의 실행을 시작하는 데 필요한 최상위 위젯을 제공한다.

MyApp 클래스는 `StatelessWidget`이다. 이는 어떤 종류의 상태도 필요하지 않고 `build()` 메서드가 필요한데, MaterialApp 타입의 단일 위젯을 생성한다. 이 위젯은 여러 기능을 구현할 수 있는 편의성을 많이 제공하므로 이 위젯으로 시작하는 것은 좋은 생각이다. 대신 WidgetsApp 위젯을 사용할 수도 있지만 애플리케이션의 화면 라우팅 등 최소한의 작업에 더 많은 코드를 구현해야 하기 때문에 특별히 필요하지 않은 한 사용하지 않는 편이 좋다.

iOS용으로 개발하더라도 여전히 MaterialApp 위젯을 최상위 위젯으로 사용할 수 있다는 점을 알아두자. 현재 iOS 전용 CupertinoApp 위젯이나 이와 유사한 것은 없다.

여기에 보이는 title은 이 위젯의 속성이며, 디바이스가 사용자에게 앱을 식별하게 사용하는 한 줄짜리 텍스트 문자열이다. MaterialApp 위젯은 다른 몇 가지 속성을 제공한다. OS의 인터페이스에서 애플리케이션에 사용되는 기본 색상을 정의하는 color 속성과 ThemeData 위젯을 값으로 사용하고 앱에 사용되는 색상을 더 자세히 설명하는 theme가 있다.

MaterialApp 위젯에는 home 속성도 필요하며 그 값은 위젯이어야 하고, 이는 앱의 기본 화면 또는 적어도 사용자가 시작한 화면이다. 가장 일반적으로 스캐폴딩scaffolding 위젯을 지정한다. 스캐폴딩 위젯에는 몇 가지가 있지만 모두 앱에서 화면의 기본 레이아웃 구조를 구현하는 동일한 용도로 사용한다. MaterialApp과 마찬가지로 기본 Scaffold 위젯은 최상위 내비게이션 바, 서랍(화면의 측면에서 슬라이딩해서 옵션을 표시하는 작은 요소), 하단 시트(서랍과 비슷하지만 아래에서 위로 미끄러진다) 등을 사용할 때 쓴다. 다른 종류의 스캐폴딩 위젯은 iOS 스타일의 CupertinoPageScaffold로, 상단 내비게이션 바와 배경에 콘텐츠를 포함한 기본 iOS 페이지 레이아웃 구조를 제공하며, CupertinoPageScaffold와 유사하지만 아래쪽에 탭 내비게이션 바가 있는 것이 다른 점인 CupertinoTabScaffold가 있다.

참고

Cupertino 위젯을 사용하려면 "package:flutter/cupertino.dart";를 앱에 추가해야 한다. 그런 다음 원하는 경우 Scaffold를 CupertinoPageScaffold로 변경할 수 있다. 그리고 CupertinoPageScaffold 위젯에 맞춰 home을 child로 변경해야 한다. 또한 iOS 기기에서

Cupertino 위젯을 사용하는 데 제한이 없으며 안드로이드도 마찬가지다. 플러터는 OS에 의존하지 않고 UI 자체를 렌더링하므로 한 가지 타입의 UI를 '잘못된' 플랫폼에서 실행할 수 있음을 기억하자. (안드로이드에서 실행될 경우 어색하다 – 옮긴이) 그러니 꼭 원할 때만 사용하자.

Scaffold 위젯은 여러 속성을 제공한다. 앱에서 플로팅 액션 버튼 또는 FAB를 지원하는 floatingActionButton, 앱에 숨겨진 기능을 위한 슬라이딩 drawer, 앱의 하단에 내비게이션 바가 있는 bottomNavigationBar, 페이지의 배경색을 정의할 수 있는 backgroundColor 등이다.

어떤 Scaffold 위젯을 사용하든 자식 위젯이 필요하다. Scaffold 위젯을 사용하면 body 속성으로 자식을 지정할 수 있다. 여기에서는 모든 위젯을 세로로 가운데에 맞추기를 원하므로 Center 위젯을 사용한다. 이 위젯은 모든 자식을 가운데에 배치하지만 중요한 것은 기본적으로 Center 위젯이 최고로 커질 것이라는 점이다. 즉, 부모 위젯이 허용하는 모든 공간을 채울 것이다. 예제에서는 상위 위젯이 Scaffold며 자동으로 전체 화면 크기를 사용할 수 있으므로 기본 위젯은 전체 화면을 채운다.

Center의 자식은 단일 Row 위젯이다. 즉, 행이 화면의 중앙에 위치한다. Row 위젯에는 children 속성이 있는데, 이를 통해 Row에 포함될 위젯 배열을 지정할 수 있다. 여기에는 세 개의 하위 위젯, 즉 세 개의 Text 위젯이 정의돼 있다. Text 위젯은 단일 스타일로 텍스트 문자열을 표시한다. Text가 지원하는 몇 가지 흥미로운 속성은 텍스트가 컨테이너의 경계를 넘칠 때 플러터에 알리는(예를 들어 끝에 ...을 붙이고 싶을 때 overflow : TextOverflow.ellipsis를 사용한다) overflow, 텍스트를 가로로 정렬하는 방법을 결정하는 textAlign, 플러터에게 각 논리 픽셀 단위의 폰트 픽셀 수를 알려줘 텍스트의 크기를 조절하는 textScaleFactor가 있다.

이 예제를 실행하면서 한 가지 주의할 점은 모든 Text 위젯이 왼쪽에 표시돼 있다는 것이다. 중앙에 놓으려면 어떻게 해야 할까? 이 경우 센터에 배치하도록 Row에 지시해야 하며, 그렇게 하려면 mainAxisAlignment : MainAxisAlignment.center를 Row의 생성자 호출에 추가해야 한다(children과 마찬가지로 다른 속성일 뿐이다).

이제 Row에서 자식은 채워지는 가로 공간에 맞아야 한다. 실제로 Row가 제공할 수 있는 것보다 더 많은 공간이 필요한 자식을 갖게 되면 오류로 간주되며 Row는 스크롤되지 않는다. 하지만 이 예제에서 두 번째 텍스트가 사용할 수 있는 모든 영역을 채우려면 어떻게 해야 할까? 다음을 사용하면 된다.

```
Expanded(child : Text("Child2") )
```

Expanded는 자식이 사용 가능한 모든 공간을 채우게 한다. 이제 첫 번째와 세 번째 Text 위젯이 렌더링된 후 (필요한 공간을 사용하지만 너비를 지정하지 않았으므로) 두 번째 Text 위젯이 남은 공간을 채울 것이다.

언급할 또 다른 위젯은 Align 위젯이다. Center 위젯과 마찬가지로 Align은 일반적으로 자식이 하나뿐인 경우에 사용하며 Center와 유사한 용도로 사용되지만 단지 콘텐츠를 중앙에 위치시키는 것뿐만 아니라 유연성이 뛰어나다. 이 위젯은 자식을 자체 내에 정렬하고 선택적으로 자식의 크기에 따라 자체 크기를 조정할 수도 있다. 그것을 사용하는 핵심은 alignment 속성이다. Alignment.center로 설정했다면 Center 위젯을 만든 것과 같다. 이 속성의 값은 Alignment 클래스 인스턴스지만 Alignment.center는 x와 y 값이 0과 0인 정적 인스턴스다. x와 y 값은 정렬을 지정하는 방법이며 0, 0은 align 위젯이 차지하는 사각 영역의 중심이다. -1, -1 왼쪽 상단을 나타내고 1, 1은 오른쪽 하단을 나타낸다. 어떻게 작동하는지 이해되기 시작하는가?

마지막으로 Column 위젯이 있고, 일부러 마지막으로 미뤘다. Row 위젯에 관해 설명한 모든 내용은 Column 위젯에도 적용되기 때문이다. 명백한 차이점은 자식들이 화면 아래로 내려가는 것이다. 그 외에는 같고 Row에서 언급했던 것들이 Column에도 세로 방향으로 적용된다. 물론 Column 위젯 내에 Row 위젯을 중첩시킬 수 있고, 그 반대도 가능하므로 임의의 복잡한 그리드 구조를 만들 수 있으며 실제로 플러터 UI 개발에서 많이 사용한다.

Container, Padding, Transform

Container 위젯은 Row 및 Column과 함께 (애플리케이션과 페이지 수준의 위젯은 무시) 플러터가 UI 레이아웃을 위해 제공하는 위젯 중 가장 많이 사용하는 것 중 하나일 것이다. 이는 다른 위젯들이 제공하는 여러 가지 기능을 하나의 깔끔한 패키지로 결합하는 점에서 팔방미인이라 할 수 있다.

예를 들어 이전 예제에서 두 번째 Text 위젯 주변에 패딩을 넣으려면 어떻게 해야 할까? 한 가지 쉬운 대답은 Padding 위젯으로 래핑하는 것이다.

```
Padding(padding : EdgeInsets.all(20.0), child : Text("Child2") )
```

위 코드와 같이 Text 주위에 20픽셀을 줄 수 있다. 상단, 아래, 왼쪽, 오른쪽 모두를 EdgeInsets.all(20.0)으로 표기한다. all() 대신 only()를 사용해 왼쪽, 위쪽, 오른쪽, 아래쪽 값을 별도로 지정하거나 symmetric()에 vertical과 horizontal 값을 사용해 위, 아래 또는 좌, 우 값을 같이 줄 수 있다.

해당 텍스트를 200%로 조정하려면 어떻게 할까? Transform 위젯을 사용하면 된다.

```
Transform.scale(scale : 2, child : Text("Child2") )
```

scale() 정적 메서드는 scale 팩터가 2인 새로운 Transform 위젯을 반환하는데, 일반적인 것에 비해 2배로 큰 것을 의미한다.

이들과 Container는 어떤 관련이 있을지 물을 수 있다. Container는 이 모든 기능을 결합하고 그보다 더 많은 기능이 있다고 보면 된다. 예를 들어 다음과 같이 Container 위젯으로 Center 위젯을 모방할 수 있다.

```
Container(alignment : Alignment.center, child...
```

그리고 Text를 크게 할 수도 있다.

```
Container(transform : Matrix4.identity()..scale(2.0), child : Text("Child2") )
```

이 구문은 조금 복잡하다. 자식 위젯을 직접 스케일(크게)하도록 행렬 계산을 사용했기 때문이다. Transform 위젯을 사용하면 자동으로 할 수 있다. Container가 포함하는 많은 위젯이 있지만 그 위젯들로 하고자 하는 동일한 목표를 Container로 달성할 수 있다. 이것이 바로 포인트다.

마찬가지로 패딩을 추가하려면 다음과 같이 한다.

```
Container(padding : EdgeInsets.all(20.0), child : Text("Child2") )
```

플러터 개발자들은 종종 Container를 사용하고 다른 것들을 거의 사용하지 않는 경향이 있다. Container 자체로도 구현할 수 있기 때문이다. 하지만 좀 더 깔끔한 API 이외의 다른 이유가 없다면 목적에 맞게 만들어진 위젯을 먼저 살펴보고, 해당 위젯으로 충족이 안 되거나 특별한 목적이 없을 경우에 Container를 사용하는 게 좋다.

ConstrainedBox, FittedBox, RotatedBox, SizedBox

플러터는 Row, Column, Container와 비슷하게 작동하지만 단일 자식에 대해 다양한 위치 지정, 크기 조정, 기타 조작을 제공하는 여러 'box' 컴포넌트를 제공한다.

첫 번째로 ConstrainedBox는 자식에 추가적인 제한을 가하는 데 사용한다. 예를 들어 앞의 예제에서 두 번째 text 위젯을 최소 너비로 설정하도록 ConstrainedBox로 감싸서 해당 제약 조건을 정의한다고 가정해보자.

```
ConstrainedBox(constraints : BoxConstraints(minWidth : 200.0), child :
Text("Child2"))
```

BoxConstraints 클래스는 minWidth, minHeight, maxWidth, maxHeight처럼 가장 일반적으로 사용되는 제약 조건을 정의하는 속성을 제공한다.

다음은 FittedBox다. FittedBox는 fit 속성에 따라 자식을 확장하고 배치한다. 이전에 스케일 예제에서 눈치챘을지 모르지만 가끔 텍스트의 스케일과 위치가 예상한 것처럼 변경되지 않는 경우에 유용할 수 있다. ConstrainedBox 위젯과의 조합으로 문제를 해결할 수 있다.

```
ConstrainedBox(constraints : BoxConstraints(minWidth: 200.0), child :
FittedBox(fit: BoxFit.fill, child : Text("Child2") ) )
```

이 코드는 Text 위젯의 크기를 조정하지만 이전의 스케일 예제와 달리 Text의 위치를 조정해 중앙에 유지시키고 너비를 최소 200픽셀로 조정하면서 높이를 자동으로 비율에 맞춰 키운다. 실행해보면 이전 예제와 비교해서 예상했던 것과 좀 더 비슷하게 동작하는 것을 알 수 있을 것이다.

마찬가지로 RotatedBox는 자식을 회전시키는 방법을 제공한다.

```
RotatedBox(quarterTurns : 3, child : Text("Child2") )
```

quarterTurns 속성은 자식을 회전시키는 시계 방향 쿼터의 회전수다. 따라서 1/4 간격의 회전이 필요한 경우는 좋지만 임의의 각도가 필요한 경우 Transform을 사용해야 한다.

마지막으로 SizedBox 위젯은 자식이 특정 너비와 높이를 갖게 한다.

```
SizedBox(width : 200, height : 400, child : Text("Child2") )
```

실행해보면 결과는 Text 위젯이 원래의 위치에서 왼쪽 위로 '떠다니는' 것처럼 보인다. 텍스트 자체가 200 × 400 픽셀로 영역을 잡았지만 크기가 커진 것을 의미하지는 않기 때문이다. 기본적으로 Text 위젯 내에서 왼쪽 정렬과 위쪽 정렬이므로 이렇게 지정하면 200 × 400 픽셀을 차지한 Text 위젯의 왼쪽 상단 모서리에 글자가 '떠 있게' 된다. SizedBox 위젯이 자신의 자식에 미치는 영향은 해상 자식의 너비와 높이 정의에 대한 반응에 좌우된다(자식이 해당 속성을 모두 지원한다고 가정했을 때).

Divider

Divider 위젯은 기기 기준으로 한 픽셀 두께의 수평선을 표시하고 양쪽에 약간의 패딩을 표시하는 간단한 위젯이다. 이전 예제의 Text 항목 사이에 다음과 같이 할 수 있다.

```
Text("Child1"),
Divider(),
Text("Child2"),
Divider(),
Text("Child3")
```

그러나 결과로는 아무것도 볼 수 없을 것이다. Divider는 수평으로 표시되는데, 레이아웃이 Row에 있는 경우 표시되지 않기 때문이다. 이제 Row를 Column로 변경하면 Text 위젯 사이에 아름다운 선이 나타난다.

Card

Card 위젯은 기본적으로 둥근 모서리와 콘텐츠 주위에 약간의 그림자가 있는 상자인 머티리얼 디자인 위젯이다. 일반적으로 논리적인 그룹으로 관련 정보를 표시하는 데 사용한다. 예제 3-2와 같이 코딩 방법은 간단하다.

예제 3-2. Divider 실습

```
import "package:flutter/material.dart";

void main() => runApp(MyApp());
class MyApp extends StatelessWidget {

  @override
  Widget build(BuildContext context) {

    return MaterialApp(title : "Flutter Playground",
      home : Scaffold(
        body : Center(
          child : Card(
            child : Column(mainAxisSize: MainAxisSize.min,
              children : [
                Text("Child1"),
                Divider(),
                Text("Child2"),
                Divider(),

                Text("Child3")
              ]
            )
          )
        )
      )
    );
  }
}
```

위 코드에서 그동안 배운 내용을 바탕으로 return문을 바꿔볼 수도 있다. 그림 3-2를 살펴보자.

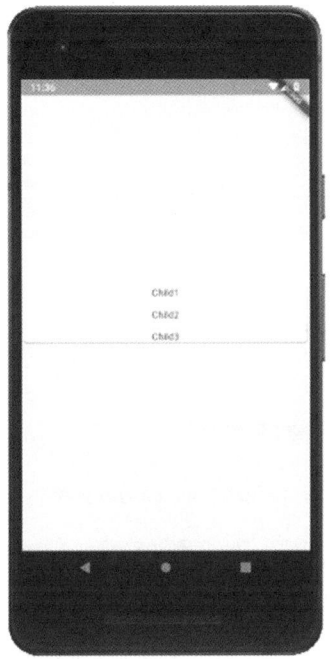

그림 3-2. Card 위젯

Card 위젯에는 속성이 많이 없지만 다소 흥미로운 것이 있다. 카드의 배경색을 설정할 수 있는 color, 그림자의 크기를 설정할 수 있는 elevation, 카드의 둥근 모서리를 변경해 다소 둥글게 만들 수 있는 shape 등이다.

Drawer

Drawer 위젯은 Scaffold 위젯의 drawer 속성에 대한 값으로 사용하는 것이 가장 일반적이지만 반드시 필요한 것은 아니다. 이 위젯은 사용자가 앱 기능을 활성화하거나 앱을 탐색할 방법을 제공하는 데 사용되는 왼쪽에서 가로로 미끄러지는 머티리얼 디자인 패널이다. 또 다른 위젯인 AppBar는 일반적으로 Drawer와 함께 쓰는데, Drawer를 보여주거나 숨기려고 자동으로 적절한 IconButton(사용자가 클릭할 수 있는 버튼으로 된 위젯)을 제공하기 때문이다(가장자리를 안쪽과 바깥쪽으로 스와이프 할 수도 있음).

예제 3-3에서처럼 Scaffold 내에 있으면 Drawer의 코딩이 쉽다.

예제 3-3. Drawer 위젯에서 동작

```
import "package:flutter/material.dart";

void main() => runApp(MyApp());

class MyApp extends StatelessWidget {

  @override
  Widget build(BuildContext context) {

    return MaterialApp(title : "Flutter Playground",
      home : Scaffold(
        appBar : AppBar(
          title : Text("Flutter Playground!")
        ),
        drawer : Drawer(
          child : Column(
            children : [
              Text("Item 1"),
              Divider(),
              Text("Item 2"),
              Divider(),
              Text("Item 3")
            ]
          )
        ),
        body : Center(
          child : Row(
            children : [
```

```
                    Text("Child1"),
                    Text("Child2"),
                    Text("Child3")
                ]
            )
          )
        )
      );
    }
}
```

여기에서 AppBar와 Drawer를 볼 수 있다. Drawer의 실제 내용은 전적으로 여러분에게 달려 있지만, ListView(나중에 살펴볼 또 다른 위젯)가 일반적이고 첫 번째 자식으로 DrawerHeader 위젯을 종종 사용하며, 이는 일반적으로 사용자 계정 상태 정보를 표시하는 방법을 제공한다. 그러나 샘플 코드에서 볼 수 있듯이 사용 여부는 옵션이다. child 위젯 외에도 Drawer 위젯에는 Card 위젯 속성과 같은 이름인 elevation 속성이 있다. 그림 3-3은 사용자가 '햄버거' 아이콘을 클릭해 Drawer를 표시하기 전과 표시한 후의 모습을 보여준다.

그림 3-3. 확장 전후의 드로어 위젯

그리고 대부분의 앱에서 Drawer 위젯을 필수이면서 일반적으로 사용하는데, 플러터 덕분에 쉽게 사용할 수 있다.

참고

CupertinonavigationBar 위젯은 머티리얼(안드로이드) 앱에 일반적으로 사용되는 AppBar 위젯과 거의 같다.

내비게이션

내비게이션Navigation 위젯을 사용하면 어떤 방식으로든 자동으로 앱의 여러 부분으로 이동할 수 있다(예, 다른 화면).

먼저 Navigator 위젯을 알아보자. 대부분 경우 WidgetsApp이나 MaterialApp으로 앱을 시작하므로 Navigator 위젯을 자동으로 생성한다(명시적으로 만들 수도 있지만 일반적이지 않다). 이 위젯은 자식 위젯 세트를 스택으로 관리한다. 다시 말하자면 자식들은 한 번에 하나만 볼 수 있으며 나머지는 그 아래에 있다. 자식들[children]은 앱의 다양한 화면들로, 플러터에서는 라우트[route]라고 한다. Navigator는 라우트를 추가하고 제거하는 데 push()와 pop() 같은 메서드를 제공한다. 지금까지 MaterialApp을 여러 번 사용했고 거기서 사용된 home 속성을 봤다. 뭔가 떠오르는 것이 있는가? home 속성 값은 앱의 첫 번째 라우트다. 그것을 모르고 Navigator를 사용하고 있었다.

언급한 대로 push()를 사용해 Navigator에 route를 명시적으로 추가할 수 있다.

```
Navigator.push(context, MaterialPageRoute<void>(
  builder : (BuildContext context) {
    return Scaffold(
      body : Center(child : Text("My new page"))
    );
  }
));
```

push()를 호출할 때는 항상 MaterialPageRoute 위젯을 추가해야 하며, 플러터에서 많이 볼 수 있는 패턴인 빌더 함수를 사용해야 한다. 경로가 탐색될 때 경로가 여러 번 빌드 및 재빌드되고 발생 시간에 따라 다른 콘텍스트에서 발생하기 때문에 이런 작업이 필요하다. 따라서 자식을 하드 코딩하면 잠재적으로 코드가 잘못된 콘텍스트에서 실행한다. 빌더 패턴은 이런 문제점을 피한다.

새 경로를 Navigator 스택에 push()하면 표시된다. 바로 이전 경로로 돌아가려면 스택에서 pop()해 현재 빌드 콘텍스트를 전달한다.

```
Navigator.pop(context);
```

첫 번째 '기본' 라우트는 /로 이름이 지정되고 후속 라우트에 이름을 추가해 이름별로 이동할 수 있다. 그렇게 하려면 다음과 같이 라우트 속성을 MaterialApp에 추가한다.

```
routes : <String, WidgetBuilder> {
  "/announcements" : (BuildContext bc) => Page(title : "P1"),
  "/birthdays" : (BuildContext bc) => Page(title : "P2"),
  "/data" : (BuildContext bc) => Page(title : "Pe"),
}
```

이제 이름으로 라우트를 탐색할 수 있다.

```
Navigator.pushNamed(context, "/birthdays");
```

Navigator 위젯을 중첩할 수도 있다. 즉, Navigator 속의 라우트는 자체에 Navigator를 가질 수 있다. 이렇게 하면 사용자는 앱에서 '아래쪽으로 돌아다닐 sub-journeys' 수 있다.

BottomNavigationBar

때로는 앱의 일부를 탐색하는 데 Navigator가 최선이 아닐 수 있다. 한 가지 중요한 문제는 UI가 없고 프로그래밍적으로만 구현해야 한다는 것이다. 다행스럽게도 플러터는 시각적 탐색 위젯도 제공하며 그중 하나는 BottomNavigationBar다. 이 위젯은 화면 하단에 사용자가 클릭해 앱의 일부로 이동할 수 있는 아이콘이나 텍스트가 있는 바를 제공한다.

실제로 이 위젯은 탐색 자체를 수행하지 않으므로 이름이 약간 잘못됐다. 탐색(이동) 부분은 여러분이 어떻게 코드를 짜느냐에 달려있고, 심지어 탐색용으로 사용하지 않아도 된다. 그러나 일반적으로는 탐색하는 용도로 사용하므로 예제 3-4를 살펴보자.

예제 3-4. BottomNavigationBar

```
import "package:flutter/material.dart";

void main() => runApp(MyApp());

class MyApp extends StatefulWidget {
  MyApp({Key key}) : super(key : key);
  @override
  _MyApp createState() => _MyApp();
}

class _MyApp extends State {

  var _currentPage = 0;
  var _pages = [
    Text("Page 1 - Announcements"),
    Text("Page 2 - Birthdays"),
    Text("Page 3 - Data")
  ];

  @override
  Widget build(BuildContext context) {

    return MaterialApp(title : "Flutter Playground",
      home : Scaffold(
        body : Center(child : _pages.elementAt(_currentPage)),
        bottomNavigationBar : BottomNavigationBar(
          items : [
            BottomNavigationBarItem(
              icon : Icon(Icons.announcement),
```

```
          title : Text("Announcements")
        ),
        BottomNavigationBarItem(
          icon : Icon(Icons.cake),
          title : Text("Birthdays")
        ),
        BottomNavigationBarItem(
          icon : Icon(Icons.cloud),
          title : Text("Data")
        ),
      ],
      currentIndex : _currentPage,
      fixedColor : Colors.red,
      onTap : (int inIndex) {
        setState(() { _currentPage = inIndex; });
      }
    )
   )
  );
 }
}
```

그림 3-4는 이 코드가 생성하는 내용을 보여준다.

그림 3-4. BottomNavigationBar 위젯

앞의 코드는 상태가 있는^{stateful} 위젯을 만드는 것으로 시작한다. 최상위 레벨 위젯은 변경 상태가 없는 한 한 번 빌드되므로 사용자가 바의 항목 중 하나를 클릭할 때 발생해야 하는 정확한 위젯이다. 따라서 이 상태를 제공하기 위해 상태가 있는 위젯으로 만들어야 한다. 상태를 처리할 때 StatefulWidget에서 확장되는 클래스와 State에서 확장되는 클래스 두 개를 생성해야 하는 패턴을 기억할 것이다. 이상하게 보일 수도 있지만 실제로 여러분의 위젯인 클래스는 StatefulWidget에서 확장되는 클래스가 아니라 State에서 확장된 클래스다. 이것이 이상하든 그렇지 않든 핵심은 패턴을 인식하는 것이다. 대부분 StatefulWidget 클래스는 기본적으로 상용구이며, 일반적으로는 여기에서 보는 것과 비슷하게 보일 것이다. State 클래스는 여러 번 봤던 StatelessWidget 확장 위젯 클래스와 다소 비슷하다.

실제 State 위젯 클래스로 들어가면 이 위젯의 상태는 private _currentPage 변수다. 이 값은 private _pages 리스트의 elementAt() 메서드에 제공된다. 이는 리스트에서 어떤 항목이 Center 위젯(하나의 Text 위젯이 아닌 전체 위젯 트리일 수 있음) 내의 콘텐츠인지를 결정한다. Scaffold 위젯의 bottomNavigationBar 속성은 items 속성을 가진 BottomNavigationBar의 인스턴스 값을 가져온다. 이 속성은 BottomNavigationBarItem 위젯의 리스트다. 그 속에서 icon과 title이 있는 것을 확인할 수 있다. 플러터는 Icons 클래스 덕분에 아이콘 모음이 제공되므로 특별히 필요하지 않은 한 그래픽을 찾을 필요조차 없다. 안드로이드 스튜디오에서 작업할 때는 자동 코드 완성 기능이 있으므로 아이콘을 기억하거나 찾아볼 필요도 없다. BottomNavigationBar의 currentIndex 속성은 막대에서 어떤 항목이 현재 선택돼 있는지 알려주고 fixedColor 속성은 선택한 항목을 만들 색상을 결정한다.

지금까지는 사용자가 항목 중 하나를 탭하더라도 기본적으로 아무 일도 일어나지 않는다. 이를 해결하고자 onTap 속성이 정의돼 있다. 이것은 탭된 항목의 인덱스를 전달하는 함수다. 이제 _pages에서 어떤 항목을 표시해야 하는지 알지만 _currentPage의 값은 어떻게 업데이트해야 할까? State 클래스를 확장하는 덕분에 제공되는 setState() 메서드 호출을 시작한다. 우리가 해야 할 일은 이 메서드를 호출하고 그 안의 _currentPage 변수를 업데이트하는 것이다. 그러면 플러터가 위젯을 다시 빌드한다. 현재 _currentPage가 다르므로 _pages와 다른 요소를 표시한다. 사용자의 결과는 새 페이지로 이동한 것으로 보이게 된다.

TabBar(CupertinoTabBar)와 TabBarView(CupertinoTabView)

또 다른 내비게이션 요소는 TabBar이며 iOS의 CupertinoTabBar와 같다. 이와 함께 TabBarView와 CupertinoTabView 위젯이 있다. TabBar와 TabBarView만을 알아볼 것이지만 CupertinoTabBar와 CupertinoTabView에도 동일하게 적용된다.

TabBarView는 기본적으로 한 번에 하나만 표시되는 화면 스택(또는 원하는 경우 뷰view) 이며 사용자는 화면 사이에 이동할 수 있다. 사용자가 TabBar와 상호작용하는 방법으로 화면에 보일 수 있다. 탭 중 하나의 아이콘을 클릭하거나 스와이프할 수 있다. 일반적으로 뷰 사이에는 일종의 애니메이션이 있다(예, 슬라이드). 예제를 통해 알아보자. 이 예제는 예제 3-5, 그림 3-5에서 볼 수 있다.

예제 3-5. TabBar 위젯

```
import "package:flutter/material.dart";

void main() => runApp(MyApp());

class MyApp extends StatelessWidget {

  @override
  Widget build(BuildContext context) {

    return MaterialApp(
      home : DefaultTabController(
        length : 3,
        child : Scaffold(
          appBar : AppBar(title : Text("Flutter Playground"),
            bottom : TabBar(
              tabs : [
                Tab(icon : Icon(Icons.announcement)),
                Tab(icon : Icon(Icons.cake)),
                Tab(icon : Icon(Icons.cloud))
              ]
            )
          ),
          body : TabBarView(
            children : [
              Center(child : Text("Announcements")),
              Center(child : Text("Birthdays")),
              Center(child : Text("Data"))
            ]
          )
        )
```

```
      )
    );
  }
}
```

화면 뒤에서 TabController 위젯은 현재 탭과 각 탭의 내용을 추적한다. 직접 만들 수는 있지만 추가 작업이 필요하므로 대부분 MaterialApp 위젯의 home 속성 값으로 DefaultTabController 위젯을 사용하면 모든 세부 사항을 처리한다.

그림 3-5. TabBar 위젯

그러나 그러려면 length 속성을 사용해 얼마나 많은 탭이 있는지 TabController에 알려야 한다. 그런 다음 TabController의 각 탭을 설명해야 하며, 각 항목이 Tab 위젯인 tabs 배열을 제공해야 한다. 여기서는 각각의 아이콘을 지정한다.

탭 자체가 정의되면 TabController에 각 탭의 내용이 무엇인지 알려줘야 하며 이는 body 속성 값으로 TabBarView 위젯을 제공해 수행한다. 하위 리스트의 각 요소는 필요한 만큼 복잡한 위젯 트리일 수 있다. 지금의 예제에서는 Center 위젯과 그 속에 포함된 Text 위젯이 위젯 트리에 해당한다.

모든 작업이 완료되면 뷰 사이 이동의 상호작용은 예상하는 것처럼 자동으로 이뤄지며, 사용자가 자유롭게 움직일 수 있을 것이다.

Stepper

마지막으로 살펴볼 내비게이션 위젯은 Stepper 위젯이다. 이 위젯은 정의된 일련의 이벤트를 통해 사용자를 안내하는 데 사용한다. 개념적으로 아마존이나 전자상거래 상점에서 물건을 구입할 때 어떤 일이 발생하는지 생각해보자. 먼저 배송 정보를 입력한 다음 계속 버튼을 클릭한다. 그런 다음 결제 정보를 입력한 후 계속 버튼을 클릭한다. 그리고 선물 포장 및 기타 서비스가 필요한지 결정해야 한다. 마지막으로 버튼을 한 번 클릭하면 주문이 이뤄진다. 이는 3단계의 순서며, Stepper는 플러터 앱에서 동일한 기능을 제공한다. 다음의 예제 코드(예제 3-6)를 살펴보자.

예제 3-6. Stepper 위젯으로 스테핑(Stepping)

```
import "package:flutter/material.dart";

void main() => runApp(MyApp());

class MyApp extends StatefulWidget {

  MyApp({Key key}) : super(key : key);

  @override
```

```
  _MyApp createState() => _MyApp();
}

class _MyApp extends State {

  var _currentStep = 0;

  @override
  Widget build(BuildContext context) {
    return MaterialApp(title : "Flutter Playground",
      home : Scaffold(
        appBar : AppBar(title : Text("Flutter Playground")),
        body : Stepper(
          type : StepperType.vertical,
          currentStep : _currentStep,
          onStepContinue : _currentStep < 2 ?
              () => setState(() => _currentStep += 1) : null,
          onStepCancel : _currentStep > 0 ?
              () => setState(() => _currentStep -= 1) : null,
          steps : [
            Step(
              title : Text("Get Ready"), isActive : true,
              content : Text("Let's begin...")
            ),
            Step(
              title : Text("Get Set"), isActive : true,
              content : Text("Ok, just a little more...")
            ),
            Step(
              title : Text("Go!"), isActive : true,
              content : Text("And, we're done!")
            )
          ]
        )
      )
    );
```

    }
  }

그림 3-6은 큰 화면에서 어떻게 보이는지 보여준다.

그림 3-6. Stepper 신발로 1마일 걷기(좋다. 이것은 스트레칭 정도였다, 인정한다.)

이제는 Scaffold 위젯의 body로서 Stepper 위젯에 도달할 때까지 대부분 익숙해져야 한다. 먼저 type 속성을 통해 단계step를 세로 또는 가로로 표시할지 여부를 알려야 한다. 또한 사용자가 현재 어떤 단계에 있는지 알려줘야 하는데, 이는 _currentStep 변수로 수행한다. 이 예제에서는 상태가 있는stateful 위젯을 사용한다. 변수의 값으로 어떤 단계가 표시돼야 할지 결정하기 때문이고, 이것이 플러터에서 상태state가 하는 역할이기 때문이다.

또한 Stepper가 표시하는 Continue 및 Cancel 버튼을 사용자가 클릭할 때 실행할 몇 가지 코드를 Stepper에 제공해야 한다. 여기서 _currentStep의 값은 마지막 단계가 아닌 경우 Continue를 클릭하면 증가하고, 첫 번째 단계가 아닌 경우 Cancel을 클릭하면 감소한다. 이를 통해 사용자는 원하는 순서대로 앞/뒤로 이동할 수 있다.

다음으로 시퀀스의 단계를 정의해야 한다. 각각은 Step 위젯이다. 이 위젯은 단계의 원circle 옆에 표시할 제목 텍스트와 false로 설정하면 단계를 회색으로 표시하는 isActive 속성이 있다. 각 단계 원의 스타일을 변경하는 것 외에는 아무것도 하지 않는 것에 유의하라. 건너뛰기 또는 비활성 상태에서 적절한 것을 수행하려면 추가 코드가 필요하다. 그 후 content를 정의하는데, 이것은 위젯 트리로 복잡할 수 있다.

원하는 경우 각 단계에는 subtitle을 지정할 수 있으며 컴포넌트의 스타일과 단계가 대화식인지 여부를 결정하는 state 속성이 있다. 다시 말하지만 코드는 백업할 수 있는 기능을 제공해야 한다. 또한 Stepper 위젯은 사용자가 단계의 원 중 하나를 누를 때 호출되는 함수인 onStepTapped 속성을 제공한다. 당연히 선택된 단계로 바로 이동하는 코드를 작성해야 할 것이다.

입력

입력Input 위젯은 특정한 방식으로 사용자 입력을 받는 데 사용한다. 플러터는 다양한 위젯과 함께 제공되며 일부는 예상하지 못한 것이다.

Form

플러터에서 사용자 입력은 Form 위젯으로 시작한다. 실제로는 꼭 그렇지는 않고 Form 위젯은 옵션이다. 그러나 일부 유틸리티를 제공하기 때문에 사용자 입력과 관련해 자주 사용되므로 필수적이라고 할 수 있다.

Form은 폼^{form} 필드의 컨테이너이며 문자 그대로 모든 입력 필드를 래핑하며, Form 위젯의 자식으로 만들어지는 FormField 위젯이 있다. Form 위젯을 사용하도록 선택할 수 있는 이유는 데이터 저장, 재설정, 유효성 검증을 포함해 일부 공통 기능을 제공하기 때문이다. Form이 없으면 전적으로 필요한 것을 직접 구현해야 하므로 미리 만들어 놓은 Form을 사용하지 않을 이유는 없다.

새로운 사용자 입력과 관련된 아이디어를 보여주는 일반적인 로그인 Form 예제를 살펴보자. 예제 3-7은 Form을 약간 더 보여준다.

예제 3-7. Form 위젯

```
import "package:flutter/material.dart";

void main() => runApp(MyApp());

class MyApp extends StatefulWidget {
  MyApp({Key key}) : super(key : key);
  @override
  _MyApp createState() => _MyApp();
}

class LoginData {
  String username = "";
  String password = "";
}

class _MyApp extends State {
  LoginData _loginData = new LoginData();
  GlobalKey<FormState> _formKey = new GlobalKey<FormState>();
  @override
  Widget build(BuildContext inContext) {
    return MaterialApp(home : Scaffold(
      body : Container(
        padding : EdgeInsets.all(50.0),
        child : Form(
```

```
key : this._formKey,
child : Column(
  children : [
    TextFormField(
      keyboardType : TextInputType.emailAddress,
      validator : (String inValue) {
        if (inValue.length == 0) {
          return "Please enter username";
        }
        return null;
      },
      onSaved: (String inValue) {
        this._loginData.username = inValue;
      },
      decoration : InputDecoration(
        hintText : "none@none.com",
        labelText : "Username (eMail address)"
      )
    ),
    TextFormField(
      obscureText : true,
      validator : (String inValue) {
        if (inValue.length < 10) {
          return "Password must be >=10 in length";
        }
        return null;
      },
      onSaved : (String inValue) {
        this._loginData.password = inValue;
      },
      decoration : InputDecoration(
        hintText : "Password",
        labelText : "Password"
      )
    ),
```

```
          RaisedButton(
            child : Text("Log In!"),
            onPressed : () {
              if (_formKey.currentState.validate()) {
                _formKey.currentState.save();
                print("Username: ${_loginData.username}");
                print("Password: ${_loginData.password}");
              }
            }
          )
        ]
      )
     )
    )
   ));
  }
}
```

이 코드를 실행한 결과는 그림 3-7이다. 그다지 놀라운 것은 아니지만 코드가 생각한 대로 작동하는 것을 보는 것이 좋다.

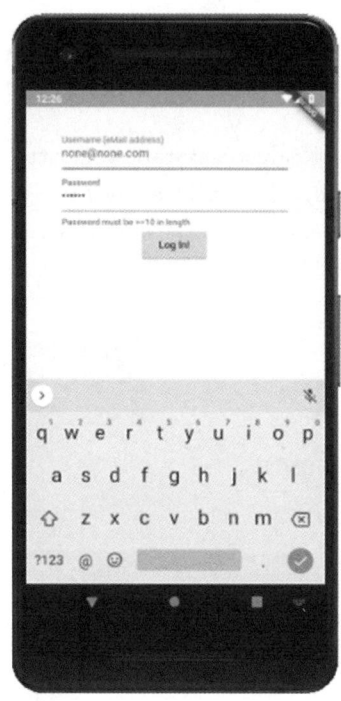

그림 3-7. 앱의 수문장, Form 위젯

일반적인 import와 main() 함수 후에 StatefulWidget을 처리하므로 일반적인 클래스 정의가 있다. 그러나 State 클래스에 도달하기 전에 LoginData라는 하나의 작은 클래스가 있다. 이 클래스의 인스턴스는 사용자가 입력한 이름과 비밀번호를 저장한다. 이는 플러터 폼을 처리할 때 일반적인 패턴이며, 모든 입력을 하나의 객체로 통합해 작업하기가 쉽기 때문에 좋다.

그런 다음 _MyApp State 클래스를 제공한다. 이 클래스는 이전에 봤던 다른 메인 클래스와 비슷하지만 몇 가지 새로운 사항이 있다. 먼저 앞에서 언급한 LoginData 인스턴스가 있다. 그리고 GlobalKey 클래스의 인스턴스가 있다. GlobalKey는 전체 앱에서 고유한 키다. 이는 일반적으로 위젯의 키 속성 값으로 사용되며, 위젯이 위젯 트리에서 다른 위젯을 대체하는 방법을 결정한다. 두 위젯의 runtimeType과 키 특성이 같으면 기본 요소를 업데이트해 새 위젯이 이전 위젯을 대체한다. 그렇지 않으면 이전 요소가 트리에서 제거되고, 새 위젯이 요소로 만들어지고, 새 요소가 트리에 삽입된다. 주어진 부모 아래에서만 고유성을 보장하는 타입인 LocalKey와 달리 위젯 키로 GlobalKey를 사용하면 상태를 잃지 않고 요소를 위젯 트리 주위로 이동할 수 있다. 새 위젯이 발견되면(key와 runtimeType이 트리에서 동일한 위치에 있는 이전 위젯과 일치하지 않음을 의미) 이전 프레임의 트리에서 동일한 GlobalKey를 가진 위젯이 있을 경우 해당 위젯의 요소를 새 위치로 이동한다.

여담으로 key 속성은 위젯에 직접 '접근해서 만질 수 있는' 방법을 제공하기 때문에 매우 강력하지만 일반적으로 하지 않는 편이 좋다. 그러나 필요한 경우 다음과 같이 수행한다. 예를 들어 _MyApp 클래스에 다음과 같이 새 변수를 추가하면 된다.

```
GlobalKey _btnKey = new GlobalKey();
```

그런 다음 RaisedButton에 이를 참조하는 key 속성을 추가한다.

```
key : _btnKey,
```

마지막으로 버튼의 onPressed 핸들러에서 다음을 수행한다.

```
print(((
  _btnKey.currentWidget as RaisedButton).child as Text).data
);
```

결과적으로 텍스트 레이블이 콘솔에 기록된다. 이를 위해서는 currentWidget 타입이 Widget이므로 as 키워드를 사용해 _btnKey.currentWidget을 RaisedButton으로 캐스팅하고 해당 속성의 하위 속성을 Text로 캐스팅하면 데이터 속성은 버튼의 텍스트가 된다. 이런 방식으로 키가 있는 한(GlobalKey 또는 LocalKey 등) 위젯의 모든 속성에 액세스하거나 위젯에서 직접 메서드를 실행할 수 있다. 하지만 이렇게 하면 안 된다고 말하고 싶다. 이는 플러터의 반응형 기반에 맞지 않기 때문이다. 대신 상태를 이용해 이런 종류의 상호작용을 조종할 수 있다. 크게 쓸 일이 없더라도 이런 내용을 뒷주머니에 넣어두면 플러터의 내부를 이해하는 데 조금 도움이 된다.

그런 다음 일반적인 build() 메서드가 있다. 이전에 본 것과 같이 시작하지만 여기의 트리에는 Form 위젯이 있다. 일반적으로 다른 위젯의 유일한 자식인 위젯에는 명시적 키가 필요하지 않으므로 지금까지는 key 속성을 표시하지 않았지만 여기서 Form 위젯의 key 속성은 앞서 살펴본 것처럼 _formKey에 관한 참조다.

보다시피 Form 위젯에는 child 속성이 있으므로 폼에 여러 필드를 가지려면 컨테이너 컴포넌트가 필요하다. 그러므로 Column을 알아보자.

Column의 하위 항목 중 사용자 이름 입력 필드, 암호 입력 필드, 로그인 버튼이 있다. 처음 두 개는 TextFormField 위젯을 사용한다. 이는 이전에 Form의 모든 필드를 래핑해야 한다고 말한 FormField와 사용자 텍스트 입력을 얻기 위한 위젯인 TextField이다(CupertinoTextField와 같음). 사용자 이름은 TextFormField다. 사용자 이름은 실제로 사용자의 이메일 주소이므로 (일반적으로 보안이 좋지는 않지만) 키보드가 이메일 주소를 입력할 수 있도록 더 자세히 표시돼야 한다. keyboardType 속성을 사용하면 이 작업을 수행할 수 있다. TextInputType 클래스에는 다양한 키보드 타입의 몇 가지 상수가 있고 emailAddress가 여기에 해당한다.

이 위젯에는 validator 속성이 있다. 이 속성은 로그인 버튼을 클릭하면 필드에서 유효성 검사를 수행한다. 이 기능은 원하는 작업을 수행할 수 있지만 결국 필드 아래에 빨간색으로 표시되는 오류 메시지 문자열을 반환하거나 값이 유효한 경우 null을 반환한다.

필드의 데이터 자체는 어디에도 저장되지 않는다는 점에 주의한다. Form에는 일시적으로만 존재한다. 이것이 그다지 유용하지 않으므로 onSaved 속성에 콜백 함수를 구현해야 한다. 이 함수는 Form의 save() 메서드가 호출될 때 발생하며 나중에 살펴볼 것이다. 실제로는 Form 자체의 방법은 아니지만 곧 볼 수 있다. onSaved 핸들러 함수는 _loginData 변수의 username 필드에 전달된 inValue만 저장한다.

옵션이지만 decoration 속성은 InputDecoration의 인스턴스며, 일반적으로 hintText(아직 아무것도 입력하지 않으면 필드에 표시됨)와 labelText 속성을 통해 필드 레이블을 선언하는 데 사용한다.

비밀번호 필드는 사용자 이름 필드와 같다. 단, 비밀번호는 사용자가 입력한 내용이 화면에 표시되지 않아야 하기 때문에 obscureText 속성이 true로 설정돼 있다. 또 다른 validator 함수는 비밀번호를 위해 비슷한 작업을 하고, onSaved 핸들러는 데이터를 저장하는 데 사용한다. 그리고 InputDecoration의 데코레이션 인스턴스를 다시 한 번 수행한다.

마지막으로 로그인 버튼이 있다. 여기서 몇 가지 일을 해야 한다. 먼저 validate() 메서드가 호출돼 _formKey 변수를 사용할 수 있다. 이는 위젯의 참조를 제공하며, 해당 위젯 안에는 현재 폼에 입력된 값을 포함하는 currentState 속성이 있다. 즉, 이 객체에서 validate() 메서드가 실제로 수행되며 각 필드에 검증자^{validator} 함수가 첨부돼 있어 validate()는 각각을 호출하는 방법을 알고 오류 필드를 표시하거나 모든 폼의 검증자가 유효한 경우 true를 반환한다. 이 경우 currentState에서 save()를 호출하면 모든 onSaved 핸들러가 실행돼 폼 데이터를 _loginData에 저장한다. 마지막으로 모든 정보가 예상대로 작동하도록 콘솔에 해당 정보를 출력한다.

Checkbox

Checkbox가 무엇인지 알 것이다. 이것은 사용자가 체크하거나 체크 해제하게 하는 작은 상자다. Uncheckbox가 아닌 Checkbox라고 부르지만 이 부분은 약간의 철학적 문제라고 생각한다. 어느 쪽이든 플러터는 Checkbox를 갖고 있으며, 사용하기는 매우 쉽다.

참고

예제 3-8은 체크박스(Checkbox), 스위치(Switch), 슬라이더(Slider), 라디오(Radio)를 나타내고 그림 3-8은 이를 보여준다. 다음 절에서 참고하라.

예제 3-8. 스위치, 슬라이더, 라디오가 있는 체크박스

```
import "package:flutter/material.dart";

void main() => runApp(MyApp());

class MyApp extends StatefulWidget {
  MyApp({Key key}) : super(key : key);
  @override
  _MyApp createState() => _MyApp();
}

class _MyApp extends State {
  GlobalKey<FormState> _formKey = new GlobalKey<FormState>();
  var _checkboxValue = false;
  var _switchValue = false;
  var _sliderValue = .3;
  var _radioValue = 1;

  @override
  Widget build(BuildContext inContext) {
    return MaterialApp(home : Scaffold(
      body : Container(
        padding : EdgeInsets.all(50.0),
        child : Form(
          key : this._formKey,
          child : Column(
            children : [
```

```
Checkbox(
  value : _checkboxValue,
  onChanged : (bool inValue) {
    setState(() { _checkboxValue = inValue; });
  }
),
Switch(
  value : _switchValue,
  onChanged : (bool inValue) {
    setState(() { _switchValue = inValue; });
  }
),
Slider(
  min : 0, max : 20,
  value : _sliderValue,
  onChanged : (inValue) {
    setState(() => _sliderValue = inValue);
  }
),
Row(children : [
  Radio(value : 1, groupValue : _radioValue,
    onChanged : (int inValue) {
      setState(() { _radioValue = inValue; });
    }
  ),
  Text("Option 1")
]),
Row(children : [
  Radio(value : 2, groupValue : _radioValue,
    onChanged : (int inValue) {
      setState(() { _radioValue = inValue; });
    }
  ),
  Text("Option 2")
]),
```

```
          Row(children : [
            Radio(value : 3, groupValue : _radioValue,
              onChanged : (int inValue) {
                setState(() { _radioValue = inValue; });
              }
            ),
            Text("Option 3")
          ])
        ]
      )
    )
   )
  ));
 }
}
```

그림 3-8. 다양한 입력 위젯(체크박스, 스위치, 슬라이더, 라디오)

이것이 전부다. StatefulWidget에 checkboxValue 변수가 있으면 된다. 추가로 체크박스를 선택하거나 취소할 때 어떤 작업을 수행하려면 onChanged 콜백 핸들러 함수를 제공할 수 있다. 또한 Checkbox는 checked, unchecked, null의 세 가지 값을 허용하는 tristate 플래그(true 또는 false, 기본값은 false)를 지원한다. 후자는 체크박스에 대시로 표시한다. 한 가지 주목할 점은, Checkbox 위젯에는 본질적으로 컴포넌트에 공통인 텍스트 레이블text label이 없다는 것이다. 텍스트가 필요하면 일반적으로 Checkbox와 Text 위젯을 Row 컨테이너에 배치한다. Checkbox 옆에 레이블을 원한다고 가정할 경우에 해당한다. 아니면 Column이나 다른 레이아웃 구조를 사용해 직접 빌드해야 한다.

Switch(CupertinoSwitch)

Switch 위젯과 iOS에서 대응하는 CupertinoSwitch는 대부분 Checkbox와 비슷하지만 시각적 표현이 다르다. 이 위젯은 기술적인 장비에서 찾을 수 있는 작은 스위치처럼 보인다. 실제로 Checkbox 설명으로 돌아가서 Checkbox를 Switch로 변경하고 다른 작업을 수행하지 않으면 스위치가 작동한다는 것을 알 수 있다.

onChanged가 null이면 스위치가 비활성화되고 응답하지 않는다는 점을 참고하라. 이는 Checkbox 위젯에서도 마찬가지다.

Slider(CupertinoSlider)

Slider 위젯은 사용자가 미리 정의된 범위에서 값을 선택하는 선과 작은 조종막대(엄지손가락이라고도 부름)가 있는 위젯이다. iOS 버전에서는 CupertinoSlider가 동일하게 동작한다. Slider 위젯은 다음과 같이 사용한다.

```
Slider(
  min : 0, max : 20,
```

```
    value : _sliderValue,
    onChanged : (inValue) {
      setState(() => _sliderValue = inValue);
    }
  )
```

중요한 속성은 사용자가 선택할 수 있는 값 범위의 하한과 상한을 정의하는 `min`과 `max`이며 현재 값은 `value`다. `StatefulWidget`의 멤버로서 이 값은 `State` 객체의 변수여야 한다. 마지막으로 엄지손가락을 움직일 때 상태 값을 설정하려면 `onChanged`가 필요하다.

슬라이더 트랙에서 활성화와 비활성화의 색상을 조정하는 데 필요한 `activeColor`, `inactiveColor`와 같은 속성도 있다. 범위 내에서 나누기 수^{divisions}를 결정할 수도 있다. 기본 설정인 `null`이면 슬라이더는 `min`에서 `max` 범위 내에서 연속적으로 움직일 수 있고, 값을 입력하면 불연속적으로 움직이는 영역을 자동으로 나눈다. 사용자가 엄지손가락을 움직이기 시작할 때(`onChangeStart`)와 엄지손가락을 뗄 때(`onChangeEnd`) 이벤트 핸들러 훅^{hook}도 있다.

Radio

약간 우스운 일이지만 저장된 라디오 방송별로 한 개의 버튼이 있는 자동차 라디오의 시대를 기억할 정도로 나이를 먹었다. 버튼 하나를 누르면 다른 하나는 다시 튀어 나오며, 지금 누른 것은 현재 방송이 된다. 이것을 읽는 많은 젊은이가 그런 것을 본 적이 없다고 생각하기 때문에 재미있다고 말하지만, 플러터에는 라디오라는 위젯이 있다. 물론 은유적이지만 이것도 많은 젊은이가 모를 것이다.

`Radio` 위젯은 `CheckBox`나 `Switch`와 비슷하지만 자기 스스로는 존재하지 않는다는 점만 다르다. `Radio` 위젯에는 항상 하나 이상의 자매 `Radio` 위젯이 있으며 상호 배타적이다. 하나의 라디오를 선택하면 그룹의 다른 라디오가 선택 해제된다. 따라

서 다음과 같은 코드가 일반적이다.

```
Column(children : [
  Row(children : [
    Radio(value : 1, groupValue : _radioValue,
      onChanged : (int inValue) {
        setState(() { _radioValue = inValue; });
      }
    ),
    Text("Option 1")
  ]),
  Row(children : [
    Radio(value : 2, groupValue : _radioValue,
      onChanged : (int inValue) {
        setState(() { _radioValue = inValue; });
      }
    ),
    Text("Option 2")
  ]),
  Row(children : [
    Radio(value : 3, groupValue : _radioValue,
      onChanged : (int inValue) {
        setState(() { _radioValue = inValue; });
      }
    ),
    Text("Option 3")
  ])
])
```

이 코드에는 레이블 텍스트가 있는 세 개의 Radio 위젯이 있다. 모든 그룹이 동일한 groupValue 속성 값을 갖는 것에 주목하라. 이는 의도적으로 설계된 것이다. 이들 모두가 동일한 변수를 참조함으로써 동일한 그룹의 일부가 돼서 이전에 언급한 상호 배타성을 띤다. 각각은 불연속 값을 가지므로 첫 번째 Radio를 선택하면

onChanged 핸들러의 setState() 호출로 인해 값이 _radioValue로 전송된다. 그런 다음이 Radio 위젯을 사용하는 코드는 이 값을 검사해 선택된 것을 판별할 수 있다.

날짜와 시간 선택기(CupertinoDatePicker, CupertinoTimerPicker)

앱에서 날짜와 시간을 선택하는 것은 일반적인 행위이므로 플러터는 이를 위한 위젯을 제공한다. 더 정확하게 말하면 안드로이드에서는 이런 목적의 UI 컴포넌트를 표시하고자 호출하는 기능을 제공한다. 해당 플랫폼을 위해 showDatePicker()와 showTimePicker() 함수가 있다(예제 3-9 참고).

예제 3-9. 날짜와 시간 선택

```dart
import "package:flutter/material.dart";

void main() => runApp(MyApp());

class MyApp extends StatelessWidget {
  @override
  Widget build(BuildContext context) {
    return MaterialApp(home : Scaffold(body : Home()));
  }
}

class Home extends StatelessWidget {
  Future<void> _selectDate(inContext) async {
    DateTime selectedDate = await showDatePicker(
      context : inContext,
      initialDate : DateTime.now(),
      firstDate : DateTime(2017),
      lastDate : DateTime(2021)
    );
    print(selectedDate);
  }
  Future<void> _selectTime(inContext) async {
```

```
      TimeOfDay selectedTime = await showTimePicker(
        context : inContext,
        initialTime : TimeOfDay.now(),
      );
      print(selectedTime);
    }
    @override
    Widget build(BuildContext inContext) {
      return Scaffold(
        body : Column(
          children : [
            Container(height : 50),
            RaisedButton(
              child : Text("Test DatePicker"),
              onPressed : () => _selectDate(inContext)
            ),
            RaisedButton(
              child : Text("Test TimePicker"),
              onPressed : () => _selectTime(inContext)
            )
          ]
        )
      );
    }
}
```

이 두 함수는 모두 비동기식이므로 사용하려면 기본 레이아웃의 두 버튼에서 호출되는 _selectDate()와 _selectTime() 메서드가 필요하다.

그림 3-9. 날짜 선택기와 시간 선택기

보다시피(코드와 그림 3-9 참고) showDatePicker()와 showTimePicker()를 사용한다. 전자는 콘텍스트, 기본적으로 선택된 initialDate, firstDate, lastDate가 필요하며 선택기picker에서 선택할 수 있고 여기서는 연도로 지정한다. DateTime 객체가 반환돼 표시된다. showTimePicker()의 경우 콘텍스트와 initialTime만 필요하다.

iOS용으로 CupertinoDatePicker와 CupertinoTimerPicker 위젯이 있으며, 기존 위젯으로 구현되므로 이를 호출할 함수가 없다. 안드로이드에서 사용할 수 있는 다른 도구는 특정 달에서 하루를 선택하는 DayPicker, 특정 연도의 한 달을 선택하는 MonthPicker, 여러 연도에서 특정 1년을 선택하는 YearPicker가 있다.

Dismissible

Dismissible 위젯은 사용자가 주어진 방향으로 날려서 제거할 수 있는 요소다. 위젯에는 드래그할 수 있는 방향을 지정하는 direction 속성이 있다. 사용자가 드래그하면 해당 자식은 보이지 않게 되고 옵션인 resizeDirection 속성이 null이 아닌 경우 Dismissible은 자신의 높이 또는 너비만큼을 움직이며 수평으로 드래그해야 한다.

예를 들면 다음과 같다.

```
Dismissible(
  key : GlobalKey(),
  onDismissed : (direction) { print("Goodbye!"); },
  child : Container(
    color : Colors.yellow, width : 100, height : 50,
    child : Text("Swipe me")
  )
)
```

원하는 경우 배경 속성을 지정하면 '뒤에 놓이도록' 구현할 수 있다. 이 경우 Dismissible의 자식 뒤에 놓여 있다가 자식이 드래그될 때 표시된다.

onDismissed 콜백 함수는 resizeDuration을 지정하면 위젯의 크기가 0으로 작아질 때 호출되고, 지정하지 않으면 슬라이드된 후에 바로 호출된다. 이것이 작동하려면 키[key]도 정의해야 한다. 이 예제에서는 사용하지 않지만 GlobalKey 인스턴스를 사용해 해당 요구 사항을 충족시킨다.

다이얼로그, 팝업, 메시지

이들은 사용자와 상호작용하고 무언가를 보여주는 방법, 즉 '미리 정해놓은 영역 밖'이라는 의미가 있다. 즉, 현재 보고 있는 화면의 일부가 아닌 콘텐츠를 의미한다. 일반적으로는 다이얼로그^{Dialog}(일반적으로 정보를 요청하는 곳), 팝업^{Popup}(보통 즉각적인 주의가 필요한 정보를 표시하는 곳), 메시지^{Message}(일반적으로 사용자에게 신속하고 일시적인 정보를 표시하는 방법)이다.

Tooltip

Tooltip 위젯은 어떤 행위를 수행할 때(일반적으로 버튼을 길게 누름) 다른 위젯에 관해 설명을 표시하는 데 유용하다. 적용하려면 다음과 같이 대상 위젯을 Tooltip으로 감싼다.

```
Tooltip(
  message : "Tapping me will destroy the universe. Ouch!",
  child : RaisedButton(
    child : Text("Do Not Tap!"),
    onPressed : () { print("BOOM!"); }
  )
)
```

실제로 일부 위젯에는 Tooltip 위젯을 자동으로 래핑하는 tooltip 속성이 있다. 하지만 없는 경우 직접 만들 수 있다.

일반적으로 Tooltip은 래핑된 위젯 아래에 표시되지만 preferBelow 속성을 false로 설정하면 반대로 된다(아래에 표시할 공간이 충분하지 않으면 자동으로 동작한다). 툴팁과 대상 위젯 사이의 거리를 결정하고자 verticalOffset 속성을 조정할 수도 있다.

SimpleDialog(CupertinoDialog)

SimpleDialog는 여러 옵션 중에서 선택할 수 있는 팝업 요소다. SimpleDialog에는 선택적으로 표시되는 제목 텍스트를 사용할 수 있다. 대부분 SimpleDialogOption 위젯을 사용해 렌더링한다. 예제 3-10에서 볼 수 있듯이 SimpleDialog의 인스턴스는 일반적으로 showDialog() 함수에 전달돼 표시한다.

예제 3-10. SimpleDialog

```
import "package:flutter/material.dart";

void main() => runApp(MyApp());

class MyApp extends StatelessWidget {
  @override
  Widget build(BuildContext context) {
    return MaterialApp(home : Scaffold(body : Home()));
  }
}

class Home extends StatelessWidget {
  @override
  Widget build(BuildContext inContext) {
    Future _showIt() async {
      switch (await showDialog(
        context : inContext,
        builder : (BuildContext inContext) {
          return SimpleDialog(
            title : Text("What's your favorite food?"),
            children : [
              SimpleDialogOption(
                onPressed : () {
                  Navigator.pop(inContext, "brocolli");
                },
                child : Text("Brocolli")
              ),
```

```
            SimpleDialogOption(
              onPressed : () {
                Navigator.pop(inContext, "steak");
              },
              child : Text("Steak")
            )
          ]
        );
      }
    )) {
      case "brocolli": print("Brocolli"); break;
      case "steak": print("Steak"); break;
    }
  }

  return Scaffold(
    body : Center(
      child : RaisedButton(
        child : Text("Show it"),
        onPressed : _showIt
      )
    )
  );

}

}
```

구현된 모습은 그림 3-10에서 볼 수 있다.

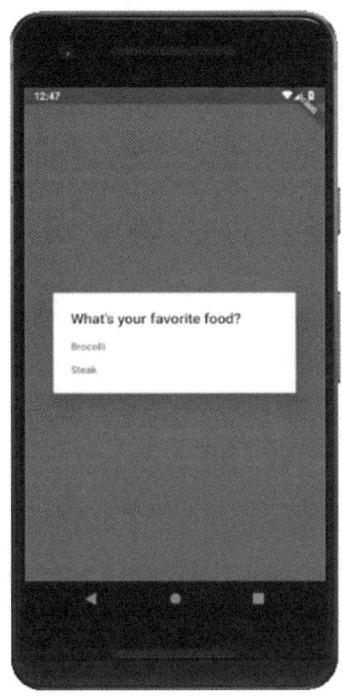

그림 3-10. SimpleDialog보다 간단하지 않다.

RaisedButton을 누르면 _timeForADialog() 함수가 호출된다. 이 함수는 switch문의 값으로 showDialog()의 반환값을 기다린다. 그런 다음 사용자가 선택지 중 하나를 클릭하면 Navigator.pop()을 호출하면서 다이얼로그가 사라져야 한다. 다이얼로그는 해당 시점에 내비게이션 스택의 맨 위에 있으므로 pop()을 하면 숨길 수 있다. pop()의 두 번째 인수는 반환할 값이며, 두 개의 case문은 결과를 콘솔에 print()하기 위한 것이다.

iOS에서는 CupertinoDialog 위젯과 CupertinoDialogAction 위젯이 동일한 다이얼로그를 제공하며 같은 방식으로 사용한다.

참고

여기의 구조는 이전에 본 것과 약간 다르다. RaisedButton의 onPressed 핸들러에서 showDialog()를 직접 호출하려고 시도하면 MaterialLocalization이 필요하다는 오류가 발생하기 때문이다. 문제는 기본적으로 MaterialLocalization 위젯을 포함하고 로컬라이징 앱에 포함하는 조상인 MaterialApp을 가진 빌드 컨텍스트에서 showDialog()를 호출해야 하기 때문이다. RaisedButton의 onPressed 핸들러 내부에 있는 빌드 컨텍스트에는 이러한 조상이 없다(build() 메서드가 최상위 레벨 위젯으로 MaterialApp을 반환하더라도 빌드 컨텍스트가 build() 자체로 전달된 것과는 다른 빌드 컨텍스트를 나타낸다). 따라서 해결책은 최상위 MaterialApp 위젯을 생성한 다음 home 속성이 다른 위젯(이 경우 Scaffold)을 가리키게 하는 것이다. 이 경우 Scaffold는 그 자체로 Home 위젯을 자식으로 갖는다(Scaffold는 여기서 옵션이지만 다른 예제를 위해 필요하다). 이렇게 최상위 위젯의 빌드 컨텍스트는 showDialog() 호출에 적용되는 것으로, MaterialApp을 조상으로 사용하므로 오류가 발생하지 않는다. 지금까지 샘플 코드에서 다루지는 않았지만 여기에서 나타낸 것은 좀 더 일반적인 구조며, 지금까지는 중요하지 않았으므로 이 시점이 올 때까지 코드를 더 간단하게 유지하기로 했다. 여기에서처럼 중요한 곳을 제외하고는 앞으로도 그럴 것이다.

AlertDialog(CupertinoAlertDialog)

AlertDialog는 즉각적인 주의가 필요하고 '예' 또는 '아니오' 이상의 선택을 필요로 하지 않는(또는 전혀 선택하지 않는) 긴급한 상황을 제외하고는 SimpleDialog와 매우 유사하다. SimpleDialog의 예제 코드를 기반으로 _showIt() 함수만 변경하면 된다.

```
_showIt() {
  return showDialog(
    context : inContext,
    barrierDismissible : false,
    builder : (BuildContext context) {
      return AlertDialog(
        title : Text("We come in peace..."),
        content : Center(child :
```

```
        Text("...shoot to kill shoot to kill shoot to kill")
      ),
      actions : [
        FlatButton(
          child : Text("Beam me up, Scotty!"),
          onPressed : () { Navigator.of(context).pop(); }
        )
      ]
    );
  }
 );
}
```

이전과 마찬가지로 showDialog()가 사용되지만 이번에는 builder() 함수가 AlertDialog를 반환한다. content 속성은 AlertDialog에 표시할 내용을 알려주며, actions 속성을 사용하면 사용자가 클릭할 수 있는 요소 배열(이 경우에는 하나의 FlatButton)만 제공할 수 있다. SimpleDialog와 마찬가지로 내비게이터 스택에서 다이얼로그를 pop()해야 하며, 이번에는 반환할 것이 없으므로 두 번째 인수가 필요 없다. barrierDismissable 속성을 false로 설정하면 사용자가 FlatButton을 클릭해야 한다. SimpleDialog처럼 화면의 다른 곳을 클릭해 다이얼로그를 닫을 수 없다. 이는 중요한 정보를 사용자에게 알리는 정보 팝업에 적합하다.

iOS 버전에는 CupertinoAlertDialog라는 다이얼로그가 있고 같은 방식으로 사용한다는 것을 알아두자.

SnackBar

SnackBar는 화면 하단에 일정 시간 동안 일시적인 메시지를 표시하는 경량 메시지 컴포넌트며, 선택적으로 사용자가 탭해서 대부분의 SnackBar를 닫을 수 있다. SimpleDialog 및 AlertDialog와 동일한 샘플 코드를 기반으로 다음과 같이

_showIt() 함수를 변경한다.

```
_showIt() {
  Scaffold.of(inContext).showSnackBar(
    SnackBar(
      backgroundColor : Colors.red,
      duration : Duration(seconds : 5),
      content : Text("I like pie!"),
      action : SnackBarAction(
        label : "Chow down",
        onPressed: () {
          print("Gettin' fat!");
        }
      )
    )
  );
}
```

그림 3-11은 결과를 보여준다.

그림 3-11. SnackBar 위젯(하단)

이 함수를 호출하는 위젯의 부모인 Scaffold에 관한 참조를 얻으려면 Scaffold.of(inContext) 호출을 사용해야 한다. 이 Scaffold에는 showSnackBar() 메서드가 있다. backgroundColor와 duration을 선택적으로 설정할 수 있고, duration은 Duration 클래스의 인스턴스가 필요하다(시간, 분, 초와 같은 다양한 타입의 값을 허용할 수 있음). content는 SnackBar에 표시할 텍스트다. action 속성은 옵션이지만 존재하는 경우 클릭 가능한 텍스트 비트를 표시한다. 일반적으로 탭하면 SnackBar가 숨겨지지만 그림과 같이 아무것도 표시되지 않는다. 아무것도 하지 않으면 지정된 기간(또는 지정되지 않으면 기본 기간) 후에 SnackBar가 자동으로 사라진다.

BottomSheet(CupertinoActionSheet)

BottomSheet 위젯(iOS용은 CupertinoActionSheet)에서 제공하는 하단 시트[bottom sheets]는 화면 하단에 표시되는 위젯으로, 사용자에게 추가 콘텐츠를 표시하거나 선택을 요청한다. 어떤 의미에서 SimpleDialog와 SnackBar를 합친 것과 비슷하다. 이전 예제를 계속 이용해서 _showIt() 함수를 다시 변경해보자. 결과는 그림 3-12에서 보여준다.

```
_showIt() {
  showModalBottomSheet(context : inContext,
    builder : (BuildContext inContext) {
      return new Column(
        mainAxisSize : MainAxisSize.min,
        children : [
          Text("What's your favorite pet?"),
          FlatButton(child : Text("Dog"),
            onPressed : () { Navigator.of(inContext).pop(); },
          ),
          FlatButton(child : Text("Cat"),
            onPressed : () { Navigator.of(inContext).pop(); },
          ),
          FlatButton(child : Text("Ferret"),
            onPressed : () { Navigator.of(inContext).pop(); }
          )
        ]
      );
    }
  );
}
```

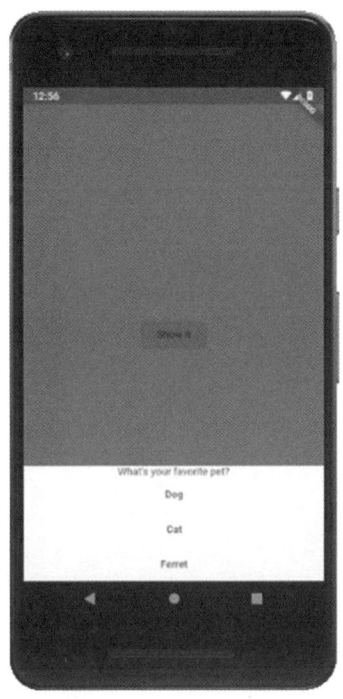

그림 3-12. BottomSheet(상단 또는 측면 시트가 아니라 하단 시트다)

실제로 BottomSheet의 두 가지 변형이 있는데, 하나는 showModalBottomSheet()를 호출하는 것이고 다른 하나는 Scaffold의 showBottomSheet()를 호출해 표시하는 항목이다. 차이점은 전자가 시트가 숨겨질 때까지('모델'이라고 부름) 사용자가 앱의 다른 부분과 상호작용하지 못하게 하고, 반면 후자는 해제되지 않는 한 남아 있어서 '지속적'이라고 하며 앱의 다른 부분과의 상호작용을 허용한다. 두 경우 모두 BottomSheet는 동일한 기본 방식으로 구성한다. 상호작용이 필요한지 아닌지에 따라 표시되는 콘텐츠는 사용자에게 달려 있다. 이 예에서는 3개의 FlatButton 위젯에 Text가 있다. 그중 하나를 누르면 BottomSheet가 이미 여러 번 본 Navigator.of(inContext).pop()을 호출하며 숨겨진다.

요약

3장은 참 길었다. 나는 3장이 약간의 휴식을 취할 수 있는 훌륭한 콘텐츠라고 생각한다. 3장에서는 플러터와 함께 제공되는 위젯을 개괄적으로 살펴보며 시작했지만 더 많은 위젯과 일부 API를 비롯해 더 많은 내용이 있다. 그러니 조금 휴식을 취하고 스트레칭을 한 후 4장을 시작하자.

4장

플러터, 파트 II

3장에서는 플러터와 함께 제공되는 위젯의 탐색을 시작했다. 4장에서는 위젯을 계속 살펴보면서 플러터가 제공하는 일부 API를 간략히 살펴본다.

위젯 스타일링

플러터는 다양한 방법으로 위젯을 스타일링할 수 있는 풍부한 시스템을 갖고 있으며, 핵심적으로는 위젯 지향적이고, 다른 위젯을 스타일링하도록 특별히 설계된 위젯을 통해 수행할 수 있다.

다음 4개의 절에서 참고할 예제 4-1은 책에 코드를 표기하지는 않았지만 제공한 코드 번들에서 확인할 수 있고, 그림 4-1은 예제 4-1을 실행한 결과이므로 다음 4개의 절에서 참고하라.

그림 4-1. 다음 네 절의 데모(실제 색상이 더 좋다)

Theme와 ThemeData

Theme 위젯은 테마를 해당 하위 위젯에 적용하는데, 색상과 출력 설정도 포함한다.

MaterialApp 위젯을 살펴보면서 전체 애플리케이션에 적용할 테마를 선언하는 데 사용할 수 있는 속성이 있음을 알았다. Theme 위젯은 일반적으로 위젯의 일부분에 애플리케이션 레벨의 테마를 대체하려 할 때 사용한다. 또는 전체 애플리케이션의 위젯 트리를 Theme 위젯으로 래핑하고 적용할 수 있지만 보통 MaterialApp의 theme 속성을 선호하지는 않는다.

Theme 위젯을 다룰 때 상위 테마의 확장이나 새로운 테마 생성이라는 두 가지 옵션이 있다. 요소의 하위 세트만 변경하려는 경우 상위 테마(위젯 트리를 탐색할 때 가장 가까운 테마를 의미함)를 확장하는 것이 좋다. 적용하는 방법은 매우 쉽다.

```
Theme(
  data : Theme.of(context).copyWith(accentColor : Colors.red),
  child : /* 여러분의 위젯 트리가 이 테마로 스타일링된다. */
)
```

Theme.of() 메서드는 기본적으로 "플러터, 이 위젯에 가장 가까운 테마는 뭐니?"라고 말하는 방법이다. 부모 위젯에 테마가 있는 것은 무엇이든 찾을 수 있는 테마다. 명시적으로 정의하지 않아도 기본 테마가 있는 곳이면 어디든지 테마를 찾을 수 있다는 점을 기억하자. 이 메서드는 copyWith() 메서드가 있는 ThemeData 객체를 반환한다. 또한 새로운 ThemeData 객체를 반환하지만, 여러분이 전달한 속성이 있으면 그 안에 있던 것을 덮어쓴다. 여기서는 새로운 ThemeData의 accentColor 속성에 Colors.red를 사용해 이전의 항목을 재정의한다. 이제 Theme 위젯 아래의 모든 위젯은 어떤 위젯이든 빨간 강조색을 갖는다. 완전히 새로운 테마를 만드는 것은 훨씬 쉽다.

```
Theme(
  data : ThemeData( accentColor : Colors.red ),
  child : /* 여러분의 위젯 트리가 이 테마로 스타일링된다. */
);
```

부모 ThemeData는 얻을 필요가 없다. 새 인스턴스를 만들고 원하는 속성을 정의하기만 하면 된다. ThemeData는 수많은 속성을 지원해 여기에 나열하기에는 너무 많으므로 정의하려는 속성은 플러터 문서를 참조하기 바란다.

이제는 Theme 위젯을 정의한 후에도 여전히 개별 위젯에서 사용하고자 한다. Theme를 사용했다면 쉽게 만들 수 있다.

```
Theme (
  data : ThemeData( accentColor : Colors.red ),
  child : Container(
    color : Theme.of(context).accentColor,
    child : Text(
      "Text with a background color,"
      style : Theme.of(context).textTheme.title,
    )
  )
)
```

요점을 기억하라. 예제의 컨테이너가 Theme에 싸여있어 Theme.of(context)는 해당 테마의 ThemeData를 반환한다. 컨테이너가 Theme로 래핑되지 않으면 MaterialApp 위젯의 theme 속성에 지정된 테마의 애플리케이션 레벨 ThemeData를 사용한다. MaterialApp에 theme가 지정되지 않으면 기본 Theme와 ThemeData가 빌드되고 기본적으로 사용된다.

Opacity

Opacity 위젯도 간단하다. 지정된 양만큼 자식을 투명하게 만든다. 간단한 예로 이전 예제의 두 번째 텍스트를 다음과 같이 바꿔보자.

```
Opacity(opacity: .25, child : Text("Faded") )
```

다시 실행하면 텍스트가 반투명 또는 25% 정도 불투명하다는 것을 알 수 있다. 이것이 전부다.

DecoratedBox

DecoratedBox 위젯은 말 그대로 정확히 상자다. 좀 더 개념적으로 DecoratedBox의 자식인 상자와 같은 컨테이너 위젯을 장식한다. 대부분 DecoratedBox와 함께하는 BoxDecoration 위젯은 원하는 장식을 정의한다.

예제를 살펴보자.

```
DecoratedBox(
  decoration : BoxDecoration(
    gradient : LinearGradient(
      begin : Alignment.topCenter,
      end : Alignment.bottomCenter,
      colors : [ Color(0xFF000000), Color(0xFFFF0000) ],
      tileMode : TileMode.repeated
    )
  ),
  child : Container(width : 100, height : 100,
    child : Text("Hello",
      style : TextStyle(color : Colors.white)
    )
  )
)
```

위의 코드에서는 Text 위젯의 부모인 컨테이너 주위에 DecoratedBox를 래핑한다. DecoratedBox 자체적으로는 아무것도 표시하지 않는다. 자식이 들어가는 공간이라고 할 수 있다. 장식할 박스가 필요한데, 여기서는 컨테이너다. 그 안의 Text는 텍스트 자체를 꾸민 것이 아니라 컨테이너가 꾸며짐으로써 보이는 추가적인 보너스와 같다.

어떻게 꾸미는가는 decoration 속성에서 적용하며 값은 BoxDecoration의 인스턴스다. BoxDecoration 위젯은 색상이나 이미지로 장식하거나(예, 텍스트 뒤의 컨테이너에 배경 이미지를 적용하고자) 테두리(예, 둥근 모서리)를 그린 후 그림자와 그래디언트를 적용하는 방법을 제공한다. 여기에서는 그래디언트를 보여준다. `LinearGradient`는 (`RadialGradient`와 `SweepGradient`를 포함해) 다양한 그래디언트 클래스 중 하나로 박스에서 그래디언트를 시작하고 끝내는 위치를 (간편하게는 `Alignment` 클래스 상수를 지정해) 지정하고, 사용할 색상과 박스의 크기에 따라 필요한 경우 그래디언트를 반복하는 방법을 제공한다.

`BoxDecoration`과 결합된 `DecoratedBox`는 필요에 따라 모든 컨테이너 요소에 스타일을 적용할 수 있는 편리하고 유연한 방법이다.

Transform

`Transform` 위젯은 하위 요소에 일종의 기하학적 변형을 적용한다. 거의 모든 종류의 변환을 이 코드로 코딩할 수 있다. 예를 들어 다음과 같다.

```
Center(
  child : Container(
    color : Colors.yellow,
    child : Transform(
      alignment : Alignment.bottomLeft,
      transform : Matrix4.skewY(0.4)..rotateZ(-3 / 12.0),
      child : Container(
        padding : const EdgeInsets.all(12.0),
        color : Colors.red,
        child : Text("Eat at Joe's!")
      )
    )
  )
)
```

이 코드는 박스의 왼쪽 하단 모서리가 원래 위치에 고정된 상태로 텍스트가 있는 노란색 배경의 빨간색 상자가 회전하고 기울어진다. 특별히 유용한 예는 아니지만 행렬 변환에 익숙한 경우 이 위젯이 제공하는 기능을 이해하기 좋다.

이 생성자 외에도 Transform.rotate(), Transform.scale(), Transform.translate()도 있다. 각각은 가장 일반적인 세 가지 변환 타입, 즉 회전, 크기 조정, 변환에 관해 특별히 구성된 Transform 위젯을 반환한다. 이들은 행렬 연산을 알 필요가 없으므로 사용하기가 훨씬 쉽다(덜 수학적인 인수의 간단한 내용을 입력한다). 따라서 일반적인 변환 타입 중 하나가 필요한 경우 Transform() 생성자 대신 사용하는 것이 좋다.

애니메이션과 트랜지션

요즘 사용자 인터페이스에서 애니메이션animation은 중요한 부분이다. 사용자는 자신의 앱이 시각적으로 호소력 있게 움직여 호소력 있게 작동하기를 기대한다. 플러터는 이런 목적만을 위한 애니메이션 위젯을 제공한다. 애니메이션 특성상 스크린샷을 보여주는 것이 별로 의미가 없기 때문에 보여주지 않겠다. 그러나 안드로이드 스튜디오를 시작하고 기본 프로젝트를 만든 다음 이 코드를 실행해야 하는 훌륭한 기회다. 기본 앱을 만들려면 몇 가지 작업을 수행해야 하지만 이 시점에서 이해를 테스트하고 이 모든 기능을 확인하는 것도 훌륭한 연습이다.

AnimatedContainer

비교적 간단한 애니메이션의 경우 AnimatedContainer 위젯이 완벽하다. 이 위젯은 정의된 기간 동안 점차 값을 변경한다. 이 작업은 자동으로 수행한다. 시작 값이 무엇인지 알려주고 새 값으로 변경하면 요구에 따라 그 값 사이에서 애니메이션(또는 트윈)이 적용된다. 예제는 다음과 같다.

```
class _MyApp extends State {

  var _color = Colors.yellow;
  var _height = 200.0;
  var _width = 200.0;

  @override
  Widget build(BuildContext context) {
    return MaterialApp(home : Scaffold(
      body : Center(child : Column(
        mainAxisAlignment : MainAxisAlignment.center,
        children : [
          AnimatedContainer(
            duration : Duration(seconds : 1),
            color : _color, width : _width, height : _height
          ),
          RaisedButton(
            child : Text("Animate!"),
            onPressed : () {
              _color = Colors.red;
              _height = 400.0;
              _width = 400.0;
              setState(() {});
            }
          )
        ]
      ))
    ));
  }
}
```

여기에는 duration 속성이 1초로 설정된 AnimatedContainer가 있어 애니메이션 시간이 길어진다. 초기 color, width, height 속성을 State에 정의된 변숫값으로 설정한다. 그런 다음 사용자가 RaisedButton을 클릭하면 세 변수의 값이 모두 변경되고 setState()가 호출돼 리빌드rebuild하도록 트리거되지만 플러터는 1초에 걸쳐 그렇게 하므로 AnimatedContainer를 점진적으로 더 크게 만들고 빨간색으로 변경한다.

DecoratedBox의 다양한 속성에 애니메이션을 적용하는 데 사용할 수 있는 DecoratedBoxTransition도 있는데, 개념적으로 AnimatedContainer와 매우 유사하지만 특정 위젯에만 적합하다.

AnimatedCrossFade

AnimatedCrossFade 위젯은 두 요소 사이에서 교차로 페이드되도록 특별히 설계된 위젯이다. 크로스페이드cross-fade는 하나의 요소가 페이드아웃fade-out되고 다른 요소가 같은 위치에서 페이드인fade-in되는 것이다. 사용하는 방법은 간단하다.

```
class _MyApp extends State {
  var _showFirst = true;

  @override
  Widget build(BuildContext context) {
    return MaterialApp(home : Scaffold(
      body : Center(child : Column(
        mainAxisAlignment : MainAxisAlignment.center,
        children : [
          AnimatedCrossFade(
            duration : Duration(seconds : 2),
            firstChild : FlutterLogo(
              style : FlutterLogoStyle.horizontal,
              size : 100.0
            ),
            secondChild : FlutterLogo(
              style : FlutterLogoStyle.stacked,
```

```
          size : 100.0
        ),
        crossFadeState : _showFirst ?
          CrossFadeState.showFirst :
          CrossFadeState.showSecond,
      ),
      RaisedButton(
        child : Text("Cross-Fade!"),
        onPressed : () {
          _showFirst = false;
          setState(() {});
        }
      )
    ]
  ))
  ));
  }
}
```

처음으로 FlutterLogo 위젯을 살펴봤다. 짐작할 수 있듯이 이는 다양한 스타일로 플러터 위젯을 표시하는 것이다. 리소스 또는 이와 유사한 것을 추가할 필요가 없으며 자동으로 사용할 수 있다.

이제 firstChild와 secondChild 속성을 FlutterLogo 인스턴스로 설정해 Animated CrossFade 위젯에 두 개를 포함한다. AnimatedContainer와 마찬가지로 이 위젯에도 duration 속성이 있으며, 여기에는 2초로 설정돼 있다.

crossFadeState 속성은 가장 중요하다. 이 속성은 두 위젯 중 어느 것을 보여줄지 알려준다. CrossFadeState.showFirst를 값으로 설정하면 첫 번째를 표시한다. 반면 CrossFadeState.showSecond를 값으로 설정하면 두 번째를 보여준다. 이는 불리언 _showFirst 변수의 값을 기반으로 한다. true로 시작하므로 첫 번째 이미지가 나타나지만 RaisedButton을 클릭하면 false로 설정된다.

요소의 불투명도를 애니메이션하는 FadeTransition도 있다. 원한다면 동시에 동작하는 두 개의 FadeTransition 위젯으로 자신의 AnimatedCrossFade를 만들 수 있다(확인하지 않았지만 AnimatedCrossFade가 구현되는 방식과 같을 것이다).

AnimatedDefaultTextStyle

텍스트 애니메이션을 하려면 AnimatedDefaultTextStyle을 사용하는 것이 좋다. 이 위젯은 AnimatedContainer나 AnimatedCrossFade와 매우 유사하게 작동한다.

```
class _MyApp extends State {
  var _color = Colors.red;
  var _fontSize = 20.0;

  @override
  Widget build(BuildContext context) {
    return MaterialApp(home : Scaffold(
      body : Center(child : Column(
        mainAxisAlignment : MainAxisAlignment.center,
        children : [
          AnimatedDefaultTextStyle(
            duration : const Duration(seconds : 1),
            style : TextStyle(
              color : _color, fontSize : _fontSize
            ),
            child : Text("I am some text")
          ),
          RaisedButton(
            child : Text("Enhance! Enhance! Enhance!"),
            onPressed : () {
              _color = Colors.blue;
              _fontSize = 40.0;
              setState(() {});
```

```
          }
        )
      ]
    ))
  ));
  }
}
```

여기에서 AnimatedDefaultTextStyle의 자식인 텍스트가 100% 확대되고 1초 동안 색상이 변경됐다. 이 시점에서 앞서 말한 세 개의 위젯이 얼마나 비슷한지는 설명할 필요가 없어서 생략한다.

기타: AnimatedOpacity, AnimatedPositioned, PositionedTransition, SlideTransition, AnimatedSize, ScaleTransition, SizeTransition, RotationTransition

제목에서 볼 수 있듯이 앞서 살펴봤던 위젯 외에도 몇 개의 위젯이 더 있지만 공간 절약을 위해 예제없이 언급하겠다. 이들은 요소의 불투명도, 요소의 위치, 요소의 크기, 요소의 회전을 애니메이션하는 데 다른 요소와 마찬가지로 사용할 수 있다.

불투명 애니메이션은 비교적 비싼 작업^{expensive operation}이므로 AnimatedOpacity 위젯은 적게 사용해야 한다는 점을 유의하자(AnimatedCrossFade, FadeTransition 위젯에도 적용됨).

또한 AnimatedPositioned 위젯은 자식이 Stack의 요소인 경우에만 작동하며, 이 위젯은 앞서 언급하지 않은 위젯이다. 요점만 말하자면 여러 자식이 서로 겹치게 표시할 수 있다(동일한 크기인지 여부와 관계없고 더 큰 요소가 더 작은 요소 아래에 있다면 더 큰 요소가 작은 요소의 뒤에서 부분적으로 '선택'될 수 있다). 5장에서 스택을 다시 살펴볼 수 있지만 이전에 살펴본 내비게이터 스택과 동일하지 않음을 이해하라. 둘의 개념은 다르다. Stack 위젯은 서로 위에 있을 수 있는 다른 요소의 컨테이너일 뿐이다.

Transition 위젯이 흥미로운 이유는 단순한 선형적인 움직임이 아닌 다양한 애니메이션이 가능하다는 것이다. Animated 위젯을 이용하면 다양한 각도를 만들 수 있지만 *Transition 위젯은 더 강력한 기능으로 흥미로운 애니메이션을 만들 수 있다.

드래그 앤 드롭

모바일 장치에서는 다소 흔하지 않지만 드래그 앤 드롭 상호작용은 데스크톱에서 일반적이며, 플러터는 이를 지원한다. Draggable과 DragTarget의 두 가지 주요 위젯으로 드래그 앤 드롭을 수행한다. 사용하는 방법은 그리 어렵지 않다.

```
class MyApp extends StatelessWidget {
  @override
  Widget build(BuildContext context) {
    return MaterialApp(home : Scaffold(
      body : Center(child : Column(mainAxisAlignment :
        MainAxisAlignment.center,
        children : [
          DragTarget(
            builder : (BuildContext context,
              List<String> accepted,
              List<dynamic> rejected) {
                return new Container(width : 200, height : 200,
                color : Colors.lightBlue);
            },
```

```
        onAccept : (data) => print(data)
      ),
      Container(height : 50),
      Draggable(
        data : "I was dragged",
        child : Container(width : 100, height : 100,
          color : Colors.red),
        feedback : Container(width : 100, height : 100,
          color : Colors.yellow)
      )
    ]
  ))
));
  }
}
```

먼저 DragTarget이 있는데, 드래그할 대상을 놓을 수 있는 곳이다. 이 대상이 허용할 데이터 타입을 지정해야 하는데, 이 경우에는 일반적인 String이다. builder() 함수는 Container를 반환하지만 놓는 대상으로 만들려는 모든 것을 반환할 수 있다.

다음으로 두 번째 컨테이너가 Column 레이아웃에 추가돼 DragTarget과 Draggable 사이에 약간의 공간이 생긴다. 여기서 추가해야 할 포인트는 DragTarget에 제공하려는 임의의 데이터인 data 속성과 사용자가 물리적으로 드래그할 위젯인 feedback 속성이다.

보다시피 동작 방식은 child 속성을 통해 지정된 오리지널 위젯이며 절대 움직이지 않는다. 대신 사용자가 하위 Container를 이동하기 시작하면 feedback에 의해 결정된 위젯이 렌더링되고 드래그할 수 있게 된다. DragTarget에 놓으면 DragTarget의 onAccept 핸들러 함수가 실행돼 Draggable의 data 속성 값을 받는다.

두 위젯 모두 다양한 상황에서 트리거될 수 있는 콜백이 많지만, 가장 유용한 것은 onDragComplete 핸들러일 것이다. 이 핸들러는 Draggable이 DragTarget에서 드롭될 때 발생하는 함수다. 일반적으로 오리지널 자식 위젯을 숨기거나 다른 의미 있는 작업을 수행한다. 마지막으로 LongPressDraggable 위젯이 있으며, Draggable 대신 사용할 수 있다. 차이점은 자식을 길게 눌렀을 때 드래그할 수 있다는 것이다. 사용 사례에 따라 달라지는 사소한 상호작용의 차이가 있다.

데이터 뷰

데이터 뷰^{data view}는 모바일이나 기타 모든 앱에서의 전형적인 패턴으로, 사용자의 데이터 리스트를 특정한 타입으로 표시한다. 플러터는 데이터 뷰를 위해 몇 개의 위젯을 제공한다. 다양한 스크롤 컴포넌트를 원하는 경우 자신만의 것을 만들 수는 있지만 이 위젯이 있으면 일반적으로 필요가 없다.

Table

Table 위젯은 '데이터 뷰'라는 용어, 즉 데이터 컬렉션을 표시하는 데 사용되는 위젯 중 가장 단순할 것이다. HTML 테이블에 익숙하다면 이미 테이블 위젯의 기본 개념인 행과 열을 표시하는 기본을 알고 있을 것이다. 예제 4-2의 샘플 코드와 그림 4-2의 결과를 살펴보자.

예제 4-2. Table 위젯으로 테이블 설정

```
import "package:flutter/material.dart";

void main() => runApp(MyApp());

class MyApp extends StatelessWidget {
```

```
Widget build(BuildContext inContext) {
  return MaterialApp(home : Scaffold(
    body : Column(children : [
      Container(height : 100),
      Table(
        border : TableBorder(
          top : BorderSide(width : 2),
          bottom : BorderSide(width : 2),
          left : BorderSide(width : 2),
          right : BorderSide(width : 2)
        ),
        children : [
          TableRow(
            children : [
              Center(child : Padding(
                padding : EdgeInsets.all(10),
                child : Text("1"))
              ),
              Center(child : Padding(
                padding : EdgeInsets.all(10),
                child : Text("2"))
              ),
              Center(child : Padding(
                padding : EdgeInsets.all(10),
                child : Text("3"))
              )
            ]
          )
        ]
      )
    ])
  ));
}
}
```

그림 4-2. 별로 볼 것은 없지만 기본적인 테이블 예제다.

간단하지 않은가? 선택적으로 Table의 테두리를 정의할 수 있지만 기본적으로는 테두리가 없다. 그리고 children으로 몇 개의 행을 만들 수 있는데, 원하는 위젯이나 위젯 트리를 사용할 수 있지만 맨 위는 TableRow 인스턴스여야 하고 각 자식은 행의 셀이나 열이다.

모든 행은 같은 수의 자식이 있어야 한다. columnWidths 속성을 사용해 열 너비를 직접 설정할 수 있으며 defaultVerticalAlignment 속성을 사용해 각 셀 내용의 수직 정렬을 조정할 수 있다.

DataTable

UI에서는 테이블 타입으로 데이터를 표시하는 것이 매우 일반적이므로 플러터는 **DataTable** 위젯을 제공한다(예제 4-3 참고).

예제 4-3. DataTable 위젯

```
import "package:flutter/material.dart";

void main() => runApp(MyApp());

class MyApp extends StatelessWidget {

  Widget build(BuildContext inContext) {
    return MaterialApp(home : Scaffold(
      body : Column(children : [
        Container(height : 100),
        DataTable(sortColumnIndex : 1,
          columns : [
            DataColumn(label : Text("First Name")),
            DataColumn(label : Text("Last Name"))
          ],
          rows : [
            DataRow(cells : [
              DataCell(Text("Leia")),
              DataCell(Text("Organa"), showEditIcon : true)
            ]),
            DataRow(cells : [
              DataCell(Text("Luke")),
              DataCell(Text("Skywalker"))
            ]),
            DataRow(cells : [
              DataCell(Text("Han")),
              DataCell(Text("Solo"))
            ])
          ]
        )
```

```
      ])
    ));
  }
}
```

간단한 용어로 DataTable은 테이블의 열이 무엇인지, 표시할 데이터 행이 무엇인지 알려줘야 한다. 각 열은 DataColumn 인스턴스를 통해 정의되는 반면 각 행은 멤버가 DataCell 인스턴스인 셀 컬렉션을 포함하는 DataRow 인스턴스로 정의한다. 필수는 아니지만 sortColumnIndex 속성으로 현재 정렬된 열을 나타낼 수 있다. 하지만 시각적인 표시일 뿐이다. 코드를 작성해 데이터를 물리적으로 정렬하는 역할을 해야 한다. 대부분 경우 이 예제와 같이 데이터를 인라인으로 제공하지는 않지만 대신 리스트를 생성하는 함수가 있다. 그림 4-3에서 이 대부분을 확인해볼 수 있다.

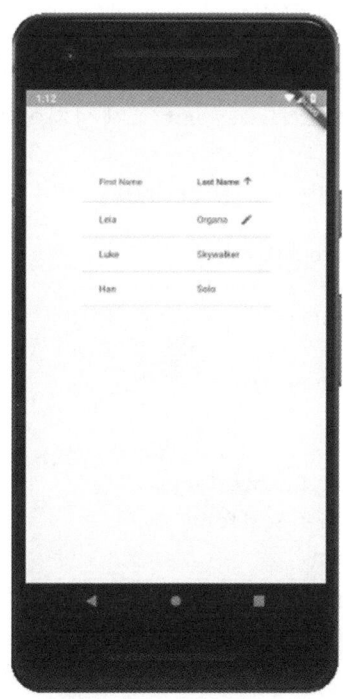

그림 4-3. 「스타워즈」 또는 「스타트렉」 DataTable 예제

DataColumn은 열을 길게 누를 때 설명 텍스트를 표시하는 툴팁 속성을 사용할 수 있으며, DataCell의 showEditIcon 속성이 true인 경우 셀을 편집할 수 있음을 나타내는 작은 연필 아이콘을 표시할 수 있다. 그러나 실제 편집은 코드로 구성해야 한다.

DataTable은 구현해야 하는 레이아웃 프로세스로 인해 계산상 다소 비싼 위젯이다. 따라서 표시할 데이터가 많은 경우 PaginatedDataTable 위젯을 사용하는 것이 좋다. DataTable처럼 작동하지만 데이터를 사용자가 이동할 수 있는 페이지로 분할한다. 이렇게 하면 한 번에 한 페이지만 만들면 되므로 비용이 적게 든다.

GridView

GridView 위젯은 2차원 위젯 그리드를 표시한다. scrollDirection 속성(기본값은 Axis.vertical)에 따라 어느 방향으로든 스크롤할 수 있으며 여러 레이아웃을 제공하는데, 예제 4-4와 같이 GridView.count() 생성자에 의해 생성할 수 있다.

예제 4-4. 펄럭이는 플러터 로고로 가득 찬 GridView

```
import "package:flutter/material.dart";

void main() => runApp(MyApp());

class MyApp extends StatelessWidget {
  @override
  Widget build(BuildContext inContext) {
    return MaterialApp(home : Scaffold(
      body : GridView.count(
        padding : EdgeInsets.all(4.0),
        crossAxisCount : 4, childAspectRatio : 1.0,
        mainAxisSpacing : 4.0, crossAxisSpacing : 4.0,
        children: [
```

```
            GridTile(child : new FlutterLogo()),
            GridTile(child : new FlutterLogo()),
            GridTile(child : new FlutterLogo()),
            GridTile(child : new FlutterLogo()),
            GridTile(child : new FlutterLogo()),
            GridTile(child : new FlutterLogo()),
            GridTile(child : new FlutterLogo()),
            GridTile(child : new FlutterLogo()),
            GridTile(child : new FlutterLogo())
          ]
        )
     ));
  }
}
```

그림 4-4와 같이 가로축에 일정한 수의 요소(타일이라고 함)가 있는 레이아웃을 생성한다. `GridView.extent()`도 있는데, 가로축의 최대 크기를 지정해 타일 레이아웃을 생성한다. 표시할 '무한'개의 타일이 있는 경우 `GridView.builder()` 생성자를 사용할 수도 있다.

`GridView`는 `ListView`와 매우 유사하며 어떤 의미에서 `ListView`는 순수한 선형 `GridView`라 할 수 있다. 다음 절에서 `ListView`를 살펴본다.

그림 4-4. 별로 볼 것은 없지만 GridView를 충분히 보여준다.

ListView와 ListTile

`ListView` 위젯은 데이터를 보여주는 위젯 중 가장 중요할 것이다. 스크롤할 항목 리스트를 표시할 때 가장 자주 사용한다. 가장 간단한 형태의 코딩은 예제 4-5와 같다.

예제 4-5. 간단한 정적 ListView 코딩

```
import "package:flutter/material.dart";

void main() => runApp(MyApp());

class MyApp extends StatelessWidget {
```

```
  @override
  Widget build(BuildContext inContext) {
    return MaterialApp(home : Scaffold(
      body : ListView(children : [
        ListTile(leading: Icon(Icons.gif), title: Text("1")),
        ListTile(leading: Icon(Icons.book), title: Text("2")),
        ListTile(leading: Icon(Icons.call), title: Text("3")),
        ListTile(leading: Icon(Icons.dns), title: Text("4")),
        ListTile(leading: Icon(Icons.cake), title: Text("5")),
        ListTile(leading: Icon(Icons.pets), title: Text("6")),
        ListTile(leading: Icon(Icons.poll), title: Text("7")),
        ListTile(leading: Icon(Icons.face), title: Text("8")),
        ListTile(leading: Icon(Icons.home), title: Text("9")),
        ListTile(leading: Icon(Icons.adb), title: Text("10")),
        ListTile(leading: Icon(Icons.dvr), title: Text("11")),
        ListTile(leading: Icon(Icons.hd), title: Text("12")),
        ListTile(leading: Icon(Icons.toc), title: Text("3")),
        ListTile(leading: Icon(Icons.tv), title: Text("14")),
        ListTile(leading: Icon(Icons.help), title: Text("15"))
      ])
    ));
  }
}
```

ListView의 자식으로는 아무거나 사용할 수 있지만 종종 ListTile 위젯을 사용한다(보통 여러 개의 자식을 사용한다). ListTile은 텍스트와 leading 또는 trailing 아이콘을 포함하며 단일 고정 높이의 행인 위젯이다. ListTile은 subtitle을 포함해 최대 3줄의 텍스트를 표시할 수 있다. 이 예에서 leading 속성은 텍스트 앞에 Icon을 표시하는 데 사용하며, 그림 4-5에서 볼 수 있다.

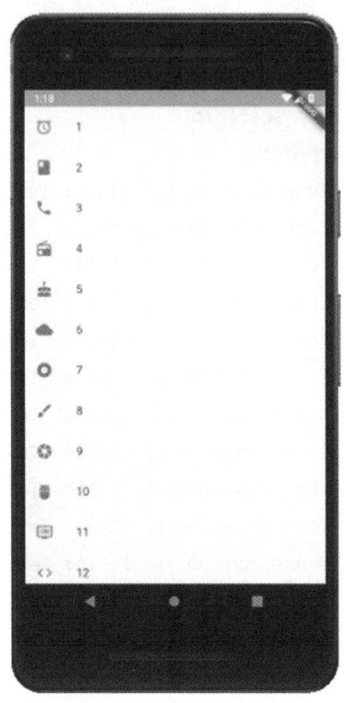

그림 4-5. ListTile을 사용한 ListView 위젯

ListView는 scrollDirection 속성의 설정에 따라 세로 또는 가로로 스크롤할 수 있다. ScrollPhysics의 인스턴스인 physics 속성을 조정해 ListView가 스크롤을 처리하는 방식을 조절할 수도 있다.

ListView는 예제에 표시된 기본 생성자 외의 다른 생성자를 제공한다. 빌더 함수를 사용해 행을 렌더링하는 ListView.builder() 생성자도 있다. ListView.separated() 도 사용할 수 있으며, 이를 사용하면 정의한 예제 구분자로 구분된 ListView를 제공할 수 있다. ListView.custom() 생성자를 사용하면 자식 모델을 설정해 ListView가 원하는 방식으로 보이고 작동하도록 더욱 유연하게 설정할 수 있다.

페이징을 지원하는 ListView인 PageView 위젯도 있다. 표시하고 싶은 항목이 많다면 PageView 위젯을 사용하는 것이 성능상 좋겠지만, 더 중요한 것은 각 그룹화된

내역이 페이지가 되는 방식으로 그룹화하는 것이 논리적이라는 점이다.

기타 위젯

일부 위젯은 분류할 수 없다. 여기서는 기타 카테고리를 구분지어 살펴보자.

CircularProgressIndicator(CupertinoActivityIndicator)와 LinearProgressIndicator

한참 실행되는 동안 사용자에게 무엇을 보여줘야 할까? 예를 들어 약간 느리게 응답하는 원격 서버를 호출하는 경우 사용자가 지루하지 않도록 뭔가를 보여주는 것이 좋다. 여러 옵션이 있지만 `CircularProgressIndicator`가 가장 좋다. 움직이는 원을 보여줄 뿐이지만 잘 동작하고 사용이 매우 쉽다.

```
CircularProgressIndicator()
```

간단하지만 이것이 전부다. 플러터가 다른 모든 것을 처리한다. 물론 관심을 가질 만한 몇 가지 옵션이 있다. 먼저 `strokeWidth`를 사용하면 원의 두께를 결정할 수 있다. `backgroundColor` 속성을 사용하면 인디케이터 뒤에서 다른 색상을 설정할 수 있다. 마지막으로 `valueColor`를 사용하면 원 자체의 색상을 정의할 수 있지만, 불행히도 `Colors` 클래스에서 색상을 설정하는 것만큼 간단하지는 않다. `Animation` 클래스의 인스턴스나 그 하위 항목 중 하나를 제공해야 한다. 거의 항상 색상을 적용할 수 있는 생성자를 가진 `AlwaysStoppedAnimation` 클래스를 사용하게 되므로 앞에서 설명한 것처럼 그다지 어렵지는 않다.

iOS의 경우 `CupertinoActivityIndicator`를 사용하면 거의 동일하게 작동한다. 이

위젯을 사용하려면 package:flutter/cupertino.dart를 임포트해야 한다. 이는 모든 Cupertino 위젯에 해당한다. 또한 유연성도 다르다. 색상 옵션은 없고 크기를 정의할 수 있는 radius 속성만 있다.

마지막으로 곡선이 싫다면 색깔 있는 선을 보여주는 LinearProgressIndicator를 사용할 수 있다.

```
LinearProgressIndicator(value : .25, backgroundColor : Colors.yellow)
```

여기서 value는 0에서 1 사이의 숫자로, 진행률과 막대가 얼마나 색상이 칠해졌는지를 결정한다. backgroundColor는 나머지 진행률에 해당하는 막대 부분의 색상이며, valueColor의 값(CircularProgressIndicator가 Animation의 인스턴스를 값으로 사용하는 것처럼)은 완료된 부분이다. 따라서 이 예에서 막대의 75%는 노란색으로 표시되고 25%는 valueColor가 지정되지 않았기 때문에 테마의 기본 색상으로 채색된다.

Icon

Icon 위젯은 매우 간단하다. 이 위젯은 화면에 머티리얼 아이콘을 표시하는 방법을 제공한다. 사용하려면 다음과 같이 한다.

```
Icon(Icons.radio)
```

Icons 클래스에는 실제로 사용할 수 있는 머티리얼 아이콘 리스트가 포함돼 있다. 그러나 직접 추가할 수도 있다. 폰트를 이용해서도 아이콘이 구현되며 다른 아이콘(예를 들어 인기 있는 폰트 어썸$^{Font\ Awesome}$ 아이콘 컬렉션)을 원하는 경우 사용자 지정 폰트를 추가할 수 있다.

이를 위해서는 pubspec.yaml 파일로 이동해야 하며 1장에서 간단히 말했듯이 이 파일은 플러터가 앱을 빌드하고 실행하는 데 사용하는 구성 정보를 제공한다. 구성 정보에는 프로젝트의 의존성, 이름, 필요한 플러터 버전 등과 같은 것들이 있다. 보통은 새 프로젝트 마법사가 생성한 후에는 특별한 이유가 없다면 수정할 필요가 없다. 프로젝트 마법사가 생성한 파일 내용은 다음과 같다.

```
name: flutter_playground
description: flutter playground

version: 1.0.0+1

environment:
  sdk: ">=2.0.0-dev.68.0 <3.0.0"

dependencies:
  flutter:
    sdk: flutter

  cupertino_icons: ^0.1.2

dev_dependencies:
  flutter_test:
    sdk: flutter

flutter:

  uses-material-design: true
```

위 코드는 4장을 만드는 동안 플러터 플레이그라운드 앱 l^{Flutter Playground app l}용으로 생성된 pubspec.yaml이다(기본 플러터 애플리케이션 프로젝트에 불과하다). 여기서는 필자가 주석을 지운 것에 주의하라. 하지만 삭제할 부분에 이것이 무엇인지 아이콘으로 사용할 새 폰트 추가를 포함해 다른 작업에 관한 힌트를 제공하는 몇 가지 사항이 있다. 프로젝트에 TTF^{True Type Font} 파일을 추가한 후 다음과 같이 flutter

밑으로 추가한다. 예를 들어 폰트 어썸을 추가하려면 다음과 같이 수정한다.

```
flutter:
  fonts:
    - family: FontAwesome
      fonts:
        - asset: fonts/font-awesome-400.ttf
```

이렇게 하면 코드 포인트를 지정하는 IconData 인스턴스를 만들 수 있다. 코드 포인트는 추가한 폰트(폰트 어썸은 웹 사이트 fontawesome.com에서 찾을 수 있음)에서 원하는 아이콘의 참조 번호며, 다음과 같은 폰트 패밀리가 속해 있다.

```
Icon(IconData(0xf556, fontFamily : "FontAwesome"))
```

이 방법은 엄청 어렵지는 않다. 하지만 적어도 일부 폰트(예, 폰트 어썸)를 위한 훨씬 쉬운 방법이 있다. 이 폰트는 아마도 가장 인기 있는 폰트 기반의 아이콘 모음일 것이므로 플러터에서 약간 더 잘 지원한다. 아래와 같이 훨씬 쉬운 플러그인을 추가할 수 있다. 플러그인은 다트와 플러터를 확장하는 것이다. 일반적으로 다트 코드는 필요에 따라 프로젝트로 가져올 수 있다. 플러그인을 사용하려면 다음과 같이 pubspec.yaml의 dependencies 아래에 한 줄만 추가하면 된다.

```
dependencies:
  font_awesome_flutter: ^8.4.0
```

즉, 더 높은 버전을 사용할 수 있는 경우 font_awesome_flutter 플러그인의 8.4.0 이상 사용하길 원함을 나타낸다. 시맨틱 버전 관리에 익숙하지 않으면 구글 검색을 잠깐 하면 빠르고 쉽게 알 수 있다. 그렇기 때문에 처음 접하는 경우라도 쉽게 선택할 수 있지만 이 책의 범위를 벗어나므로 자세히 설명하지 않는다. 이 플러그인에 관한 정보는 https://pub.dartlang.org/packages에서 찾을 수 있으며 다른 유용한 플러그인도 찾을 수 있다. 플러그인은 모두 같은 방식으로 추가한다.

그런 다음 안드로이드 스튜디오에 의존성^{dependencies}을 가져오도록 지시해야 한다. 해당 pubspec.yaml이 변경됐다고 인식하면 편집기 위에 자동으로 프롬프트 바가 나타난다. 패키지 가져오기$^{Package\ Get}$를 클릭하면 의존성을 다운로드한다. 이렇게 필요한 TTF 파일과 코드를 추가한다.

이제 import를 사용해 여러분의 코드에서 사용할 수 있다.

```
import "package:font_awesome_flutter/font_awesome_flutter.dart";
```

이 작업의 이점은 코드 포인트를 찾는 대신 다음과 같이 쓸 수 있다는 점이다.

```
Icon(FontAwesomeIcons.angry)
```

빌트인 머티리얼 아이콘을 사용하는 것처럼 쉽게 만들 수 있으면서 폰트 어썸과 이 플러그인 덕분에 더 많은 아이콘을 선택할 수 있다.

이 책에서는 플러그인이 필요할 때마다 pubspec.yaml을 살펴볼 것이다. 그러나 이 예제는 pubspec.yaml이 제공하는 옵션 중 일부를 보여주는 좋은 첫 번째 소개 역할을 한다.

Image

Icon 위젯과 비슷한 Image 위젯이 있다. Image 위젯은 추측할 수 있듯이 일종의 이미지를 표시하는 데 사용한다. 이 위젯은 서로 다른 위치에서 이미지를 가져오는 여러 가지 생성자를 제공한다. 내 경험에 따라 가장 일반적인 두 가지에 관해서만 이야기하려고 한다. Image.asset()은 애플리케이션 자체에서 이미지를 로드하고, Image.network()는 네트워크에서 로드한다.

먼저 Image.asset()를 사용하면 앱 번들 자체에 포함된 이미지를 로드할 수 있다.

```
Image.asset("img/ron.jpg")
```

사용하기 쉬워 보인다. 그러나 놓친 부분이 있다. 바로 asset를 이용해 이미지에 관해 플러터에 알려야 한다. 그렇게 하려면 pubspec.yaml로 돌아가서 플러터 제목 아래에 새로운 절을 추가해야 한다.

```
assets:
  - img/ron.jpg
```

포함하고자 하는 모든 자원이 섹션에 선언돼 있어야 한다. 그렇지 않으면 플러터 SDK는 이를 포함하지 않는다. img 디렉터리 아래에 모든 것을 포함하고자 -img/ 라고 할 수도 있다. 그러나 이는 img/ 바로 아래에 있는 파일만 포함한다. img/의 하위 디렉터리에 있는 파일은 포함하지 않는다(각 하위 디렉터리에 관해 항목을 추가해야 함).

비슷하게 자산은 이미지에만 국한된 것이 아니라 JSON 파일과 같은 텍스트 자산도 포함할 수 있다. 이런 자산은 애플리케이션 코드 전체에서 사용할 수 있는 rootBundle 객체를 사용해 로드할 수 있다. 예를 들어 settings.json 파일을 로드하려면 다음과 같이 한다.

```
String settings = await rootBundleloadString("textAssets/settings.json");
```

지금 내용과 밀접한 관계는 없지만 알아야 할 부분은 빌드가 완료되면 플러터

SDK는 자산 번들이라는 특수 아카이브를 만들어 앱과 함께 제공한다는 점이다. settings.json 예제에서 볼 수 있듯이 런타임에 자산 번들을 읽을 수 있다(그리고 분명히 Image.asset()은 내부적으로 그렇게 하고 있다).

> **참고**
>
> 플러터의 자산 번들링에는 변형 자산, 해상도 인식 이미지 자산, 번들 자원에 관해 액세스를 제공하는 AssetBundle 객체(rootBundle는 이 클래스의 인스턴스며, 다른 클래스처럼 많은 기능을 제공한다)와 같은 더 많은 내용이 있다. 그러나 이 책에서의 범위를 넘어서므로 다른 기능이 필요하다고 생각되면 flutter.io에서 해당 기능을 찾아보라.

마지막으로 네트워크에서 이미지를 로드하는 것은 자산을 선언하지 않아도 되므로 더 쉽다.

```
Image.network("http://zammetti.com/booksarticles/img/darkness.png")
```

이것이 전부다. 기기가 인터넷에 연결돼 있다고 가정하면 이미지는 마치 애플리케이션과 함께 제공되는 것처럼 로드되고 표시된다. 네트워크 대기 시간이 길어지면 약간 느려질 수 있다.

Chip

Chip 위젯은 일반적으로 사물의 속성이나 작은 텍스트를 표시하거나 사용자와 같은 엔티티나 사용자가 취할 수 있는 빠른 조치를 나타내는 작은 시각적 요소다. 일반적인 사용법은 세부 정보 페이지에서 현재 사용자를 나타내는 작은 요소를 이름 옆에 표시하는 것이다. 간단한 예가 예제 4-6에 있고 그림 4-6에서 볼 수 있다.

예제 4-6. 간단한 Chip

```
import "package:flutter/material.dart"; void main() => runApp(MyApp());

class MyApp extends StatelessWidget {

  @override
  Widget build(BuildContext inContext) {
    return MaterialApp(home : Scaffold(
      body : Center(child :
        Chip(
          avatar : CircleAvatar(
            backgroundImage : AssetImage("img/ron.jpg")
          ),
          backgroundColor : Colors.grey.shade300,
          label : Text("Frank Zammetti")
        )
      )
    ));
  }
}
```

그림 4-6. 오래된 플러터 블록에서의 Chip

avatar 속성은 옵션이며 일반적으로 이미지나 사용자의 이니셜을 표시한다. 이 속성은 자체로 Widget 값을 가지므로 이론적으로 원하는 것을 여기에 넣을 수 있다. 이 경우 CircleAvatar 위젯을 사용하고 있다. 이 위젯은 이런 사용 사례에서 일반적이다. 이미지나 텍스트(일반적으로 칩이 사람을 나타낼 때 사람의 이니셜)를 표시하거나 자체 위젯을 포함할 수 있다. 이 경우 이전 Image 예제와 동일한 이미지를 사용해 내 얼굴을 나타냈다. 물론 backgroundColor 속성은 칩의 색상이며 label 속성은 아바타 이미지 옆에 표시할 텍스트다. avatar 속성이 지정되지 않으면 단독으로 표시된다.

onDeleted 속성을 추가하면 Chip은 해당 엔티티를 삭제하는 버튼을 포함한다. Chip에 시각적으로만 추가된 것이므로 삭제를 구현하는 기능을 제공해야 한다.

FloatingActionButton

FloatingActionButton 위젯은 안드로이드 디바이스에서 일반적이며 iOS 디바이스에서는 다소 생소하다. 메인 콘텐츠 위에 떠다니고 사용자가 일부 기본 기능에 빠르게 접근할 수 있는 둥근 버튼이다. 예를 들어 캘린더 앱에서 일정 추가 화면을 트리거하는 버튼일 수 있다.

FloatingActionButton을 자체적으로 생성하는 것이 가능하지만 그렇게 하는 경우는 드물다. 한 번에 하나 이상의 화면에 표시하는 것도 역시 드물기는 하지만 기술적으로는 가능하다. 대부분 예제 4-7에서 볼 수 있듯이 Scaffold 위젯의 floatingActionButton 속성 값으로 지정한다.

예제 4-7. Scaffold의 일부인 FloatingActionButton의 기본

```
import "package:flutter/material.dart";

void main() => runApp(MyApp());

class MyApp extends StatelessWidget {

  @override
  Widget build(BuildContext inContext) {
    return MaterialApp(home : Scaffold(
      floatingActionButton : FloatingActionButton(
        backgroundColor : Colors.red,
        foregroundColor : Colors.yellow,
        child : Icon(Icons.add),
        onPressed : () { print("Ouch! Stop it!"); }
      ),
      body : Center(child : Text("Click it!"))
    ));
  }

}
```

일반적으로 FloatingActionButton의 자식은 그림 4-7에서 볼 수 있듯이 Icon이지만 반드시 Icon일 필요는 없다.

그림 4-7. 플로팅 작업을 수행하는 FloatingActionButton

backgroundColor 속성은 버튼 자체를 원하는 색상으로 만들고, foregroundColor 속성은 버튼의 아이콘이나 텍스트를 지정된 색상으로 만든다. onPressed 속성은 옵션이며 지정하지 않으면 버튼이 비활성화되고 터치에 응답하지 않는다. 일반적으로 별로 좋지는 않으므로 버튼의 기능이 무엇이든 구현하려면 함수를 정의해야 한다. 또한 elevation 속성으로 그림자를 조정할 수 있으며, shape 속성을 RoundedRectangleBorder 위젯의 인스턴스로 설정해(속성을 허용하는 다른 조정 기능을 사용해) 버튼을 사각형으로 만들 수도 있다.

PopupMenuButton

PopupMenuButton 위젯은 공통 '세 개의 점' 메뉴 패러다임을 구현해 사용자에게 옵션을 제공하는 팝업 메뉴를 표시한다. 이 위젯은 적절하다고 생각되는 곳에 배치할 수 있으며, 세 개의 수직점으로 표시한다. 위젯에는 선택한 옵션과 연관된 값을 수신하는 콜백 함수인 onSelected 속성이 있다. 그런 다음 적절한 기능을 구현할 수 있다. 예제 4-8을 살펴보자.

예제 4-8. PopupMenuButton과 메뉴

```
import "package:flutter/material.dart";

void main() => runApp(MyApp());

class MyApp extends StatelessWidget {

  @override
  Widget build(BuildContext inContext) {
    return MaterialApp(home : Scaffold(
      body : Center(child :
        PopupMenuButton(
          onSelected : (String result) { print(result); },
          itemBuilder : (BuildContext context) =>
            <PopupMenuEntry<String>>[
              PopupMenuItem(
                value : "copy", child : Text("Copy")
              ),
              PopupMenuItem(
                value : "cut", child : Text("Cut")
              ),
              PopupMenuItem(
                value : "paste", child : Text("Paste")
              )
            ]
        )
```

```
      )
    ));
  }
}
```

스크린샷을 보지 않아도 어떻게 보이는지 알 수 있을 것이다. PopupMenuButton 위젯은 앞에서 설명한 빌더 패턴을 사용해 PopupMenuItem 위젯 리스트를 구성한다. 이 위젯에는 적절하다고 생각할 만한 자식이 있을 수 있지만 가장 일반적으로 사용하는 것은 Text 위젯뿐이다. value를 각 항목과 연결하면 onSelected 함수에 해당 값이 전달되고 각 값의 역할을 담당한다(여기서는 콘솔에 print()할 것이다).

지원하는 또 다른 속성으로는 initialValue 속성을 사용해 항목을 미리 선택하는 기능, onCanceled 속성에 함수를 제공해 항목을 선택하지 않고 취소하는 사용자에게 반응하는 기능, elevation 속성으로 그림자를 조정하거나 padding 속성으로 패딩을 설정할 수 있는 기능이 있다.

API

플러터는 다양한 위젯 외에도 라이브러리에 패키지된 일부 API를 제공한다. 이는 크게 세 가지 범주로 나눌 수 있는데, 핵심 플러터 프레임워크 라이브러리, 다트 라이브러리, 기타/지원 라이브러리다. 각 내용을 살펴보겠지만 이 책에서 다루는 내용에 따라 기타와 지원 라이브러리를 합쳐 살펴볼 것이다.

이 책에서는 위젯과 마찬가지로 사용할 수 있는 내용을 매우 간략하고 큰 의미에서 살펴본다는 점을 인지하자. 다음에 나오는 것보다 더 많은 API가 있으며, 샘플 코드나 깊이 있는 설명 없이 이전과 같이 기본적으로 '여러분이 흥미를 느낄 것 같은 부분'과 대부분 개발자가 관심을 가질 것으로 보이는 것을 집어내려고 했다. 사용 가능한 모든 것을 보려면 flutter.io에서 한참 시간을 보내야 하고 필요한 세부 정보를 얻기 위한 레퍼런스가 필요할 것이다. 이 절을 읽고 나서 어떤 것을 할 수 있고 무엇을 봐야 하는지 생각하는 것이 이 책의 목표다.

핵심 플러터 프레임워크 라이브러리

핵심 플러터 프레임워크 라이브러리는 플러터의 기본 기능을 대부분 제공한다. 그중 많은 부분이 위젯 자체에서 내부적으로 사용되므로 이 부분을 모두 직접 사용할 필요가 없을 수도 있다. 하지만 일부를 사용할 수도 있으므로 살펴보자.

이들을 사용하려면 임포트해야 하며 import 구문은 다음과 같다.

```
package:flutter/<라이브러리 이름>.dart
```

animation

애니메이션 라이브러리는 플러터 앱에서 애니메이션을 구현하는 다양한 함수를 제공한다. 일부 흥미로운 멤버는 다음과 같다.

- **Animation:** 이 클래스에는 애니메이션 실행 여부와 이벤트 리스너 함수를 연결할 수 있는 것과 같은 애니메이션의 기본 정보가 포함돼 있다.
- **AnimationController:** 이 클래스를 사용하면 애니메이션 시작, 중지, 재설정, 반복과 같은 애니메이션을 제어할 수 있다.
- **Curve:** 이 클래스에는 이징 곡선^{easing curve}을 정의하는 데이터가 포함돼 있어 모양이 완전히 선형이 아닌 애니메이션을 실행할 수 있다. 일반적인 이징을 정의하는 Cubic, ElasticInOutCurve, Interval, Sawtooth를 비롯해 Curve의 수많은 서브클래스가 있다.

- **Tween**: Curve와 마찬가지로 이 클래스에는 특정 타입의 트윈 작업을 정의하는 데이터가 포함되며, Curve와 마찬가지로 ColorTween(두 색상 사이의 트윈), TextStyleTween(일반 텍스트에서 굵은 텍스트로 이동하는 등의 두 텍스트 스타일 간 애니메이션), RectTween(두 사각형 사이의 보간, 아마도 사각형 크기에 애니메이션을 적용하기 위해) 같은 공통 트윈에 관한 많은 서브클래스가 있다.

foundation

이 라이브러리에는 기본 플러터 클래스, 함수 등이 포함돼 있다. 플러터의 모든 레이어는 이 라이브러리를 사용한다. 일부 흥미로운 멤버는 다음과 같다.

- **Key**: GlobalKey, LocalKey의 서브클래스에서 이 클래스를 살펴본 적이 있다.
- **kReleaseMode**: 애플리케이션이 릴리스 모드에서 컴파일된 경우에 true인 상수다.
- **required**: 메서드나 함수에서 매개변수를 필수로 표시하는 데 사용되는 상수다. 물론 여러분의 클래스에서 사용할 수 있다.
- **debugPrintStack**: 현재 스택을 콘솔에 덤프하는 함수다.
- **debugWordWrap**: 주어진 문자열을 주어진 길이로 감싸는 함수다.
- **TargetPlatform**: 지원되는 다양한 플랫폼(이 글을 쓰는 시점에서 안드로이드, Fuscia, iOS)에 해당하는 값을 제공하는 열거형^{enum}이다.

gestures

이 라이브러리에는 터치 가능한 장치에서 일반적으로 사용하는 여러 가지 사용자 제스처, 더블 탭, 스와이프 동작, 드래그 앤 드롭 작업 등을 인식하는 코드가 포함돼 있다. 여기에 다음과 같은 것들이 있다.

- **DoubleTapGestureRecognizer**: 더블 탭을 감지하는 방법을 알고 있는 클래스다.
- **PanGestureRecognizer**: 수평과 수직 방향 드래그 동작을 인식하는 클래스다.
- **ScaleGestureRecognizer**: 일반적으로 확대와 축소에 사용하는 핀치 제스처를 인식하는 클래스다.

painting

이 라이브러리에는 플러터 엔진의 페인팅 API를 래핑하는 다양한 클래스가 포함돼 있다. 이 API는 크기가 조정된 이미지, 상자 주변의 테두리, 그림자 사이를 그리는 것과 같은 특수한 페인팅 작업 등 플러터의 모든 요소가 사용하는 기본과 핵심 그리기 작업을 처리한다. 여기서 볼 수 있는 것 중 일부는 지금까지 살펴본 샘플 코드에서 이미 익숙하게 본 것이다.

- **Alignment**: 사각형 내부의 지점을 정의하는 클래스다.
- **AssetImage**: AssetBundle에서 이미지를 가져오는 클래스다. 상황에 따라 적절한 이미지를 결정한다.
- **Border**: 상자의 테두리를 정의하는 클래스다.
- **Gradient**: 2D 색상 그래디언트를 표시하는 클래스다.
- **TextDecoration**: 일부 텍스트의 위나 아래의 선형 장식을 표시하는 데 사용하는 클래스다.
- **debugDisableShadows**: 트러블 슈팅을 하려고 모든 그림자를 단색 블록으로 변환하고자 true로 설정할 수 있는 속성이다.
- **BorderStyle**: 상자의 테두리로 그릴 선 스타일을 정의하기 위한 값이 포함된 열거형(none, solid, 또는 values의 List)이다.
- **TextAlign**: center, end, justify, left, start 여부와 관계없이 텍스트가 가로로 정렬되는 방식을 정의하기 위한 값이 있는 열거형이다.

services

이 라이브러리에는 디바이스 플랫폼을 상대적으로 낮은 수준$^{low-level}$으로 처리하는 기능들이 포함돼 있다. 그중 일부는 다음과 같다.

- **AssetBundle**: 애플리케이션에서 사용되는 리소스 모음으로 구성된 클래스(이전에 간략하게 설명했다)다. 이미지 및 데이터 파일과 같은 것들은 AssetBundle에서 자원이 될 수 있다.
- **ByteData**: 이 클래스는 바이트에 관해 고정 길이, 랜덤 액세스 시퀀스를 나타내고, 고정 너비 정수, 부동소수점 숫자에 관해 임의의 정렬되지 않은 액세스를 제공한다.
- **Clipboard**: 시스템 클립보드 작업용 유틸리티 메서드(getData(), setData() 메서드)를 포함하는 클래스다. ClipboardData 클래스를 사용해 Clipboard에 넣거나 가져오는 데이터를 보유한다.
- **HapticFeedback**: 장치의 햅틱 엔진에 관한 액세스를 제공하는 클래스다. heavyImpact()는 무거운 느낌의 진동, mediumImpact()와 lightImpact()는 각각 중간과 가벼운 진동 응답을 제공한다.
- **SystemSound**: SystemSoundType 인스턴스가 허용하는 play() 메서드를 제공하는 클래스로, 앱에서 SystemSoundType에 지정된 대로 시스템의 짧은 시스템 사운드 라이브러리에서 사운드 중 하나를 재생할 수 있다.
- **DeviceOrientation**: landscapeLeft와 portraitDown 같은 값으로 장치 방향을 결정하고 변경하는 데 사용할 수 있는 열거형이다.

widgets

위젯 라이브러리에는 모든 플러터 위젯이 포함돼 있다고 생각하면 거의 맞을 것이다. 대부분 내용을 이미 살펴봤고 이후에 나오는 내용에서 플러터 코드를 작성하며 내용을 계속 볼 수 있으므로 여기에서 다루지는 않는다. 그러나 위젯이 어디에 있는지 궁금하다면 대답은 이 라이브러리에 있으며 이 라이브러리에 관련된 문서를 통해 위젯의 문서를 자연스럽게 얻을 수 있다. 위젯에 관해 별도의 문서가 명시적으로 있어 해당 경로로 이동할 필요는 없지만 원한다면 할 수도 있다.

다트 라이브러리

다트 라이브러리는 다트 자체에서 제공한다. 임포트하려면 `dart:<라이브러리 이름>.dart`를 사용한다.

core

엄밀히 말하면 모든 다트 프로그램에 필요한(또는 최소한 접근할) 빌트인 타입, 컬렉션, 기타 기본 기능을 포함하는 core라는 라이브러리가 있다. 따라서 다른 다트 라이브러리와 달리 이 라이브러리를 명시적으로 가져올 필요는 없다. 다트 프로그램을 작성하면 자동으로 그리고 효과적으로 수행된다. 따라서 여러분이 이미 봤거나 볼 것이므로 여기서는 대부분을 건너뛸 것이다.

ui

다트 라이브러리지만 구글이 플러터와 다트에 모두 있다는 점을 고려할 때 때때로 서로가 발견할 수 있다. 이 라이브러리는 그러한 예 중 하나다. 이 라이브러리에는 플러터 애플리케이션용 빌트인 타입과 핵심 기본 요소가 포함돼 있다. 그러나 이 라이브러리에 포함된 것은 플러터 프레임워크가 애플리케이션을 만드는 데 사용하는 하위 수준 서비스, 즉 프레임워크의 입력, 그래픽, 텍스트, 레이아웃, 렌더링 서브시스템과 같은 것들을 노출한다고 가정할 때 여러분의 애플리케이션 코드와 여러분이 필요로 하는 장소에서는 직접 사용하지 않을 것이다. 나는 이것을 특정한 맥락에서 보는 것이 좋다고 생각한다. 그러므로 여기에서는 이 라이브러리의 내용을 자세히 설명하지 않을 것이다.

async

이 라이브러리는 비동기 프로그래밍을 지원한다. 몇 가지 클래스와 함수가 있지만 다음 두 가지가 무대의 실제 스타라고 말하는 것이 맞을 것이다.

- **Future**: 현재 시점에서 반환값을 아직 사용할 수 없는 미래의 계산을 나타내는 클래스다. 플러터와 다트의 많은 메서드가 Future를 반환한다는 것을 알게 될 것이다. Future에는 then() 메서드가 있다. 이 메서드는 Future가 최종적으로 값을 반환할 때 실행할 함수다. 앞으로 코드에서 이 클래스를 많이 보게 될 것이다.
- **Stream**: 데이터 스트림에 관해 비동기 액세스를 제공하는 클래스다. Stream 클래스에는 listen() 메서드가 있다. 이 메서드는 Stream에서 더 많은 데이터를 사용할 수 있을 때마다 실행되는 함수다.

이 라이브러리에 대해 전혀 모르더라도 약간의 예외를 제외하면 곧 필요한 만큼 알게 될 것이다.

collection

핵심 라이브러리에는 이미 컬렉션 관련 기능이 포함돼 있지만 컬렉션 라이브러리는 다음과 같은 기능을 보완한다.

- **DoubleLinkedQueue**: 이중 연결 리스트 구현을 기반으로 한 Queue 클래스(이 라이브러리의 다른 클래스임)다.
- **HashSet**: 정렬되지 않은 해시 테이블 기반 Set 구현 클래스다.

- **SplayTreeMap:** 서로에 관해 상대적으로 정렬 가능한 객체를 저장하는 Map 클래스다.
- **UnmodifiableListView:** 이름이 길지만 간단하게 사용할 수 있다. 다른 List의 뷰로 수정할 수 없다.

convert

이 라이브러리에는 일반적인 JSON과 UTF-8 타입을 비롯해 다른 데이터 표현 간에 인코딩하거나 디코딩하는 유틸리티가 있다. 여기서 가장 많이 사용하는 것은 다음과 같다.

- **JsonCodec:** JSON 문자열과 객체를 인코딩하고 디코딩하는 클래스다. json.encode(), json.decode() 메서드가 주요 진입점이다(json은 이 라이브러리를 가져온 경우 항상 코드에서 자동으로 사용할 수 있는 JsonCodec의 인스턴스다).
- **Utf8Codec:** 이름이 uft8인 자동 인스턴스를 찾을 수 있는 클래스다. 또한 유니코드 문자열과 해당 바이트 값 사이를 변환하는 데 사용할 수 있는 encode()와 decode() 메서드가 있다.
- **AsciiCodec:** 자동 ascii 인스턴스를 통해 encode() 메서드로 문자열을 ASCII 바이트로 인코딩하고, decode()로 ASCII 바이트를 문자열로 디코딩할 수 있는 클래스다.
- **Base64Codec:** base64에서 인코딩이나 디코딩에 사용되는 클래스로, encode()와 decode() 메서드를 사용해 최상위 base64 인스턴스를 통해 사용할 수 있다. 이제 패턴이 보이기 시작하는가?!

JSON과 base64 인코딩/디코딩이 일반적이므로 json과 base64 인스턴스 외에도 최상위 함수인 base64Encode(), base64Decode(), jsonEncode(), jsonDecode()도 있다.

io

이 라이브러리는 파일, 소켓, 네트워크, 기타 입력/출력 기능을 처리하는 다양한 기능을 제공한다. 가장 중요한 컴포넌트는 다음과 같을 것이다.

- **File**: 파일 시스템의 파일을 나타내는 클래스다. 사용할 수 있는 많은 작업 중에는 파일을 copy(), create(), openRead(), openWrite(), rename(), length() 등이 있다.
- **Directory**: 파일 시스템의 디렉터리를 나타내는 클래스다. 사용할 수 있는 많은 작업 중에는 디렉터리를 create(), list(), rename(), delete() 등이 있다.
- **HttpClient**: HTTP를 통해 원격 서버에서 콘텐츠를 가져오는 데 사용할 수 있는 클래스다. 이와 함께 HTTP 쿠키를 다루는 Cookie 클래스, BASIC Auth를 지원하는 HttpClientBasicCredentials, HTTP 헤더 작업용 HttpHeaders, HTTP 서버로 작동하고자 앱이 필요한 경우 사용하는 HttpServer도 있다.
- **Socket**: TCP 소켓을 통해 로우레벨 통신을 수행하는 클래스다.
- **exit()**: 주어진 오류 코드로 다트 VM 프로세스를 종료하는 최상위 기능이다. 모바일 앱에서는 이 작업을 원하지 않을 수도 있지만 일반적인 다트 프로그램을 작성하는 경우 이에 관해 알고 싶을 수도 있다.

이 라이브러리에는 사용할 수 있는 요소가 더 많지만(특히 HTTP 통신과 관련된 다른 클래스가 많지만) 위의 것들을 가장 많이 사용할 것이다.

math

모든 프로그래밍 언어에는 수학 함수가 있다(그렇지 않은 언어가 있을 수도 있지만, 그건 조금 이상하다). 수학 라이브러리 덕분에 다트도 예외는 아니다. 여기에서는 난수 생성을 비롯한 수학 상수와 함수를 알아본다. 몇 가지 중요한 부분은 다음과 같다.

- **Random**: secure() 메서드를 통한 암호로 안전한 난수를 포함해 난수를 생성하는 클래스다.
- **pi**: 이미 알고 사랑하는 훌륭한 상수다.
- **cos()**: 라디안을 먼저 double로 변환해 값의 코사인을 가져오는 함수다. acos(), asin(), atan(), sin() 등 여러분이 알고 사랑하는 삼각함수의 대부분은 여기 있다.
- **max()**: 두 숫자 중 큰 숫자를 반환한다.
- **min()**: 두 숫자 중 작은 숫자를 반환한다.
- **sqrt()**: 숫자의 제곱근을 반환한다.

기타(지원) 라이브러리

마지막으로 몇 개의 기타/지원 라이브러리가 있다. 물론 두 개 이상이 있지만 다소 특수한 목적용이므로 몇 가지만 이야기하는 것으로 충분할 것이다.

crypto

암호가 필요하다면 암호 라이브러리는 여러분을 위한 것이다. 값을 해시해야 하는가? 여기서 알아보자.

- **MD5**: MD5 해시 생성용 클래스다. 이 라이브러리는 md5 인스턴스를 자동으로 제공하므로 인스턴스를 생성할 필요조차 없다. 이 시점에서는 역호환성을 제외하고 MD5를 사용하지 말아야 한다.
- **Sha1**: MD5보다 더 나은 해싱 클래스로, 자체 sha1 인스턴스로 충분하다.
- **Sha256**: Sha1로 충분하지 않은 경우 대신 Sha256을 처리할 수 있다. sha256 인스턴스가 준비돼 있고 쓸 수 있다.

collection

잠깐, 이미 collection 라이브러리를 살펴봤다. 하지만 구글은 아직 여러분이 컬렉션을 충분히 알고 있지 않다고 생각하므로 다른 컬렉션을 소개하겠다. 다음과 같은 더 많은 컬렉션을 찾을 수 있다.

- **CanonocalizedMap**: 키가 지정된 타입의 정식^{canonical} 값으로 변환되는 맵 클래스다. 이는 지도에서 대소문자를 구분하지 않는 키를 원할 때와 null이 허용되지 않는 경우에 유용할 수 있다.
- **DelegatingSet**: 모든 작업을 기본 집합에 위임하는 집합 클래스다. Set 객체의 설정되지 않은 메서드를 숨기려고 할 때 편리하다.
- **UnionSet**: Set 인스턴스 집합의 통합 보기를 제공하는 집합 클래스다.
- **binarySearch()**: List에서 값을 찾는 최상위 함수다.
- **compareNatural()**: 자연적인 정렬 순서에 따라 두 문자열을 비교하는 최상위 함수다.
- **mergeMaps()**: 두 개의 Map 인스턴스를 병합하고 새 Map을 반환하는 최상위 함수다.
- **shuffle()**: List를 무작위로 섞는 최상위 함수다.

convert

컬렉션과 마찬가지로 여러분이 항목 간에 변환할 방법이 충분하다고 생각한다면 다트에서 좀 더 다양한 라이브러리가 있다. 최소한 흥미로울 것이다.

- **HexCodec**: 16진 문자열 변환에 필요한 모든 바이트 배열을 위한 클래스다. 이 라이브러리는 바로 사용할 수 있는 16진수 인스턴스를 제공하며 예상대로 일반적인 encode()와 decode() 메서드가 있다.

- **PercentCodec**: '퍼센트'가 'URL 인코딩'이기 때문에 이상한 이름의 클래스다. HexCodec와 마찬가지로 percent 인스턴스도 모두 갖춰져 있다.

요약

4장에서는 3장과 함께 30,000피트에서 비행기를 타고 아래의 아름다운 플러터 풍경을 살펴봤다. 이 과정에서 플러터와 함께 제공되는 많은 위젯에 관해 좋은 그림을 얻었다. 또한 플러터가 기본적으로 제공하는 API를 일부 살펴봤다. 이 모든 API는 플러터 앱의 구축을 시작하고자 2장, 3장과 함께 필요한 기초를 제공한다.

5장부터는 실제로 해야 할 일을 시작한다. 첫 번째 앱 제작은 기술적으로 어려운 일이 아니지만 플러터 코딩 세계에 처음으로 진출하는 계기가 될 것이다.

코드를 해킹해보자. 준비됐는가?

5장

플러터북, 파트 I

이제부터 즐길 시간이다. 앞서 여러 준비 과정을 훑어봤다. 다트와 플러터의 훌륭한 기초 지식을 얻었으므로 이제는 잘 활용해 실제 앱을 구축할 차례다. 플러터북을 시작으로 다음 다섯 개의 장에서 세 개의 앱을 함께 만들 것이다.

그 과정에서 다음 단계 플러터 여정에 필요한 실제 경험을 얻게 될 것이다.

그러니 더 고민하지 말고 앞으로 해야 할 노력과 관련이 있는 주제를 이야기하면서 시작해보자. 정확히 무엇을 만들지 논의하는 것이다.

무엇을 만들 것인가?

PIM이라는 용어는 원래 팜파일럿^{PalmPilot} 장치 시절에 널리 사용됐지만 그 이전에도 존재했다. PIM은 '개인 정보 관리자'(또는 질문하는 사람에 따라 '관리')의 약자며, 기본적으로 바쁜 현대인들이 알아야 하는 기본 정보를 저장하고 쉽게 사용할 수 있는 애플리케이션(또는 팜파일럿의 경우 장치)을 말한다. 디지털 시대 이전에는 다양한 정보를 담을 수 있는 식별표^{tabs}가 있는 작은 메모장을 갖고 있었겠지만, 모두 같은 목적의 도구다. PIM을 구성하는 데이터는 다양할 수 있지만 대부분 사람에게는 일정, 연락처, 메모, 작업의 네 가지 기본 정보가 필요하다. 다른 것들도 있을 수 있으며, 이 네 가지 사이에 약간의 중복이 있을 수도 있지만, 일반적으로 이 네 가지를 기본으로 간주하며 플러터북에 담을 내용이다.

이 애플리케이션에는 일정, 연락처, 메모, 작업에 일반적으로 적용하게 사용하는 용어인 네 가지 '엔티티'가 존재한다. 사용자가 각 타입의 항목을 입력하고 장치에 저장한 후 보거나 편집하고 삭제할 방법을 제공한다. 앱을 빌드할 때 모듈 방식으로 할 것이므로 나중에 원하는 경우 새로운 타입의 데이터를 처리하려면 또 다른 모듈을 추가할 수 있다. 이를 연습 삼아 해보는 것도 좋다. 예를 들어 PIM에 북마크 기능을 원할 수도 있고 입맛에 맞는 기능이 필요할 수 있다. 요점은 합리적으로 모듈화하고 쉽게 확장할 수 있도록 설계하므로 큰 어려움 없이 코드를 추가할 수 있다는 것이다.

설명하는 것도 좋지만 백문이 불여일견이다. 따라서 여러분이 볼 수 있도록 그림 5-1을 제공한다.

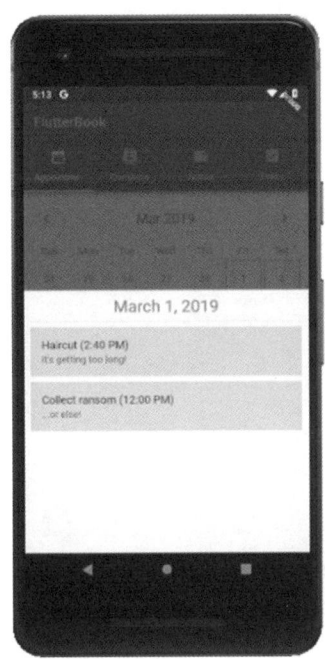 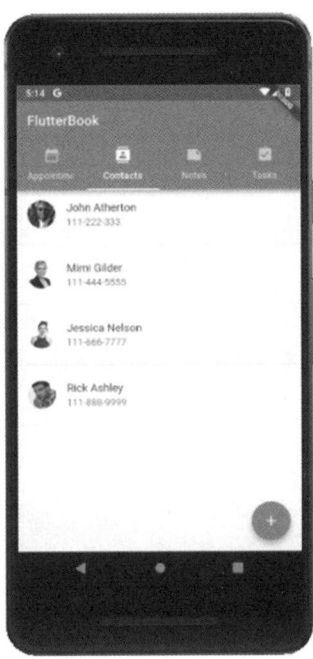

그림 5-1. 플러터북, 일정 및 연락처 엔티티 예제 화면

보다시피 상단에는 사용자가 클릭해 네 가지 엔티티 타입 사이를 이동할 수 있는 탭이 있다. 표면적으로 스와이프로 탐색할 수도 있지만 화면에서 제공된 기능으로 인해 스와이프는 약간 문제가 있다. 이는 나중에 살펴볼 것이다.

엔티티에는 리스트와 입력이라는 두 가지 화면이 있다. 여기서 왼쪽에 있는 일정의 경우 '리스트'라는 용어가 상호작용할 수 있는 큰 달력이기 때문에 약간 어울리지 않는다. 첫 번째 날짜를 클릭하면 그날의 세부 정보를 볼 수 있으므로 해당 날짜의 일정을 볼 수 있다. 연락처의 경우는 실제로 리스트다.

메모와 작업의 경우 그림 5-2와 같이 유사한 패턴이 사용된다.

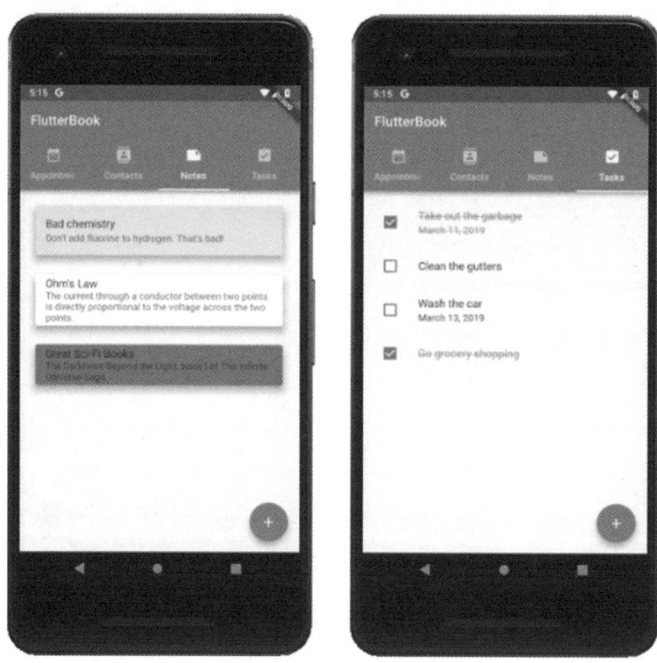

그림 5-2. 플러터북, 메모와 작업 엔티티 예제 화면

각 엔티티 타입이 약간씩 다르기 때문에 각 예제 화면의 특성이 약간 다르다. 일정은 캘린더에 있는 것이 좋으며, 연락처는 아바타 이미지를 표시해야 하고, 메모는 카드를 사용해 스티커 메모처럼 보이게 해야 한다. 작업 리스트를 통해 사용자는 완료된 작업을 확인할 수 있다. 이렇게 다양한 학습 경험을 위해 플러터 기능을 살펴본다.

각 엔티티 타입을 살펴볼 때 입력 화면을 보여줌으로써 어떻게 생겼을지 알려주겠다.

참고

5장과 이 책의 나머지 장에서 간략하게 설명하려고 주석과 print()를 제거해 코드를 압축했다. 따라서 다운로드 번들에서 볼 수 있는 내용과 약간 다르게 보이겠지만 실제 실행 코드는 동일하다.

프로젝트 시작

플러터북 빌드를 시작하려고 안드로이드 스튜디오에서 제공하는 새로운 프로젝트 마법사를 사용했다. 실제로 이 책의 모든 프로젝트는 이렇게 시작한다. 특별한 목적의 앱이 아니라면 필요한 뼈대를 제공해 완벽하게 작동하는 앱을 만들 수 있다. 여기에서 필요에 따라 항목을 편집하고 추가할 수 있다. 프로젝트 구성부터 알아보자.

구성과 플러그인

예제 5-1에 나와 있는 pubspec.yaml 파일에는 자동으로 필요한 것이 대부분 있지만, 이 프로젝트에서는 플러터 플러그인을 조금씩 알아봐야 하므로 다음과 같이 의존성dependencies 섹션에 내용을 약간 추가한다.[1]

예제 5-1. pubspec.yaml 파일

```
name: flutter_book
description: flutter_book
version: 1.0.0+1

environment:
  sdk: ">=2.1.0 <3.0.0"

dependencies:
  flutter:
    sdk: flutter
  scoped_model: 1.0.1
  sqflite: 1.1.2
  path_provider: 0.5.0+1
```

---

1. 깃허브에 있는 예제의 의존성을 설치하다가 Because flutter_book depends on sqflite >=1.2.0-dev.1 which requires SDK version >=2.6.0 <3.0.0, version solving failed.와 같은 에러가 발생하면 플러터 SDK 버전을 업그레이드한다. - 옮긴이

```
    flutter_slidable: 0.4.9
    intl: 0.15.7
    image_picker: 0.4.12+1
    flutter_calendar_carousel: 1.3.15+3
    cupertino_icons: ^0.1.2

dev_dependencies:
  flutter_test:
sdk: flutter

flutter:
  uses-material-design: true
```

주의

YAML 파일은 들여쓰기에 민감하다. 예를 들어 의존성 중 하나가 제대로 들여쓰기가 되지 않으면(여기서 '제대로'란 부모보다 두 칸 들여 쓰는 것이다) 문제가 발생한다. 여기서 flutter의 자식은 sdk지만 scoped_model은 flutter가 아닌 dependencies의 자식이므로 scoped_model은 sdk와 함께 정렬된 flutter보다 두 칸(space)이 아니라 dependencies보다 오른쪽으로 두 칸이 들어가 있어야 한다. 특히 YAML 구조를 처음 사용하는 경우 실수를 저지르기 쉽다.

꽤 많은 플러그인이 있으며, 물론 코드에서 만날 때마다 조금씩 배울 것이다. 하지만 대략적으로 살펴보면 다음과 같다.

- **scoped_model:** 앱 전체에서 상태를 관리 할 수 있는 아주 좋은 방법을 제공한다.
- **sqflite:** 데이터 저장소는 이 앱에서 필요하므로 어떻게 할지 선택해야 한다. 이 플러그인으로 인기 있는 SQLite 데이터베이스를 사용하기로 지정한다(이 이름은 오타가 아니다).
- **path_provider:** 연락처의 경우 아바타 이미지를 저장해야 하며, SQLite가 가장 적합한 장소는 아닐 것이다. 대신 파일 시스템을 사용한다. 각 앱에는 임의의 파일을 저장할 수 있는 자체 문서 디렉터리가 있으며 이 플러그인을 사용하

면 얻을 수 있다.

- **flutter_slidable:** 연락처, 메모, 작업의 경우 사용자가 리스트 화면에서 해당 항목을 밀어 삭제 버튼을 표시할 수 있다. 이 기능을 제공하는 위젯이다.
- **intl:** 일부 엔티티는 날짜와 시간을 처리하므로 날짜와 시간 형식을 지정하는 기능을 한다.
- **image_picker:** 이 플러그인은 사용자가 갤러리 또는 장치의 카메라로 사진을 찍어 아바타 이미지를 추가하는 데 필요한 인프라를 제공한다.
- **flutter_calendar_carousel:** 이 위젯은 일정 리스트 화면에 달력 기능을 제공한다.

여기에 나열된 의존성을 제외하고는 친숙해 보일 것이며, 이는 새 프로젝트 마법사가 우릴 위해 만든 것이다.

UI 구조

이 앱의 기본 UI 구조는 그림 5-3에 나와 있다.

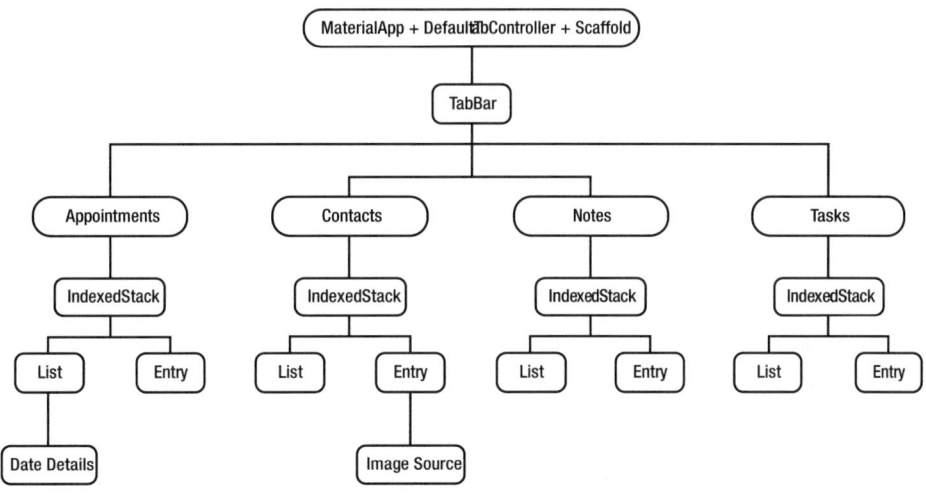

그림 5-3. 기본 UI 구조

모든 세부 사항을 보여주지는 않지만 앱을 큰 그림으로 볼 수 있다. 상단의 메인 위젯은 `MaterialApp`이며 그 아래 `DefaultTabController`가 있고 `Scaffold`가 그 바로 아래에 있다. 그 아래에 `TabBar`가 있다. `TabBar` 아래에는 네 개의 엔티티마다 하나씩, 네 개의 메인 화면이 있다. 각 리스트에는 두 개의 '하위 화면'이 있다. 리스트와 입력 화면은 `IndexedStack`의 자식이다. 이를 통해 코드는 스택의 인덱스를 변경해 두 화면 중 하나를 표시할 수 있다. 일정 리스트 화면 아래에는 선택된 날짜의 세부 정보가 표시된 `BottomSheet`가 있고, 연락처 입력 화면 아래에는 사용자가 이미지 소스(카메라 또는 갤러리)를 선택할 수 있는 다이얼로그가 있다.

물론 각 타입의 리스트와 입력 화면은 이보다 복잡하지만 자세한 내용은 곧 알아볼 것이다. 그 전에 코드 관점에서 앱의 기본 구조를 살펴보자.

앱 코드 구조

앱의 디렉터리 구조는 100% 표준이며 여기에는 새로운 것이 없다. 앱의 모든 코드는 항상 lib 디렉터리에 존재하지만, 이번에는 주어진 파일로 모듈화를 시키려면 각 엔티티 타입으로 자체 디렉터리를 만든다. 따라서 lib/contacts 디렉터리에는 연락처와 관련된 파일을 넣고, lib/notes에는 메모와 관련된 파일을 넣는다.

각각의 동일한 기본 세트로 파일들이 있으며, 다음과 같이 xxx는 엔티티 이름을 말하는데, 일정, 연락처, 메모, 작업이 될 것이다.

- xxx.dart: 이 파일은 각 화면의 기본 진입점이다.
- xxxList.dart: 엔티티의 리스트 화면이다.
- xxxEntry: 엔티티의 입력 화면이다.
- xxxModel.dart: 이 파일에는 (나중에 설명할) `scoped_model`에 필요한 모델 객체뿐만 아니라 각 엔티티 타입을 나타내는 클래스가 포함돼 있다.

- **xxxDBWorker.dart:** 이 파일에는 SQLite와 함께 작동하는 코드가 포함돼 있다. 데이터베이스에 추상화 계층을 제공하므로 애플리케이션 코드를 변경하지 않고 데이터 저장 메커니즘을 변경할 수 있다. 이런 파일만 변경하면 된다.

출발선

이제 코드를 살펴볼 차례다. 평소대로 모든 프로젝트의 루트에 있는 main.dart 파일에서 시작한다.

```
import "dart:io";
import "package:flutter/material.dart";
import "package:path_provider/path_provider.dart";
import "appointments/Appointments.dart";
import "contacts/Contacts.dart";
import "notes/Notes.dart";
import "tasks/Tasks.dart";
import "utils.dart" as utils;

void main() {

  startMeUp() async {
    Directory docsDir =
      await getApplicationDocumentsDirectory();
    utils.docsDir = docsDir;
    runApp(FlutterBook());
  }

  startMeUp();

}
```

여기서 멈춰 앞의 내용을 살펴보자. 일반적으로 예제를 분해해 더 소화하기 쉬운 덩어리로 표시할 것이다. 특히 긴 내용의 경우 덩어리로 나눠 살펴보는 것이 진행 상황을 이해하는 데 도움이 될 것이다.

먼저 임포트가 있다. material.dart는 Material 플러터 클래스의 코드라는 것을 이미 알고 있다. 애플리케이션의 문서 디렉터리를 가져오려면 io 라이브러리와 path_provider 플러그인이 필요하다(곧 다시 설명하겠다). 나머지는 애플리케이션 코드다. 네 개의 화면 파일을 가져온 다음 utils.dart를 가져온다. 다음 절에서 이를 살펴볼 것이다. 그러나 간단히 말하면 코드 전체에서 전역적으로 다뤄서 이 코드와 파일이 살아있는 동안 함께할 함수와 변수를 포함하고 있다. 그 후 실행이 시작되는 일반적인 main() 함수가 온다. 여기에는 앱의 문서 디렉터리를 검색해야 하는 약간의 트릭이 있다. getApplicationDocumentsDirectory() 함수는 path_provider.dart를 임포트해서 제공한다. 이는 임포트된 다트 io 라이브러리에서 제공한 Directory 객체를 반환한다. 이 기능 외에도 이 플러그인은 추가적으로 getExternalStorageDirectory()를 제공한다. getExternalStorageDirectory()는 안드로이드와 일부 장치에서만 사용할 수 있으므로 이를 호출하기 전에 일반적으로 운영체제 종류를 확인해야 한다. 이 함수는 앱이 데이터를 읽고 쓸 수 있는 외부 저장 장치 (일반적으로 SD 카드)의 최상위 저장소 경로를 제공한다. 마지막으로 getTemporaryDirectory() 함수가 있는데, 애플리케이션의 임시 디렉터리 경로를 반환한다. 지속적인 스토리지를 제공하는 getApplicationDocumentsDirectory() 와 대조적으로 생명주기가 짧은 임시 데이터를 저장한다. 그런데 여기에 문제가 있다. 이 코드가 완료될 때까지 다른 코드가 실행되지 않게 해야 한다. 그렇지 않으면 데이터베이스를 사용할 수 없어 예외가 발생하기 때문이다. 나중에 보게 되겠지만, 엔티티마다 하나씩, 네 개의 데이터베이스는 앱의 문서 디렉터리에 저장된 별도의 SQLite 파일이므로 docDir이 결정되기 전에 해당 코드가 호출되면 메인 위젯이 생성될 때 화면이 로드되기 때문이다. 따라서 문제가 발생한다. 그러므로 main() 안에 함수를 만들고(그렇다. 다트에서 할 수 있다) async 기능으로

getApplicationDocumentsDirectory() 함수의 호출을 await하게 할 수 있다. 일단 Directory를 반환하면 utils.docsDir에 저장돼(이 디렉터리의 참조를 한 번만 가져와야 한다) FlutterBook의 새 인스턴스를 전달하며 일반적인 runApp()을 호출한다.

> **참고**
>
> getApplicationDocumentsDirectory()가 해결될 때까지 UI가 빌드되지 않음을 의미하므로 이것이 가장 좋은 방법은 아니다. 일반적으로 사용자 경험의 측면에서 좋지 않은 일이지만, 너무 오래 걸리지 않거나 심지어 눈에 띄지 않는 것을 고려할 때 가장 쉬운 방법이라 할 수 있다.

그 후 메인 위젯이 생성되고 FlutterBook 클래스가 나타난다.

```
class FlutterBook extends StatelessWidget {

  Widget build(BuildContext inContext) {

    return MaterialApp(
      home : DefaultTabController(
        length : 4,
        child : Scaffold(
          appBar : AppBar(
            title : Text("FlutterBook"),
            bottom : TabBar(
              tabs : [
                Tab(icon : Icon(Icons.date_range),
                  text : "Appointments"),
                Tab(icon : Icon(Icons.contacts),
                  text : "Contacts"),
                Tab(icon : Icon(Icons.note),
                  text : "Notes"),
                Tab(icon : Icon(Icons.assignment_turned_in),
                  text : "Tasks")
              ]
            )
```

```
        ),
        body : TabBarView(
          children : [
            Appointments(), Contacts(), Notes(), Tasks()
          ]
        )
      )
    )
  );
 }
}
```

먼저 `DefaultTabController`를 홈 화면으로 사용하면서 앞서 언급한 `MaterialApp`을 갖고 있다. `DefaultTabController`는 `TabController`의 한 종류로, `TabBar`에서 탭 선택을 조정하는 역할을 한다. 이 탭은 `Scaffold` 아래에 있는 `AppBar`의 하위 항목이다. 컨트롤러는 `TabBar`의 `tabs` 속성으로 정의된 자식 간 전환을 처리한다. `Tab`의 각 항목은 `Icon`과(또는) `text` 레이블을 가질 수 있는 `Tab` 객체며 둘 다 표시하게 신댁했다. 이 설정을 사용해 탐색을 활성화하려면 다른 작업을 수행할 필요가 없다. 이 위젯을 사용하면 된다.

마지막으로 `Scaffold`의 `body`는 `TabBarView`여야 한다. 이는 `TabBar`에 의해 적절하게 표시되고 `DefaultTabController`에 의해 올바르게 관리된다. `TabBarView`의 `children`은 각 엔티티마다 하나씩, 네 개의 화면이다. 그리고 각각 작업할 내용이 대부분 있으며, 간단한 순서대로 진행할 것이다. 그러나 utils.dart부터 살펴봐야 한다.

전역 유틸리티

utils.dart 파일에는 앞서 언급한 전역 유틸리티 내용이 포함돼 있으므로 지금 살펴보자.

```
import "dart:io";
import "package:flutter/material.dart";
import "package:path_provider/path_provider.dart";
import "package:intl/intl.dart";
import "BaseModel.dart";

Directory docsDir;
```

main.dart를 살펴봤을 때 docDir은 앱의 문서 디렉터리이며 main()에서 봤다.

이 파일에서 다음으로 찾은 것은 selectDate() 함수다.

```
Future selectDate(
  BuildContext inContext, BaseModel inModel,
  String inDateString
) async {

  DateTime initialDate = DateTime.now();

  if (inDateString != null) {
    List dateParts = inDateString.split(",");
    initialDate = DateTime(
      int.parse(dateParts[0]),
      int.parse(dateParts[1]),
      int.parse(dateParts[2])
    );
  }

  DateTime picked = await showDatePicker(
    context : inContext, initialDate : initialDate,
```

```
    firstDate : DateTime(1900), lastDate : DateTime(2100)
  );

  if (picked != null) {
    inModel.setChosenDate(
      DateFormat.yMMMMd("en_US").format(picked.toLocal())
    );
    return "${picked.year},${picked.month},${picked.day}";
  }
}
```

이 함수에는 아직 보지 못한 몇 가지가 있으므로 이 시점에서 완벽히 설명하기 약간 어려울 수 있지만, 가능한 한 많이 설명해야 나중에 다른 정보로도 이해할 수 있다.

먼저 일정, 연락처, 작업 입력 화면에서 (일정의 날짜, 연락처에서의 생일, 업무의 완료일 등) 날짜를 선택하는 데 사용한다. 따라서 일반적이어야 하며, 세 가지 엔티티 타입(및 나중에 다른 엔티티 타입)과 함께 작동해야 한다. 따라서 전달되는 항목은 BaseModel, 문자열 형식의 날짜, 호출된 입력 화면의 BuildContext다. BaseModel은 아직 배우지 않았으므로 지금은 선택한 날짜가 어떻게 왔다 갔다 하는지 알면 충분하다. 전달된 날짜(옵션)는 제공된 경우 yyyy, mm, dd 형식이며 코드 전체에서 일반적인 형식이다. SQLite에 날짜를 저장할 때 사용할 수 있는 날짜 데이터 타입이 없으므로 문자열로 저장하는 것이 좋기 때문이다. 생성자가 해당 정보를 순서대로 정확하게 취하므로 DateTime 객체를 쉽게 구성할 수 있어 이 형식을 선택했다. 날짜가 전달되면 split() 함수를 사용해 토큰화하고, 파싱된 각 토큰을 해당 날짜에 전달해 연도, 월, 일, 날짜를 정확하게 전달하는 DateTime이 구성되며 문자열 형식으로 나타낸다.

initialDate는 팝업 달력이 표시될 때 선택되는 요일로, 엔티티를 편집할 때만 적용된다. 생성 시에는 달력이 현재 날짜를 선택하도록 initialDate가 지정되지 않는다.

그런 다음 이전 두 개의 장에서 살펴봤던 showDatePicker()를 호출한다. 그에 따라 사용자에게 팝업 달력이 표시되고 DateTime 인스턴스가 반환된다. 선택 가능한 연도의 범위는 1900에서 2100 사이다. 논리적으로 엔티티 타입(과거 날짜로 거꾸로 일정을 만드는 경우는 없다)을 기준으로 제한하는 것이 더 합리적이다. 그렇게 firstDate 후에 lastDate가 오게 할 수 있다. 그러나 코드 양을 줄이려고 이 로직을 구현하지 않았으며 일반적으로 모든 엔티티 타입에 적합한 범위를 선택했다.

일단 showDatePicker()에서 반환되면(호출에서 알 수 있듯이 결국 비동기적이다) 무엇을 선택했는지 알 수 있다. 사용자가 취소를 클릭하면 반환값이 null이 된다. 사용자가 선택하면 선택한 날짜의 DateTime 객체가 존재한다. 앞에서 언급한 것처럼 전달된 BaseModel 인스턴스에 해당 날짜를 저장해야 하므로 setChosenDate() 함수를 호출하면 된다. 전달된 값은 사람이 읽을 수 있는 형식이어야 하고 DateTime 객체의 toString()이어야 한다.

제공하는 것은 아니지만 이제는 임포트한 intl.dart의 일부 기능을 사용한다. 특히 DateFormat.yMMMd.format() 함수는 "MONTH dd, yyyy" 형식의 문자열을 제공한다. 여기서 MONTH는 전체 월 이름(January, February, March 등)이다. 이 플러그인에는 다양한 날짜 및 시간 형식과 기타 일반 국제화 및 현지화 기능을 포함한다. 자세한 내용은 https://pub.dartlang.org/packages/intl을 참조하라. 이런 모듈을 세부적으로 설명하기에는 너무 많은 내용이 있어 코드에서 필요한 부분만 설명할 것이다. 제공하는 것에 비해 설명할 내용이 적기 때문에 path_provider는 예외다.

아직 끝나지 않았다. 이 함수를 호출한 코드가 해당 날짜를 필요로 하기 때문에 반환한다. 반환되는 형식은 전달된 것과 동일한 형식(예, yyyy, mm, dd)이다.

이전에 말했듯이 이 함수는 모델을 알고 난 후 나중에 사용된 모델을 볼 때 좀 더 이해된다. 실제로 6장까지는 다루지 않을 것이므로 자세히 살펴보지 않는다. 대신 상태 관리 주제에서 모델이 약간 나온다.

상태 관리

상태와 상태 관리의 개념, 즉 위젯이 생성하고 소비하는 데이터와 여러분의 코드가 상호작용하는 방식은 놀랍지만 개발자가 파악해야 할 주제다. 플러터는 적어도 이 글을 쓰는 시점에서 상태 관리에 대한 결정적인 말을 하지 않는다. 소문으로는 이 내용이 변하고 있으며, 오래전에 플러터는 정식으로 '정확한' 상태 관리 접근 방식을 갖고 있었을지 모르지만 이 책이 출력된 시점에서는 아직 그렇지 않았다.

물론 여러분은 이전에 배운 내용으로 상태가 있는 stateful 위젯의 개념을 갖고 있을 것이다(그리고 이 책이 끝나기 전에 다시 보게 될 것이다). 상태가 있는 위젯은 실제로 상태의 형태다. 그러나 실제로는 여러 가지 상태 중에서 로컬 local 상태다. 다시 말해 주어진 컴포넌트의 지역적인 상태다. 이렇게 상태가 있는 위젯 정도로도 꽤 충분해 보인다.

그러나 또 다른 상태, 즉 '전역'으로 간주할 수 있는 상태가 있다. 다르게 표현하자면 상태가 위젯 외부에 있으며, 대부분 주어진 위젯의 생명주기를 넘어선다. 다른 부모의 자식인 위젯에는 부모 상태가 필요할 수 있다. 또는 그 반대로 주어진 위젯의 부모(그리고 직접적인 부모가 아닌 경우)도 자녀의 상태에 액세스해야 한다. 전자의 경우는 어렵지 않지만 후자의 경우는 플러터에서 놀랍게 실망스럽다. 또는 상태를 확인해야 하는 다른 위젯이 (어쨌든 직접 연결되지 않은) 동일한 위젯 트리에 있지 않을 수도 있다. 이런 상황에서 처리한다면 상태가 있는 위젯과 제공하는 setState() 패러다임으로는 다루기가 까다로울 수 있다.

이전에 설명했듯이 플러터는 명확한 답을 주지 않는다. 플러터 앱에는 setState()

이외의 수많은 상태 관리 방법이 있는데, BLoC, Redux, scoped_model 등이 있다. 적어도 장단점이 있는 십여 개가 더 있을 것이다. 따라서 어떤 상태 관리 접근 방식을 사용할지, 프로젝트 목표, 필요한 특정 상태 상호작용, 어떻게 코드를 설계할지 개인 취향 등 다양한 요인에 따라가게 된다.

이 프로젝트와 실제로 이 책의 나머지 부분에서는 리스트의 특정한 접근 방식인 scoped_model에 중점을 둘 것이다. scoped_model이 아마도 가장 간단한 방법이라고 생각하기 때문이다. 단순함이 더 간단한 애플리케이션 코드를 만드는 경향이 있기 때문이며 내가 좋아하기 때문이기도 하다. 간단한 것이 때로는 진리이기도 하다. 솔직히 모든 옵션을 고려해볼 때 scoped_model이 내 머리에 잘 들어온다. 따라서 scoped_model을 사용하겠다. 물론 다른 옵션을 탐색하고 자신에게 맞는 모델을 확인해야 한다. 그것이 scoped_model이라면 다행이다. 그렇지 않더라도 괜찮다. 하지만 최소한 이 책을 읽은 후에는 적어도 하나의 옵션을 잘 이해해 다른 옵션과 의미 있는 비교를 할 수 있을 것이다.

scoped_model은 무엇인가? 단지 세 가지 간단한 클래스며 (여러분의 코드에서 간단한 세 단계를 결합해 사용할 때) 위젯 트리용 모델(데이터 저장소)을 제공한다.

첫 번째 클래스는 scoped_model Model 클래스에서 확장될 모델 클래스다. 여기에 데이터 처리 로직과 자연스럽게 데이터 변수를 배치한다. 약간 이례적이지만 실제 로직이 필요하지 않을 수도 있지만 괜찮다는 점을 알아두자. 이 모델 클래스에 코드를 넣는 목적은 궁극적으로 기본 Model 클래스의 notifyListeners() 메서드를 호출할 수 있게 하는 것이다(Model의 서브클래스에서만 호출 가능). 이 점을 염두에 두자. 이 메서드를 호출하면 모델 클래스에 '연결된' 위젯에 모델이 변경됐음을 알리고 필요한 경우 스스로 다시 뿌려줘야 re-paint 한다.

두 번째 단계는 scoped_model을 위젯 트리에 연결하는 것이다. 이 부분은 매우 쉽다. 여러분이 분명히 알아야 할 두 번째 클래스인 ScopedModel로 위젯을 래핑하면 된다. 예를 들어 최상위 위젯이 Column인 경우는 다음과 같다.

```
return ScopedModel<your-model-class-here>(
  child : Column(...)
)
```

실제로 트리의 최상위 위젯을 래핑할 필요는 없지만 트리의 모든 위젯이 모델에 접근할 수 있어 가장 일반적이다. 그러나 위젯의 일부(서브세트)만 모델에 액세스해야 하는 경우 최상위 위젯이 아니어도 해당 위젯의 상위 위젯을 선택해 ScopedModel로 래핑할 수 있다. 두 경우 모두 일반적인 선언인 <your-model-class-here>(Model 클래스 기반의 scoped_model에서 확장되는 클래스)를 통해 ScopedModel에 타입을 알려야 한다.

마지막으로 모델에 접근하려는 ScopedModel로 래핑된 위젯 아래에 있는 위젯의 경우 세 번째 클래스에서 해당 위젯을 ScopedModelDescendent로 래핑한다(그리고 타입을 지정한다). ScopedModel과 마찬가지로 모든 단일 위젯을 개별적으로 래핑할 필요는 없다. 하나만 포장하면 모든 자녀도 래핑할 수 있다. 물론 플러터의 diff 알고리즘이 필요하다고 가정할 경우 이 클래스로 래핑된 위젯은 모델이 변경될 때 다시 빌드된다. ScopedModelDescendent의 구문은 빌더 패턴이 필요하므로 ScopedModel과 약간 다르다.

```
return ScopedModel<your-model-class-here>(
  child :
    ScopedModelDescendent<your-model-class-here>(
      builder : (BuildContext inContext, Widget inChild,
        <your-model-class-here> inModel) {
          return Column(...);
      }
    );
```

)
```

이제 Column 내에서 모델로부터 값을 표시하려는 Text가 있는 경우는 다음과 같이 한다.

```
Text(inModel.myVariable)
```

이제 앱 상태 데이터의 저장소를 갖고 있으며, 사용할 준비가 됐고, 상태가 있는 위젯을 사용하지 않고 데이터가 변경될 때 좀 더 포괄적인 방식으로 UI를 다시 빌드할 수 있게 됐다. 이 모든 것을 상태 없는 위젯으로 할 수 있다.

마지막으로 신경 쓸 부분은 상태를 변경하는 부분이다. 이해를 돕고자 플러터북의 실제 모델 클래스인 BaseModel.dart 파일을 살펴보자. 설명을 시작하기 전에 플러터북이 다루는 각 타입의 엔티티에는 자체 모델 클래스가 있다고 말하겠다. 하지만 그렇게 하지 않아도 된다. 네 가지 엔티티 타입 모두의 데이터를 보유하는 하나의 모델 클래스를 만들 수도 있다. 그러나 나는 분리하는 것이 더 논리적이라고 생각해 네 개로 분리했다. 사실 그들 사이에 공통점이 약간 있어 코드를 복제하는 대신 BaseModel 클래스를 만들었다. 이것이 Model 기반의 scoped_model 클래스에서 확장된 것이다. 그런 다음 개별 엔티티 타입의 모델 클래스는 이 BaseModel 클래스에서 확장한다. 이는 결국 scoped_model 모델 클래스에서도 확장함을 의미한다.

```
import "package:scoped_model/scoped_model.dart";
```

확실히 scoped_model을 가져오지 않으면 사용할 수 없을 것이다. 그러니 우선 임포트하고 BaseModel 클래스를 시작하자.

```
class BaseModel extends Model {
```
```

보다시피 실제로 scoped_model이 제공하는 Model 클래스에서 확장한다.

```
int stackIndex = 0;
List entityList = [ ];
var entityBeingEdited;
String chosenDate;
```

이 네 개의 정보가 전부다(또는 적어도 selectedDate는 공통이다). 앞서 네 개의 엔티티 화면 각각이 실제로는 두 개의 화면, 리스트와 입력 항목, IndexedStack의 하위 항목이라고 말한 것을 기억하라. 여기서 보여주는 것은 indexIndex 변수의 설정에 달려 있다는 것이다. 또한 네 가지 엔티티 타입 모두에 일종의 엔티티 리스트가 있으므로 enityList에 포함된다. entityBeingEdited는 사용자가 기존 엔티티를 편집하려고 할 때 선택하는 엔티티의 참조다. 엔티티에 관련된 데이터가 리스트 화면에서 입력 화면으로 전송되는 방식이다. 마지막으로 selectedDate 변수는 항목을 편집할 때 사용자가 선택한 날짜를 저장한다. 이것이 왜 필요한지 나중에 알게 되겠지만 지금은 그냥 계속하겠다.

```
void setChosenDate(String inDate) {
  chosenDate = inDate;
  notifyListeners();
}
```

사용자가 날짜를 선택하면 팝업에서 선택되지만 선택한 날짜는 모델로 들어와야 한다. 이 메서드를 호출하면 그것을 처리한다. 보다시피 마지막으로 할 것은 notifyListeners()를 호출하는 것으로, 선택된 날짜를 표시하도록 화면을 업데이트하는 것이므로 핵심이다. 이 함수를 호출하지 않으면 데이터는 모델에 저장되지만 ScopedModel(및 ScopedModelDescendent)에 의해 래핑된 위젯은 다시 그리라는 것을 알 수 없어 사용자는 화면에서 알아챌 수 없을 것이다.

```
void loadData(String inEntityType, dynamic inDatabase) async {
  entityList = await inDatabase.getAll();
  notifyListeners();
}
```

엔티티가 entityList(곧 보게 될 코드)에서 추가되거나 제거될 때마다 loadData() 메서드를 호출한다. 이는 SQLite와 대화하는 방법을 알고 있는 xxxDBWorker 클래스를 사용한다. 다시 한 번 얘기하지만 곧 배울 것이다. 그러나 지금은 getAll() 메서드 호출의 결과가 entityList를 대체하고 다시 엔티티 리스트가 그려지도록 notifyListeners()를 다시 호출한다. 패턴이 보이는가?

마지막으로 setStackIndex() 메서드가 있다.

```
void setStackIndex(int inStackIndex) {
  stackIndex = inStackIndex;
  notifyListeners();
}
```

주어진 엔티티의 리스트와 입력 화면 사이에서 사용자가 탐색하려고 할 때마다 호출되는 메서드다.

이 코드가 사용되는 전체 콘텍스트가 아직 없다는 것을 알고 있다. 지금은 scoped_model의 기본 개념이 중요하며, 부디 의미를 알고 시작하기를 바란다. 앞으로의 엔티티 코드를 보면 완벽하게 이해될 것이다. 바로 지금 보려고 하는 코드 말이다.

쉬운 것부터 시작: 메모

네 가지 엔티티 타입 중 메모 코드가 가장 단순하므로 시작하기에 좋다. 이 엔티티 타입의 메인 최상위 화면을 정의하는 코드로 탐색을 시작한다.

시작점: Notes.dart

기억하겠지만 네 개의 엔티티에는 해당 탭의 주요 내용인 마스터 화면이 있다. Notes.dart 파일에는 해당 화면의 코드가 들어 있고 대부분 다트 소스 파일과 마찬가지로 임포트로 시작한다.

```dart
import "package:flutter/material.dart";
import "package:scoped_model/scoped_model.dart";
import "NotesDBWorker.dart";
import "NotesList.dart";
import "NotesEntry.dart";
import "NotesModel.dart" show NotesModel, notesModel;
```

material.dart와 같은 일반적인 것을 제외하고, scoped_model.dart가 들어오고 있다. 보다시피 이 화면의 전체 위젯 트리는 메모 모델에 접근할 수 있다. 또한 다음에 볼 수 있듯이 메모 데이터를 로드할 수 있도록 NotesDBWorker.dart 파일을 가져와야 한다. 그런 다음 두 개의 하위 화면에 소스 파일인 NotesList.dart와 NotesEntry.dart가 필요하다. 마지막으로 NotesModel.dart인 메모의 모델이 필요하다. 모두 차례로 알아보겠지만 다음 소스 파일부터 시작한다.

```dart
class Notes extends StatelessWidget {
```

이것은 위젯의 시작이다. 가장 중요한 것은 상태 없는 위젯이다. 기억하라.

scoped_model을 사용한다는 것은 상태를 다루고 있다는 것을 의미하지만, 상태가 있는 위젯이 있어야 함을 의미하지는 않는다. 상태가 있는 위젯은 사실상 이 앱(이 소스 파일 또는 기타 파일)에서 사용하지 않는 접근 방식으로 상태로의 또 다른 접근 방식이다.

그리고 다음과 같은 생성자가 있다.

```
Notes() {
  notesModel.loadData("notes", NotesDBWorker.db);
}
```

BaseModel에는 loadData() 메서드가 있으며 일반적으로 작성되므로 모든 엔티티 타입에서 작동한다는 것을 기억하자. 그러나 일반적으로 작성될 수 있는 유일한 이유는 여기서 생성자가 이를 호출하고 필요한 엔티티 지정 정보, 즉 엔티티 타입과 이 엔티티 타입의 데이터베이스 참조를 제공하기 때문이다(데이터베이스 항목이 표시됨). 이 호출의 결과로 모델의 entityList에 SQLite 데이터베이스에서 로드된 메모 리스트가 있으므로 리스트 화면이 빌드되면 해당 메모가 표시된다. 기술적으로 이 데이터 로드는 비동기적이므로 리스트 화면은 데이터가 사용 가능하기 전에 빌드될 수 있지만 데이터가 로드될 때 notifyListeners()를 호출하는 scoped_model과 loadData()로 래핑돼 있다. 데이터를 사용할 수 있을 때 화면에 알림이 표시되고 데이터를 표시하려고 다시 화면에 뿌려지면서 모든 작업이 빠르게 수행된다.

```
Widget build(BuildContext inContext) {

  return ScopedModel<NotesModel>(
    model : notesModel,
    child : ScopedModelDescendant<NotesModel>(
      builder : (BuildContext inContext, Widget inChild,
```

```
          NotesModel inModel
      ) {
        return IndexedStack(
          index : inModel.stackIndex,
          children : [ NotesList(), NotesEntry() ]
        );
      }
    )
  );
}
```

마지막으로 위젯은 build() 메서드에서 반환된다. 물론 이 전체 소스 파일이 위젯을 정의하고 있음을 알고 있어야 한다. 앞에서 설명한 대로 ScopedModelDescendent를 갖고 있는 ScopedModel을 가장 위에서 볼 수 있다. IndexedStack은 곧 살펴볼 별도의 소스 파일에 정의된 두 개의 화면을 포함하는 데 사용한다. IndexedStack의 인덱스 값은 NotesModel 인스턴스에서 stackIndex 필드에 대한 참조다.

한 화면과 다른 화면을 표시하는 방법은 다음과 같다. stackIndex의 값을 0으로 설정하면 NotesList가 표시된다. NotesEntry를 표시하려면 1로 설정한다(물론 BaseModel에서 봤듯이 변경 사항 후에 notifyListeners()가 호출됐다고 가정한다).

모델: NotesModel.dart

이 엔티티의 모델 클래스는 NotesModel.dart에 있다. 이 엔티티 타입의 모델은 단순히 모델 클래스가 아니며 메모를 나타내는 클래스이기도 하다.

무엇보다 먼저 다음과 같이 임포트를 한다.

```
import "../BaseModel.dart";
```

알다시피 이 클래스는 BaseModel을 확장한다. BaseModel 자체는 scoped_model에서 Model을 확장하므로 임포트해야 한다.

다음으로 클래스를 정의한다.

```
class Note {

  int id;
  String title;
  String content;
  String color;

  String toString() {
    return "{ id=$id, title=$title, "
      "content=$content, color=$color }";
  }

}
```

이 클래스의 인스턴스는 메모를 나타낸다. 각 메모에는 고유한 id, title, content (메모 텍스트 자체), 메모의 리스트 화면에 있는 카드의 color 등 네 가지 정보가 있다. 따라서 각 메모는 여기에 멤버 변수가 있다. 필요하지는 않지만 toString() 메서드도 추가했다. 이 메서드는 다트의 모든 클래스의 부모인 Object 클래스에서 제공하는 기본 구현을 재정의한다. 기본 구현은 호출된 객체의 타입만 알려줄 뿐으로 도움이 되지 않는다. 대신 이 버전은 메모의 세부 사항을 보여준다. 메모 객체를 콘솔에 print()해 디버깅할 때 매우 유용하다.

다음은 모델 클래스 자체다.

```
class NotesModel extends BaseModel {

  String color;
```

```
  void setColor(String inColor) {
    color = inColor;
    notifyListeners();
  }

}
```

이것이 전부다. 이 클래스에 필요한 대부분은 BaseModel에 의해 제공되므로 문제가 되는 것은 색상이다. 여기서 조심하자. 사용자가 입력 화면에서 색상 블록을 선택할 때 Note 인스턴스의 값을 변경하면 모델에 반영되지 않고 화면이 변경되지 않기 때문에 notifyListeners()가 필요하다. 대신 이를 위해서는 모델 클래스의 다이렉트 멤버가 필요하다. 걱정하지 말자. 여러분이 이 부분을 완전히 이해할 것이라고는 아직 기대하지 않는다. 편집 화면에 도착하면 빠르게 이해될 것이다.

이 파일에는 다음과 같은 중요한 한 줄이 더 있다.

```
NotesModel notesModel = NotesModel();
```

이전에 클래스 정의가 있고 NotesModel 인스턴스가 없었지만, 이 줄에서 얻을 수 있다. 가져오는 횟수나 가져오는 위치에 관계없이 파일은 한 번만 파싱되므로 NotesModel의 단일 인스턴스만 확보할 수 있다.

데이터베이스 계층: NotesDBWorker.dart

다음으로 살펴볼 파일은 NotesDBWorker.dart며 여기에는 SQLite 작업에 필요한 모든 코드가 들어있다. 먼저 임포트를 한다.

```
import "package:path/path.dart";
import "package:sqflite/sqflite.dart";
import "../utils.dart" as utils;
import "NotesModel.dart";
```

아마도 다른 특별한 점은 없을 것이다. path.dart 모듈에는 크로스플랫폼 간 파일 시스템에서 경로로 작업하려는 함수가 포함돼 있는데, 플랫폼 구분자, 경로 정규화, 경로에서 파일 확장자 가져오기 등과 같은 기능을 한다. 예상할 수 있는 일반적인 경로 작업이 여기에 있지만, 하나만 필요할 것이고 곧 보게 될 것이다. 그 전에 NotesDBWorker 클래스로 시작한다.

```
class NotesDBWorker {

  NotesDBWorker._();
  static final NotesDBWorker db = NotesDBWorker._();
```

첫 번째 단계는 이 클래스의 인스턴스가 하나만 있게 하는 것이므로 싱글톤 패턴을 구현할 것이다. 첫 번째 줄에서 볼 수 있듯이 개인 생성자를 만드는 것으로 시작한다. 두 번째 줄에서 생성자가 호출되고 클래스의 인스턴스가 db에 정적으로 저장된다.

다음으로 **sqflite** 플러그인을 통해 SQLite를 처리할 때의 핵심 클래스인 Database 클래스의 인스턴스가 필요하다.

```
Database _db;

Future get database async {

  if (_db == null) {
    _db = await init();
```

```
    }
    return _db;
}
```

데이터베이스 게터^{getter}가 호출되면 _db에 이미 인스턴스가 있는지 확인한다. 있다면 반환되지만 그렇지 않으면 init() 메서드가 호출된다. 이렇게 하면 NotesDBWorker의 단일 인스턴스에 데이터베이스 객체가 하나만 있게 되므로 데이터 무결성 문제가 발생하지 않는다.

이제 init() 메서드를 살펴보자.

```
Future<Database> init() async {
  String path = join(utils.docsDir.path, "notes.db");
  Database db = await openDatabase(
    path, version : 1, onOpen : (db) { },
    onCreate : (Database inDB, int inVersion) async {
      await inDB.execute(
        "CREATE TABLE IF NOT EXISTS notes ("
          "id INTEGER PRIMARY KEY,"
          "title TEXT,"
          "content TEXT,"
          "color TEXT"
        ")"
      );
    }
  );
  return db;
}
```

여기서 중요한 작업은 notes 데이터베이스가 SQLite에 존재하는지 확인하는 것이다. 데이터베이스는 앱의 문서 디렉터리에 파일로 저장되므로 해당 경로가 필요하다. 여기에 필요한 경로 모듈 중 하나의 함수가 사용된다. 바로 join() 메서드로, 문서 디렉터리 경로를 파일 이름인 notes.db로 연결한다(원하는 대로 부를 수 있지만 감히 그 이름이 논리적이라고 말하고 싶다).

완료되면 경로에서 데이터베이스 객체를 만들어야 한다. 경로는 openDatabase() 함수가 있는 곳이다. 경로와 version(필요한 경우 스키마 업데이트를 수행할 수 있도록)과 데이터베이스가 열릴 때 호출할 콜백 함수를 넘긴다(이 상황에서는 할 일이 없으므로 비어 있다). 또한 데이터베이스가 생성될 때 호출할 함수를 제공하는데, 여기서 데이터베이스가 존재하지 않는 경우 메모에 필요한 테이블을 생성한다. 작성된 Database 객체의 execute() 메서드는 이를 수행하는 방법이며 SQL을 실행하기만 하면 된다. 작업이 완료되면 Database 인스턴스가 반환되며, 데이터베이스 게터의 _db에 저장된다. 이제 데이터베이스 작업을 수행할 준비가 됐다.

그러나 이런 작업을 수행하기 전에 도우미 함수 두 개를 만들어야 한다. 문제는 SQLite와 sqflite가 Note 클래스에 대해 아무것도 모르고, 기본 다트 맵이라는 것만 안다는 사실이다. 따라서 맵에서 메모로 또는 그 반대로 변환할 수 있는 함수를 제공해야 한다. 다음과 같이 멋진 것은 아니다.

```
Note noteFromMap(Map inMap) {

  Note note = Note();
  note.id = inMap["id"];
  note.title = inMap["title"];
  note.content = inMap["content"];
  note.color = inMap["color"];
  return note;

}
```

```
Map<String, dynamic> noteToMap(Note inNote) {

  Map<String, dynamic> map = Map<String, dynamic>();
  map["id"] = inNote.id;
  map["title"] = inNote.title;
  map["content"] = inNote.content;
  map["color"] = inNote.color;
  return map;

}
```

아주 간단하다. 이제는 명백히 알 것이다. 좀 더 흥미로운 것을 해보자. 데이터베이스에 메모를 생성하는 것이다.

참고

이 또한 내가 원하는 만큼 모든 엔티티에 단일 DBWorker를 가질 수 없는 이유이기도 하다. 실제 SQL 문이 다르기 때문에 switch문을 사용해 처리할 수 있지만 현재 다트에서는 자바 리플렉션 기능과 비슷한 것이 없다. 내가 읽은 글에 의하면 비슷한 것이 나온다고 하지만, 이 코드를 작성한 시점에는 가능하지 않기 때문에 매우 복잡한 무언가로 와인딩하지 않으면 이를 동적으로 수행하는 방법이 없는 것 같다. 나는 다트를 좋아하지만 때로는 자유롭고 무모한 자바스크립트가 그립다.

```
Future create(Note inNote) async {

  Database db = await database;
  var val = await db.rawQuery(
    "SELECT MAX(id) + 1 AS id FROM notes"
  );
  int id = val.first["id"];
  if (id == null) { id = 1; }
  return await db.rawInsert(
    "INSERT INTO notes (id, title, content, color) "
    "VALUES (?, ?, ?, ?)",
```

```
      [ id, inNote.title, inNote.content, inNote.color ]
    );
  }
```

메모 작성은 3단계 과정을 거친다. 첫 번째 단계로 Database 객체의 참조를 가져와야 한다. 따라서 await를 사용한다(이를 만족시키고자 게터 함수가 호출될 것이다). 두 번째 단계로 메모의 고유 ID를 제시해야 한다. 이를 위해 기존 메모를 쿼리하고 찾은 가장 높은 ID에서 하나만 더 늘리면 된다. 첫 번째 메모인 경우 null을 얻으므로 명시적으로 해당 상황을 처리한다. 실제로 ID의 경우 null은 작동하지만 이 경우에는 아무것도 없으면 잘못된 형식으로 표시된다. 따라서 앞에서와 같이 항상 유효한 숫자 ID를 갖게 한다.

이 작업이 완료되면 세 번째 단계는 db가 참조하는 Database 객체의 rawInsert() 메서드를 호출하고 값을 삽입하려고 간단한 SQL 쿼리를 실행하는 것이다. 이 쿼리는 inNote에서 전달된 Note 객체에서 자연스럽게 가져온다. 보다시피 rawInsert()가 반환하는 Future를 반환하므로 create()를 호출한 곳에서 기다리게[await] 할 수 있겠지만, 이 메서드를 반환하는 데 필요한 유일한 정보이므로 이렇게 끝냈다.

참고

Database 객체의 API를 조회하면 rawInsert() 메서드 외에도 insert() 메서드처럼 유사한 것이 있음을 알 수 있다. 그중 하나를 사용하는 이유는 뭘까? 사실 특별한 이유가 없다. insert() 메서드는 본질적으로 추상화이며 rawInsert()처럼 SQL을 직접 작성하지 않아도 된다. 개인적으로 SQL에 익숙하고 실제로 직접 작성하는 것을 선호하지만 하이레벨을 선호하는 경우 rawInsert()보다 insert()를 선호할 수 있으며, 적어도 이 앱에는 하나를 선호해야 할 이유가 없고 일반적으로 SQL 작성을 피하는 것 외에는 좋은 이유를 찾기 힘들다.

다음으로 지정된 메모를 얻을 수 있는 기능이 필요하다. 지금까지는 분명하지 않았지만 이제 CRUD 작업, 즉 Create, Read(또는 'get'), Update, Delete를 구현할 것이다.

```
Future<Note> get(int inID) async {
  Database db = await database;
  var rec = await db.query(
    "notes", where : "id = ?", whereArgs : [ inID ]
  );
  return noteFromMap(rec.first);
}
```

호출자는 검색하려는 ID를 전달하고 query() 메서드로 데이터베이스 인스턴스를 호출한다. 쿼리할 테이블의 이름과 where절(이 메서드가 취할 수 있는 여러 형식이 있으며 예제는 그중 하나다)이 있는데, 원하는 값을 추가하면 된다. 여기서는 id 필드만 쿼리하면 된다. 이 호출의 결과는 맵map이므로 Note 객체를 반환하려면 이제 noteFromMap() 함수가 필요하다. 이와 함께 한 번의 호출로 모든 메모를 검색하는 기능, 특히 getAll() 메서드가 수행하는 리스트 화면을 채우는 기능이 있다.

```
Future<List> getAll() async {
  Database db = await database;
  var recs = await db.query("notes");
  var list = recs.isNotEmpty ?
  recs.map((m) => noteFromMap(m)).toList() : [ ];
  return list;
}
```

여기서 query() 메서드는 테이블 이름만 있으면 되며 테이블의 모든 레코드를 충실하게 검색한다. 레코드가 없으면 빈 리스트가 반환되지만 레코드를 가져오면 반환된 리스트 각각에 map()과 noteFromMap()을 호출한 다음 결과 맵을 리스트로 호출자에게 반환한다.

메모 업데이트는 다음과 같다.

```
Future update(Note inNote) async {

  Database db = await database;
  return await db.update("notes", noteToMap(inNote),
    where : "id = ?", whereArgs : [ inNote.id ]
  );

}
```

그렇게 어렵지는 않을 것이다. update() 메서드는 테이블 이름, 업데이트할 값이 포함된 맵(inNote Note 객체를 맵으로 변환하려고 noteToMap()을 호출해 얻는다), 업데이트 할 ID로 레코드를 식별하는 where절을 사용한다. 이 메서드는 맵의 요소를 가져와 열 이름으로 변환하는 방법을 알고 있다. 따라서 맵 항목의 이름을 따서 열의 이름을 지정한다고 가정할 때 실제로 변환할 필요는 없다.

살펴볼 마지막 메서드는 delete()다.

```
Future delete(int inID) async {

  Database db = await database;
  return await db.delete(
    "notes", where : "id = ?", whereArgs : [ inID ]
  );

}
```

이것이 전부다. 이 시점에서 더 이상 설명이 필요하지 않다고 자신(그리고 소망)한다. 이제 리스트 화면부터 시작해 화면 코드를 살펴보자.

리스트 화면: NotesList.dart

메모 리스트 화면은 임포트의 모음으로 시작한다.

```
iimport "package:flutter/material.dart";
import "package:scoped_model/scoped_model.dart";
import "package:flutter_slidable/flutter_slidable.dart";
import "NotesDBWorker.dart";
import "NotesModel.dart" show Note, NotesModel, notesModel;

class NotesList extends StatelessWidget {
```

여기서 새롭거나 예상치 못한 것은 flutter_slidable.dart의 임포트다. 그 외에는 일반적인 임포트가 있고 완벽하게 전형적인 위젯 클래스로 시작한다. 해당 내용을 만날 때까지 위의 임포트 설명을 건너뛰고 어디에나 있는 build() 메서드를 살펴보자.

```
Widget build(BuildContext inContext) {

  return ScopedModel<NotesModel>(
    model : notesModel,
    child : ScopedModelDescendant<NotesModel>(
      builder : (BuildContext inContext, Widget inChild,
        NotesModel inModel
      ) {
        return Scaffold(
```

매우 친숙해진 `notesModel` 인스턴스를 참조하는 `ScopedModel`이 있다. 여기에서는 이 위젯의 모든 하위 항목이 모델에 접근할 수 있도록 `ScopedModelDescendent`가 하위에 있다. `builder()` 함수가 제공되고 플러터 앱의 화면에서 가장 일반적인 `Scaffold`로 시작하는 위젯을 빌드하기 시작한다.

```
floatingActionButton : FloatingActionButton(
  child : Icon(Icons.add, color : Colors.white),
  onPressed : () {
    notesModel.entityBeingEdited = Note();
    notesModel.setColor(null);
    notesModel.setStackIndex(1);
  }
)
```

이 `Scaffold`에는 `floatingActionButton`이 있는데, 사용자가 새로운 메모를 추가하는 방법이다. 화면의 내용을 오른쪽 아래에 띄우고 탭하면 `onPressed` 기능이 실행돼 입력 화면이 시작된다. 이를 위해 새로운 `Note` 인스턴스를 생성하고 모델에 `entityBeingEdited`로 저장한다. 이는 사용자가 입력한 모든 데이터가 입력되면 데이터베이스에 저장되는 객체다. 입력 화면은 다음 절에서 볼 수 있다.

사용자가 입력 화면에서 수행할 수 있는 작업 중 하나는 메모의 색상을 선택하는 것이다. 모델이 변경될 때 화면이 어떻게 다시 그려지는지 설명했을 때를 상기하라. 사용자가 색상을 선택할 때마다 필요하다. 그러나 `scoped_model`이 변경 사항을 볼 수 없으므로 새로운 `Note` 객체에 색상을 저장하는 것만으로는 충분하지 않다. 모델의 최상위 속성이 아니기 때문에 `scoped_model`은 객체의 속성을 볼 수 없다. 앞에서 본 것처럼 `NoteModel`에는 `color` 속성이 있다. 처음에는 색상을 선택하지 않기를 원한다. 따라서 `setColor()`에 `null`을 전달해 모델의 `color` 속성을 설정하고 `notifyListeners()`를 호출해 화면이 업데이트되게 한다. 이 시점에서 입력 화면이 표시되지 않았으므로 아직 중요하지는 않지만 작동한다는 것을 알아두자.

마지막으로 setStackIndex()를 호출하고 1의 값을 전달해 사용자를 입력 화면으로 이동한다. 입력 화면은 IndexedStack의 두 번째 항목이다. IndexedStack은 0부터 시작하고 리스트 화면은 인덱스 0에 있다.

그 후 Scaffold의 body가 정의되고, 여기에서 메모의 리스트를 그리기 시작한다.

```
body : ListView.builder(
  itemCount : notesModel.entityList.length,
  itemBuilder : (BuildContext inBuildContext, int inIndex) {
    Note note = notesModel.entityList[inIndex];
    Color color = Colors.white;
    switch (note.color) {
      case "red" : color = Colors.red; break;
      case "green" : color = Colors.green; break;
      case "blue" : color = Colors.blue; break;
      case "yellow" : color = Colors.yellow; ;
      case "grey" : color = Colors.grey; break;
      case "purple" : color = Colors.purple; break;
    }
```

스크롤하는 항목 리스트가 필요하므로 ListView 위젯을 사용하고 있다. 이를 위해서는 itemCount로 리스트의 항목 수를 가져오는 builder() 생성자를 사용해야 한다. 이는 모델의 entityList 길이만큼 리스트의 각 항목에 위젯을 실제로 빌드하는 함수다. 각각 리스트에서 Note 객체를 가져오면 가장 먼저 해야 할 일은 색상을 처리하는 것이다. 기본적으로 색상이 지정되지 않은 것으로 가정한다. 즉, 메모가 흰색이다. 다른 것의 경우 Colors 컬렉션에서 올바른 색상을 설정한다. 이 상수의 값은 단순한 문자열이나 숫자가 아닌 객체이므로 해당 값을 직접 저장하지 않고 분기가 필요하다. 색상을 입력한 후 위젯을 반환할 수 있다.

```
return Container(
  padding : EdgeInsets.fromLTRB(20, 20, 20, 0),
  child : Slidable(
    delegate : SlidableDrawerDelegate(),
    actionExtentRatio : .25,
    secondaryActions : [
      IconSlideAction(
        caption : "Delete",
        color : Colors.red,
        icon : Icons.delete,
        onTap : () => _deleteNote(inContext, note)
      )
    ]
```

모두 Container로 시작하며 왼쪽, 위쪽, 오른쪽에 약간의 패딩을 제공한다. 이렇게 하면 메모가 화면 가장자리에서 멀어지므로 미적으로 더 만족스럽고 메모 사이에 약간의 공간을 확보한다. 다음으로 앞서 가져온 Slidable을 살펴보자. 이 위젯은 슬라이드 기능이 있는 컨테이너 타입이다. 많은 모바일 앱에서 항목 리스트에 있을 때 왼쪽과/또는 오른쪽으로 밀어 다양한 기능의 버튼을 표시할 수 있는데, 이 위젯이 이런 역할을 한다. 가장 간단한 용어로 슬라이드 애니메이션 방식을 제어하는 delegate를 제공해야 한다. 여기서는 이 플러그인에서 제공하는 SlidableDrawerDelegate()의 인스턴스일 뿐이다. 또한 항목을 얼마나 멀리 슬라이드할 수 있는지 알려야 한다. .25는 화면 전체 길이의 25%를 의미한다. 그런 다음 action과/또는 secondaryActions 속성을 지정해야 한다.

actions 속성은 항목이 오른쪽으로 밀 때 노출될 함수를 지정하고, 항목을 왼쪽으로 밀 때 노출될 함수는 secondaryActions로 지정한다. 그렇게 해야 한다는 규칙은 없지만 여기에서는 삭제 작업만 구현하며 일반적으로 오른쪽에 삭제 액션이 있다. 따라서 secondaryActions만으로 왼쪽으로 슬라이딩하는 데 사용한다.

secondaryActions에 여러 개의 객체를 넣을 수 있으며, 지금은 IconSlideAction 객체를 사용했다. 이런 객체를 사용하면 작업을 수행할 caption, icon, color를 정의하고 항목을 탭할 때 수행할 작업을 정의할 수 있다. _deleteNote() 메서드를 곧 살펴볼 것이지만, 다음 위젯 구성을 먼저 살펴보자.

```
child : Card(
  elevation : 8, color : color,
  child : ListTile(
    title : Text("${note.title}"),
    subtitle : Text("${note.content}"),
    onTap : () async {
      notesModel.entityBeingEdited =
        await NotesDBWorker.db.get(note.id);
      notesModel.setColor(notesModel.entityBeingEdited.color);
      notesModel.setStackIndex(1);
    }
  )
)
```

Container와 Slidable 내부에서 각 메모는 Card로 표시되며 구글의 미티리얼 디자인 가이드라인에 따라 그림자가 있는 상자를 제공한다. 이것들은 내 눈에 약간의 스티커 메모처럼 보이므로 좋은 선택일 것이다. 좀 더 뚜렷한 그림자를 주려고 높이를 약간 올렸으며, 물론 색상은 앞서 결정한 색상을 사용한다. 그런 다음 Card의 자식은 ListTile이다. 이 위젯은 메모 제목인 title과 내용을 표시하는 데 사용하는 subtitle을 사용해 콘텐츠를 배치하는 일반적인 방법을 제공한다. 메모는 모든 내용을 표시하는 데 필요한 만큼 세로로 확장한다. ListTile은 일반적으로 ListView의 자식으로 사용되는 매우 일반적인 위젯이지만, 하나의 직계[direct] 자식일 필요는 없다(실제로 하나의 비직계[indirect] 자식일 필요도 없다). 6장에서 이 위젯을 더 많이 볼 수 있고 다른 기능도 볼 수 있다.

이제 메모를 탭하면 사용자가 메모를 편집할 수 있기를 원한다. 이는 한 가지 중요한 예외를 제외하고는 새 메모를 작성하는 것과 거의 같다. 다른 점은 메모를 데이터베이스에서 검색한다는 점이다. 모델의 **entityList** 속성에 이미 효과적으로 포함돼 있어 실제로는 불필요하다. 그러나 예시를 보여주고자 데이터베이스에서 가져오는 편이 더 낫다고 생각했다(데이터베이스를 앱의 단일 소스 저장소$^{SSOT,\ Single\ Source\ Of\ Truth^{TM}}$[2]라고 하며 **entityList**에서 가져오는 상황이 아니다).

마지막으로 앞서 건너뛰었던 _deleteNote() 메서드를 살펴보자.

```
Future _deleteNote(BuildContext inContext, Note inNote) {
  return showDialog(
    context : inContext,
    barrierDismissible : false,
    builder : (BuildContext inAlertContext) {
      return AlertDialog(
        title : Text("Delete Note"),
        content : Text(
          "Are you sure you want to delete ${inNote.title}?"
        ),
        actions : [
          FlatButton(child : Text("Cancel"),
            onPressed: () {
              Navigator.of(inAlertContext).pop();
            }
          ),
          FlatButton(child : Text("Delete"),
            onPressed : () async {
              await NotesDBWorker.db.delete(inNote.id);
              Navigator.of(inAlertContext).pop();
```

---

2. 정보 모형과 관련된 데이터 스키마에서 모든 데이터 요소를 한곳에서만 제어하거나 편집하도록 조직하는 관례를 말한다. - 옮긴이

```
          Scaffold.of(inContext).showSnackBar(
            SnackBar(
              backgroundColor : Colors.red,
              duration : Duration(seconds : 2),
              content : Text("Note deleted")
            )
          );
          notesModel.loadData("notes", NotesDBWorker.db);
        }
      )
    ]
  );
 }
);
}
```

대부분의 삭제 작업과 마찬가지로 사용자의 의도를 확인하는 것이 좋으므로 다이얼로그를 showDialog()로 시작한다. 이를 위해 다이얼로그에서 일부 데이터(제목)를 사용할 수 있도록 Note 인스턴스와 함께 다이얼로그가 표시되고 전달되는 BuildContext가 필요하다. 그런 다음 showDialog()가 필요로 하는 builder() 함수 내에서 AlertDialog를 구성한다. 내용은 확인을 요청하고 메모 제목을 표시한다. 그런 다음 액션을 위해 두 개의 다이얼로그, 즉 pop()이 다이얼로그를 없애는 cancel FlatButton과 delete FlatButton을 만든다. 후자를 탭하면 NotesDBWorker 의 delete() 메서드(기술적으로는 db 속성이지만, 실제로는 NotesDBWorker 싱글톤 인스턴스다)를 호출해 메모의 id를 전달한다. 그런 다음 다이얼로그를 pop()해 Scaffold 의 showSnackBar() 메서드를 사용하고 메모가 삭제됐음을 나타내는 메시지를 표시한다. Duration에 따라 2초 동안 표시한다. 마지막으로 리스트를 새로 고치려면 notesModel의 loadData() 메서드를 호출해야 한다. loadData()는 데이터베이스에서 모든 메모를 다시 로드한 후 notifyListeners()를 호출해 화면 다시 그리기를 트리거한다. 이는 메모를 제거한 후에 발생해야 한다. 그렇지 않으면 데이터베이스에서 삭제되지만 화면에는 반영되지 않는다.

입력 화면: NotesEntry.dart

이제 메모 퍼즐의 마지막 부분인 입력 화면을 살펴보자. 그림 5-4에서 볼 수 있듯이 간단한 화면이다.

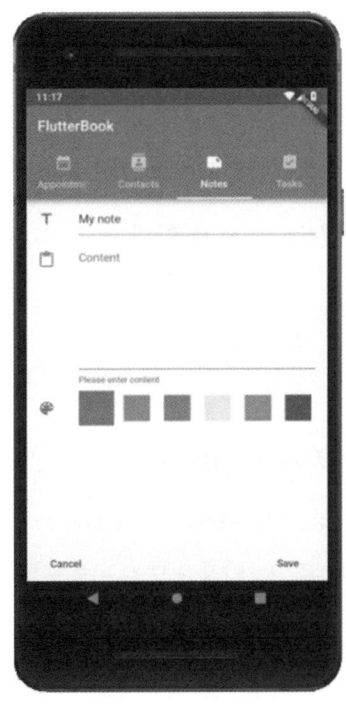

그림 5-4. 메모 편집 화면

제목(여기에 입력한 내용)과 내용(입력하지 않은 내용)이 필요하다. 아무것도 입력하지 않고 저장하려고 시도하면 오류 메시지가 표시된다. 색상 상자는 옵션이지만 여기서는 빨간색으로 선택했다. 취소와 저장 버튼이 있으며, 전자는 사용자를 리스트 화면으로 되돌리고 후자는 새로운 메모를 저장한다. 그리고 이제 새 메모를 표시하는 리스트 화면을 다시 뿌리도록 트리거한다.

항상 그렇듯이 임포트부터 시작한다.

```
import "package:flutter/material.dart";
import "package:scoped_model/scoped_model.dart";
import "NotesDBWorker.dart";
import "NotesModel.dart" show NotesModel, notesModel;

class NotesEntry extends StatelessWidget {
```

임포트에 관한 새로운 것은 없으며 위젯 클래스 시작도 이전에 봤던 것이다. 일부 상태를 처리해야 하지만 여전히 상태가 있는 위젯이다.

이제 다음과 같이 새로운 것 두 가지가 있다.

```
final TextEditingController _titleEditingController = TextEditingController();
final TextEditingController _contentEditingController = TextEditingController();
```

제목과 내용을 입력할 TextFormField는 기본값과 사용자가 입력할 때 발생할 수 있는 다양한 이벤트를 처리하고자 TextEditingController와 연결해야 한다. 그러나 코드에서 여기에 접근할 필요가 있으므로 두 개를 만들고, 나중에 정의할 때 TextFormFields에 연결되지만 클래스의 속성으로 애플리케이션 코드에서도 사용할 수 있다. TextFormFields를 사용해 인라인으로 정의하는 것과는 달리 간단하게 참조할 방법이 없다.

그러나 먼저 처리해야 할 필수 필드(로직을 직접 구현할 수 있어 필수는 아니지만, 앞의 두 장에서 봤듯이 form을 만들면 일이 쉬워진다)로, Form에는 키가 필요하다.

```
final GlobalKey<FormState> _formKey = GlobalKey<FormState>();
```

키가 무엇인지는 별로 신경 쓰지 않고 하나만 갖고 있으면 되므로 간단한 GlobalKey를 생성한다.

이어서 클래스가 생성될 때 필요한 작업이 있으므로 생성자를 만든다.

```
NotesEntry() {

  _titleEditingController.addListener(() {
    notesModel.entityBeingEdited.title = _titleEditingController.text;
  });
  _contentEditingController.addListener(() {
    notesModel.entityBeingEdited.content = _contentEditingController.text;
  });

}
```

이 두 컨트롤러에 액세스해야 했다. 여기서 트릭은 컨트롤러가 TextFormField의 값이 변경될 때마다 entityBeingEdited의 해당 값을 업데이트해야 한다는 것이다. addListener()를 호출하고 해당 목표를 달성하는 함수를 호출한다. 이렇게 하지 않으면 사용자가 화면에 입력한 내용이 모델에 반영되지 않으므로 나중에 저장할 항목이 없다.

이제 build() 메서드가 다시 나타난다.

```
Widget build(BuildContext inContext) {
  _titleEditingController.text = notesModel.entityBeingEdited.title;
  _contentEditingController.text = notesModel.entityBeingEdited.content;
```

이 화면은 메모를 추가하고 유지하는 두 가지 모드에서 효과적으로 사용할 수 있으므로 편집할 때 title과 content의 이전 값이 화면에 표시되게 해야 한다. 앞의 코드가 바로 그 역할을 한다. 화면이 추가[add] 모드에 있으면 null 값을 설정할 것이다. 이는 String의 기본값이기 때문이며 Note 클래스의 title과 content 속성이기도 하다. TextFormField는 이를 잘 처리하고 우리가 원하는 대로 비워 둔다. 그렇지 않으면 편집할 때 현재 값이 무엇이든 메모를 표시한다.

이제 build()가 반환하는 최상위 위젯을 빌드한다.

```
return ScopedModel(
  model : notesModel,
  child : ScopedModelDescendant<NotesModel>(
    builder : (BuildContext inContext, Widget inChild,
      NotesModel inModel
  ) {
    return Scaffold(
```

지금까지 새로운 것은 없다. 리스트 화면에서 위젯을 시작하는 것과 같다. 그러나 이후에 다음과 같은 새로운 것이 나타난다.

```
bottomNavigationBar : Padding(
  padding :
    EdgeInsets.symmetric(vertical : 0, horizontal : 10),
  child : Row(
    children : [
      FlatButton(
        child : Text("Cancel"),
        onPressed : () {
          FocusScope.of(inContext).requestFocus(FocusNode());
          inModel.setStackIndex(0);
        }
```

```
      ),
      Spacer(),
      FlatButton(
        child : Text("Save"),
        onPressed : () { _save(inContext, notesModel); }
      )
    ]
  )
)
```

Scaffold 위젯의 bottomNavigationBar를 사용하면 정적 콘텐츠를 맨 아래에 배치할 수 있는데, 그 위에 있는 콘텐츠는 스크롤이 필요하더라도 스크롤되지 않는다. 바로 여기에서 버튼이 딱 맞다. 첫 번째는 취소며, setStackIndex()를 호출해 리스트 화면을 다시 탐색한다. 그 직전에 소프트 키보드가 열려 있으면 숨겨야 한다. 그렇지 않으면 메모 리스트 화면에서 여전히 ListView가 가려진다. FocusScope 클래스는 위젯이 포커스를 받을 수 있는 범위를 설정한다. 플러터는 위젯이 사용자의 현재 초점인 포커스 트리를 통해 추적한다. 정적 of() 메서드를 통해 지정된 콘텍스트의 FocusScope를 가져오면 requestFocus() 메서드를 호출해 특정 위치에 포커스를 보낼 수 있다.

두 번째 버튼은 저장이며, 위젯 코드를 살펴보면 얻을 수 있는 _save() 메서드를 호출한다. 즉, 다음과 같다.

```
body : Form(
  key : _formKey,
  child : ListView(
    children : [
      ListTile(
        leading : Icon(Icons.title),
        title : TextFormField(
```

```
          decoration : InputDecoration(hintText : "Title"),
          controller : _titleEditingController,
          validator : (String inValue) {
            if (inValue.length == 0) {
              return "Please enter a title";
            }
            return null;
          }
        )
      )
```

앞의 두 장에서는 선택적으로 Form 위젯을 사용해 입력 필드에 유효성 검증 이벤트를 가질 수 있는 방법을 살펴봤다. 이것이 바로 원하는 것이다. 물론 앞서 만든 _formKey가 여기에 사용된다. 자식은 ListTile 위젯이며, 여기에서 위젯이 제공하는 것 중 하나인 leading을 볼 수 있다. 기본 콘텐츠의 왼쪽에 일부 콘텐츠가 있을 수 있으며 여기에는 Icon이 일반적이다. 이 위젯은 오른쪽에서 동일한 작업을 수행하는 trailing 속성도 지원하지만 여기서는 필요 없다.

ListTile의 제목은 첫 번째 TextFormField다. title이라는 속성이 단순히 텍스트 문자열이 아니라는 것이 이상할 수도 있지만 플러터에서는 무엇이든 위젯이 될 수 있다는 것을 보여준다. (보통은) 중요하지 않다. 위젯이라면 원하는 것이 무엇이든 넣을 수 있다. 물론 보기 좋을지 또는 예상대로 작동하는지는 문제가 될 수 있지만 사실상 거의 항상 작동할 것이다. 이 TextFormField에는 값이 InputDecoration 객체인 decoration이 있다. 이 객체에는 labelText(필드를 설명하는 텍스트), enabled(필드를 시각적으로 활성화 또는 비활성화하기 위함), suffixIcon(데코레이션의 컨테이너에서 텍스트 필드의 편집 가능한 부분 뒤나 접미사 또는 suffixText 뒤에 나타나는 아이콘)을 포함한 많은 속성이 있다.

또한 hintText 속성이 있다. 이 설정을 그림과 같이 설정하면 필드에 사용자 입력이 없을 때마다 'Title'이라는 단어가 약간 희미한 텍스트로 표시된다. 즉, 레이블과 동일한 기능을 한다. 보다시피 컨트롤러 속성은 이 필드에 앞서 생성한 TextEditingController를 참조하며, 무언가가 입력됐는지 확인하고 오류 문자열이 있으면 필드 아래에 빨간색으로 표시되는 유효성 검사기가 정의돼 있다. 곧 _save() 메서드에서 살펴볼 것이다.

그전에 TextFormField를 살펴보자.

```
ListTile(
  leading : Icon(Icons.content_paste),
  title : TextFormField(
    keyboardType : TextInputType.multiline,
    maxLines : 8,
    decoration : InputDecoration(hintText : "Content"),
    controller : _contentEditingController,
    validator : (String inValue) {
      if (inValue.length == 0) {
        return "Please enter content";
      }
      return null;
    }
  )
)
```

제목 필드와 거의 동일하며 maxLines 한 가지만 다르다. 이는 필드의 높이를 결정한다. 여기에는 여덟 줄의 텍스트에 해당하는 충분한 공간이 있다. HTML을 알고 있다면 사실상이 TextFormField는 <textarea>처럼 작동한다. 이제 사용자가 사용할 수 있는 색상 블록을 담당하는 부분을 살펴보자.

```
ListTile(
  leading : Icon(Icons.color_lens),
  title : Row(
```

```
        children : [
```

또 다른 `ListTile`로 시작해 색상 팔레트 아이콘을 표시하는 `leading`으로 시작한다. 플러터는 색상을 'lens'라고 부르지만 나에게는 팔레트처럼 보인다. 이번 `title`은 행이므로 모든 블록을 나란히 배치할 수 있다.

뒤따르는 것은 반복적이므로 하나의 블록 코드만을 보여줄 것이다. 다른 블록은 이 코드와 동일하므로 색상 참조를 알아두자.

```
GestureDetector(
  child : Container(
    decoration : ShapeDecoration(
      shape : Border.all(width : 18, color : Colors.red) +
      Border.all(width : 6,
        color : notesModel.color == "red" ?
        Colors.red : Theme.of(inContext).canvasColor
      )
    )
  ),
  onTap : () {
    notesModel.entityBeingEdited.
    color = "red";
    notesModel.setColor("red");
  }
),
Spacer(),
...각 색상마다 반복한다...
```

각 블록에는 `GestureDetector`가 있으며 다양한 터치 이벤트에 응답하는 요소를 제공하는 위젯이다. 여기서는 탭 이벤트만 신경 쓰므로 `onTap()` 함수를 사용했다. 뒷부분으로 건너뛰어 살펴보자. `GestureDetector` 내부에는 `Container`가 있으며 이 위젯에는 모든 면에 `Border`가 있는 상자를 정의하는 `decoration`이 있다. 너비가 18픽셀인 테두리가 아무 내용 없는 상자에 만들어지므로 테두리는 솔리드 상자로 '축소'된다. 그런 다음 all() 생성자를 사용해 다른 Border를 추가하고 상자 주위에 6픽셀 너비의 테두리를 배치한다. 모델의 color 속성 값이 빨간색이면 테두리의 색상이 빨간색이 된다. 그렇지 않으면 배경과 같은 색으로 만들어지며 이 BuildContext와 관련된 Theme를 조사해 얻을 수 있다. canvasColor는 모든 것이 그려지는 배경이므로 Theme의 요소다. 여기서는 선택된 경우에만 바깥쪽 테두리로 인해 상자가 두껍게 만들어진다.

블록을 탭하면 entityBeingEdited에 색상이 설정되고 setColor() 호출을 통해 모델의 color 속성으로 설정된다. 또한 notifyListeners()가 호출돼 이 화면이 다시 그려지도록 테두리가 상자의 색상으로 표시되고 더 큰 상자 효과를 나타내는 방식이 된다.

5장에서 살펴볼 마지막 코드는 _save() 메서드며 이전에 호출된 것을 확인했다.

```
void _save(BuildContext inContext, NotesModel inModel) async {

  if (!_formKey.currentState.validate()) { return; }

  if (inModel.entityBeingEdited.id == null) {
    await NotesDBWorker.db.create(
      notesModel.entityBeingEdited
    );
  } else {
    await NotesDBWorker.db.update(
      notesModel.entityBeingEdited
    );
  }

  notesModel.loadData("notes", NotesDBWorker.db);
```

```
    inModel.setStackIndex(0);

    Scaffold.of(inContext).showSnackBar(
      SnackBar(
        backgroundColor : Colors.green,
        duration : Duration(seconds : 2),
        content : Text("Note saved")
      )
    );
}
```

이는 확실히 데이터베이스에 메모를 저장한다. 먼저 Form의 유효성을 검사하고 유효하지 않으면 이벤트는 조기 반환을 통해 종료된다. 유효하다면 가장 먼저 결정해야 할 것은 새로운 메모를 작성하는지 아니면 업데이트하는지 여부다. 이 목적에 사용할 특별한 플래그가 없으므로 알릴 데이터를 찾아야 한다. 새로운 메모에는 아직 id가 없지만 업데이트되는 메모는 있다. 따라서 inModel.entityBeingUpdated.id가 null인지 여부에 따라 분기한다. null이라면 NotesDBWorker의 create() 메서드를 호출한다. 그렇지 않으면 업데이트 중이므로 호출해야 하는 것은 update() 메서드다. 두 경우 모두 entityBeingEdited가 전달한다. 앞에서 본 것처럼 맵으로 변환돼 데이터베이스에 저장한다.

메모가 저장되면 프로세스를 완료하려면 몇 가지 최종 작업이 필요하다. 먼저 새 메모나 기존 메모에 변경 사항을 반영해 리스트 화면이 업데이트되도록 loadData()를 호출해야 한다. 그런 다음 setStackIndex()를 호출해 사용자를 입력 화면으로 다시 이동시킨다. 마지막으로 메모가 저장됐음을 나타내는 SnackBar 메시지를 2초 동안 보여준다.

이것이 메모의 전부다.

주의

플러터로 작업할 때 여러분에게 주의를 주고 싶고 실제로 내가 어려움을 겪은 것은 핫 리로드 변경 사항의 지속성과 부족함이다. 핫 리로딩은 의심할 여지없이 생산적으로는 이득이 있지만, 핫 리로딩 할 때 변경 사항이 앱에 유지되지 않는다는 사실을 기억하지 못하면 문제가 발생할 수 있다. 에뮬레이터에서 앱을 실행하는 경우 변경하고 핫 리로드하면 예상대로 에뮬레이터에서 해당 변경 사항이 표시되지만 앱을 닫고 에뮬레이터에서 다시 시작하면 변화는 없을 것이다. 변경 사항은 해당 앱 실행이나 변경 사항을 포함해 앱을 효과적으로 다시 배포하려고 완전히 다시 빌드할 때까지만 나타난다. 내가 이것을 잊어버린 적이 있었다. 말 그대로 방금 일어난 일이 명백히 알 수 있는 것이 아니라서 머리를 책상에 박아댔다. 이 사실을 꼭 기억하면 나처럼 좌절에 따른 뇌진탕을 해결하려고 의사를 방문하지 않아도 된다.

요약

드디어 해냈다. 아직 완전히 끝나지 않았지만 플러터북이 작동한다. 실제 플러터 앱을 구축한 첫 경험에서 전반적인 애플리케이션 아키텍처, 플러그인 추가를 포함한 프로젝트 구성, 앱 일부의 탐색, 상태 관리, SQLite를 사용한 데이터 스토리지, 전체 위젯을 비롯해 많은 것을 살펴봤다. 아직 완전한 앱은 아니지만 훌륭한 시작이다.

6장에서는 일정, 연락처, 작업의 다른 세 가지 엔티티에 코드를 추가해 플러터북을 완성한다. 결국 완벽하고 사용 가능한 애플리케이션과 훌륭한 플러터 지식을 갖게 될 것이다.

6장

플러터북, 파트 II

5장에서는 플러터북에서의 메모 엔티티를 집중적으로 살펴봤다. 6장에서는 작업, 일정, 연락처를 자세히 살펴보자.

내용을 모두 다뤄야 할 이유가 있을지 모르지만 다음과 같은 이유로 다루지 않아도 된다. 네 개의 엔티티 코드를 비교하면 90% 동일하다는 것을 알 수 있다. 주 코드 파일(notes.dart와 같은)과 각 소스 파일에 있는 예제 화면 입력 화면과 동일한 구조가 모두 사용된다. 각각의 코드는 주로 메모 엔티티의 코드와 동일하거나 매우 유사하다. 네 개의 리스트 화면은 모두 약간씩 다르므로 세부 사항을 살펴보겠다. 그러나 입력 화면은 대부분 비슷하므로 일부 코드는 생략한다.

따라서 지금부터는 5장에서 살펴본 코드에서 나뉘는 부분만 보여줄 것이다. 이렇게 전체 소스 파일이 아닌 소스 파일의 일부를 살펴보겠다. 결론적으로 5장에서 특별히 이야기하지 않으면 5장의 메모 코드와 같다(변수 이름, 필드 이름과 같은 작은 부분이나 명백히 학습에 영향을 미치지 않을 부분 제외).

작업

6장에서 살펴볼 첫 번째 항목은 작업이다. 작업은 간단하다. 작업을 설명하려는 한 줄의 텍스트만 있으면 되고 선택적으로 완료일만 있으면 된다. 5장의 스크린샷에서 봤듯이 리스트 보기를 통해 사용자는 완료한 작업을 확인할 수 있다. 따라서 코드는 메모 코드보다 훨씬 간단하다.

TasksModel.dart

먼저 알다시피 각 엔티티에는 자체 모델과 엔티티의 인스턴스를 나타내는 클래스가 있다. 작업도 다르지 않다. Task 클래스가 있고, 5장의 Note 클래스와의 유일한 차이점은 클래스의 필드다.

```
int id;
String description;
String dueDate;
String completed = "false";
```

평소와 같이 이 클래스의 인스턴스는 데이터베이스에 저장되므로 고유한 id 필드가 필요하다. 그 외에도 작업의 설명, 완료일(옵션), 작업 완료 여부를 알려주는 완료 플래그가 있다. 완료는 불리언 타입이어야 한다고 생각할 것이고 일반적으로는 나도 동의한다. 그러나 데이터는 SQLite 테이블에 저장되고 SQLite는 기본적으로 불리언 타입을 제공하지 않으므로 문자열로 저장해야 한다. 필요시에 문자열로 변환할 수 있으므로 다트 코드에서 불리언 타입으로 다룰 수 있겠지만 이 경우에는 별로 의미가 없어 보이므로 그냥 문자열을 사용한다.

그리고 모델이 이어진다.

```
class TasksModel extends BaseModel { }
```

Taskmodel이 비어 있는데, 코드를 붙여 넣으면서 실수를 한 것일까? 아니다. TasksModel은 실제로 비어있다. 화면에서 추적해야 하는 메모(선택한 색상 처리)에서는 있었지만 지금의 입력 화면에는 필드가 없다. 따라서 모델에 아무것도 없어도 된다. BaseModel은 네 가지 모델 모두에 필요한 공통 코드를 제공하지만 작업에는 그 이상이 필요 없다. 따라서 BaseModel이 제공하는 것을 제외하고는 비어 있는 빈 객체다.

TasksDBWorker.dart

메모와 마찬가지로 작업 엔티티에는 데이터베이스 워커가 있어야 하지만 메모 워커와 달리 실질적인 것은 하나뿐이다. 변수나 메서드 이름 등과 같은 기본 사항은 제외한다. 다음은 작업 엔티티의 테이블을 만들려고 실행되는 SQL이다.

```
CREATE TABLE IF NOT EXISTS tasks (
  id INTEGER PRIMARY KEY, description TEXT,
  dueDate TEXT, completed TEXT
)
```

이것이 정확히 여러분이 기대했던 것일 것이다.

Tasks.dart

작업 엔티티 화면의 시작 지점은 TasksDBWorker.dart처럼 5장에서 본 Notes.dart와 거의 같으며 IndexedStack인 화면 구조 역시 같고, 모두 이미 있으므로 약간 차이가 있는 일부 코드로 넘어가자.

TasksList.dart

앞에서 언급했듯이 네 개의 리스트 뷰는 서로 약간씩 다르지만 코드의 상당 부분이 같다는 것을 알 수 있다. 그러나 작업의 주요 차이점은 완료되면 작업을 확인할 수 있다는 점이다. 그러므로 여기에서 build() 함수에 의해 반환된 위젯을 확인하자. 여기서 다시 Scaffold를 감싸는 ScopedModel과 body는 다음과 같다.

```
body : ListView.builder(
  padding : EdgeInsets.fromLTRB(0, 10, 0, 0),
  itemCount : tasksModel.entityList.length,
  itemBuilder : (BuildContext inBuildContext, int inIndex) {
    Task task = tasksModel.entityList[inIndex];
    String sDueDate;
    if (task.dueDate != null) {
      List dateParts = task.dueDate.split(",");
      DateTime dueDate = DateTime(int.parse(dateParts[0]),
        int.parse(dateParts[1]), int.parse(dateParts[2]));
      sDueDate = DateFormat.yMMMMd(
        "en_US"
      ).format(dueDate.toLocal());
    }
```

완료일이 있는 경우 split()을 통해 세 개의 개별 부분으로 분할되고(5장에서 '연도, 월, 일'로 저장돼 있음을 기억하라) 해당 부분은 DateTime 생성자에 전달돼 지정된 완료일을 위해 DateTime 객체를 가져온다. 그런 다음 DateFormat 클래스가 제공하는 서식 함수 중 하나를 사용한다. 이 클래스는 날짜와 시간을 형식화하고 다른 국제화 문제를 처리하는 수많은 함수를 제공하는 intl 패키지의 유틸리티 클래스다. 이렇게 복잡한 기능을 사용하는 것은 여기서 다루지 않는다. 그러나 요점은

yMMMMD() 함수를 호출한 다음 반환값을 format() 함수에 공급하고 dueDate DateTime 객체의 toLocal() 호출 결과를 전달해 표기에 적합한 멋진 형식으로 날짜를 제공한다는 것이다. 이것이 이 예제의 중요한 포인트다.

다음으로 메모처럼 Slidable을 기본으로 사용하는 UI 빌드를 시작할 수 있다.

```
return Slidable(delegate : SlidableDrawerDelegate(),
  actionExtentRatio : .25, child : ListTile(
    leading : Checkbox(
      value : task.completed == "true" ? true : false,
      onChanged : (inValue) async {
        task.completed = inValue.toString();
        await TasksDBWorker.db.update(task);
        tasksModel.loadData("tasks", TasksDBWorker.db);
      }
    ),
```

그러나 이번에는 작업 완료 시 사용자가 확인할 수 있는 Checkbox를 찾을 수 있다. value는 task 참조에서 가져오는데, task 참조는 보이는 것처럼 작업 리스트에 있는 다음 작업이다. completed는 불리언이 아닌 문자열로 value 속성 값이 직접 될 수 없으므로 간단한 삼항식으로 필요한 불리언을 가져온다. 그 후 Checkbox가 체크된(또는 체크되지 않은) onChanged 이벤트 핸들러를 첨부해야 한다. 여기서 작업은 쉽다. onChanged 함수에 전달된 불리언 값을 가져와 toString()을 호출하고 task.completed의 값으로 설정한다. 그런 다음 TasksDBWorker에 작업을 업데이트하도록 요청하고, 마지막으로 TaskModel에 지시해 BaseModel에서 제공한 loadData() 호출을 통해 리스트를 다시 빌드한다. 이것이 전부다.

계속해서 Slidable의 나머지 구성은 다음과 같다.

```
          title : Text(
            "${task.description}",
            style : task.completed == "true" ?
              TextStyle(color :
                Theme.of(inContext).disabledColor,
                decoration : TextDecoration.lineThrough
              ) :
              TextStyle(color :
                Theme.of(inContext).textTheme.title.color
              )
          ),
          subtitle : task.dueDate == null ? null :
            Text(sDueDate,
              style : task.completed == "true" ?
                TextStyle(color :
                  Theme.of(inContext).disabledColor,
                  decoration : TextDecoration.lineThrough) :
                TextStyle(color :
                  Theme.of(inContext).textTheme.title.color)
            ),
          onTap : () async {
            if (task.completed == "true") { return; }
            tasksModel.entityBeingEdited =
              await TasksDBWorker.db.get(task.id);
            if (tasksModel.entityBeingEdited.dueDate == null) {
              tasksModel.setChosenDate(null);
            } else {
              tasksModel.setChosenDate(sDueDate);
            }
            tasksModel.setStackIndex(1);
          }
        ),
        secondaryActions : [
          IconSlideAction(
            caption : "Delete",
```

```
          color : Colors.red,
          icon : Icons.delete,
          onTap : () => _deleteTask(inContext, task)
        )
      ]
    );
  }
)
```

메모 코드에서 이미 봤으므로 익숙해 보일 것이다. 그러나 이해해야 할 것은 이미 완료된 작업을 사용자가 편집할 수 없으므로 onTap() 이벤트 핸들러 속의 task.completed를 확인해야 한다는 것이다.

메모와 마찬가지로 deleteTask() 메서드도 있다. Slidable의 secondaryActions를 통해 호출된 것을 볼 수 있지만 메모와 같다는 점을 고려하면 건너뛰어 입력 화면으로 이동할 수 있다.

TasksEntry.dart

그림 6-1에서 볼 수 있는 입력 화면은 앞에서 언급한 것처럼 두 개의 필드만 있고, 그중 하나(설명)만 필수 요소다.

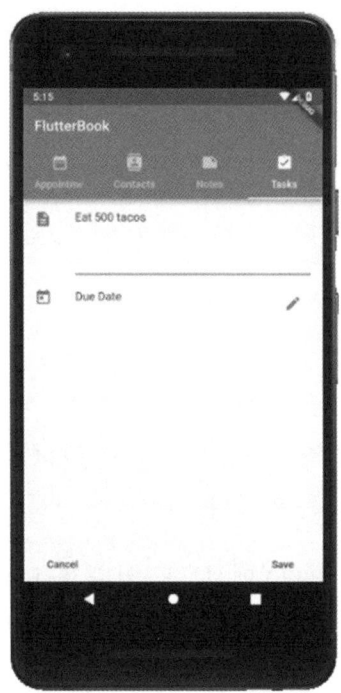

그림 6-1. 작업 입력 화면

여기서 살펴볼 필요가 있는 유일한 코드는 완료일 필드다.

```
ListTile(leading : Icon(Icons.today),
  title : Text("Due Date"), subtitle : Text(
    tasksModel.chosenDate == null ? "" : tasksModel.chosenDate
  ),
  trailing : IconButton(
    icon : Icon(Icons.edit), color : Colors.blue,
    onPressed : () async {
      String chosenDate = await utils.selectDate(
        inContext, tasksModel,
        tasksModel.entityBeingEdited.dueDate);
      if (chosenDate != null) {
        tasksModel.entityBeingEdited.dueDate = chosenDate;
```

```
      }
    }
  )
)
```

마지막으로 5장에서 간략하게 살펴본 utils.selectDate() 함수의 사용법을 살펴보자. 이 함수는 사용자가 날짜를 선택한 후 '연도, 월, 일' 형식으로 문자열을 반환한다. 이 날짜는 데이터베이스에 저장된 형식이다. 물론 null이 반환되면 날짜가 선택되지 않았으므로 null이 반환되지 않으면 작업의 dueDate 필드만 설정한다.

지금까지 작업의 내용을 살펴봤다.

날짜 정하기: 일정

다음은 일정 엔티티며, 여기에는 예제 화면의 기본 디스플레이용 멋진 플러그인을 비롯해 몇 가지 새로운 사항이 있다. 그 전에 모델을 살펴보자.

AppointmentsModel.dart

작업 엔티티 및 메모 엔티티와 마찬가지로 일정 이름을 지정하는 클래스가 있고 이름이 Appointment인 것은 더 이상 놀랍지 않다. 필드는 다음과 같다.

```
int id;
String title;
String description;
String apptDate;
String apptTime;
```

id, title, description은 분명히 알고 있을 것이다. 작업과 마찬가지로 일정도 apptDate라는 날짜가 있지만 작업과 달리 일정에서는 apptTime으로 저장된 시간도 있다. 모두 데이터베이스에 궁극적으로 저장되는 방식인 문자열이므로 당연히 변환 코드를 생성한다.

클래스를 정의한 후 시간을 처리하고 입력 화면에 표시할 수 있는 단일 메서드만 추가하면 된다.

```
class AppointmentsModel extends BaseModel {
  String apptTime;
  void setApptTime(String inApptTime) {
    apptTime = inApptTime;
    notifyListeners();
  }
}
```

작업(그리고 나중에 볼 수 있는 연락처)과 마찬가지로 BaseModel의 chosenDate 필드와 setChosenDate() 메서드는 입력 화면의 일정 날짜에 사용한다. 여러 입력 화면에 필요하므로 BaseModel에 배치하면 코드 중복을 피할 수 있다. 일정에만 시간이 있어 이 모델에는 apptTime과 setApptTime() 메서드가 필요하지만 setApptTime() 메서드의 코드는 setChosenDate()의 코드와 같다. 전달된 값을 모델에 저장하고 리스너에 알려 화면을 새로운 값으로 재구성한다.

AppointmentsDBWorker.dart

메모 및 작업과 마찬가지로 일정에는 데이터베이스 워커가 있으며 테이블 정의를 제외하고는 두 가지와 거의 같다.

```
CREATE TABLE IF NOT EXISTS appointments (
  id INTEGER PRIMARY KEY, title TEXT,
  description TEXT, apptDate TEXT, apptTime TEXT
)
```

여기에는 새로운 것이 없다. 이미 메모용 데이터베이스 워커를 살펴봤으므로 계속 진행하자.

Appointments.dart

다시 말하지만 작업과 마찬가지로 일정의 핵심 화면 정의는 메모와 같으므로 예제 화면으로 바로 이동할 수 있다.

AppointementsList.dart

먼저 이전에 살펴봤던 많은 것 중에서 새로운 import문이 생겼다.

```
import "package:flutter_calendar_carousel/flutter_calendar_carousel.dart";
import "package:flutter_calendar_carousel/classes/event.dart";
import "package:flutter_calendar_carousel/classes/event_list.dart";
```

Calendar Carousel은 월간 이동을 위해 가로로 스와이프할 수 있고, 캘린더 위젯을 앱에 제공하는 플러그인(https://pub.dartlang.org/packages/flutter_calendar_carousel)이다. 여기에는 이벤트가 있는 날짜의 인디케이터, 다양한 표시 모드, 날짜를 누를 때 조치를 수행하는 탭 핸들러와 같은 많은 옵션이 있다. 모두 간단한 리스트보다 복잡한 일정을 표시하려면 꼭 필요한 것들이다. 플러터는 기본적으로 이런 것을 제공하지 않으므로 플러그인이 필요하며 Calendar Carousel은 요구 사항에 정확히 들어맞는다.

이제 예제 화면 위젯 빌드를 시작하고 어떻게 사용하는지 살펴보자.

```
class AppointmentsList extends StatelessWidget {
  Widget build(BuildContext inContext) {
    EventList<Event> _markedDateMap = EventList();
    for (
      int i = 0; i < appointmentsModel.entityList.length; i++
    ) {
      Appointment appointment =
        appointmentsModel.entityList[i];
      List dateParts = appointment.apptDate.split(",");
      DateTime apptDate = DateTime(
        int.parse(dateParts[0]), int.parse(dateParts[1]),
        int.parse(dateParts[2]));
      _markedDateMap.add(apptDate, Event(date : apptDate,
        icon : Container(decoration : BoxDecoration(
          color : Colors.blue))
      ));
    }
```

Calendar Carousel이 제공하는 것 중 하나는 이벤트와 관련된 날짜에 일종의 인디케이터를 표시하는 방법이다. 이를 위해 `DateTime` 객체인 키와 각 이벤트를 설명하는 이벤트 객체(후자는 이것이 제공하는 클래스)를 값으로 포함하는 `markedDatesMap` 속성을 갖는다. 달력이 렌더링될 때 이 맵을 사용해 인디케이터를 표시한다. 여기서 이미 경험한 메모와 로직이 동일하므로 `appointmentsModel.entityList`를 반복해서 돌면서 맵을 만드는데, 이는 데이터베이스에서 받아온 일종의 배열이다. `apptDate` 속성을 분할한 후 `DateTime` 생성자에 제공해 특정 날짜의 `DateTime` 인스턴스를 가져온다. 그때 `Event` 객체를 생성해 `_markedDateMap` 맵에 추가한다. 물론 `Event` 객체는 날짜를 사용하며 `icon` 속성도 사용한다. 이렇게 위젯이 될 수 있으며 날짜에 표시된 인디케이터가 된다. 여기서는 BoxDecoration이 장식으로 사용되는 간단한 컨테이너 위젯을 사용한다. BoxDecoration이나 Container에 추가 속성이 정의되지 않으면 상자는 가능한 최소 공간을 사용하므로 그림 6-2에서 볼 수 있듯이 너비와 높이가 몇 픽셀에 불과한 정사각형이 된다.

그림 6-2. 날짜 인디케이터가 있는 일정 예제 화면

8일과 13일에는 일정이 있으므로 점이 표시된다. 13일에 여러 일정이 있다면 여러 개의 점이 나타난다. 완벽하다.

이제 build() 메서드에서 반환된 위젯을 살펴보자.

```
return ScopedModel<AppointmentsModel>(
  model : appointmentsModel,
  child : ScopedModelDescendant<AppointmentsModel>(
```

```
    builder : (inContext, inChild, inModel) {
      return Scaffold(
        floatingActionButton : FloatingActionButton(
          child : Icon(Icons.add, color : Colors.white),
          onPressed : () async {
            appointmentsModel.entityBeingEdited =
              Appointment();
            DateTime now = DateTime.now();
            appointmentsModel.entityBeingEdited.apptDate =
              "${now.year},${now.month},${now.day}";
            appointmentsModel.setChosenDate(
              DateFormat.yMMMMd("en_US").format(
                now.toLocal()));
            appointmentsModel.setApptTime(null);
            appointmentsModel.setStackIndex(1);
          }
        ),
```

메모와 일정에서처럼 똑같이 새 일정을 만들려면 FAB로 시작한다. 이제는 이 코드에 매우 친숙해져야 하므로 다시 자세히 설명할 필요가 없다. 대신 다음을 살펴보자.

```
body : Column(
  children : [
    Expanded(
      child : Container(
        margin : EdgeInsets.symmetric(horizontal : 10),
        child : CalendarCarousel<Event>(
          thisMonthDayBorderColor : Colors.grey,
          daysHaveCircularBorder : false,
          markedDatesMap : _markedDateMap,
          onDayPressed :
            (DateTime inDate, List<Event> inEvents) {
```

```
                            _showAppointments(inDate, inContext);
                          }
                        )
                      )
                    )
                  ]
                )
```

여기에서의 목표는 Carousel 캘린더를 확장해 화면을 채우는 것이다. 이를 위해 Expanded 위젯은 원하는 목적과 맞으므로 이해가 될 것이다. 이 위젯은 자식을 확장해 Row, Column, Flex 내부에서 사용할 수 있는 공간을 채운다. 중요한 점은 상위 위젯이 플렉스flex 기능을 가져야 하며, 이 기능은 앞에 표시된 세 가지만 가능하다. 여기에서 사용되는 것은 화면의 유일한 위젯(좀 더 정확하게는 body에서)이라는 점을 고려할 때 별로 중요하지 않으므로 Column을 사용했다. CalendarCarousel 위젯을 Expanded의 자식 항목으로 직접 배치하는 대신 컨테이너 안에 배치해 주변에 약간의 여백을 설정할 수 있다. 상단의 TabBar나 하단의 FAB까지 뻗어나지 않는 것은 말할 것도 없고, 화면의 가장자리까지 완전히 늘어나지 않는 것이 더 좋아 보인다.

CalendarCarousel 자체는 이 경우 정의하기가 간단하다(많은 옵션을 제공하지만 그중 일부만 필요하다). daysHaveCircularBorder를 false로 설정해 각 날짜에 회색 테두리를 표시하고 정사각형을 유지한다. 그런 다음 이전에 언급한 markDatesMap은 이전에 만들어진 _markedDateMap을 가리킨다. 마지막으로 날짜의 탭을 처리하고자 이벤트 핸들러를 연결한다. 이 경우 _showAppointments() 메서드를 사용해 BottomSheet에서 선택한 날짜의 이벤트를 표시하려고 한다.

```
void _showAppointments(
  DateTime inDate, BuildContext inContext) async {

  showModalBottomSheet(context : inContext,
```

```
builder : (BuildContext inContext) {
  return ScopedModel<AppointmentsModel>(
    model : appointmentsModel,
    child : ScopedModelDescendant<AppointmentsModel>(
```

이 메서드는 탭한 DateTime과 그것을 호출한 위젯과 연관된 BuildContext를 받아들이면서 시작한다. onDayPressed에 정의된 함수는 이벤트 리스트를 허용하지만, 원하는 것을 표시하려면 모델의 entityList에서 해당 데이터를 가져와야 한다. 전달된 Event 객체에 필요한 모든 데이터가 없기 때문에 인수는 다음 코드를 위해 간단히 무시된다. 이것이 showModalBottomSheet() 호출의 빌더 함수가 반환한 위젯이 ScopedModel로 시작해 AppointmentsModel을 참조하는 이유다.

다음은 빌더 함수다.

```
builder : (BuildContext inContext, Widget inChild,
  AppointmentsModel inModel) {
  return Scaffold(
    body : Container(child : Padding(
      padding : EdgeInsets.all(10), child : GestureDetector(
```

지금까지 본 적이 없는 부분은 없다. 여기서 패딩을 사용하면 약간 정돈된 느낌을 줄 수 있기 때문에 Container를 body에서 살짝 띄어놓았다. 그리고 5장의 스크린샷에서 볼 수 있는 BottomSheet에 표시된 것처럼 세로로 스크롤되는 일정 리스트이므로 Column 레이아웃을 두는 것이 여기서는 의미가 있다.

```
child : Column(
  children : [
    Text(DateFormat.yMMMd("en_US").format(inDate.toLocal()),
      textAlign : TextAlign.center,
      style : TextStyle(color :
```

```
      Theme.of(inContext).accentColor, fontSize : 24)
),
Divider(),
```

첫 번째 자식은 textAlign 속성으로 BottomSheet를 중심으로 한 간단한 Text 요소며, 값은 선택한 날짜이고 멋지게 형식이 지정된다. 여기에서 텍스트 색상을 얻는 방법에 주목하라. Theme.of() 함수는 항상 사용 가능하며 현재 앱에서 활성화된 테마의 참조를 얻는다. 해당 참조가 있으면 멤버에 접근할 수 있다. 멤버 중 하나는 accentColor며 기본 테마의 경우 파란색 음영일 것이다. fontSize는 해당 텍스트를 나머지 텍스트보다 두드러지게 보이도록 지정한다. 또한 일정 리스트와 날짜를 구분하고자 Divider 위젯을 추가했다.

그 후 또 다른 Expanded가 나오므로 일정 리스트는 Column 레이아웃 안에 남은 공간을 채울 것이다. 그런 다음 각 자식은 entityList에서 빌드되며, 선택한 날짜가 아닌 일정을 필터링하고자 코드를 작성해야 한다.

```
Expanded(
  child : ListView.builder(
    itemCount : appointmentsModel.entityList.length,
    itemBuilder : (BuildContext inBuildContext, int inIndex) {
  Appointment appointment =
    appointmentsModel.entityList[inIndex];
  if (appointment.apptDate !=
    "${inDate.year},${inDate.month},${inDate.day}") {
      return Container(height : 0);
    }
  String apptTime = "";
  if (appointment.apptTime != null) {
    List timeParts = appointment.apptTime.split(",");
    TimeOfDay at = TimeOfDay(
      hour : int.parse(timeParts[0]),
```

```
      minute : int.parse(timeParts[1]));
    apptTime = " (${at.format(inContext)})";
  }
```

선택한 날짜가 아닌 일정의 경우 height가 0인 컨테이너를 반환한다. itemBuilder 함수에서 null을 반환하면 예외가 발생하므로 이 작업이 필요하다. 플러터는 모든 경우에 무언가가 반환될 것으로 예상하므로(여기에 아무것도 표시되지 않으므로) 이 날짜의 일정만 우리가 원하는 것처럼 마지막에 표시한다.

일정의 시간은 데이터베이스에 'hh, mm' 형식의 문자열로 저장되므로 날짜처럼 분할해야 한다. 이 작업이 완료되면 이 두 가지 정보를 TimeOfDay 생성자에 전달할 수 있다. TimeOfDay 생성자는 DateTime과 비슷하지만 시간을 위해 하는 것이다. TimeOfDay의 format() 메서드는 적용 가능한 로컬 형식의 시간으로 멋지게 되돌려준다.

이제 각 일정은 편집과 삭제가 가능해야 하며 지금까지 다른 엔티티처럼 Slidable 위젯을 사용해 작업했고, 다음과 같이 내용도 다르지 않다.

```
return Slidable(delegate : SlidableDrawerDelegate(),
  actionExtentRatio : .25, child : Container(
    margin : EdgeInsets.only(bottom : 8),
    color : Colors.grey.shade300,
    child : ListTile(
      title : Text("${appointment.title}$apptTime"),
      subtitle : appointment.description == null ?
        null : Text("${appointment.description}"),
      onTap : () async {
        _editAppointment(inContext, appointment);
      }
    )
  ),
```

일정에 description이 있으면 subtitle 텍스트로 표시한다. 그렇지 않으면 값이 null이고 아무것도 표시되지 않는다.

_editAppointment 메서드는 잠시 후 살펴보고 그 전에 Slidable의 secondaryActions 속성을 사용해 위젯 정의를 끝낸다.

```
secondaryActions : [
  IconSlideAction(caption : "Delete", color : Colors.red,
    icon : Icons.delete,
    onTap : () =>
      _deleteAppointment(inBuildContext, appointment)
  )
]
```

이 코드는 메모 및 작업에서 봤던 것과 다르지 않으며 실제로 _deleteAppointment() 메서드 코드는 두 엔티티의 delete 메서드와 동일하므로 살펴보지 않아도 된다. 그러나 _editAppointment() 메서드는 살펴보자.

```
void _editAppointment(BuildContext inContext, Appointment
  inAppointment) async {

  appointmentsModel.entityBeingEdited =
    await AppointmentsDBWorker.db.get(inAppointment.id);
  if (appointmentsModel.entityBeingEdited.apptDate == null) {
    appointmentsModel.setChosenDate(null);
  } else {
    List dateParts =
      appointmentsModel.entityBeingEdited.apptDate.split(",");
    DateTime apptDate = DateTime(
      int.parse(dateParts[0]), int.parse(dateParts[1]),
      int.parse(dateParts[2]));
    appointmentsModel.setChosenDate(
      DateFormat.yMMMMd("en_US").format(apptDate.toLocal()));
```

```
    }
    if (appointmentsModel.entityBeingEdited.apptTime == null) {
      appointmentsModel.setApptTime(null);
    } else {
      List timeParts =
        appointmentsModel.entityBeingEdited.apptTime.split(",");
      TimeOfDay apptTime = TimeOfDay(
        hour : int.parse(timeParts[0]),
        minute : int.parse(timeParts[1]));
      appointmentsModel.setApptTime(apptTime.format(inContext));
    }
    appointmentsModel.setStackIndex(1);
    Navigator.pop(inContext);

}
```

이것도 메모 및 작업의 편집 방법과 거의 같다.

삭제 코드는 있지만 여기서는 시간을 처리해야 한다. 일정의 날짜와 시간은 옵션이므로 일정이 null인지 확인하고, 그렇지 않으면 처리해야 한다. 그렇지 않으면 날짜 컴포넌트를 파싱하고 모델의 setChosenDate()에 전달할 DateTime을 빌드해야 하며, 마찬가지로 TimeAppDay를 구성해 setApptTime()에 전달할 시간 컴포넌트를 파싱해야 한다.

AppointmentsEntry.dart

일정 퍼즐의 마지막 조각은 그림 6-3에 표시된 입력 화면이다.

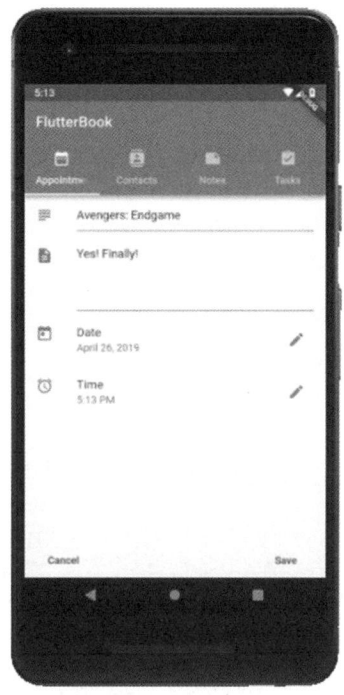

그림 6-3. 일정의 입력 화면

화면에 하나의 필수 제목 필드, 여러 줄 설명 필드, 날짜와 시간을 선택하는 데 두 개의 필드면 충분하다. 사실상 날짜가 없는 일정은 그다지 의미가 없으므로 날짜도 필수적이다. 반면에 시간은 필수적이지 않다. 일정에는 논리적으로 시간이 꼭 필요하지 않을 수 있기 때문이다. 그러나 필수 요소에 때한 검사 처리를 하는 대신 기본 값으로 현재 날짜를 지정하고 지우지 못하게 한다. 따라서 일정에는 항상 날짜가 자동으로 지정되며 현재 날짜가 적절하지 않으면 사용자가 일정을 변경해야 한다.

코드 내용을 따라가면서 날짜 부분과 매우 비슷한 일정 시간을 얻는 것 외에는 새로운 것이 없지만 어쨌든 필드 정의부터 시작해 시간 코드를 살펴보자.

```
ListTile(leading : Icon(Icons.alarm),
  title : Text("Time"),
```

```
          subtitle : Text(appointmentsModel.apptTime == null ?
            "" : appointmentsModel.apptTime),
          trailing : IconButton(
            icon : Icon(Icons.edit), color : Colors.blue,
            onPressed : () => _selectTime(inContext)
          )
        )
      ]
    )
  )
)
```

이것은 지금까지 살펴본 다른 것들과 마찬가지로 완벽하게 일반적인 필드를 정의한다.

onPressed 핸들러에서 _selectTime 호출은 다음과 같다.

```
Future _selectTime(BuildContext inContext) async {

  TimeOfDay initialTime = TimeOfDay.now();

  if (appointmentsModel.entityBeingEdited.apptTime != null) {
    List timeParts =
      appointmentsModel.entityBeingEdited.apptTime.split(",");
    initialTime = TimeOfDay(hour : int.parse(timeParts[0]),
      minute : int.parse(timeParts[1])
    );
  }

  TimeOfDay picked = await showTimePicker(
    context : inContext, initialTime : initialTime);

  if (picked != null) {
    appointmentsModel.entityBeingEdited.apptTime =
      "${picked.hour},${picked.minute}";
    appointmentsModel.setApptTime(picked.format(inContext));
```

```
      }
   }
```

말했듯이 이전에 작업에서 살펴본 날짜를 얻는 코드와 매우 유사하다. 사용자가 기존 일정을 편집하는 경우 showTimePicker() 호출을 통해 표시할 TimePicker의 initialTime을 설정해야 한다. 따라서 리스트 화면에서 입력 화면으로 이동하기 전에 해당 항목을 설정하므로 모델에서 entityBeingEdited 모델을 파싱해야 한다. 그런 다음 사용자가 시간을 선택하거나 TimePicker를 취소하면 apptTime이 entityBeingEdited에서 업데이트된 후 setApptTime() 호출로 모델에서 업데이트돼 화면에 반영한다. 해당 메서드는 notifyListeners()를 호출하고, 이는 새 모델 값을 기준으로 디스플레이를 업데이트하도록 플러터를 트리거한다.

연락처

마지막으로 살펴볼 요소는 연락처다. 어떤 방식으로든 가장 복잡하기 때문에 마지막으로 남겨뒀다. 새로운 것을 볼 수 있는 기회를 확실히 제공할 것이다.

ContactsModel.dart

다른 세 엔티티와 마찬가지로 Contact 클래스를 포함한 모델부터 시작한다. 그리고 다른 세 엔티티와 마찬가지로 비슷하기 때문에 클래스의 필드만 보여준다.

```
int id;
String name;
String phone;
```

```
String email;
String birthday;
```

물론 연락처에는 많은 정보가 저장돼 있을 수 있다. 지금 휴대폰의 연락처 앱을 열면 설정할 수 있는 모든 속성이 표시된다. 하지만 여기서 주요 속성만 선택했고 재미를 위해 하나 더 추가했다. 이름, 전화, 이메일 필드는 연락처의 핵심 요소며 생일을 추가하면서 날짜와 DatePicker의 또 다른 예를 추가했다.

팁

이 책의 세 가지 앱을 연습하면서 확장하는 것을 추천한다. 대부분 디자인을 추가하면서 더 나은 앱으로 만들 수 있으며, 연락처에 더 많은 필드를 추가하는 것은 스킬을 연습하기에 상대적으로 쉬운 방법이다.

모델에는 하나만 있으면 된다.

```
class ContactsModel extends BaseModel {
  void triggerRebuild() {
    notifyListeners();
  }
}
```

생일은 BaseModel의 selectedDate 필드(및 관련 세터setter 메서드)에 의해 커버되므로 이 triggerRebuild() 메서드는 실제로 연락처와 관련된 전부다. 모델 클래스 내에서 notifyListeners()를 호출해야 하므로 이 메서드가 필요하지만, 이 경우에는 앞의 작업만 수행하면 된다. 보다시피 이 방법은 연락처를 편집할 때 사용되며 이미지가 화면에 표시되도록 아바타 이미지가 선택된다. 너무 앞서나가지 말자. 곧 배우게 될 것이다.

ContactsDBWorker.dart

연락처의 데이터베이스 워커 코드는 이미 살펴본 세 가지 코드와 같이 일반적으로 생성 SQL에 저장하며, 다음과 같다.

```
CREATE TABLE IF NOT EXISTS contacts (
  id INTEGER PRIMARY KEY,
  name TEXT, email TEXT, phone TEXT, birthday TEXT
)
```

지금까지는 별로 놀랍지 않아 보인다.

Contacts.dart

마찬가지로 연락처 화면의 기본 레이아웃에는 다른 세 엔티티의 코드와 비교해 새로운 기능이 없으므로 새로운 기능이 있는 위치로 이동한다.

ContactsList.dart

연락처 리스트 화면은 다른 영역에서 볼 수 있듯이 단순한 `ListView`일 뿐이지만 각 연락처에 처리할 수 있는 아바타 이미지가 있으며, 새로운 플러터 코드가 필요하다.

```
return ScopedModel<ContactsModel>(
  model : contactsModel,
  child : ScopedModelDescendant<ContactsModel>(
    builder : (BuildContext inContext, Widget inChild,
      ContactsModel inModel) {
      return Scaffold(
```

```
floatingActionButton : FloatingActionButton(
  child : Icon(Icons.add, color : Colors.white),
  onPressed : () async {
    File avatarFile =
      File(join(utils.docsDir.path, "avatar"));
    if (avatarFile.existsSync()) {
      avatarFile.deleteSync();
    }
    contactsModel.entityBeingEdited = Contact();
    contactsModel.setChosenDate(null);
    contactsModel.setStackIndex(1);
  }
)
```

일반적인 내용으로 시작한다. 보통 ScopedModel이 가장 위에 있고 contactsModel을 참조하는 model, ScopedModelDescendant인 자식이 있다. 그다음 빌더 함수가 있으며 Scaffold를 반환해 새 연락처를 생성하고자 FAB를 가질 수 있다.

이제 FAB의 onPressed 이벤트 핸들러는 새롭고 흥미로운 것들이 있는 부분이다. 이제부터 살펴볼 내용은 연락처가 만들어질 때 아바타 이미지를 추가할 수 있는 부분이다. 이미지는 데이터베이스가 아닌 앱의 문서 디렉터리에 저장한다. 파일 처리 코드를 볼 수 있는 기회를 제공하려고 의도적으로 사용했다. 그러나 연락처를 편집할 때(새로 존재하든 기존에 있든) 사용자가 이전에 연락처를 편집한 경우 임시 이미지 파일이 존재할 수 있다. 따라서 새 연락처를 만들 때 임시 파일이 없는지 확인해야 한다. File 클래스는 io 패키지의 다트 클래스며 생성자는 파일 경로를 인수로 사용한다. 5장에서 utils.docsDir을 살펴봤으며 path 속성은 문서 디렉터리의 경로다. 따라서 join 메서드에 path 속성을 제공하는데, 경로 라이브러리에서 제공된 함수로 플랫폼에 맞춰 파일 경로를 아바타 파일 이름과 연결할 수 있게 하고 파일이 존재하면 참조를 얻게 된다. 그리고 이를 File 인스턴스로 감싼다. File 클래스는 existSync()와 같은 몇 가지 메서드를 제공한다. 이는 파일이 존재하면 true를 반환하고, 그렇지 않으면 false를 반환하며 동기적으로 수행한다. 비동기로 하려면 await해야 하거나 Future가 완료될 때까지 기다린다. 비동기적인 exists()도 있다. 존재하는 경우 deleteSync() 메서드를 호출해 제거한다(비동기적인 delete() 메서드도 사용할 수 있다). 그런 다음 새 연락처가 작성되고 평소와 같이 사용자가 입력 화면으로 이동한다.

다음은 연락처를 포함한 ListView다.

```
body : ListView.builder(
  itemCount : contactsModel.entityList.length,
  itemBuilder : (BuildContext inBuildContext, int inIndex) {
  Contact contact = contactsModel.entityList[inIndex];
    File avatarFile =
      File(join(utils.docsDir.path, contact.id.toString()));
    bool avatarFileExists = avatarFile.existsSync();
```

각 연락처는 모델에서 차례로 꺼내지고 아바타 파일이 있는 경우 해당 파일을 참조한다. 이 파일은 연락처의 id를 파일 이름으로 사용하므로 연락처에 쉽게 연결할 수 있다. 이 예제에서는 existSync() 호출의 결과를 다음 코드에서 볼 수 있는 avatarFileExists에 저장한다.

```
return Column(children : [
  Slidable(
    delegate : SlidableDrawerDelegate(),
    actionExtentRatio : .25, child : ListTile(
      leading : CircleAvatar(
        backgroundColor : Colors.indigoAccent,
        foregroundColor : Colors.white,
        backgroundImage : avatarFileExists ?
          FileImage(avatarFile) : null,
        child : avatarFileExists ? null :
```

```
        Text(contact.name.substring(0, 1).toUpperCase())
      ),
      title : Text("${contact.name}"),
      subtitle : contact.phone == null ?
        null : Text("${contact.phone}"),
```

ListView의 각 자식은 Column 레이아웃이며 두 개의 항목이 있다. Slidable은 자체 contact와 Divider를 포함하므로 Column이 필요하다. Slidable은 Leading을 제외하고 이미 알아본 것과 다르지 않다. 여기서는 CircleAvatar인데, 이미지를 표시하고 원형으로 압축하는 위젯이다. 일반적으로 사람들의 아바타 이미지를 리스트에 표시하는 데 사용하므로 여기에서 사용하기에 매우 적합한 위젯이다. 여기에서 유일한 트릭은 이미지 지정 방법인 backgroundImage가 유효한 FileImage 참조이거나 null이어야 한다는 것이다. 여기에서 avatarFileExists 플래그가 나타난다. true인 경우 File 인스턴스를 기억하는 avatarFile은 FileImage 위젯으로 래핑한다. FileImage 위젯은 파일 시스템의 파일의 참조를 기반으로 이미지를 표시하는 위젯이다. false이면 backgroundImage는 null이다.

연락처에 아바타 이미지가 없는 경우 연락처 앱의 일반적인 패턴인 이름의 첫 글자를 표시하려고 이 플래그가 필요하다. 따라서 CircleAvatar의 자식은 이미지가 있으면 null이거나 그렇지 않으면 Text 위젯이다. 후자의 경우 contact.name은 물론 인스턴스인 String 클래스의 substring() 메서드를 사용해 첫 번째 문자를 가져오고 toUpperCase() 메서드를 사용해 대문자로 만들어야 한다.

Slidable의 나머지 구성은 이미 알고 있을 것이다. onTap 핸들러에서 어떻게 연락처 편집을 트리거하는지 살펴보자.

```
onTap : () async {
  File avatarFile =
```

```
      File(join(utils.docsDir.path, "avatar"));
    if (avatarFile.existsSync()) {avatarFile.deleteSync(); }
    contactsModel.entityBeingEdited =
      await ContactsDBWorker.db.get(contact.id);
    if (contactsModel.entityBeingEdited.birthday == null) {
      contactsModel.setChosenDate(null);
    } else {
      List dateParts =
        contactsModel.entityBeingEdited.birthday.split(",");
      DateTime birthday = DateTime(
        int.parse(dateParts[0]), int.parse(dateParts[1]),
        int.parse(dateParts[2]));
      contactsModel.setChosenDate(
        DateFormat.yMMMMd("en_US").format(birthday.toLocal())
      );
    }
    contactsModel.setStackIndex(1);
}
```

이 핸들러도 이전에 살펴본 핸들러와 크게 다르지 않지만 여기서 임시 아바타 이미지를 처리해야 할 수도 있으므로 존재하는 경우 삭제한다. 날짜도 파싱하고 편집 화면에 표시하려면 모델에서 설정해야 하며, 일반적인 화면 이동은 setStackIndex() 호출로 수행한다.

Slidable과 ListView 구성을 완료하려면 다음의 secondaryActions를 살펴보자.

```
    secondaryActions : [
      IconSlideAction(caption : "Delete", color : Colors.red,
        icon : Icons.delete,
        onTap : () => _deleteContact(inContext, contact))
    ]
  ),
  Divider()
```

Divider를 볼 수 있고 itemBuilder() 함수의 반환을 완료한다.

이제 연락처를 삭제하는 부분을 살펴보자.

```
Future _deleteContact(BuildContext inContext,
  Contact inContact) async {

  return showDialog(context : inContext,
    barrierDismissible : false,
    builder : (BuildContext inAlertContext) {
      return AlertDialog(title : Text("Delete Contact"),
        content : Text(
          "Are you sure you want to delete ${inContact.name}?"
        ),
        actions : [
          FlatButton(child : Text("Cancel"),
            onPressed: () {
              Navigator.of(inAlertContext).pop();
            }
          ),
          FlatButton(child : Text("Delete"),
            onPressed : () async {
              File avatarFile = File(
                join(utils.docsDir.path, inContact.id.toString()));
              if (avatarFile.existsSync()) {
                avatarFile.deleteSync();
              }
              await ContactsDBWorker.db.delete(inContact.id);
              Navigator.of(inAlertContext).pop();
              Scaffold.of(inContext).showSnackBar(
                SnackBar(backgroundColor : Colors.red,
                  duration : Duration(seconds : 2),
                  content : Text("Contact deleted")));
              contactsModel.loadData("contacts", ContactsDBWorker.db);
            }
          )
```

대부분은 지금까지 살펴본 엔티티 삭제 기능의 전형적인 코드라고 할 수 있지만, 다시 한 번 처리할 아바타 파일이 있다. 데이터베이스에서 연락처를 삭제하는 것만으로는 충분하지 않다. 아바타 파일이 있는 경우 아바타 파일도 삭제해야 하므로 한 번 더 참조를 받고, 존재하는 경우 deleteSync()를 호출해 제거한다. 그 이후는 일반적인 데이터베이스 삭제며, 확인을 위해 SnackBar 코드를 보여주면서 모두 완료됐다.

ContactsEntry.dart

플러터북의 한 부분만 더 살펴보자면 그림 6-4에서 볼 수 있는 연락처 입력 화면이 있다.

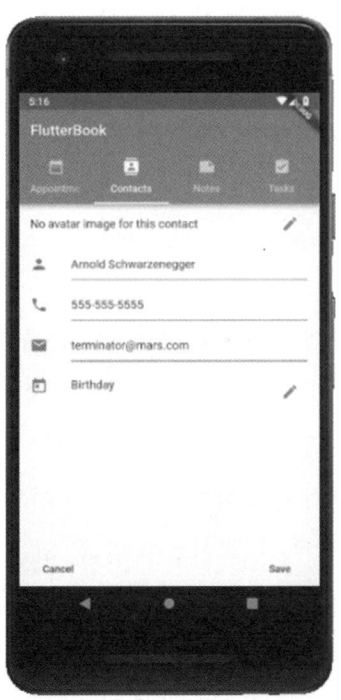

그림 6-4. 연락처 입력 화면

화면은 간단하다. 세 개의 TextFormField 위젯 중 하나(이름)만 필수 값이며 트리거 아이콘이 있는 생일 필드에는 DatePicker가 표시된다. 이를 매우 빨리 처리할 수 있을 것이다. 그러나 아바타 이미지의 내용이 몇 군데 혼합돼 있어서 어쨌든 코드를 보여주고 싶다. 이 코드는 다른 세 개의 엔티티 입력 화면 코드와 실질적으로 다르다.

```
return ScopedModel(model : contactsModel,
  child : ScopedModelDescendant<ContactsModel>(
    builder : (BuildContext inContext, Widget inChild,
      ContactsModel inModel) {
      File avatarFile =
        File(join(utils.docsDir.path, "avatar"));
      if (avatarFile.existsSync() == false) {
        if (inModel.entityBeingEdited != null &&
          inModel.entityBeingEdited.id != null
        ) {
          avatarFile = File(join(utils.docsDir.path,
            inModel.entityBeingEdited.id.toString()
          ));
        }
      }
```

가장 먼저 처리해야 할 것은 새 연락처를 만들거나 기존 연락처를 편집할 때 이 화면이 표시될 수 있다는 것이다. 작성할 때에는 아바타 이미지가 없지만 편집할 때는 있을 수 있다. 모델이 변경되면 build()가 호출된다는 점을 기억하자. 이는 사용자가 아바타를 선택할 때 발생하는 것이다. 따라서 여기의 build() 메서드 안에 있으므로 임시 아바타 이미지가 있는지 확인해야 한다. 없는 경우 entityBeingEdited를 확인한다. 연락처를 편집할 때만 true인 id가 있는 경우 실제 아바타 파일의 참조를 얻으려고 시도한다. 이를 나중에 참조할 수 있다. 필드 렌더링을 시작할 때 필요하지만 먼저 다른 '예비' 작업을 수행해야 한다.

```
return Scaffold(bottomNavigationBar : Padding(
  padding :
    EdgeInsets.symmetric(vertical : 0, horizontal : 10),
  child : Row(
    children : [
      FlatButton(child : Text("Cancel"),
        onPressed : () {
          File avatarFile =
            File(join(utils.docsDir.path, "avatar"));
          if (avatarFile.existsSync()) {
            avatarFile.deleteSync();
          }
          FocusScope.of(inContext).requestFocus(FocusNode());
          inModel.setStackIndex(0);
        }
      ),
      Spacer(),
      FlatButton(child : Text("Save"),
        onPressed : () { _save(inContext, inModel); })
    ]
  )
),
```

이는 일반적인 입력 폼이지만 취소 버튼의 onPressed 핸들러에서 임시 아바타 파일을 해결하는 작업이 있다. 이 화면이 표시되기 전에 삭제됐지만, (사용자가 아바타를 선택한 다음 취소한 경우) 존재한다면 지금 삭제하는 것이 좋다. 여기서 처리하는 부분이 바로 이것이다. 완료되면 앞에서 설명한 대로 소프트 키보드가 숨겨지고 사용자는 리스트 화면으로 돌아간다. 저장 버튼은 항상 _save()를 호출하므로 나중에 살펴보자.

그 전에 실제 Form을 정의해보자.

```
body : Form(key : _formKey, child : ListView(
  children : [
    ListTile(title : avatarFile.existsSync() ?
      Image.file(avatarFile) :
        Text("No avatar image for this contact"),
      trailing : IconButton(icon : Icon(Icons.edit),
        color : Colors.blue,
        onPressed : () => _selectAvatar(inContext)
      )
    )
```

이제 avatarFile 참조가 어디에서 발생하는지 확인할 수 있다. ListTile의 title은 이미지이거나 또는 아바타 이미지가 선택되지 않았다면 Text 위젯이다. Image인 경우 avatarFile이 Image.file() 생성자로 전달되고 아바타 이미지가 표시된다. 여기서 스케일링이나 제약 조건으로 이미지를 조작하지 않았다는 점에 유의하라. 단순히 크기에 상관없이 이미지를 표시한다(이미지를 변경하고 싶을 수 있다). ListTile의 trailing 속성은 사용자가 아바타 이미지를 선택하려고 클릭할 수 있는 IconButton을 제공하며, 관련한 코드는 새로운 것들이 생겼기 때문에 곧 살펴볼 것이다.

하지만 먼저 Form의 정의를 계속하자.

```
ListTile(leading : Icon(Icons.person),
  title : TextFormField(
    decoration : InputDecoration(hintText : "Name"),
    controller : _nameEditingController,
    validator : (String inValue) {
      if (inValue.length == 0) {
        return "Please enter a name";
      }
      return null;
```

```
      }
    )
  ),
  ListTile(leading : Icon(Icons.phone),
    title : TextFormField(
      keyboardType : TextInputType.phone,
      decoration : InputDecoration(hintText : "Phone"),
      controller : _phoneEditingController)
  ),
  ListTile(leading : Icon(Icons.email),
    title : TextFormField(
    keyboardType : TextInputType.emailAddress,
    decoration : InputDecoration(hintText : "Email"),
    controller : _emailEditingController)
  ),
  ListTile(leading : Icon(Icons.today),
    title : Text("Birthday"),
    subtitle : Text(contactsModel.chosenDate == null ?
      "" : contactsModel.chosenDate),
    trailing : IconButton(icon : Icon(Icons.edit),
      color : Colors.blue,
      onPressed : () async {
        String chosenDate = await utils.selectDate(
          inContext, contactsModel,
          contactsModel.entityBeingEdited.birthday
        );
        if (chosenDate != null) {
          contactsModel.entityBeingEdited.birthday = chosenDate;
        }
      }
    )
  )
)
```

이 코드는 keyboardType 속성을 제외하고는 이전에 봤던 것과 같을 것이다. 입력 가능한 데이터 타입에 맞게 키보드를 지정할 수 있다. 보다시피 phone, emailAddress

와 같은 여러 속성을 사용할 수 있으며 그 의미는 자명하다.

이제 사용자가 아바타 이미지 위젯 옆에 있는 `IconButton`을 클릭할 때 호출되는 `_selectAvatar()` 메서드가 나타난다.

```
Future _selectAvatar(BuildContext inContext) {

return showDialog(context : inContext,
  builder : (BuildContext inDialogContext) {
    return AlertDialog(content : SingleChildScrollView(
      child : ListBody(children : [
        GestureDetector(child : Text("Take a picture"),
          onTap : () async {
            var cameraImage = await ImagePicker.pickImage(
              source : ImageSource.camera
            );
            if (cameraImage != null) {
              cameraImage.copySync(
                join(utils.docsDir.path, "avatar")
              );
              contactsModel.triggerRebuild();
            }
            Navigator.of(inDialogContext).pop();
          }
        )
```

이 코드는 사용자가 자신의 갤러리나 카메라에서 아바타 이미지의 소스를 선택하는 다이얼로그를 표시하는 것이다. 따라서 `showDialog()`를 호출한 후 해당 빌더 함수에서 `AlertDialog`를 반환한다. `AlertDialog` 내에서 스크롤할 수 있는 단일 위젯을 포함하는 위젯인 `SingleChildScrollView`로 시작한다. 이 위젯을 왜 여기에서 사용할까? 솔직히 사용하는 방법을 보여주는 것 외에 특별한 이유는 없다. 이경우 스크롤이 작동하지 않지만 제공하려는 이미지가 더 있으면 어떻게 될까?

다이얼로그가 모두에 맞게 충분히 큰지 확인하는 대신 이처럼 스크롤하게 할 수 있다.

어쨌든 SingleChildScrollView 내부에는 ListBody가 있다. ListBody는 지정된 축을 따라 자식을 순차적으로 배열하고 다른 축의 부모 차원으로 강제하는 위젯이다. 마지막으로 클릭할 수 있는 항목이 필요하므로 특별한 이유는 없지만 버튼이나 다른 것이 아니라 GestureDetector 위젯을 사용하기로 결정했다. 이렇게 함으로써 이 항목에 적용할 수 있는 onTap 이벤트가 생겼다. 이는 클릭하면 카메라가 실행되는 Text 위젯이다. ImagePicker 클래스는 image_picker 플러그인에 의해 제공되며, image_picker 플러그인은 ImagePicker.pickImage() 함수에 전달된 source 속성으로 이미지를 지정하는 위치에 액세스할 수 있는 기능을 제공한다. 해당 호출에서 돌아왔을 때 cameraImage가 null이 아닌 경우(사진을 촬영하지 않으면 null이 된다) File 인스턴스가 반환되므로 사용할 수 있는 copySync() 메서드로 임시 아바타 이미지 파일인 아바타에 복사한다. 그리고 (실제로 변경되지 않았더라도) 모델이 변경됐음을 알려야 한다. 이미지가 표시하려면 플러터가 build() 메서드를 호출하게 해야 한다(이전 코드를 기억하는가?). 따라서 contactsModel.triggerRebuild() 메서드가 호출되고(여기서 notifyListeners()가 호출되는 것을 기억할 것이다) 이미지가 다시 화면에 그려지게 한다.

그런 다음 다이얼로그의 BuildContext 참조를 가져와 다이얼로그를 pop() 하면 된다.

다이얼로그의 다른 요소는 갤러리에서 이미지를 선택하려는 것이며 코드는 동일하고 pickImage() 호출에 소스를 지정하는 것만 다르다.

```
GestureDetector(child : Text("Select From Gallery"),
  onTap : () async {
    var galleryImage = await ImagePicker.pickImage(
```

```
      source : ImageSource.gallery
    );
    if (galleryImage != null) {
      galleryImage.copySync(
        join(utils.docsDir.path, "avatar")
      );
      contactsModel.triggerRebuild();
    }
    Navigator.of(inDialogContext).pop();
  }
)
```

마지막으로 _save() 메서드가 있지만 이미 살펴본 다른 _save() 메서드와 다른 부분만 살펴보자.

```
id = await ContactsDBWorker.db.create(
  contactsModel.entityBeingEdited
);
... 이미 익숙한 다른 코드 ...
File avatarFile = File(join(utils.docsDir.path, "avatar"));
if (avatarFile.existsSync()) {
  avatarFile.renameSync(
    join(utils.docsDir.path, id.toString())
  );
}
```

연락처에서 특별한 것은 아바타 이미지뿐이며 여기서는 그것을 다뤄야 한다. 임시 아바타 파일이 있는 경우 renameSync() 함수를 사용해 연락처 id와 일치하는 이름을 지정한다. 이 작업을 수행하는 유일한 데이터베이스 워커 클래스인 ContactsDBWorker의 create() 메서드 호출에서 id가 캡처되는데, 연락처가 데이터베이스에 저장될 때 연락처에 지정된 id다. 물론 기존 연락처를 업데이트할 때 이미 해당 id를 알고 있으므로 어느 경우든 사용해도 된다.

이것으로 첫 번째 앱인 플러터북을 둘러봤다.

요약

6장에서는 플러터북 앱을 살펴봤다. 갤러리나 카메라에서 이미지를 가져오고 시간과 날짜를 선택하는 등의 일정, 연락처, 작업 엔티티가 코딩된 방식을 확인했다. 이를 통해 원한다면 실제로 사용할 수 있는 완벽한 PIM 애플리케이션을 갖게 됐다.

7장에서는 세 가지 앱 중 두 번째 앱을 만들고 그 과정에서 플러터의 새로운 기능을 살펴보면서 일부 서버 측 프로그래밍을 맛보면서 플러터 앱과 인터페이스할 수 있다. 재미있어 보이면서도 교육적일 것 같지 않은가? 그것이 나의 목표다.

7장

플러터챗, 파트 I: 서버

5장과 6장에서는 혼자서도 동작이 가능한 앱을 만들었다. 모든 데이터가 지금 동작하고 있는 장치에 존재한다. 대부분 애플리케이션에 적합하지만 어떤 애플리케이션에는 데이터 공유 서버가 필요하거나 애플리케이션이 실행되는 장치 이외의 장소에서 사용할 수 있도록 서버가 필요하다. 이는 요즘의 애플리케이션 개발 중 큰 부분을 차지하고 있기도 하다.

7장과 8장에서는 사용자와 서버로 크게 나누고 이를 연결하는 앱을 만든다. 이 책은 서버를 구축하는 책이 아니지만 7장에서 서버를 구축하는 방법을 살펴볼 것이다. 따라서 약간의 보너스가 주어졌다고 봐도 무방하다.

먼저 어떤 프로젝트를 진행하고 있는지 이야기하고, 두 가지 기술인 노드와 웹소켓에 관한 사항을 살펴본다. 이 두 가지 사항에 이미 익숙한 경우 두 절을 건너뛰고 애플리케이션 작성에 관련된 절로 바로 이동할 수 있지만 그렇지 않다면 계속해서 읽어보자. 먼저 무엇을 만들지 살펴보자.

플러터챗 시작하기

구축할 앱은 플러터챗으로 명명됐으며 이름이 없는 경우는 채팅 앱이 될 것이다. 플러터챗을 통해 서버와 함께 다른 사용자와 실시간으로 통신할 수 있다.

이 앱은 사용자가 모여 서로 대화하는 대화방을 만들 수 있는 기능을 제공한다. 서버가 알고 있는 모든 대화방을 나열하는 로비가 있으며, 서버가 알고 있는 모든 사용자를 나열하는 방법도 제공한다.

사용자는 사용자 이름과 비밀번호를 제공해 서버에 등록해야 한다. 그리고 언제든지 서버에 다시 참여할 수 있다.

또한 사용자가 대화방을 비공개로 지정할 수 있는 기능도 제공한다. 이 경우 초대된 사용자만 대화방에 참여할 수 있으므로 사용자를 초대하는 메커니즘을 제공한다.

마지막으로 대화방을 만드는 사용자에게는 몇 가지 '관리' 권한이 있다. 대화방을 닫을 수 있는 유일한 사람이 될 수 있으며, 또한 불량 사용자를 대화방에서 쫓아낼 수 있다.

이 앱에서는 플러터북에서 보지 못한 플러터의 내장 탐색 기능을 사용한다(커스텀 탐색 메커니즘을 사용하고 있음을 기억하라). 인터페이스로는 Drawer 위젯을 사용해 탐색을 제어하고, 사용자가 (지금 어떤 대화방에 있다고 하더라도) 로비와 사용자 리스트, 관련 정보 화면을 이동할 수 있게 한다.

주요 기능이 탑재된 채팅 앱을 사용한 적이 있다면 그리 복잡한 앱은 아니다. 그러나 실제 앱에서 사용해보지 않은 것을 훌륭히 배울 수 있고 원한다면 여러분이 실제로 써먹을 수 있는 괜찮은 (작은) 앱이 될 것이다.

이제 플러터 코드를 시작하기 전에 서버의 노드^{Node}부터 살펴보자.

노드

라이언 달$^{Ryan\ Dahl}$은 노드(또는 Node.js라고도 함)라는 환상적인 소프트웨어를 만든 사람이다. 라이언은 2009년에 유럽 JSConf에서 노드를 처음 발표했으며 프레젠테이션에서 받은 기립 박수로 입증된 바에 따라 잠재적인 게임 체인저$^{game-changer}$로 빠르게 인식됐다.

노드는 고성능이며 많은 요청 로드를 쉽게 처리할 수 있도록 서버 측 코드를 주로 실행하려는 플랫폼이다. 오늘날 지구에서 가장 널리 사용되는 언어인 자바스크립트를 기반으로 한다. 시작하고 이해하기는 간단하지만, 비동기적이고 이벤트 중심의 프로그래밍 모델인 덕분에 개발자의 손에 엄청난 힘을 실어준다.

노드에서 수행하는 거의 모든 작업은 비블로킹$^{non-blocking}$이므로 코드는 다른 요청 스레드의 처리를 보류하지 않는다. 또한 노드 코드를 실행하려면 크롬^{Chrome} 브라우저를 구동하는 엔진과 동일한, 구글의 인기 있고 고도로 튜닝된 V8 자바스크립트 엔진을 사용하므로 성능이 매우 뛰어나고 많은 요청을 처리할 수 있다.

많은 중요한 기업과 사이트가 노드를 어느 정도 채택한 것은 놀라운 일이 아니다. 게다가 이 기업들이 작은 곳도 아니다. 예를 들어 덕덕고^{DuckDuckGo}, 이베이^{eBay}, 링크드인^{LinkedIn}, 마이크로소프트^{Microsoft}, 월마트^{Walmart}, 야후^{Yahoo}를 비롯해 여러 곳에서 사용하고 있다.

노드는 최고의 런타임 환경으로 로컬 파일 시스템과의 상호작용, 관계형 데이터베이스 액세스, 원격 시스템 호출 등과 같은 작업을 수행할 수 있다. 과거에는 이 모든 작업을 수행하려면 자바나 닷넷$^{.Net}$과 같은 '적절한' 런타임을 사용해야 했다. 거기서 자바스크립트는 주요 플레이어가 아니었다. 노드를 사용한다면 더 이상 그렇지는 않다. 분명 노드는 서버에 속하거나 스스로 서버가 아니지만 서버를 만드는 데 가장 많이 사용된다. 그러나 일반적인 자바스크립트 런타임으로, 노드가 관련돼 있다는 사실을 모르더라도 언젠가 접해봤을 개발자 도구를 비롯해 많은 비서버 도구가 실행되는 런타임이다.

운영체제 환경설정에 관계없이 노드를 설치하고 실행하면서 간단한 연습을 해보자. 의존성이 있는 복잡한 설치는 없으며 노드 앱을 실행하기 전에 엉망이 되는 광범위한 구성파일 세트도 없다. 5분 정도 걸리는 연습이며, 이 시간은 인터넷 속도와 타이핑 속도에 달려 있다. 기억해야 할 것은 http://nodejs.org뿐이다. 이는 그림 7-1에서 볼 수 있듯이 첫 페이지에서 다운로드할 수 있는 원스톱 페이지다.

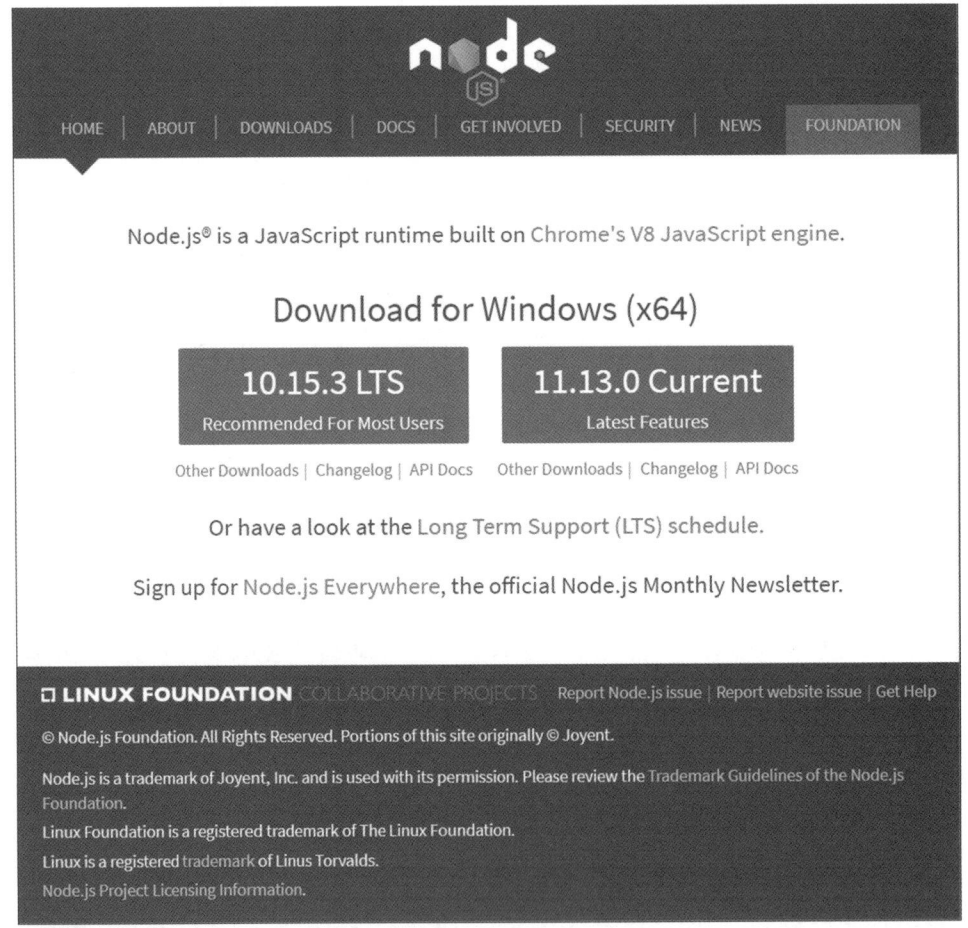

그림 7-1. 간단한 노드 웹 사이트가 있지만 충분하다.

일반적으로 사용 가능한 최신 버전을 설치하라고 말하지만 안정적인 장기 지원LTS, Long-Term Support 버전을 선택하는 것이 좋다. 그러나 이 책의 목적상 여러분이 선택한 것은 (바라건대) 중요하지 않아야 한다. 그러나 10.15.3 버전을 사용해 모든 코드를 개발했으므로 문제가 발생하면 다른 다운로드 링크와 이전 릴리스 링크에서 얻을 수 있는 해당 버전을 선택하는 것이 좋다(거기에서 원하는 이전 버전을 다운로드할 수 있다).

다운로드는 시스템에 적합한 방식으로 설치되며 연습으로 남겨둔다. 예를 들어 윈도우에서 노드는 완벽하고 일반적이며 간단한 설치 프로그램을 제공해 필요한 (매우 간단한) 단계를 안내한다. 맥OS X에서도 일반적인 설치 마법사는 동일한 작업을 수행한다. 설치가 완료되면 노드를 사용할 수 있다. 설치 프로그램이 노드 디렉터리를 경로에 추가해야 한다. 따라서 첫 번째 간단한 테스트로, 명령 프롬프트로 이동해 node를 입력한 후 엔터를 입력한다. 그러면 > 프롬프트가 보일 것이다. 노드는 이제 대화식 모드에서 명령을 수신하고 있다. 확인하려면 다음을 입력하라.

```
console.log("test");
```

엔터키를 누르면 다음과 같은 메시지가 나타난다.

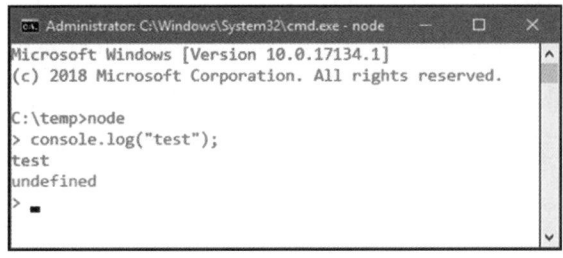

그림 7-2. 내 작은 친구인 노드에게 인사하라.

CLI 모드에서 노드와 상호작용하는 것은 좋지만 제한적이다. 실제로 하고 싶은 일은 노드를 사용해 저장된 자바스크립트 파일을 실행하는 것이다. 이렇게 하는 것도 간단하다. test.js라는 텍스트 파일을 만들고(어디에나 만들 수 있음) 다음 코드를 입력하라(물론 저장하라).

```
var a = 5;
var b = 3;
var c = a * b;
console.log(a + " * " + b + " = " + c);
```

파일이 있는 디렉터리에 있다고 가정하고 이 파일을 실행하려면 **node test.js**를 입력하면 된다. 그런 다음 엔터키를 누르면 그림 7-3과 같은 실행 메시지가 나타난다.

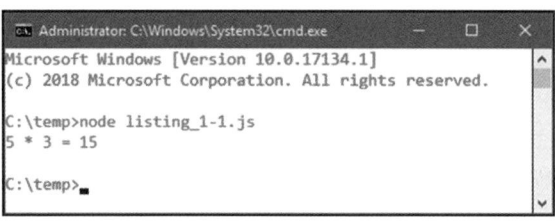

그림 7-3. 기본 노드 예제

분명히 이 짧은 코드는 노드가 오래된 자바스크립트를 잘 실행할 수 있음을 보여준다. 원하는 경우 조금 실험해 볼 수 있으며, 노드에서 기본 자바스크립트를 실행해야 한다. 이는 많은 핵심 운영체제 기능에 접근할 수 있는 최상의 런타임 환경이면서 복잡한 도구를 작성할 수 있게 하는데, 리액트 네이티브^{React Native}(좀 더 정확하게는 커맨드라인 도구)도 그중 하나다.

이 절은 노드를 철저히 살펴보려는 것이 아니다. 여기서 설명하는 것보다 노드의 내용이 훨씬 더 많으며, 처음 접한다면 노드 사이트를 둘러보는 것이 좋다. 그러나 이 책의 목적상 기본적인 이해 수준으로 충분하다.

참고

7장을 쓰기 시작할 때 이 프로젝트의 서버 컴포넌트로 다른 옵션을 고려했다. 노드 위에 익스프레스(express)를 사용해 RESTful 서버를 만드는 것을 생각했다. 여기서 익스프레스는 RESTful 서버를 매우 간단하게 구축할 수 있 추가할 수 있는 라이브러리다. 그러나 채팅 애플리케이션의 실시간 요구 사항을 고려할 때 적절하지 않았다. 그런 다음에 구글의 실시간 데이터베이스 시스템인 파이어베이스 사용을 생각했다. 하지만 파이어베이스에 연결되는 플러터 앱을 만드는 온라인 자습서가 많이 있으며 빌드할 수 있는 몇 개의 채팅 앱도 있다. 따라서 개발자 교육 세계에 부족한 내용을 추가하려고 다른 길을 가기로 했다. 여기에 설명된 접근 방식을 사용하면 작업을 좀 더 단순하고 확실하게 유지할 수 있다고 생각한다. 그러나 어느 쪽이든 여기서의 선택에 근거를 제공하고 싶었다. 바라건대 이 결정을 여러분이 동의하고 좋아했으면 한다.

통신 회선 개방 유지: socket.io

이제 노드를 알고 있으므로 웹소켓^{WebSocket}과 소켓아이오$^{\text{socket.io}}$ 같이 다음에 필요한 구성 요소를 살펴보자. 그러나 먼저 역사를 조금 알아보자.

참고

소켓아이오를 이야기할 때는 웹 중심, 웹 개발 중심이 될 것이다. 그러나 내가 말하는 모든 내용은 플러터 기반과는 관계없이 모바일 개발에도 적용된다. 웹 프로토콜과 마찬가지로 모바일 개발에도 적용되는 http 프로토콜의 확장이기 때문이다. 7장의 모든 부분에서 자바스크립트를 모르더라도 걱정하지 않아도 된다. 코드를 매우 간단하게 작성했으므로 코드를 이해하는 데 아무런 문제가 없으며, 솔직히 다트와 비슷해 보인다(몇 가지 구문상의 차이는 제외하고). 물론 7장을 읽은 후에 전문 자바스크립트 개발자가 되지는 않겠지만 이전에 자바스크립트를 본 적이 없어도 따라 하는 데 어려움이 없을 것이다.

초창기 웹(그리고 웹을 사용해 다른 장치와 통신하는 모바일 앱)은 클라이언트가 정보를 요청하고 서버가 응답하는 정도로 간단하게 생각됐었고, 이러한 가정이 앞으로 생길 흥미로운 가능성을 없애거나 (최소한) 어렵고 최적화되지 않은 것으로 만들었다.

예를 들어 대시보드가 있는 클라이언트에 주가를 제공하는 시스템의 경우 클라이언트는 서버에 지속적으로 업데이트된 가격을 요청해야 한다. 이것이 일반적인 폴링 방식이다. 단점은 클라이언트에서 서버로의 지속적이고 새로운 요청이 필요하며, 서버 과부하를 고려해 일반적으로 폴링 간격을 정하고 이 간격에 따라 가격이 변동한다는 것이다. 이 가격은 실시간이 아니며 투자자라면 매우 나쁠 수 있다. 얼마 후 AJAX라는 것이 나왔다. AJAX는 비동기 자바스크립트와 XML을 나타낸다. AJAX는 웹 페이지가 서버에 요청을 할 수 있지만 전체 페이지를 새로 고치지 않고도 웹 사이트가 항상 동작하는 방식이다. 이것은 게임 체인저였다. 예를 들어 주가와 같은 데이터를 요청하면 전체가 아닌 페이지의 일부분만 업데이트할 수 있다. 이는 엄청난 것이다. AJAX가 있기 전후에 일했던 나를 믿으라.

흥미롭게도 AJAX의 핵심 개념은 자바스크립트나 XML을 사용하는지 여부는 중요하지 않음을 의미한다. 가장 중요한 것은 약어의 일부인 비동기 부분이다.

AJAX 기술의 도래로 그다음으로 양방향 통신을 하는 방법을 연구하기 시작했으며, 클라이언트는 명시적으로 요청하지 않고도 서버가 새로운 주가를 고객에게 제공할 수 있게 됐다. 이를 위해 몇 가지 깔끔한 트릭이 개발됐으며, 그중 하나는 롱폴링$^{long\text{-}polling}$이다. 코멧^{comet}이라고도 하는 롱폴링은 클라이언트가 평소처럼 서버와의 연결을 여는^{open} 기술이다. 그러나 이제 서버는 HTTP 응답 완료 신호를 보내지 않고 요청을 열린 상태로 유지한다. 그런 다음 서버에 클라이언트로 전송할 항목이 있으면 연결이 이미 설정돼 있으므로 즉시 수행할 수 있다. 연결을 만드는 데 사용되는 HTTP 방법에 따라 'hanging-GET' 또는 'pending-POST'라고 한다.

여러 가지 이유로 구현하기 까다로울 수 있지만 가장 중요한 것은 연결을 처리하는 스레드가 서버에 지속한다는 것이다. HTTP 연결이므로 오버헤드가 매우 중요하다. 얼마 지나지 않아 많은 클라이언트를 연결하지 않고도 서버에 문제가 생긴다.

최근 몇 년 동안 웹소켓 프로토콜은 롱폴링이나 다른 접근 방식에도 문제없이 지속적인 연결을 허용하게 만들어졌으며 이것이 우리의 채팅 앱에 필요한 것이다.

웹소켓은 클라이언트와 서버 간의 양방향 통신을 가능하게 하는 IETF[Internet Engineering Task Force] 표준이다. 일반 HTTP 연결이 설정되면 특별한 핸드셰이크로 이를 수행한다. 이를 위해 클라이언트는 다음과 같은 요청을 보낸다.

```
GET ws://websocket.apress.com/ HTTP/1.1
Origin: http://apress.com
Connection: Upgrade
Host: websocket.apress.com
Upgrade: websocket
```

업그레이드 헤더 값에 주의하자. 이는 마술과 같다. 서버가 이를 보고 웹소켓을 지원한다고 가정하면 다음과 같이 응답한다.

```
HTTP/1.1 101 WebSocket
Date: Mon, 21 Dec 2017
Connection: Upgrade
Upgrade: WebSocket
```

서버는 웹소켓 용어로 "업그레이드에 동의한다". 이 핸드셰이크가 완료되면 HTTP 요청은 해제되지만 기본 TCP/IP 연결은 그대로 유지한다. 클라이언트와 서버가 매번 연결을 다시 설정할 필요 없이 실시간으로 통신할 수 있는 지속적인 연결이다.

또한 웹소켓에는 설정에 사용할 수 있는 자바스크립트 API가 제공되며 메시지를 보내고 받을 수 있다. 메시지는 웹소켓 연결을 통해 어느 방향으로든 전송되는 데이터다. 웹소켓을 사용하는 플러터챗 서버인 노드 측에는 좋지만 다트 기반의 플러터 측에는 아무런 의미가 없다.

다행스럽게도 노드 위에 있는 라이브러리가 있으며 플러터에서 사용하려면 다트 라이브러리로도 사용할 수 있고, 웹소켓을 약간 추상화해 두 위치에서 사용할 수 있는 멋지고 간단한 API를 제공한다. 이 라이브러리를 socket.io라고 하며 이 프로젝트에 사용할 것이다.

간단히 말해 socket.io를 사용하는 것은 라이브러리를 임포트하는 것을 넘어서서 몇 가지 함수 호출이 필요하다. 첫 번째로는 두 개의 장치를 연결하는 것(대개 클라이언트와 서버지만 서버가 아닌 두 개의 장치가 통신할 수 없다고 말하지 않았다), 두 번째로는 코드가 한 장치에서 다른 장치로 메시지를 보내려고 하는 것(나중에 보게 되겠지만 연결된 모든 장치로 메시지 보내기를 포함한다), 세 번째는 다른 장치에서의 메시지를 리슨하는 것이다.

클라이언트 애플리케이션(설명을 위해 socket.io 라이브러리를 사용하는 자바스크립트 기반 웹 애플리케이션이라고 가정)은 서버에 기본 설정을 저장한다고 가정해보자. 그런 다음 사용자가 해당 환경설정을 지우려면 서버에 사용자의 ID를 포함하는 객체와 함께 clearPreferences 메시지를 보내야 한다(또는 socket.io 영역에서는 emit). 이를 위해서는 이미 생성됐고 변수 io에 의해 참조된다고 가정하는 socket.io 서버 인스턴스가 필요하다. 클라이언트는 emit() 메서드를 사용해 다음과 같이 메시지를 보낸다.

```
io.emit("clearPreferences", { "userID" : "user123" });
```

이 작업을 수행하려면 서버가 이 메시지에 리슨 상태^{listening}로 있어야 한다. 각 메시지를 리스닝할 수 있도록 socket.io 인스턴스에 콜백 함수를 등록해야 한다. 여기에서 on() 메서드를 사용한다.

```
io.on("clearPreferences", function(inData) {
  database.execute(
    `delete from user_preferences where userID=${inData.userID}`
  );
});
```

그 후 clearPreferences 메시지가 수신될 때마다 콜백 함수가 실행되며, 이 경우 지정된 사용자의 환경설정을 삭제하려고 데이터베이스 쿼리가 실행된다. 데이터베이스에 매달리지 말자. 여기서는 필요에 의해 사용한 예일 뿐이다.

이제 해당 웹 앱을 플러터로 마이그레이션한다고 가정하겠다. 다트 측면에서 개념은 동일하지만 구문이 약간 다르다. 메시지를 보내려면 emit() 대신에 적절한 이름의 sendMessage() 메서드를 대신 사용하라.

```
io.sendMessage("clearPreferences", { "userID" : "user123" });
```

보다시피 메서드 이름 외에는 똑같아 보인다. 마찬가지로, 메시지의 콜백 등록은 거의 같지만 다트에서는 on() 대신 subscribe() 메서드를 사용한다.

```
io.subscribe("preferencesCleared", () {
  // 무언가를 할지 말지는 여러분의 선택이다.
});
```

명백히 서버는 클라이언트에게 메시지를 보낼 수 있어 클라이언트와 서버 모두 메시지를 구독할 수 있다. 여기서는 다트와 플러터로 서버를 작성하지 않기 때문에 이렇게 언급하지만 웹소켓과 socket.io로 작업할 때 클라이언트와 서버 사이의 경계가 모호하므로 개념 관계없이 적용된다. 논리적으로 하나의 장치를 클라이언트로, 다른 하나를 서버로 만드는 것 이외의 큰 의미는 없다. 이것이 바로 이 메커니즘의 힘이다.

보다시피 자바스크립트 버전이든 다트 버전이든, 클라이언트 측이든 서버 측이든 관계없이 socket.io API는 매우 간단하지만 동시에 매우 강력하다. 또한 네임스페이스namespace와 룸room 같은 고급 기능을 제공해 메시지를 논리적 그룹으로 분리하고 이름을 지정할 수 있다. 이것이 플러터챗을 만들면서 알아야 할 모든 것이다. 연결을 설정하는 것과 관련해 약간 더 알아야 할 부분이 있지만, 플러터챗의 서버 코드의 맥락에서 설명하기가 더 쉬울 것이다. 지금부터 살펴보자.

플러터챗 서버 코드

서버 코드를 시작하려면 노드 앱을 만들어야 하는데, 매우 간단하다. 빈 디렉터리를 만든 다음 그 안에서 다음을 실행한다.

```
npm init
```

"도대체 NPM은 무엇인가? 처음 나온 얘기가 아닌가?"라고 소리치는 것이 들린다. 진정하라. 쉽게 설명해보겠다.

NPM은 Node Package Manager며 노드에서 제공되는 도구다. 음... 패키지를 관리한다? 패키지는 NPM이 알고 있는 중앙 저장소repository에서 다운로드해 노드 앱에 추가할 수 있는 추가 라이브러리와 모듈이다. 그러나 NPM은 다른 작업에서도 사용하며 그중 하나는 프로젝트를 초기화하는 것이다. 앞의 명령을 실행한 결과 앱에 간단한 질문을 하는 대화식 프로세스가 시작되는데, 대부분은 지금의 학습 목적과 관계가 없으므로 기본값을 그대로 사용하거나 아무거나 입력할 수 있다. 결과적으로 디렉터리에 파일이 생성된 것이 중요하고 그중 package.json이라는 파일이 가장 중요하다. 이 파일은 NPM과 궁극적으로 노드의 앱을 설명한다. 플러터 앱의 pubspec.yaml 파일과 유사한 기능을 제공하며 의존성과 같은 것을 지정할 수 있다. 운 좋게 이 파일을 얻었다면 의존성을 관리할 수 있다.

package.json 파일을 편집해 의존성 부분에 추가하거나 직접 의존성을 다음과 같이 socket.io를 생성한다.

```
"dependencies": {
  "socket.io": "2.2.0"
}
```

그런 다음 또 다른 명령을 실행할 수 있다.

```
npm install
```

이렇게 하면 NPM이 package.json 파일을 읽고 필요한 의존성을 확인한 후 중앙 저장소에서 설치한다. 아니면 파일 편집을 건너뛰고 대신 다음 명령을 실행하면 된다.

```
npm install socket.io -save
```

이렇게 하면 NPM은 socket.io를 다운로드해 프로젝트에 '설치'하고(node_modules 디렉터리를 만들고 socket.io 코드를 그곳에 넣는 것을 의미한다) 자동으로 package.json에 의존성을 추가한다. 두 가지 접근 방식 모두 동일한 결과를 낳지만 어떤 방식을 선호하느냐에 달려 있다. 알아둬야 할 한 가지 차이점은, 두 번째 접근 방식은 프로젝트가 요청한 모듈의 최신 버전을 얻는다는 것이다. 일반적으로 원하는 바지만 버전을 명시적으로 지정해야 하는 경우 package.json 편집을 하는 것이 좋다. 커맨드라인에서 버전을 지정하는 방법이 있지만 조금 고급 기능이다.

어느 쪽이든 일단 완료되면 서버 코딩을 시작할 준비가 된 것이다.

참고

이 책의 소스코드를 다운로드한 경우(물론 당연히 그래야 하지만) flutter_chat_server 디렉터리의 명령 프롬프트로 이동해 npm install을 실행한 후 다른 작업을 수행해야 한다. 완료되면 npm start를 실행해 서버를 시작할 수 있어야 한다. package.json의 주요 속성으로 인해 npm은 server.js가 앱의 주요 진입점이라는 것을 알고 있으며, 해당 파일을 인수로 전달해 노드를 시작한다. 또는 node server.js를 실행해 수동으로 수행할 수 있다. 어느 쪽이든 플러터챗과 똑같이 서버를 실행하게 된다.[1]

상태와 객체 소개

여기서는 서버 코드를 가능한 한 간단하게 유지할 것이다. 즉, 어떤 종류의 데이터나 상태도 저장하지 않을 것이다. 모든 데이터나 상태는 서버가 실행되는 동안에만 메모리에 존재한다. 물론 서버가 다시 시작되면 모든 것이 손실되지만 버그가 아닌 특징으로 볼 수 있다. 즉, 서버가 더 안전하다는 것을 의미한다. 명확히 말하면 이 애플리케이션은 보안 측면에서 FBI/CIA/NSA 품질 정도다.

이렇게 얘기하면서 모든 코드가 있을 server.js 파일을 만드는 것으로 시작하겠다. 그 안에 있는 첫 번째 코드는 다음과 같다.

```
const users = {};
```

---

1. 소스코드 디렉터리의 test.js와 test.html을 이용해 디버깅하고 싶다면 npm start를 실행한 PC의 IP를 확인하고 해당 소스파일의 주소 부분을 수정해야 한다. – 옮긴이

이는 사용자의 맵^{map}으로, 사용자 이름으로 키가 지정되며 사용자 설명자 객체^{user descriptor object}라고 할 각 객체의 값은 다음과 같은 형식이다.

```
{ userName : "", password : "" }
```

아주 간단하지 않은가?

그다음 대화방의 또 다른 맵이 있다.

```
const rooms = { };
```

방 설명자 객체^{room descriptor object}의 구조는 다음과 같이 대화방 이름을 키로 지정한다.

```
{ roomName : "", description : "", maxPeople : 99,
  private : true|false, creator : "",
  users : [
    <username> : { userName : "" }, ...
  ]
}
```

각 대화방에는 사용자에게 대화 주제가 무엇인지 알려주는 설명이 있을 수 있고 maxPeople 속성으로 대화방을 만들 때 허용되는 최대 사용자 수를 지정할 수도 있다. private 속성은 대화방이 개인용인지(true) 아닌지(false) 알려주며 creator는 대화방을 만든 사용자의 이름이다. users 맵은 사용자 이름으로 키를 가지며 현재 대화방에 있는 사용자의 모음이다.

이 두 변수는 서버가 유지해야 하는 모든 상태다.

그리고 만들어야 할 단일 객체가 있는데 이것이 바로 socket.io 객체다. 다음과 같이 간단한 코드로 가능하다.

```
const io = require("socket.io")(
  require("http").createServer(
    function() {}
  ).listen(80)
);
```

다운로드 번들에서 찾을 수 있는 하나로 된 긴 줄보다 약간 더 명확한 방식의 여러 줄로 표기했다. 기본적인 요점은 HTTP 서버를 생성한다는 것이고(노드가 가장 잘하는 것이다) 노드가 제공하는 많은 모듈 중 http를 임포트함으로써 require() 호출로 객체를 얻을 수 있다. 객체의 참조를 유지하는 대신 (이 객체가 필요하지 않기 때문에) 즉시 createServer() 메서드를 호출해 빈 함수를 전달한다. 일반적으로 socket.io가 섞이지 않으면 요청을 수신하고 응답하는 이 함수에서 코드를 구현한다. 노드에서 웹 서버를 만드는 것은 이렇게 쉽다. 그러나 socket.io가 웹 서버의 책임을 맡으므로 createServer() 호출의 계약을 충족시키는 데 빈 함수로도 충분하다. 그런 다음 createServer() 호출에 의해 반환된 값은 적당한 HTTP 서버가 일반적으로 하는 것처럼 80번 포트에서 수신 요청에 listen()을 지시함으로써 시작한다.

그러나 이 프로젝트에서는 socket.io를 사용하고 있어 하나의 단계가 더 남았는데, listen() 호출에서 값을 반환받는 것이다. 이는 완전한 액티브 HTTP 서버면서 이 값을 socket.io 기본 생성자에 전달한다. 이를 통해 socket.io는 서버를 제어하고 마술같이 적절한 웹소켓 서버로 만들 수 있다.

물론 이 서버는 무엇을 어떻게 응답할지 지정하지 않았으므로 아무 응답도 없을 것이다. 하지만 그에 대해 바로 알아보겠다.

메시지

모든 것은 socket.io 서버에게 연결 메시지에 응답하는 방법을 알려주는 것부터 시작한다. 다음은 socket.io 자체가 정의한 몇 가지 중 하나다.

```
io.on("connection", io => {
  console.log("\n\nConnection established with a client");
  // 추가적으로 해야 할 코드(곧 나온다)
});
```

io.on() 호출에 두 번째 인수로 전달된 함수 내부에는 클라이언트가 연결될 때 콘솔에 메시지가 표시되도록 console.log()를 호출한다. 이것이 전부다.

'추가적으로 해야 할 코드'는 곧 나올 내용임을 암시하려고 남겨뒀다. 이는 앱에 한정된 메시지와 호출에 응답해 실행할 코드 정의를 말한다. 이런 메시지 핸들러 함수는 연결 메시지를 핸들러 내에서 연결돼야 하므로 주석의 위치가 거기에 있는 것이다.

이제 추가로 해야 할 첫 번째 일인 validate 메시지 핸들러를 살펴보자.

정문 통과: 사용자 확인

여기서부터 다루는 모든 메시지 핸들러의 경우 콜백이나 브로드캐스트 메시지(또는 모두)를 통해 핸들러를 나가는 데이터뿐만 아니라 핸들러로 들어오는 데이터(inData)를 자세히 설명하는 다이어그램을 보여줄 것이다. 일부 핸들러는 처리 결과에 따라 출력에서 약간의 차이가 있으며 이것도 대체 경로로 표기한다. 코드를 살펴볼 때 다이어그램을 참조해 데이터 흐름의 전체적인 뷰를 얻을 수 있다. 우선 그림 7-4는 논의 중인 첫 번째 핸들러의 다이어그램을 보여준다.

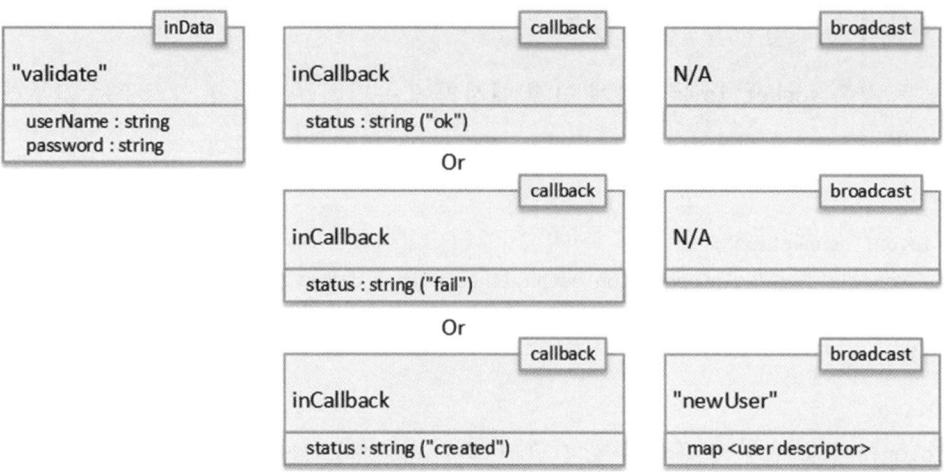

그림 7-4. validate 메시지 핸들러의 메시징 세부 사항

사용자가 모바일 장치에서 플러터챗 앱을 시작할 때 가장 먼저 나타나는 것은 사용자 이름과 비밀번호를 묻는 메시지다(처음에만 나타나고 이후에 자동으로 수행된다). 자격증명을 입력하면 코드는 `validate` 메시지를 내보낸다(emit). 서버는 이에 응답해 사용자가 유효한지 아닌지 판별해야 하며, 코드는 다음과 같다.

```
io.on("validate", (inData, inCallback) => {
  const user = users[inData.userName];
  if (user) {
    if (user.password === inData.password) {
      inCallback({ status : "ok" });
    } else {
      inCallback({ status : "fail" });
    }
  } else {
    users[inData.userName] = inData;
    io.broadcast.emit("newUser", users);
    inCallback({ status : "created" });
  }
}
```

        });

connection 메시지와 마찬가지로 io.on()을 호출해 메시지의 핸들러를 등록한다. 먼저 users 컬렉션에서 사용자를 찾는다. 핸들러에 전달된 데이터는 inData 변수에 있으며, 이 메시지의 경우 클라이언트가 {userName : "", password : ""} 형식으로 객체를 전송했을 것으로 예상된다. 사용자가 발견되면 비밀번호가 일치하는지 확인하면 된다. 그러면 inCallback을 통해 전달된 콜백이 호출된다. 서버가 클라이언트에 존재하는 함수를 호출할 수 있다는 것은 이상하게 들릴 수 있지만, socket.io 클라이언트 라이브러리가 제공하는 추상화의 아름다움이다. 이 메시지는 이 사용자에게만 해당하므로 내보낼(emit) 것이 없다. 따라서 이 콜백 방식은 완벽하다. 대신 클라이언트가 응답할 특정 메시지를 내보내 콜백 메커니즘을 모방하지만, 좀 더 비동기적으로 만들 수 있다. 그러나 실제로 더 고전적인 요청-응답 타입의 위와 같은 함수가 있다면 콜백 접근 방식이 더 합리적이다. 비밀번호가 일치하면 {status : "ok"} 객체를 다시 보낸다. 그렇지 않으면 {status : "fail"}을 다시 보낸다. 이 "status 속성이 있는 객체"는 애플리케이션마다 다르지만 여기에서 모든 메시지 핸들러에 공통이다. 대신 여기에 간단한 문자열을 반환할 수는 있었지만, 입력과 출력 측 모두에서 동일한 기본 종류의 구조를 갖는 모든 호출 콘셉을 선호하므로 이 패러다임으로 만들었다. 그리고 모든 응답이 단순한 상태 메시지는 아니기 때문에 지속적으로 객체를 전달하는 것이 일관적이다. 그러나 socket.io는 이것을 신경 쓰지 않는다는 점을 기억하자(통신의 양쪽에서 마샬링 marshalling[2]되고 언마샬링되는 한 원하는 것을 보내고 받을 수 있다).

8장에서 보겠지만 이런 객체는 다트 맵에 정확하게 원하는 방식으로 마샬링돼 임의의 데이터를 앞뒤로 쉽게 전달할 수 있다.

---

2. 객체의 메모리 표현을 저장 공간이나 전송에 적합한 데이터 포맷으로 변환하는 과정 - 옮긴이

사용자를 찾을 수 없으면 이는 새로운 사용자(이거나 서버가 다시 시작됐거나 사용자가 기기에서 앱의 데이터를 삭제했음)를 의미한다. 모든 경우에 사용자를 users 컬렉션에 추가한다. 그리고 io.broadcast.emit()을 호출한 후 콜백을 호출한다. 콜백을 호출하는 것은 이미 이해했지만 io.broadcast.emit()와의 관계는 무엇인가?

이는 서버 측에 새로운 사용자가 있음을 연결된 모든 클라이언트에게 알리는 것이다. 앱은 서버에 있는 사용자 리스트를 표시할 수 있다는 점을 기억하자. 이 메시지를 브로드캐스트하면 서버에서 업데이트된 사용자 리스트를 제공하고(보다시피 메시지가 생성된 후 io.broadcast.emit()의 두 번째 인수다) 앱이 화면에서 리스트를 업데이트하는 데 사용한다. 8장에서 보겠지만 이로 인해 ScopedModel이 사용자 리스트로 업데이트되므로 사용자 리스트 화면이 표시되면 자동으로 새로 고쳐지고 그렇지 않아도 아무런 해가 없다.

따라서 메시지를 브로드캐스트하고 동일한 핸들러에서 콜백을 호출할 수 있다. 그리고 단지 하나만이 아닌 필요한 만큼 많은 메시지를 내보낼 수 있으며, 기술적으로 콜백을 여러 번 호출할 수도 있다.

어렵지 않다고 생각되지 않는가? 실제로 꽤 쉽다. socket.io 덕분에 앞으로 나올 메시지 핸들러는 공통적인 이야기를 할 것이며 실제로 이 핸들러가 가장 복잡한 것일 수 있다. 다음으로 넘어가자.

대화방 만들기

사용자 확인 후 서버가 지원해야 하는 첫 번째 기능은 그림 7-5에 다이어그램으로 표시된 대화방을 만드는 것이다.

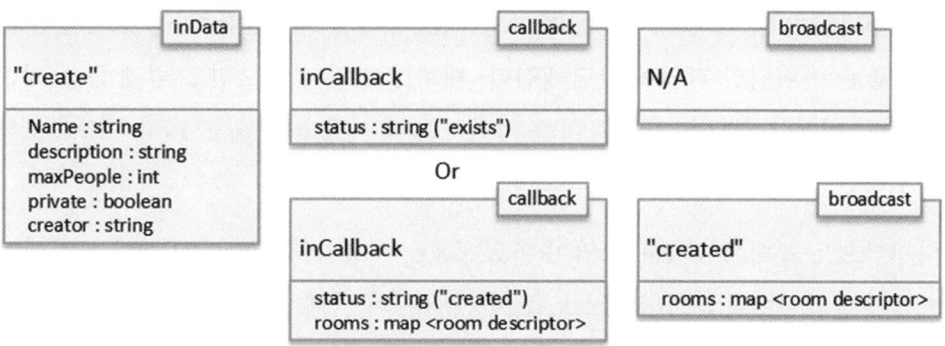

그림 7-5. 메시지 핸들러 작성의 메시징 세부 사항

이 코드는 다음과 같다.

```
io.on("create", (inData, inCallback) => {

  if (rooms[inData.roomName]) {
    inCallback({ status : "exists" });
  } else {
    inData.users = { };
    rooms[inData.roomName] = inData;
    io.broadcast.emit("created", rooms);
    inCallback({ status : "created", rooms : rooms });
  }

});
```

rooms 컬렉션에서 대화방이 이미 존재하는지 여부를 확인할 수 있고, 존재하는 경우 status(상태)가 exists(존재함)라는 객체가 다시 전송되므로 앱이 이를 사용자에게 알릴 수 있다. 그렇지 않으면 들어온 객체에 비어있는 사용자 컬렉션을 추가한다. 이는 방 설명자 객체며, 해당 객체는 roomName으로 rooms 컬렉션에 첨부된다.

그런 다음 모든 사용자에게 새 대화방이 생성됐음을 알리려면 created 메시지를 내보낸다. 대화방의 전체 리스트를 모든 사용자에게 전송한다. 가장 효율적인 메커니즘은 아니지만 작업이 간단해진다. 대화방이 많지 않으면 그렇게 큰 문제는 아니다. 이것이 수천 명의 사용자를 지원하는 데 사용할 수 있는 클라우드 규모의 프로덕션용 코드라고 주장하지는 않겠다.

마지막으로 콜백이 호출돼 작업이 완료됐음을 사용자에게 알리고 해당 클라이언트에게 업데이트된 대화방 리스트를 제공한다. 이는 메시지를 브로드캐스트할 때 전송을 트리거한 소켓으로는 절대 전송되지 않는다는 점이 중요하다. 즉, create 메시지를 보낸 클라이언트는 created 메시지를 수신하지 않는다. 따라서 여기서는 콜백 메커니즘을 사용해야 한다. 반대로 메시지를 보내는 클라이언트에 의해 트리거지 되지 않은 백그라운드 코드가 서버에서 실행되는 경우 브로드캐스트는 예상대로 연결된 모든 클라이언트로 전달된다.

대화방 리스트

이제 대화방을 만드는 방법이 생겼으니 대화방을 나열하는 방법이 있으면 좋을 것 같지 않은가? 이를 위해 `listRooms` 메시지가 있으며 그림 7-6에서 보여준다.

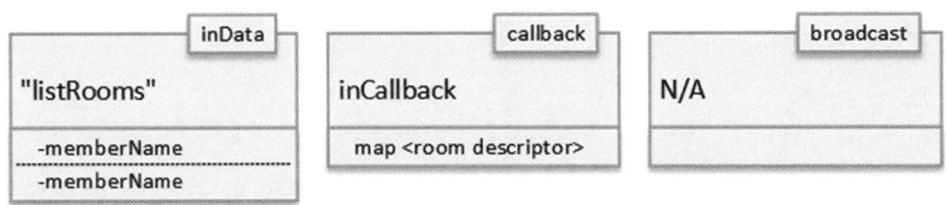

그림 7-6. `listRooms` 메시지 핸들러의 메시징 세부 사항

다음 코드는 엉성하기 때문에 열심히 타이핑할 준비가 됐기를 바란다. 준비됐는가? 정말로 엄청나게 타이핑할 준비가 됐는가? 좋다. 시작하자.

```
io.on("listRooms", (inData, inCallback) => {
  inCallback(rooms);
});
```

앗, 이게 전부다. rooms 컬렉션 호출자(호출한 이)의 콜백 함수로 반환하기만 하면 된다. 이 listRooms 메시지는 사용자가 처음으로 로비 화면에 갈 때의 한 가지 경우에만 필요하다. create 메시지 핸들러는 대화방이 생성될 때마다(그리고 나중에 보게 되겠지만 대화방이 닫힐 때마다) 모든 대화방 리스트를 모든 클라이언트에게 브로드캐스트한다는 것을 기억하자. 따라서 클라이언트는 이런 상황이 발생할 때마다 업데이트된 대화방 리스트를 갖게 되지만, 로그인 대화방에 들어간 후에는 받고 싶지 않을 것이다. 따라서 이 경우 listRooms가 전송되지만 8장에서 볼 수 있듯이 실제로는 사용자가 로비에 갈 때마다 전송한다. create(와 close) 메시지 핸들러가 하는 일을 고려하면 약간 중복이 있지만 전혀 해가 없으며 코드를 더 간단하게 만든다. 이것이 이 메시지에 필요한 핸들러의 모든 것이다. 마지막 참고 사항은 다음과 같다. inData가 여기서는 필요하지 않지만 핸들러 함수는 필요 여부와 관계없이, 또는 빈 객체인지 null인지 여부와 관계없이 항상 그 자리에 무언가를 전달한다. 따라서 API 조약을 만족시키려면 익명 함수의 인수 리스트에 포함시킨다.

사용자 리스트

대화방 리스트를 가져오는 것과 마찬가지로 사용자 리스트를 가져올 수 있어야 한다. 그림 7-7은 이 모든 내용을 보여주며 여러분에게 친숙하게 보이기를 바란다.

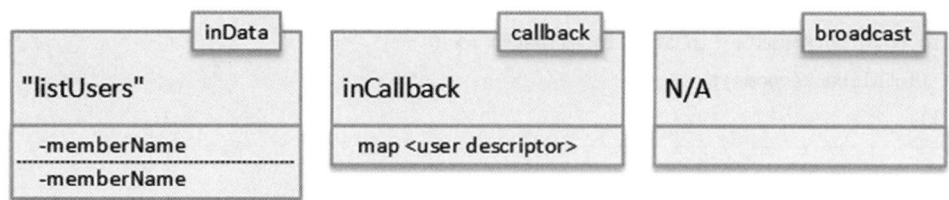

그림 7-7. listUsers 메시지 핸들러의 메시징 세부 사항

I/O 모델은 대화방 리스트와 동일하며 코드도 마찬가지다.

```
io.on("listUsers", (inData, inCallback) => {
  inCallback(users);
});
```

그리고 대화방 리스트와 마찬가지로 클라이언트는 서버에 사용자 리스트를 유지하고 새 사용자가 등록할 때마다 알림을 받는다. 사용자는 서버에서 '나갈' 방법이 없으므로 대화방을 닫는 것과 유사하지는 않다. 그러나 여전히 처음 한 번은 리스트를 가져와야 한다. 또한 앞으로 보겠지만 사용자가 로비로 가는 것처럼 사용자 리스트 화면으로 갈 때마다 가져와야 한다.

대화방에 입장하기

이제 대화방을 만들고 나열할 수 있게 됐으므로, 대화방에 입장하거나 참가할 수 있으며 여기에서 join 메시지 핸들러가 작동한다. 그림 7-8에서 시각적으로 보여준다.

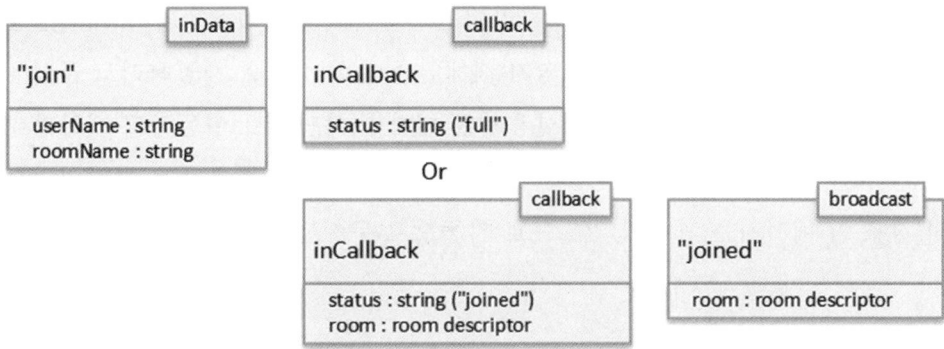

그림 7-8. join 메시지 핸들러의 메시징 세부 사항

여기에는 약간의 로직이 필요하지만 많아 보이지는 않는다.

```
io.on("join", (inData, inCallback) => {

  const room = rooms[inData.roomName];
  if (Object.keys(room.users).length >= rooms.maxPeople) {
    inCallback({ status : "full" });
  } else {
    room.users[inData.userName] = users[inData.userName];
    io.broadcast.emit("joined", room);
    inCallback({status : "joined", room : room });
  }

});
```

먼저 요청한 이름을 기반으로 방 설명자 객체의 참조를 얻는다. 다음으로 대화방이 이미 가득 찼는지 확인하고 가득 찼다면 full인 status 객체가 반환된다. 이 경우 클라이언트는 사용자에게 입장할 수 없음을 알려준다.

대화방이 꽉 차지 않으면 전송된 inData.userName에 사용자 설명자 객체가 users 컬렉션에서 조회돼 방 설명자 객체의 users 컬렉션에 추가된다. 이렇게 하면 대화방에 어떤 사용자가 있는지 알 수 있다.

마지막으로 joined 메시지는 모든 클라이언트에게 브로드캐스트되며, 대화방을 만들 때와 같이 발신자에게 방 설명자 객체인 동일한 정보를 제공하려고 콜백을 호출한다. 그러면 클라이언트는 사용자를 대화방 화면으로 이동하고 대화방에 있는 사용자 리스트를 채운다(모두 8장에서 볼 수 있다). 대화방에 없는 클라이언트의 경우 이 메시지는 관련이 없으므로 자동으로 무시된다.

대화방에 메시지 보내기

대화방에서 메시지를 보내지 못한다면 대화방을 만들고, 나열하고, 참여할 수 있는 기능은 필요 없으므로 그림 7-9와 같이 지루하게 명명된 post 메시지를 처리해 보자.

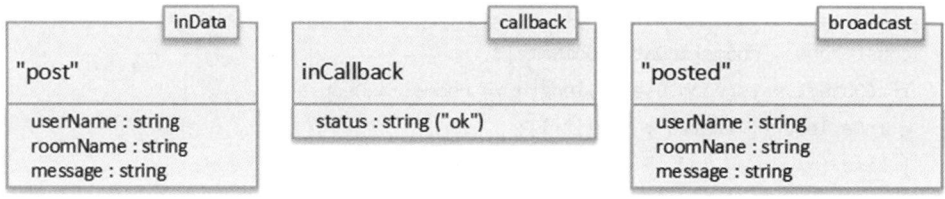

그림 7-9. post 메시지 핸들러의 메시징 세부 사항

post 메시지 핸들러는 놀랍게도 간단하다.

```
io.on("post", (inData, inCallback) => {

  io.broadcast.emit("posted", inData);
  inCallback({ status : "ok" });

});
```

아주 간단한 코드다. 실제로 메시지를 저장하지 않기 때문에 posted 메시지를 들어온 데이터(사용자가 게시한 메시지 자체)와 함께 (연결된) 모든 클라이언트에 브로드캐스트로 중계하기만 하면 된다. join 메시지와 마찬가지로 해당 시간에 대화방에 없는 클라이언트는 이 메시지와 관련이 없기 때문에 이 메시지를 무시한다. 마지막으로 기술적으로 필요하지는 않지만 콜백은 이런 모든 핸들러의 일관성을 보장하려고 간단한 ok의 status로 호출한다.

대화방으로 사용자 초대하기

대화방에 있으면 다른 사용자를 초대할 수 있다. 이를 위해 클라이언트는 그림 7-10의 세부 정보와 같이 초대 메시지를 보낸다.

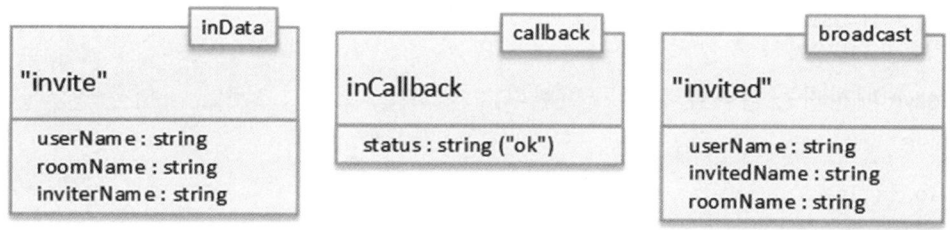

그림 7-10. invite 메시지 핸들러의 메시징 세부 사항

다음 코드는 매우 끔찍하게도 메시지를 게시하는 핸들러와 비슷해 보인다.

```
io.on("invite", (inData, inCallback) => {
    io.broadcast.emit("invited", inData);
    inCallback({ status : "ok" });
});
```

이는 분명 특정 사용자를 위한 것이지만 서버는 특정 사용자의 소켓을 식별할 방법이 없다. 따라서 invited 메시지는 모든 클라이언트에게 브로드캐스트되며 inData(초대된 대화방과 초대한 사람과 함께)에 포함된 특정 userName의 한 명만 반응할 것이다. post 핸들러와 마찬가지로 콜백은 일관성을 위해 실제로 필요하지는 않지만 호출한다.

대화방 나가기

사용자는 언제든지 대화방을 떠날 수 있다. 그림 7-11을 살펴보자.

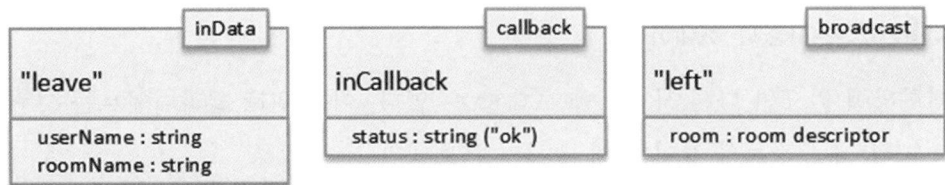

그림 7-11. leave 메시지 핸들러의 메시징 세부 사항

leave 메시지는 다음과 같이 구현한다.

```
io.on("leave", (inData, inCallback) => {

  const room = rooms[inData.roomName];
  delete room.users[inData.userName];
  io.broadcast.emit("left", room);
  inCallback({status : "ok" });

});
```

사용자가 대화방을 나간다면 특정한 대화방의 방 설명자 객체에 있는 users 컬렉션에서 제거돼야 하므로 먼저 방 설명자 객체의 참조를 얻은 다음 (이 객체가 userName으로 키가 지정돼 있어서) 사용자를 users 컬렉션에서 지운다. 그 후 코드는 모든 클라이언트에게 대화방에 있는 사용자의 업데이트된 리스트(실제로 사용자 리스트에 포함된 전체 방 설명자 객체)를 제공하려고 left 메시지를 내보내며, 클라이언트가 대화방에서 사용자를 내보내는 작업을 완료할 수 있도록 콜백 메시지를 호출한다.

대화방 종료하기

마지막으로 대화방을 만든 사람만 사용할 수 있는 두 가지 기능 중 첫 번째 기능을 살펴본다. 이 기능은 마지막 남은 두 개의 메시지기도 하다. 첫 번째는 그림 7-12와 같이 대화방을 닫는 것이다.

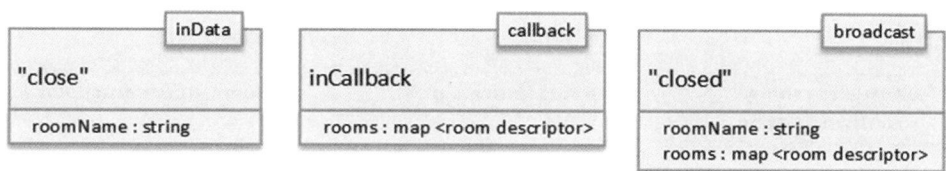

그림 7-12. close 메시지 핸들러의 메시징 세부 사항

관련된 코드는 짧고 간단하다.

```
io.on("close", (inData, inCallback) => {
  delete rooms[inData.roomName];
  io.broadcast.emit("closed",
    { roomName : inData.roomName, rooms : rooms }
  );
  inCallback(rooms);
});
```

대화방을 닫으면 close 메시지가 전송되고 rooms 컬렉션에서 방 설명자를 삭제한 후 업데이트된 대화방 리스트와 대화방 이름이 포함된 closed 메시지를 클라이언트에게 브로드캐스트하고 발신자가 동일한 정보를 갖도록 콜백을 호출한다. 처음으로 들어오는 사용자의 경우 이미 닫혀있는 대화방을 알고 있으므로 대화방 이름을 보낼 필요가 없다. 그러나 브로드캐스트를 수신하는 클라이언트는 roomName을 보고, 존재하는 대화방의 이름과 일치하면 대화방이 닫혔음을 알려준다.

사용자를 대화방에서 쫓아내기

마지막으로 그림 7-13에 표시된 것처럼 대화방을 생성한 사용자가 특정 사용자를 강제로 해당 룸에서 쫓아내려고 전송하는 kick 메시지가 있다.

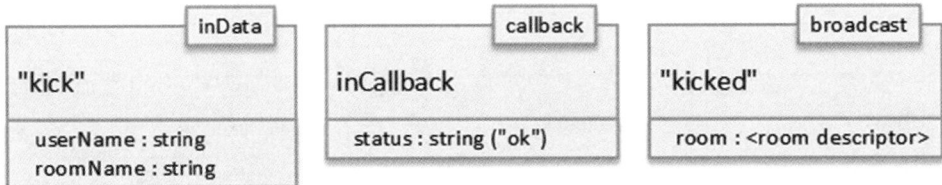

그림 7-13. kick 메시지 핸들러의 메시징 세부 사항

보다시피 약간의 추가 작업만 있다.

```
io.on("kick", (inData, inCallback) => {

  const room = rooms[inData.roomName];
  const users = room.users;
  delete users[inData.userName];
  io.broadcast.emit("kicked", room);
  inCallback({ status : "ok" });

});
```

rooms 컬렉션에서 방 설명자 객체를 가져온 후 그 안에 있는 users 컬렉션에서 사용자를 삭제한다. 그 후 kicked 메시지는 브로드캐스트되고 업데이트된 방 설명자에게 보내져 해당 대화방에 있는 모든 사용자가 대화방의 사용자 리스트를 업데이트할 수 있다. 콜백은 필요하지 않더라도 호출한다.

마지막 메시지 핸들러를 끝으로 플러터챗을 작동시키는 데 필요한 모든 기능이 있는 완벽한 서버를 갖게 됐다.

요약

7장에서는 플러터챗의 서버를 구축했다. 여기서 노드와 socket.io를 살펴보고 앱이 작동하는 데 구현해야 하는 메시지를 확인했다. 이제 클라이언트와 대화할 서버가 준비됐다.

8장에서는 당연히 클라이언트 측을 살펴볼 것이다.

플러터 기반인 앱이며 플러터챗을 완벽하고 훌륭한 앱으로 만들려고 방금 구축한 서버에 어떻게 연결하는지 확인할 수 있다.

8장

플러터챗, 파트 II: 클라이언트

7장에서는 플러터챗의 서버를 구축해 앱의 클라이언트에서 사용할 웹소켓/socket.io 기반 API를 제공했다.

이제 클라이언트를 구축할 차례다. 출발해보자.

Model.dart

일반적인 main.dart 파일로 시작하지 않는 것이 이상하게 보일 수도 있지만, 이 앱에서 사용할 단일 범위 모델single scoped model의 코드를 포함하는 소스 파일 Model.dart로 시작한다. 플러터북에서 본 것처럼 scoped_model은 pubspec.yaml에서의 의존성이며, 지금도 마찬가지다. 이 파일에는 Model에서 확장되고 다음 속성이 포함된 FlutterChatModel 클래스를 포함한다.

- **BuildContext rootBuildContext:** 이 앱에서 루트 위젯의 BuildContext다. 그 자체가 상태가 아님에도 불구하고 여러 곳에서 필요하므로 여기에 있는 것

이 합리적이다. 그러나 설정하고 notifyListeners()를 호출해야 할 경우가 없으므로 명시적인 세터가 없다. 기본값으로도 충분하다.

- `Directory docsDir`: 앱의 문서 디렉터리다. `rootBuildContext` 내용에서 모델 안에 있지만 명시적인 세터(setter)가 왜 필요 없는지 살펴보자. 이 항목에도 똑같이 적용되기 때문이다.
- `String greeting = ""`: 홈 화면에 표시될 인사말 텍스트(사용자에게 가장 먼저 표시되는 화면으로, 대화방을 나가는 것과 같이 앱 내에서 다양한 작업을 수행한 후 화면에 나타난다)다.
- `String userName = ""`: 사용자 이름이다.
- `static final String DEFAULT_ROOM_NAME = "Not currently in a room"`: 사용자가 대화방에 없을 때 `AppDrawer`에 표시되는 텍스트다.
- `String currentRoomName = DEFAULT_ROOM_NAME`: 사용자가 현재 있는 대화방의 이름이다. 그렇지 않으면 대화방에 없음을 나타내는 기본 문자열이다.
- `List currentRoomUserList = []`: 현재 들어가 있는 대화방의 사용자 리스트다.
- `bool currentRoomEnabled = false`: (사용자가 대화방에 있는 경우에만) `AppDrawer`에 현재 대화방 항목이 활성화돼 있는지 여부다.
- `list currentRoomMessages = []`: 사용자가 대화방에 들어간 이후의 메시지 리스트다.
- `List roomList = []`: 서버의 현재 대화방 리스트다.
- `List userList = []`: 서버의 현재 사용자 리스트다.
- `bool creatorFunctionsEnabled = false`: 방 생성자 기능(방 닫기와 사용자 쫓아내기)이 활성화돼 있는지 여부다.
- `Map roomInvites = {}`: 사용자가 받은 초대 리스트다.

> **참고**
> 간결하게 하고자 모든 임포트와 소스 파일을 표시하지 않았다. 새롭고 흥미로운 임포트가 있다면 언급할 것이지만 그렇지 않으면 이미 익숙한 모듈이라고 가정할 수 있다.

플러터북에서 본 것과 같은 일반적인 모델 클래스며, 유사하게 나열하거나 속성을 주입한다. 다음은 인사말 부분이다.

```
void setGreeting(final String inGreeting) {
  greeting = inGreeting;
  notifyListeners();
}
```

마지막에 notifyListeners()가 호출돼 인사말 변경에 관심 있는 코드가 반응할 수 있다.

공간을 절약하려고 setUserName(), setCurrentRoom(), setCreatorFunctionsEnabled(), setCurrentRoomEnabled()는 setGreeting()과 비슷하므로 넘어간다. 각기 다른 속성을 참조한다.

대신 addMessage()로 넘어가자. 이는 조금 다르다. 서버가 클라이언트에게 대화방에 게시된 새 메시지를 알리면 호출된다.

```
void addMessage(final String inUserName,
  final String inMessage) {
    currentRoomMessages.add({ "userName" : inUserName,
      "message" : inMessage });
    notifyListeners();
}
```

여기서는 간단한 속성 세트 대신 currentRoomMessages에는 add() 메서드를 사용해야 한다. 리스트이기 때문이다.

setRoomList() 메서드는 약간 다르게 작동한다.

```
void setRoomList(final Map inRoomList) {
  List rooms = [ ];
  for (String roomName in inRoomList.keys) {
    Map room = inRoomList[roomName];
    rooms.add(room);
  }
  roomList = rooms;
  notifyListeners();
}
```

다시 리스트를 업데이트하고 있으므로 add() 메서드를 사용하지만 이번에는 inRoomList가 Map으로 들어온다. 따라서 해당 맵의 키를 돌면서 각 방 설명자를 꺼내 rooms 리스트에 추가해야 한다.

그다음으로 나오는 setUserList() 메서드와 setCurrentRoomUserList() 메서드는 대화방 대신 사용자를 처리한다는 점을 제외하고는 setRoomList()와 동일하므로 건너뛸 수 있다.

다음은 addRoomInvite() 메서드다.

```
void addRoomInvite(final String inRoomName) {
  roomInvites[inRoomName] = true;
}
```

대화방에 초대하면 몇 초 동안 스낵바(SnackBar)가 사용자에게 표시된다. 사라진 후에도 사용자가 주어진 비밀 방에 입장할 수 있는지 알아야 하므로 roomInvites

컬렉션은 대화방 이름을 키로 불리언 값을 갖는다. true인 경우 나중에 해당 사용자가 초대장을 갖고 있고 입장할 수 있음을 알게 될 것이다. 또한 대화방이 닫힐 때 초대를 제거할 방법도 필요하다. 그렇지 않으면 누군가 같은 이름의 대화방을 만들었을 때 사용자가 대화방에 초대를 받은 것으로 잘못 표시할 수 있으므로 removeRoomInvite()를 사용한다.

```
void removeRoomInvite(final String inRoomName) {
  roomInvites.remove(inRoomName);
}
```

사용자가 대화방을 떠날 때 정리 작업이 있으며 그중 하나가 대화방의 메시지 리스트를 지우는 것으로, 해당 작업에 걸맞게 이름을 clearCurrentRoomMessages() 메서드로 지정했다.

```
void clearCurrentRoomMessages() {
  currentRoomMessages = [ ];
}
```

마지막으로 이 모델의 인스턴스가 생성된다.

```
FlutterChatModel model = FlutterChatModel();
```

이 인스턴스는 앱 전체에서 사용되는 유일한 인스턴스일 것이다. 이렇게 소스 파일이 완성됐으며 사용할 수 있는 범위 모델^{scoped model}을 갖게 됐다.

Connector.dart

다음으로 살펴볼 것은 Connector.dart 파일이다. 이 파일의 목표는 앱이 서버와 통신하는 단일 모듈을 갖는 것이다. 이를 통해 모든 장소에서 중복 코드가 생성되는 것을 방지하고 여러 위치에서 일부 모듈(예, socket.io)을 갖게 한다. 이 파일의 경우 두 가지 새로운 임포트가 필요하다.

```
"package:flutter_socket_io/flutter_socket_io.dart";
import "package:flutter_socket_io/socket_io_manager.dart";
```

분명 socket.io를 사용하는 데 필요한 두 가지 임포트다. 관심 있는 클래스는 flutter_socket_io.dart 라이브러리의 SocketIO와 socket_io_manager.dart 라이브러리의 SocketIOManager다.

실제 코드는 간단하게 시작한다.

```
String serverURL = "http://192.168.9.42";
```

앱을 실행할 때는 서버가 실행 중인 IP 주소로 변경해야 한다.[1] 여러분의 능력을 테스트하려고 다음과 같이 제안한다. IP 주소 필드를 로그인 다이얼로그에 추가해보자. 곧 해당 코드를 살펴볼 것이다. 이렇게 하면 서버 주소의 하드코딩이 다이내믹해져 앱이 더욱 유용해진다.

그런 다음 SocketIO 클래스의 단일 인스턴스를 살펴보자.

```
SocketIO _io;
```

---

1. 여기서 IP는 앞서 node.js로 기동한 로컬 PC의 실제 IP를 입력해야 한다. 실제 휴대폰에서 디버깅할 때 내부 IP를 입력했다면 같은 네트워크(공유기를 통한 와이파이)에 휴대폰이 접속해 있어야 실행할 수 있다. - 옮긴이

사실 이것은 선언한 것이지 아직 인스턴스가 아니다. 이 인스턴스는 곧 구성될 것이다. 그러나 그 전에 언급해야 할 두 가지 유틸리티 함수가 있다. 서버가 호출될 때마다 앱은 화면에 "기다려주십시오"를 표시하면서 화면을 덮을 것이다. 이를 통해 사용자는 문제가 될 만한 일을 하지 않고 통신이 진행되고 있음을 알 수 있다. 대부분 경우 작업이 너무 빨라 사용자가 화면에서 깜빡이는 것처럼 볼 수 있지만 괜찮다. 작업 시간이 오래 걸리면 이렇게 화면을 덮는 마스킹을 사용하는 것이 좋다. 다음과 같이 간단한 다이얼로그를 사용한다.

```
void showPleaseWait() {
  showDialog(context : model.rootBuildContext,
    barrierDismissible : false,
    builder : (BuildContext inDialogContext) {
      return Dialog(
        child : Container(width : 150, height : 150,
          alignment : AlignmentDirectional.center,
          decoration :
            BoxDecoration(color : Colors.blue[200])
```

앞에서 본 `showDialog()` 함수가 호출됐으며 여기서 `rootBuildContext` 모델 속성이 나타난 것을 확인할 수 있다. 문제는 일부가 아니라 화면 전체 위젯 트리를 마스킹해야 한다는 것이다. 따라서 항상 콘텍스트를 루트 위젯의 콘텍스트로 설정하려고 한다. 그러나 일반적으로 코드의 어느 곳에서나 접근할 수는 없다. 따라서 다음에 `main.dart` 파일처럼 시작하는 동안 해당 위젯의 참조를 캡처하고 모델에 설정해 필요할 때 어디서나 사용할 수 있다.

`barrierDismissable` 속성을 `false`로 설정하는 것이 중요하다. 그렇지 않으면 사용자가 대기 다이얼로그를 닫을 수 있어 사용 목적이 모호해진다. 그다음은 단지 일반적인 다이얼로그를 만들고 있다. 내용은 텍스트로 요약돼 진행 상황을 알려주고 `CircularProgressIndicator`를 회전시키는 것이다.

```
child : Column(
  crossAxisAlignment : CrossAxisAlignment.center,
  mainAxisAlignment : MainAxisAlignment.center,
  children : [
    Center(child : SizedBox(height : 50, width : 50,
      child : CircularProgressIndicator(
        value : null, strokeWidth : 10)
    )),
    Container(margin : EdgeInsets.only(top : 20),
      child : Center(child :
        Text("Please wait, contacting server...",
        style : new TextStyle(color : Colors.white)
      ))
    )
  ]
)
```

CircularProgressIndicator를 특정 너비와 높이의 SizedBox 안에 넣으면 인디케이터의 크기를 제어할 수 있다. value 속성을 null로 설정하고 업데이트하지 않는 것이 이상해 보일 수 있지만 이렇게 하면 인디케이터에 '불확실하게' 진행 중인 작업의 애니메이션을 표시한다. 더 간단한 용어로 회전하는 애니메이션이다. 범위가 정해진finite 작업을 수행할 경우 이 값의 속성을 조금씩 업데이트해 전체 진행 상황을 실제로 표시할 수 있지만 여기서는 그런 상황이 아니다. 필자는 평소보다 인디케이터를 더 뚱뚱하게 만들려고 strokeWidth를 설정했다.

서버가 응답하면 이 다이얼로그를 숨길 수 있는 hidePleaseWait()도 필요하다.

```
void hidePleaseWait() {
  Navigator.of(model.rootBuildContext).pop();
}
```

이는 다이얼로그를 숨기는 일반적인 방법이므로 표시된 대로 다이얼로그의 참조를 얻으려고 rootBuildContext를 다시 만드는 것 외에는 새로운 것이 없다. 다음은 connectToServer() 함수로, 로그인에서 호출한다.

사용자가 자격증명을 입력하면 다이얼로그가 나타난다.

```
void connectToServer(final BuildContext inMainBuildContext,
  final Function inCallback) {
    _io = SocketIOManager().createSocketIO(
      serverURL, "/", query : "",
      socketStatusCallback : (inData) {
        if (inData == "connect") {
          _io.subscribe("newUser", newUser);
          _io.subscribe("created", created);
          _io.subscribe("closed", closed);
          _io.subscribe("joined", joined);
          _io.subscribe("left", left);
          _io.subscribe("kicked", kicked);
          _io.subscribe("invited", invited);
          _io.subscribe("posted", posted);
          inCallback();
        }
      }
    );
    _io.init();
    _io.connect();
}
```

여기에 앞서 언급한 SocketIO 객체가 SocketIOManager.createSocketIO() 호출로 만들어지고 serverURL을 전달한다. 또한 이 메서드는 경로와 쿼리를 취하는데, 이 앱에는 필요하지 않으므로 기본값 "/"와 빈 문자열을 전달한다. 첫 번째는 서버가 myserver.com/my/socket/io와 같은 것을 리슨하게 하며 query 속성은 각 요청과 함께 임의의 쿼리 매개변수를 보낼 수 있게 하는데, socket.io의 인증 메커니즘을 위함일 것이다.

socketStatusCallback 속성은 WebSocket의 상태가 변경될 때 호출할 함수를 갖고 있다. 몇 개의 상태가 다시 나타날 수 있지만 여기서는 connect 상태 하나만 필요하다. 이는 서버와 웹소켓이 연결됐음을 나타낸다. 그런 경우에만 서버가 클라이언트에 내보낼 수 있는 다양한 메시지의 핸들러를 정의할 수 있다. 이를 해당 메시지의 '구독subscription'이라고 하며 subscribe() 메서드가 호출돼 메시지와 핸들러 함수를 전달한다.

마지막으로 서버와의 연결을 실제로 시작하려면 init()와 connect() 메서드를 호출해야 한다. 이 작업이 완료되면 클라이언트는 서버로 메시지를 내보내고 서버에서 메시지를 처리할 수 있다.

서버 바운드 메시지 함수

먼저 서버로 메시지를 내보내는 함수를 살펴보고 사용자가 입력한 내용을 확인하려고 로그인 다이얼로그에서 호출되는 첫 번째 함수는 validate() 함수다.

```
void validate(final String inUserName, final String
  inPassword, final Function inCallback) {
    showPleaseWait();
    _io.sendMessage("validate",
      "{ \"userName\" : \"$inUserName\", "
        "\"password\" : \"$inPassword\" }",
      (inData) {
        Map<String, dynamic> response = jsonDecode(inData);
        hidePleaseWait();
        inCallback(response["status"]);
      }
    );
  }
```

이 함수는 사용자 이름, 암호, 서버가 응답할 때 호출하는 함수의 참조를 받는다. 먼저 앞에서 본 showPleaseWait() 함수를 호출해 화면을 마스킹한다. 그런 다음 _io 객체의 sendMessage() 메서드가 호출돼 서버에 validate 메시지와 함께 사용자 이름과 암호가 포함된 JSON 문자열을 전송한다. 콜백 함수는 플러터/다트에서 제공하는 jsonDecode() 함수를 사용해 반환된 데이터가 포함된 다트 맵을 생성한다. 그런 다음 hidePleaseWait()를 호출해 화면을 마스킹 해제한 후 콜백을 호출해 status 속성을 맵에서 전달한다.

때에 따라 다음의 listRooms() 함수와 같이 전체 맵이 콜백으로 전송된다.

```
void listRooms(final Function inCallback) {
  showPleaseWait();
  _io.sendMessage("listRooms", "{}", (inData) {
    Map<String, dynamic> response = jsonDecode(inData);
    hidePleaseWait();
    inCallback(response);
  });
}
```

기본 구조인 이 두 함수는 다른 함수에서 여러 번 복제된다. Please wait를 표시하고 메시지를 전송한 후 콜백에서 응답을 맵으로 디코딩한다. 또한 please wait를 숨기고 콜백을 맵의 특정 속성이나 맵 전체로 콜백을 보내는 것은 반복적으로 다른 함수에서도 나타난다. 물론 유일한 차이점은 어떤 메시지가 전송되는지, 어떤 인수가 취해지고 서버가 무엇을 다시 보내는가다. 다음은 해당 함수를 요약한 것이다.

- **create():** 로비 화면에서 대화방을 만들려고 호출한다. 여기에는 대화방 이름, 설명자, 최대 인원수, 비공개 여부, 생성 사용자 이름(작성자), 콜백(응답에서 status와 rooms 속성을 보내며 rooms는 새 대화방을 포함해 서버에 있는 대화방의 전

체 리스트와 업데이트된 대화방이다)이 전달된다.

- **join():** 사용자가 로비 화면의 대화방 리스트에서 대화방을 클릭해 입장하거나 참가할 때 호출한다. 여기에는 사용자 이름, 대화방 이름, 콜백(응답에서 status 속성과 방 설명자가 전달된다)이 전달된다.
- **leave():** 사용자가 현재 있는 대화방을 떠날 때 호출한다. 사용자 이름, 대화방 이름, 콜백(아무것도 전달되지 않는다)이 전달된다.
- **listUsers():** 사용자가 AppDrawer에서 사용자 리스트를 선택할 때 서버에서 업데이트된 사용자 리스트를 가져오려고 호출한다. 콜백만 전달되며 전체 응답(사용자 맵)이 전달된다.
- **invite():** 사용자가 다른 사용자를 대화방에 초대할 때 호출한다. 초대된 사용자 이름, 초대할 대화방 이름, 초대한 사용자 이름, 콜백(아무것도 전달되지 않는다)이 전달된다.
- **post():** 현재 대화방에 메시지를 게시하려고 호출한다. 여기에는 사용자 이름, 대화방 이름, 게시된 메시지, 콜백(응답에서 status 속성이 전달된다)이 전달된다.
- **close():** 대화방을 닫으려고 작성자가 호출한다. 대화방의 이름과 콜백(아무것도 전달되지 않는다)이 전달된다.
- **kick():** 대화방에서 사용자를 추방하려고 작성자가 호출한다. 사용자 이름, 대화방 이름, 콜백(아무것도 전달되지 않는다)이 전달된다.

클라이언트 바운드 메시지 핸들러

다음으로 살펴볼 함수 그룹은 서버에서 들어오는 메시지를 처리한다. 이 함수 이름은 서버에서 생성한 메시지의 이름을 모방하며, 첫 번째는 newUser()다.

```
void newUser(inData) {
  Map<String, dynamic> payload = jsonDecode(inData);
  model.setUserList(payload);
}
```

이 함수는 새로운 사용자가 생성될 때 호출한다. 서버는 완전한 사용자 리스트를 보내고 이 함수는 단지 모델에 설정한다.

새 대화방이 만들어지는 경우를 처리하는 created() 함수는 model.setRoomList()를 호출한다는 점을 제외하고 newUser()와 같이 보이므로 건너뛰고 약간 다른 closed()를 살펴보자.

```
void closed(inData) {
  Map<String, dynamic> payload = jsonDecode(inData);
  model.setRoomList(payload);
  if (payload["roomName"] == model.currentRoomName) {
    model.removeRoomInvite(payload["roomName"]);
    model.setCurrentRoomUserList({});
    model.setCurrentRoomName(
      FlutterChatModel.DEFAULT_ROOM_NAME);
    model.setCurrentRoomEnabled(false);
    model.setGreeting(
      "The room you were in was closed by its creator.");
    Navigator.of(model.rootBuildContext
    ).pushNamedAndRemoveUntil("/", ModalRoute.withName("/"));
  }
}
```

여기서 해야 할 일이 조금 더 있다. 먼저 업데이트된 대화방 리스트를 모델에 설정한다. 다음으로 닫힌 대화방에 현재 사용자가 있다면(이 대화방에 초대가 있는 경우 해당 사용자가 나중에 같은 이름으로 작성된 대화방을 잘못 들어가지 않게) 해당 대화방을 제거해야 하며, 현재 대화방의 사용자 리스트가 지워진다. 사용자가 있는 대화방의 기본 텍스트가 설정돼 있으며 AppDrawer의 헤더에 반영된다(나중에 해당 코드를 볼 때 알 수 있다). AppDrawer의 현재 대화방 링크가 비활성화되고, 홈 화면에 표시되는 인사말은 대화방이 닫혀있음을 나타내므로 사용자는 발생한 상황을 알 수 있다. 마지막으로 해당 홈 화면으로 이동해야 하는데, rootBuildContext 내비게이터의 pushNamedAndRemoveUntil() 메서드의 도움으로 달성된다. 이는 (내비게이터를 중첩할 수 있으므로) 올바른 내비게이터로 탐색하는 것을 보장한다. 탐색에서 사용할 수 있는 기능 중 하나인 이 기능을 사용하면 다른 화면이 아니라 항상 홈 화면으로 돌아갈 수 있다. 이런 식으로 Navigator는 이동 후 항상 알려진 일관성 있는 상태로 있다.

이 사용자 외의 다른 사용자가 대화방에 참가하면 서버가 joined 메시지를 내보내므로 이에 해당하는 joined() 핸들러 함수가 있다.

```
void joined(inData) {
  Map<String, dynamic> payload = jsonDecode(inData);
  if (model.currentRoomName == payload["roomName"]) {
    model.setCurrentRoomUserList(payload["users"]);
  }
}
```

우리는 사용자가 현재 이 대화방에 있을 때만 이 메시지에 관심을 갖고 있으며, 사용자가 존재한다면 서버가 보낸 사용자 리스트를 모델에 설정한다. 사용자가 대화방을 떠날 때의 left() 메시지 핸들러도 있으며, 본질적으로 동일한 작업을 수행하므로 건너뛴다.

대화방을 만든 사용자가 다른 사용자를 쫓아내면 kicked() 메시지 핸들러를 시작한다. 이 함수는 기본적으로 closed()와 동일하다. 사용자 관점에서 볼 때는 방이 닫힌 것처럼 보이기 때문이다. 유일한 차이점은 홈 화면에 표시되는 텍스트며 쫓겨났다는 텍스트가 나타낸다. 따라서 시간을 절약하고자 건너뛰자. 대신 사용자가 대화방에 초대될 때 어떤 일이 발생하는지 살펴보자.

```
void invited(inData) async {
  Map<String, dynamic> payload = jsonDecode(inData);
  String roomName = payload["roomName"];
  String inviterName = payload["inviterName"];
  model.addRoomInvite(roomName);
  Scaffold.of(model.rootBuildContext).showSnackBar(
    SnackBar(backgroundColor : Colors.amber,
      duration : Duration(seconds : 60),
      content : Text("You've been invited to the room "
        "'$roomName' by user '$inviterName'.\n\n"
        "You can enter the room from the lobby."
      ),
      action : SnackBarAction(label : "Ok", onPressed: () {})
    )
  );
}
```

여기서 응답의 일부 정보, 즉 대화방 이름과 초대한 사용자 이름을 가져와야 한다. 그런 다음 해당 대화방에 초대가 추가돼 로비에서 해당 비공개 대화방을 클릭할 때 이를 알려야 한다. 그런 다음 초대를 알리려면 스낵바를 표시해야 한다. 우리는 1분 동안 그것을 남겨둬서 (바라건대) 그들이 놓치지 않게 하려고 한다. 그렇지 않으면 초대를 했다는 표시가 없기 때문이다. 로비에서 해당 대화방에 어떤 표식을 추가하는 연습을 해보라고 제안한다. 원하는 경우 스낵바를 닫을 수 있는 Ok 버튼도 제공한다. 마지막으로 posted 메시지 핸들러 함수를 살펴보자.

```
void posted(inData) {
  Map<String, dynamic> payload = jsonDecode(inData);
  if (model.currentRoomName == payload["roomName"]) {
    model.addMessage(payload["userName"], payload["message"]);
```

       }
   }

다시 한 번 모든 사용자에게 내보낼 메시지가 있으므로 이 사용자가 없는 대화방의 메시지는 무시해야 한다. 그러나 대화방에 있는 경우 `model.addMessage()`를 호출하고 해당 대화방의 메시지 리스트에 메시지를 추가하며 리스너에게 알림을 트리거하고, 물론 사용자의 화면에 메시지를 표시한다.

이제 클라이언트 애플리케이션 코드를 작성할 서버와 통신할 수 있는 완벽한 API가 생겼다. 그리고 퍼즐의 첫 번째 조각은 일반적인 지점인 main.dart 파일이다.

main.dart

플러터북과 마찬가지로 UI를 빌드하기 전에 `main()`에서 수행해야 할 몇 가지 작업이 있으며 시간이 오래 걸릴 수 있으므로 먼저 수행한다.

```
void main() {
  startMeUp() async {
    Directory docsDir =
      await getApplicationDocumentsDirectory();
    model.docsDir = docsDir;
    var credentialsFile =
      File(join(model.docsDir.path, "credentials"));
    var exists = await credentialsFile.exists();
    var credentials;
    if (exists) {
      credentials = await credentialsFile.readAsString();
    }
```

다시 한 번 main()의 끝에 호출될 startMeUp() 함수가 있으므로 그 안에서 async/await 작업을 수행할 수 있다. 첫 번째 작업은 이전 프로젝트에서 본 것처럼 앱의 문서 디렉터리를 얻는 것이다. 즉, 사용자 이름과 비밀번호(자격증명)를 저장할 수 있는 파일이 있기 때문이다. 따라서 다음 단계는 해당 파일을 읽으려고 시도하는 것이다. 존재하면 문자열로 읽는다. 잠시 후에 이 부분을 다루겠지만 그 전에 UI를 빌드할 것이다.

```
runApp(FlutterChat());
```

곧 FlutterChat 클래스를 보겠지만 그 전에 자격증명을 다뤄야 한다. 여기에서 목표는 자격증명 파일이 있는 경우 서버로 사용자를 즉시 확인할 수 있다는 것이다. 그런 파일이 없으면 로그인 다이얼로그를 표시해야 한다.

```
if (exists) {
  List credParts = credentials.split("============");
  LoginDialog().validateWithStoredCredentials(credParts[0],
    credParts[1]);
} else {
  await showDialog(context : model.rootBuildContext,
    barrierDismissible : false,
    builder : (BuildContext inDialogContext) {
      return LoginDialog();
    }
  );
}
```

내용은 xxx============yyy 형식의 간단한 문자열이다. 여기서 xxx는 사용자 이름이고 yyy는 암호다. 왜 특이하게 열두 자리 등호가 구분자냐고 묻는다면 대답은 단순하다. 사용자 이름과 비밀번호는 모두 10자로 제한돼 있으므로 그보다 2보다 큰 구분자를 사용하면 사용자가 사용자 이름에 등호 10개를 입력하더라도(이상하지만 그럴 수 있지 않은가?) 여전히 이 문자열을 split() 메서드로 토큰화할 수 있다. 열두 자리의 등호로 문자열을 분리해 나뉜 문자열을 배열로 생성한다. 콤마 문자를 구분자로 사용할 수도 있었지만 바보 같더라도 사용자에게 완벽히 원하는 대로 할 수 있게 하고 싶었다.

보다시피 자격증명 파일이 존재하지 않으면 로그인 다이얼로그를 시작한다. 다음 절에서 살펴보자. 지금은 계속 진행하겠다. 앞에서 언급했듯이 startMeUp()이 호출된 후 실행이 실제로 시작되는 곳이다.

참고

한 사용자가 등록했지만 서버가 다시 시작되고 다른 사용자가 userName에 원래 사용자의 이름을 등록한 후 원래 사용자가 다시 로그인을 시도하는 경우가 있을 수 있다. 이때 비밀번호가 다르므로 실패할 것이다. 이 경우 validateWithStoredCredentials()의 코드는 자격증명 파일을 삭제하고 이 상황을 사용자에게 경고한다. 앱을 다시 시작하면 새로운 자격증명을 입력하라는 메시지가 표시된다.

이제 FlutterChat 클래스로 돌아가자.

```
class FlutterChat extends StatelessWidget {
  @override
  Widget build(final BuildContext context) {
    return MaterialApp(
      home : Scaffold(body : FlutterChatMain())
    );
  }
}
```

여러분이 이제는 잘 알고 있어야 할 패턴으로 시작한다. body는 UI가 올바르게 시작될 FlutterChatMain 클래스를 가리킨다.

```
class FlutterChatMain extends StatelessWidget {

  @override
  Widget build(final BuildContext inContext) {

    model.rootBuildContext = inContext;
```

Model.dart 파일에서 알 수 있듯이 rootBuildContext는 다른 코드에서 사용하려고 캐시되며, build() 메서드에서만 나타나므로 처음으로 할 작업을 수행했다. 다음으로 반환할 위젯을 만든다.

```
return ScopedModel<FlutterChatModel>(model : model,
  child : ScopedModelDescendant<FlutterChatModel>(
    builder : (BuildContext inContext, Widget inChild,
      FlutterChatModel inModel) {
        return MaterialApp(initialRoute : "/",
          routes : {
            "/Lobby" : (screenContext) => Lobby(),
            "/Room" : (screenContext) => Room(),
            "/UserList" : (screenContext) => UserList(),
            "/CreateRoom" : (screenContext) => CreateRoom()
          },
          home : Home()
```

플러터북에서는 '자체적으로 만드는' 접근 방식이 아닌 플러터의 내장 탐색 기능을 사용하므로 첫 번째 작업은 앱의 경로를 정의하는 것이다. 다음과 같이 /Lobby(대화방 리스트), /Room(대화방 내부), /UserList(서버의 사용자 리스트), /CreateRoom(대화방을 만드는 데 사용)의 네 가지가 있다. 이들은 이름이 있어서 이름이 지정된 경로

named route라고 한다. 이 기능이 없으면 화면 간을 탐색할 수 있지만 내비게이터 스택에서 수동으로 집어넣고 특정 위젯을 꺼내야 하므로 여러 곳에서 많은 중복 코드가 생성되는 경향이 있다. 이름이 지정된 경로를 사용하면 Connector.dart 코드에서 볼 수 있듯이 코드가 훨씬 깔끔해진다.

짐작할 수 있듯이 경로 이름은 원하는 만큼 복잡하게 할 수 있으며 계층 구조도 나타낼 수 있다. 따라서 pageA에 두 개의 '자식' 페이지인 1a와 2a가 있는 경우 /pageA, /pageA/1a, /pageA/2a로 이름을 지정할 수 있다. 여기서는 모두 동일한 논리적 수준으로 유지되므로 간단하게 나타난다. 로비에서 대화방으로 가거나 대화방을 생성할 때 /Lobby/Room과 /Lobby/CreateRoom으로 지정해야 한다고 주장할 수 있다. 이는 합당한 주장이다. 그러나 둘 다 가능하다는 것이 말하고자 하는 요점이다.

initialRoute는 기본적으로 내비게이터에 표시할 화면을 알려주며 home 속성이 가리키는 내용에 해당한다. home 속성을 가지면서 맵에 "/"라는 경로를 지정하면 오류가 발생하는 것을 알아두자. 그러나 home 속성을 삭제하면 맵에 "/"를 표시할 수 있다. 하지만 초기 화면이 무엇이든 탐색하려면 코드가 필요하므로, 일반적으로 이렇게 플러터와 Navigator가 하게 하는 것이 쉬운 방법이다.

LoginDialog.dart

자격증명 파일이 저장돼 있지 않으면 사용자에게 로그인 다이얼로그가 표시되므로 서버에 등록(또는 자격을 부여하려는 경우)할 수 있다. 그림 8-1에서 알 수 있듯이 표준 모양의 로그인 다이얼로그다.

그림 8-1. 로그인 다이얼로그

사용자 이름과 비밀번호를 입력하고 로그인 버튼을 클릭하기만 하면 된다. 이 화면에 해당하는 코드는 아주 일반적이다.

```
class LoginDialog extends StatelessWidget {
  static final GlobalKey<FormState> _loginFormKey =
    new GlobalKey<FormState>();
```

폼Form을 다루고 몇 가지 검증이 필요하므로 **GlobalKey**가 필요하다. 궁극적으로 다음과 같이 두 가지 변수를 생성한다.

```
String _userName;
String _password;
```

그리고 build() 메서드가 있다.

```
Widget build(final BuildContext inContext) {
  return ScopedModel<FlutterChatModel>(model : model,
    child : ScopedModelDescendant<FlutterChatModel>(
    builder : (BuildContext inContext, Widget inChild,
      FlutterChatModel inModel) {
      return AlertDialog(content : Container(height : 220,
        child : Form(key : _loginFormKey,
          child : Column(children : [
            Text("Enter a username and password to "
            "register with the server",
            textAlign : TextAlign.center, fontSize : 18
            style : TextStyle(color :
              Theme.of(model.rootBuildContext).accentColor)
            ),
            SizedBox(height : 20)
```

state가 여기에 포함됨에 따라 플러터북에서 살펴본 이후로 친숙한 구조인 ScopedModel과 그 아래 ScopedModelDescendant로 모든 것을 감쌌다. 그런 다음 builder() 함수는 AlertDialog로 시작하는 내용을 빌드한다. 해당 다이얼로그의 내용은 Form이며, 이전의 _loginFormKey를 참조한 다음 Column 레이아웃은 시각적 컴포넌트를 시작한다. 첫 번째는 맨 위의 텍스트 제목이며 현재 활성화된 MaterialApp 테마에서 색상을 가져온다. 여기서 테마를 가져오려는 콘텍스트인 rootBuildContext가 어떻게 사용되는지 주목하라. 그다음은 SizedBox며, 제목 텍스트와 Form 필드 사이에 빈 공간을 두기 위함이다. 그리고 다음 코드가 나타난다.

```
TextFormField(
  validator : (String inValue) {
    if (inValue.length == 0 ||
      inValue.length > 10) {
```

```
          return "Please enter a username no "
            "more than 10 characters long";
        }
        return null;
      },
      onSaved : (String inValue) { _userName = inValue; },
      decoration : InputDecoration(
        hintText : "Username", labelText : "Username")
    ),
    TextFormField(obscureText : true,
      validator : (String inValue) {
        if (inValue.length == 0) {
          return "Please enter a password";
        }
        return null;
      },
      onSaved : (String inValue) { _password = inValue; },
      decoration : InputDecoration(
        hintText : "Password", labelText : "Password")
    )
```

이 시점에서는 놀랄 일이 없다. 사용자 이름으로 입력할 수 있는 문자 수(main.dart 에서 본 토큰화를 고려할 때 중요)에 제한이 있으며, 마찬가지로 암호에 무언가를 입력 했는지 확인한다(username도 동일). 이것이 없으면 지루한 TextFormField 위젯일 뿐이다.

그리고 로그인 버튼이 있으며, 다이얼로그를 위해 actions 컬렉션에 포함된다('컬렉션'에 하나만 있긴 하지만 주제에서 약간 벗어난 이야기다).

```
actions : [
  FlatButton(child : Text("Log In"),
    onPressed : () {
```

```
      if (_loginFormKey.currentState.validate()) {
        _loginFormKey.currentState.save();
        connector.connectToServer(() {
          connector.validate(_userName, _password,
            (inStatus) async {
              if (inStatus == "ok") {
                model.setUserName(_userName);
                Navigator.of(model.rootBuildContext).pop();
                model.setGreeting("Welcome back, $_userName!");
```

누르면 Form이 유효성 검사를 통과한다고 가정했을 때 현재 Form 상태가 저장되고, 필드에서 onSaved 핸들러의 실행을 트리거해 값을 이전의 _userName, _password 변수로 전송한다. 다음으로 connector.connectToServer()를 호출한다. 알다시피 이는 서버와의 연결을 설정하고 모든 메시지 핸들러를 구성한다. 이 메서드는 연결이 설정되면 호출될 콜백을 전달한다. 이 콜백 함수는 connector.validate()를 호출하는데, 유효성을 검증하고자 _userName과 _password를 서버로 전달한다. 상태가 정상으로 돌아오면 사용자는 이미 서버에 알려져 있고 암호가 올바른 것이므로 계속 진행하면 된다. 즉, 모델에 사용자 이름을 저장하고 다이얼로그를 pop()으로 없애고 홈 화면에 인사말을 설정한다(곧 나올 것이다). 상태가 실패하면 다음과 같이 스낵바에 사용자 이름이 이미 사용됐음을 나타낸다.

```
} else if (inStatus == "fail") {
  Scaffold.of(model.rootBuildContext
  ).showSnackBar(SnackBar(backgroundColor : Colors.red,
    duration : Duration(seconds : 2),
    content : Text("Sorry, that username is already taken")
  ));
```

가능성 있는 다른 조건은 사용자 이름이 서버에 없어 created 메시지가 들어온 경우다.

```
} else if (inStatus == "created") {
  var credentialsFile = File(join(
    model.docsDir.path, "credentials"));
  await credentialsFile.writeAsString(
    "$_userName============$_password");
  model.setUserName(_userName);
  Navigator.of(model.rootBuildContext).pop();
  model.setGreeting("Welcome to the server, $_userName!");
}
```

여기에서 credentials를 자격증명 파일에 저장해야 한다. 따라서 File 객체 인스턴스를 생성하고 join() 함수를 이용해 앱 시작 시 얻은 앱의 문서 디렉터리 경로를 구성한 후 (이상하게 긴 구분자로 나뉜 username과 password) 값을 쓰려고 await writeAsString() 메서드를 사용한다. 그다음 ok 경우와 같이 수행하지만 인사말이 약간 다르므로 기존 사용자 로그인과 구별된다.

기존 사용자 로그인

이 소스 파일은 로그인 다이얼로그를 다루지만 앱이 시작되고 기존 자격증명 파일을 찾는 경우를 처리하는 코드도 포함한다. 이 경우 여전히 서버에 문의해야 하지만 UI는 따로 없고 자동으로 수행된다. 여기서는 validateWithStoredCredentials() 함수를 사용한다.

```
void validateWithStoredCredentials(final String inUserName,
  final String inPassword) {

  connector.connectToServer(model.rootBuildContext, () {
    connector.validate(inUserName, inPassword, (inStatus) {
      if (inStatus == "ok" || inStatus == "created") {
```

```
        model.setUserName(inUserName);
        model.setGreeting("Welcome back, $inUserName!");
```

이전과 같이 connector.connectToServer()가 먼저 호출된 다음 connector. validate()도 호출하면서 자격증명 파일에서 읽은 사용자 이름과 비밀번호를 전달한다. 이 경우 로직은 약간 더 단순하다. 사용자 관점에서는 기존 사용자지만 서버가 다시 시작됐을 수 있기 때문이다. 이런 경우에 서버 관점에서는 이 사용자는 다른 사람에게 사용자 이름을 뺏기지 않는 한 새로운 사용자다. 하지만 서버는 기계이므로 아무런 감정이 없지만 우리는 사용자의 감정을 신경 써야 한다. 따라서 ok 또는 created 메시지를 받으면 재방문 사용자라고 메시지를 보여주면서 서버가 잊고 있었을지 몰라도 기억하는 느낌을 주게 만들 것이다.

물론 fail을 돌려받을 수 있는 상황이 있고, 이는 다른 사용자가 해당 사용자 이름을 이미 가져가 버린 경우다. 이 경우는 이전에 로깅에 설명된 것처럼 암호가 맞지 않게 될 것이다. 그러나 이 경우에는 왜 비밀번호가 틀렸는지를 우리는 이미 알고 있다.

다른 사용자가 서버 재시작 후 이 사용자가 로그인을 시도하기 전에 해당 사용자 이름을 사용했기 때문이다. 따라서 좀 더 강력하게 처리할 수 있다.

```
  } else if (inStatus == "fail") {
    showDialog(context : model.rootBuildContext,
      barrierDismissible : false,
      builder : (final BuildContext inDialogContext) =>
        AlertDialog(title : Text("Validation failed"),
      content : Text("It appears that the server has "
        "restarted and the username you last used "
        "was subsequently taken by someone else. "
        "\n\nPlease re-start FlutterChat and choose "
        "a different username."
```

)

이는 기본적으로 '게임 오버' 시나리오이므로 AlertDialog를 표시하고 정의한 동작 이외의 방식으로 해제할 수 없게 만든다. 따라서 다이얼로그 외부의 아무 곳이나 클릭해도 꺼지지 않도록 barrierDismissable을 false로 설정한다. 메시지로 자세한 상황을 설명한 후 actions에서 단일 Ok 버튼을 제공한다.

```
actions : [
  FlatButton(child : Text("Ok"),
  onPressed : () {
    var credentialsFile = File(join(
      model.docsDir.path, "credentials"));
    credentialsFile.deleteSync();
    exit(0);
  })
]
```

이제 이 사용자 이름을 사용할 수 없다는 것을 알고 있으므로 다음번 앱 시작 시 반복되는 현상을 피하고자 자격증명 파일을 삭제할 필요가 있다. 마지막으로 플러터가 앱을 종료하려고 제공되는 함수인 exit() 함수를 호출한다. 필요한 경우 값을 운영체제에 반환하는 데 사용할 수 있지만, 이 경우 전달된 값은 중요하지 않다. 다음에 앱을 시작할 때 사용자에게 사용자 이름과 비밀번호를 묻는 메시지가 표시되도록 이 상황에서 필요한 흐름을 변경한다.

이제 인사말 메시지를 사용하는 위치인 홈 화면을 살펴보자.

Home.dart

Home.dart 파일의 홈 화면은 사용자가 볼 수 있는 첫 번째 화면(대화방이 닫히거나 쫓겨난 것을 포함해 다양한 이벤트가 발생할 때 반환되는 화면)이며, 그림 8-2에서 보이는 것과 같다.

그림 8-2. 홈 화면

이에 관련된 코드는 비슷하다.

```
class Home extends StatelessWidget {
  Widget build(final BuildContext inContext) {
    return ScopedModel<FlutterChatModel>(model : model,
      child : ScopedModelDescendant<FlutterChatModel>(
        builder : (BuildContext inContext, Widget inChild,
```

```
      FlutterChatModel inModel) {
        return Scaffold(drawer : AppDrawer(),
          appBar : AppBar(title : Text("FlutterChat")),
          body : Center(child : Text(model.greeting))
        );
      }
    )
  );
  }
}
```

이게 전부다. Center 위젯 내부 Text 위젯만 있다. Text 위젯은 `model.greeting` 속성에서 업데이트돼 사용자에게 텍스트를 보여준다. 특별한 것이 없으므로 더 언급하지 않겠다.

AppDrawer.dart

AppDrawer.dart 파일에 포함된 **AppDrawer**는 사용자가 앱을 탐색하게 하는 방법이며, 그림 8-3에서 볼 수 있다.

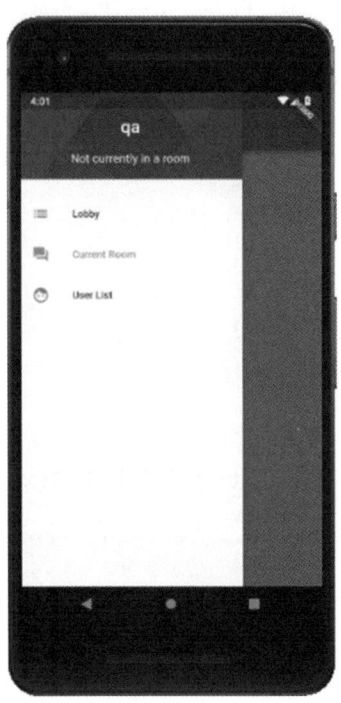

그림 8-3. 앱 드로어

상단에는 배경이 예쁜 헤더가 있고 그 위에는 사용자 이름과 현재 있는 대화방을 표시한다(있는 경우). 여기에서 Model.dart 코드에서 살펴본 기본 대화방 이름을 볼 수 있다. 보라, 왜 해당 값이 그런지를 결국에는 알게 되리라 말하지 않았는가?

AppDrawer 클래스는 가장 많이 본 것부터 시작한다.

```
class AppDrawer extends StatelessWidget {
  Widget build(final BuildContext inContext) {
    return ScopedModel<FlutterChatModel>(model : model,
      child : ScopedModelDescendant<FlutterChatModel>(
        builder : (BuildContext inContext, Widget inChild,
          FlutterChatModel inModel) {
            return Drawer(child : Column(children : [
              Container(decoration : BoxDecoration(image :
```

```
      DecorationImage(fit : BoxFit.cover,
        image : AssetImage("assets/drawback01.jpg")
      )
    ))
```

궁극적으로 만들어지는 `Drawer` 위젯이며 그 안에는 `Column` 레이아웃이 있다. 해당 레이아웃의 첫 번째 항목은 `DecorationImage`로 장식된 `Container`다. 이름에서 알 수 있듯이 이미지로 상자를 장식하는 위젯이다. 이 이미지는 assets 디렉터리의 drawback01.jpg 파일에서 생성된 `AssetImage`다. `fit` 속성에 `BoxFit.cover` 값을 사용하면 플러터가 이미지의 크기를 가능한 한 작게 지정하지만 여전히 상자를 전부 덮게 만든다. 이는 배경 이미지에 적합한 선택이다.

그 후 `Container`의 자식이 오면서 사용자 이름과 현재 대화방을 표시한다.

```
child : Padding(
  padding : EdgeInsets.fromLTRB(0, 30, 0, 15),
  child : ListTile(
    title : Padding(padding : EdgeInsets.fromLTRB(0,0,0,20),
      child : Center(child : Text(model.userName,
        style : TextStyle(color : Colors.white, fontSize : 24)
      ))
    ),
    subtitle : Center(child : Text(model.currentRoomName,
      style : TextStyle(color : Colors.white, fontSize : 16)
    ))
```

먼저 이 값들 사이에 간격을 두려고 작은 패딩을 사용한다. 그런 다음 `ListTile`이 사용된다. 사용자 이름을 더 크게 하고 현재 대화방을 더 작게 하고 싶기 때문에 논리적으로 각각 `title`과 `subtitle`을 사용한다. 제목에 약간의 여백을 두어 간격을 제어하고 너무 가까이 엮이지 않게 할 수 있다. 물론 색상은 기본 검은색 이외의 색상이어야 한다. 그렇지 않으면 텍스트가 배경에 잘 표시되지 않으며 fontSize 를 조정해 원하는 방식으로 표시한다. 표시되는 텍스트는 해당 모델 필드에서 제공되므로 자동으로 적절하게 업데이트된다.

그런 다음 사용자가 앱을 탐색하려고 탭할 수 있는 세 가지 항목 중 로비가 다음과 같이 나온다.

```
Padding(padding : EdgeInsets.fromLTRB(0, 20, 0, 0),
  child : ListTile(leading : Icon(Icons.list),
    title : Text("Lobby"),
    onTap: () {
      Navigator.of(inContext).pushNamedAndRemoveUntil(
        "/Lobby", ModalRoute.withName("/"));
      connector.listRooms((inRoomList) {
        model.setRoomList(inRoomList);
      });
    }
  )
)
```

다시 패딩이 있는 ListTile로 항목들을 멋지게 배치할 수 있다. 이 세 가지 항목 각각에는 해당 기능에 적합한 아이콘을 표시한다. onTap 핸들러가 실행될 때 몇 가지 작업이 필요하다. 먼저 inContext의 Navigator 참조를 가져와 탐색할 경로 이름을 지정해 pushNamedAndRemoveUntil() 메서드를 호출한다. 그런 다음 업데이트된 대화방 리스트를 얻으려고 connector 메서드를 호출한다. 대화방이 추가되거나 닫힐 때 서버가 메시지를 내보내고 리스트가 업데이트되므로 이론적으로는 필요하지 않다. 하지만 여기서 리스트를 업데이트하더라도 아무런 문제가 없으므로 업데이트된 리스트가 있는지 확인한다. 마지막으로 대화방 리스트가 모델에 설정되고 로비의 화면에 새 리스트를 반영한다. 이동 후에는 잠시만 기다려 달라는 마스킹이 나타난다는 것을 기억하라. 이것이 내비게이션이 먼저 나온 이유다. 즉, 나는 대화방 리스트를 기다리는 동안 로비를 볼 수 있기를 원했다. 이것이 사용자가 원하는 방식과 비슷하기 때문이다.

다음 항목인 현재 대화방과 사용자 리스트는 방금 살펴본 코드와 동일하며, 현재 대화방으로 이동할 때 서버에 호출할 필요가 없고 설정할 모델 데이터가 없으므로 그냥 이동한다는 차이점만 있다. 물론 사용자 리스트 항목은 room 메서드 대신 connector.listUsers()와 model.setUserList()를 호출하지만 추측할 수 있다고 생각한다. 따라서 해당 코드를 보는 것을 건너뛰고 대신 로비 화면의 코드를 살펴보자.

Lobby.dart

그림 8-4에 표시되고 Lobby.dart 파일에 포함된 로비 화면은 서버의 대화방을 표시하고자 이전에 몇 번 사용한 간단한 ListView다. 대화방의 비공개 여부를 나타내는 자물쇠 아이콘이 표시되며 대화방의 이름과 설명이 있는 경우 표시한다.

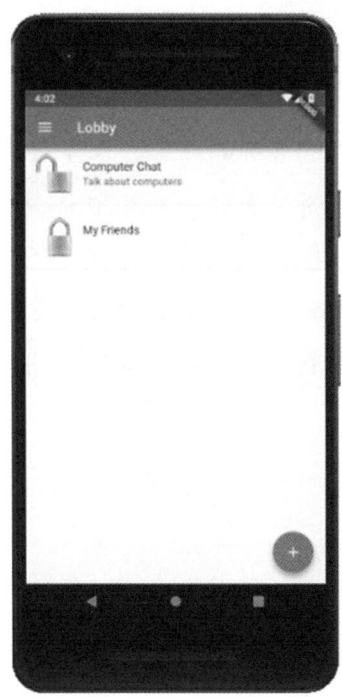

그림 8-4. 로비 (대화방 리스트) 화면

그중 하나를 클릭하면 대화방에 입장하거나 비공개 대화방이 있으며 (초대장이 없는 경우) 대화방에 입장할 수 없다는 메시지를 표시한다. 모든 사용자가 수행할 수 있도록 새 대화방을 만드는 FAB도 있다.

```
Lobby extends StatelessWidget {
  Widget build(final BuildContext inContext) {
    return ScopedModel<FlutterChatModel>(model : model,
      child : ScopedModelDescendant<FlutterChatModel>(
        builder : (BuildContext inContext, Widget inChild,
          FlutterChatModel inModel) {
            return Scaffold(drawer : AppDrawer(),
              appBar : AppBar(title : Text("Lobby")),
              floatingActionButton : FloatingActionButton(
```

```
          child : Icon(Icons.add, color : Colors.white),
          onPressed : () {
            Navigator.pushNamed(inContext, "/CreateRoom");
          }
        )
```

데이터가 없으면 이 모든 것이 작동하지 않기 때문에 모든 것이 scoped_model에 싸여있는 일반적인 패턴으로 시작한다. 흥미로운 부분은 FAB의 onPressed 핸들러다. 여기서 /CreateRoom 경로로 사용자에게 대화방을 만들 화면을 표시한다. 이는 다음 절에서 다룰 것이므로 계속 진행하겠다.

```
body : model.roomList.length == 0 ?
  Center(child :
    Text("There are no rooms yet. Why not add one?")) :
    ListView.builder(itemCount : model.roomList.length,
      itemBuilder : (BuildContext inBuildContext, int inIndex) {
        Map room = model.roomList[inIndex];
        String roomName = room["roomName"];
        return Column(children : [
```

대화방이 없을 가능성이 있으므로 빈 화면만 있는 것이 아니라 화면 중앙에 메시지를 표시하기로 했다. 그러나 대화방이 있다면 ListView를 빌드할 때다. 각 방 설명자는 모델에서 꺼낸다. 그리고 roomList 맵과 Column 레이아웃이 나타난다. 이렇게 한 이유는 ListTile에 대화방을 표시하고 그 뒤에 Divider가 나오도록 children 속성이 있는 위젯이 필요하기 때문이다.

대화방의 ListTile은 다음에 나온다.

```
ListTile(leading : room["private"] ?
  Image.asset("assets/private.png") :
```

```
      Image.asset("assets/public.png"),
    title : Text(roomName), subtitle : Text(room["description"])
```

먼저 타일의 leading에 자물쇠 아이콘이 있다. room 맵의 private은 대화방의 비공개 여부를 알려주며 불리언처럼 발생하므로 간단한 삼항 조건을 이용해서 적절한 이미지 위젯을 삽입하는 데 사용한다. 그 후 ListTile과 함께 title과 subtitle을 일반적으로 표시한다.

각 대화방을 탭할 수 있으므로 onTap 핸들러가 나온다.

```
onTap : () {
  if (room["private"] &&
    !model.roomInvites.containsKey(roomName) &&
    room["creator"] != model.userName) {
      Scaffold.of(
        inBuildContext).showSnackBar(SnackBar(
          backgroundColor : Colors.red,
          duration : Duration(seconds : 2),
          content : Text("Sorry, you can't "
            "enter a private room without an invite")
      ));
```

먼저 비공개 대화방인지 확인한다. 비공개 대화방이라면 초대장이 있는지 확인한다. 또한 대화방을 만든 개설자인지 확인한다. 대화방이 비공개이고 사용자에게 초대장이 없고 생성한 사용자가 아닌 경우 초대 없이 대화방에 입장할 수 없음을 나타내는 스낵바를 표시한다.

이제 비공개가 아니거나, 초대장이 있거나, 개설자인 경우 else를 만난다.

```
  } else {
    connector.join(model.userName, roomName,
```

```
    (inStatus, inRoomDescriptor) {
      if (inStatus == "joined") {
        model.setCurrentRoomName(inRoomDescriptor["roomName"]);
        model.setCurrentRoomUserList(inRoomDescriptor["users"]);
        model.setCurrentRoomEnabled(true);
        model.clearCurrentRoomMessages();
        if (inRoomDescriptor["creator"] == model.userName) {
          model.setCreatorFunctionsEnabled(true);
        } else {
          model.setCreatorFunctionsEnabled(false);
        }
        Navigator.pushNamed(inContext, "/Room");
```

대화방에 들어가려면 몇 가지 설정 작업이 필요하다. 먼저 join 메시지를 내보내는 connector.join() 메서드 덕분에 서버는 사용자가 대화방에 입장했다는 알림을 받는다. joined로 응답이 오면 사용자가 대화방에 입장한 것이다. 이 경우 현재 대화방 이름이 서버가 반환할 대화방의 사용자 리스트와 함께 기록된다. 현재 대화방 AppDrawer 항목도 활성화해야 하며, 사용자가 이 대화방에 들어와 있었지 않으면 떠다니는 메시지 리스트(대화 내용)가 없는지 확인해야 한다. 사용자가 처음으로 대화방에 들어왔는지 여부와 관계없이 들어오면 대화방에 메시지가 없는 것으로 표시된다. 이 사용자가 개설자인 경우 개설자 기능도 사용할 수 있다. 마지막으로 /Room 경로는 대화방 화면을 보여주며 8장의 마지막 절에서 살펴본다.

마지막으로 처리해야 할 한 가지는 대화방을 만들 때 허용하는 최대 인원을 지정할 수 있으므로 서버가 대화방이 가득 찼음을 나타내는 응답이다. 해당 분기가 다음과 같다.

```
    } else if (inStatus == "full") {
      Scaffold.of(inBuildContext).showSnackBar(SnackBar(
        backgroundColor : Colors.red,
```

```
    duration : Duration(seconds : 2),
    content : Text("Sorry, that room is full")
  ));
}
```

비공개 대화방에 초대받지 못했던 예시처럼 스낵바는 해당 대화방이 가득 찼음을 알려준다. 그리고 이것으로 로비가 완성됐다. 이제 해당 FAB 버튼을 탭하면 CreateRoom.dart 파일에서 어떤 일이 벌어지는지 살펴보자.

CreateRoom.dart

이제 대화방을 만들 차례다. 그림 8-5는 대화방의 실체를 보여준다.

대화방을 만드는 것은 복잡한 일이 아니기 때문에 화면도 간단하다. 대화방 이름만이 필수 정보다. 설명 사항은 선택적으로 쓸 수 있으며 최대 인원수는 슬라이더를 사용해 조정할 수 있지만 기본값이 있다. 스위치 위젯을 작동시켜 대화방을 비공개로 만들 수도 있다. 그런 다음 저장을 누르면 대화방이 생긴다.

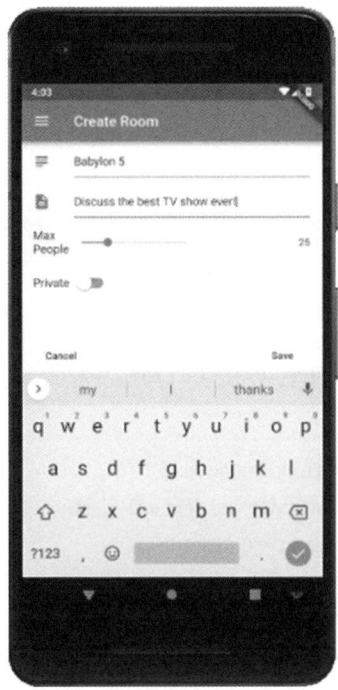

그림 8-5. 대화방 만들기 화면

이번에는 상태가 있는 위젯을 만들 예정이므로 실제 위젯 클래스와 해당 상태 객체라는 두 가지 클래스를 갖게 될 것이다. 위젯 클래스부터 시작하자.

```
class CreateRoom extends StatefulWidget {
  CreateRoom({Key key}) : super(key : key);
  @override
  _CreateRoom createState() => _CreateRoom();
}
```

이 코드는 물론 표준 코드일 뿐이다. 특별한 것도 없고 새로운 것도 없다. 자, State를 확장하는 _CreateRoom 객체로 이동하자.

```
class _CreateRoom extends State {
  String _title;
  String _description;
  bool _private = false;
  double _maxPeople = 25;
  final GlobalKey<FormState> _formKey= GlobalKey<FormState>();
```

필요로 하는 몇 가지 변수가 있다. Form의 필드당 하나씩 필요하고 Form 자체를 위한 GlobalKey가 필요하다. 그런 다음 build() 메서드가 시작된다.

```
Widget build(final BuildContext inContext) {
  return ScopedModel<FlutterChatModel>(model : model, child :
    ScopedModelDescendant<FlutterChatModel>(
    builder : (BuildContext inContext, Widget inChild,
      FlutterChatModel inModel) {
        return Scaffold(resizeToAvoidBottomPadding : false,
          appBar : AppBar(title : Text("Create Room")),
          drawer : AppDrawer(), bottomNavigationBar :
            Padding(padding : EdgeInsets.symmetric(
              vertical : 0, horizontal : 10
            ),
            child :
              SingleChildScrollView(child : Row(children : [
```

일반적으로 모델을 다룰 때처럼 ScopedModel 아래 ScopedModelDescendant가 있고 모델에 접근해야 하는 위젯을 반환하는 builder() 함수가 있다. 홈이나 로비 화면과 마찬가지로 Scaffold가 있으며 이번에는 resizeToAvoidBottomPadding 속성을 소개하고 false로 설정한다. 이 속성은 온 스크린 키보드가 나타날 때 Scaffold 내에 떠다니는 위젯의 크기를 스스로 조절하게 한다. 일반적으로 이 값을 기본값인 true로 설정하면 body와 위젯이 키보드에 의해 가려지지 않게 할 수 있다. 그러나 경우에 따라 키보드가 표시되면 이 동적 레이아웃으로 인해 위젯이 사라지는 것을 알 수 있으며 현재 예제의 경우와 같다. 이 상황에서 속성을 false로 설정하면 키보드가 위젯과 겹치게 되며 처음에는 안 좋아 보일 수 있다(또는 나아 보이지 않을 수 있다). 하지만 스크롤링되는 컨테이너에 있을 때 사용자는 내용을 보려면 스크롤할 수 있다. 이것이 사용자가 기대하는 방식이다. 그리고 appBar가 화면의 제목으로 설정되고 AppDrawer를 가져온다. 그런 다음 화면 주위에 약간의 패딩이 있는 bottomNavigationBar가 있어, 버튼이 화면의 측면에서 몇 픽셀로 밀려난다(단지 디자인 때문이다). 그리고 버튼을 정의하자.

```
FlatButton(child : Text("Cancel"),
  onPressed : () {
    FocusScope.of(inContext).requestFocus(FocusNode());
    Navigator.of(inContext).pop();
  }
),
Spacer()
```

취소 버튼이 먼저 오고, 눌렀을 때 해야 할 일은 키보드를 숨기고 화면을 없애버리는 것이다(이는 다이얼로그가 아니라 별도의 화면을 의미하는 경로다). 그런 다음 Spacer가 나오고 두 번째 버튼인 저장 버튼을 오른쪽으로 민다. 두 번째 버튼은 다음과 같다.

```
FlatButton(child : Text("Save"),
  onPressed : () {
    if (!_formKey.currentState.validate()) { return; }
    _formKey.currentState.save();
    int maxPeople = _maxPeople.truncate();
    connector.create(_title, _description,
      maxPeople, _private,
      model.userName, (inStatus, inRoomList) {
        if (inStatus == "created") {
```

```
            model.setRoomList(inRoomList);
            FocusScope.of(inContext).requestFocus(FocusNode());
            Navigator.of(inContext).pop();
        } else {
            Scaffold.of(inContext).showSnackBar(SnackBar(
                backgroundColor : Colors.red,
                duration : Duration(seconds : 2),
                content : Text("Sorry, that room already exists")
            ));
        }
    });
```

먼저 Form의 유효성을 검사한 다음 첫 단계로 (이미 익숙해진) 상태를 저장한다. 그런 다음 _maxPeople의 값을 일부 잘라내야 한다. 정수 값을 원하지만 Slider가 부동소수점을 제공하기 때문이다. 완료되면 서버에 create 메시지를 내보내는 connector.create() 메서드를 호출할 수 있다. 두 가지 가능한 결과를 처리해야 한다. 대화방이 만들어지거나 만들어지지 않으면 후자는 이름이 이미 사용 중인 경우다. 따라서 콜백에 제공되는 inStatus를 분기한다. 생성된 경우 서버가 업데이트된 대화방 리스트를 다시 보냈으므로 모델에 설정했다. 그런 다음 키보드가 숨겨지고 내비게이터 스택에서 화면이 팝업돼 사용자가 로비 화면으로 돌아간다. 그러나 대화방이 만들어지지 않으면 스낵바가 나타나며 이미 해당하는 이름이 존재하고 다른 것으로 바꿀 기회를 준다.

Form 구성

이제 Form 자체만 구성하면 된다. 대부분 다른 Form에서 본 것과 같은 종류의 코드다.

```
body : Form(key : _formKey, child : ListView(
  children : [
    ListTile(leading : Icon(Icons.subject),
      title : TextFormField(decoration :
        InputDecoration(hintText : "Name"),
        validator : (String inValue) {
          if (inValue.length == 0 || inValue.length > 14) {
            return "Please enter a name no more "
              "than 14 characters long";
          }
          return null;
        },
        onSaved : (String inValue) {
          setState(() { _title = inValue; });
        }
      )
    )
```

Form의 각 필드는 Name 필드로 시작해 ListTile 내에 포함된다. 유효성 검사기는 입력한 내용과 길이가 14자 이하인지 확인한다. 줄 바꿈 되거나 잘리지 않고 긴 이름으로 허용할 수 있는 모든 경우에 잘 표시되도록 이 길이를 선택했다.

Description 필드는 비슷하게 정의됐지만 이번에는 제약을 넣지 않았다. 이는 로비 화면에서 줄 바꿈이 가능하다는 것을 의미하지만 이름이 아닌 설명에는 적합하다고 생각했다.

```
ListTile(leading : Icon(Icons.description),
  title : TextFormField(decoration :
    InputDecoration(hintText : "Description"),
    onSaved : (String inValue) {
      setState(() { _description = inValue; });
    }
```

```
  )
)
```

그리고 Max People 필드가 있는데 새로운 Slider 위젯을 사용한다.

```
ListTile(title : Row(children : [ Text("Max\nPeople"),
  Slider(min : 0, max : 99, value : _maxPeople,
    onChanged : (double inValue) {
      setState(() { _maxPeople = inValue; });
    })
  ]),
  trailing : Text(_maxPeople.toStringAsFixed(0))
)
```

최솟값과 최댓값이 필요한 간단한 위젯이며 이 경우 value 속성은 상태 속성 _maxPeople에 연결한다. 이 필드의 유효성 검사는 없지만 값이 변경될 때마다 위젯의 상태에 설정해야 한다. 마지막으로 한 가지 문제는 사용자가 Slider를 슬라이딩할 때 현재 값이 무엇인지 알 방법이 없다는 것이다. 값이 어디에도 표시되지 않으며 슬라이더에 눈금이나 다른 것도 표시되지 않는다. 이를 보완하려고 ListTile의 trailing에 Text 위젯을 넣고 _maxPeople의 값을 표시했다. 물론 Text는 문자를 표시해야 하지만 _maxPeople은 숫자다. 다행히 다트의 double은 여러 가지 방법으로 문자열로 변환할 수 있다. 그중 하나는 toStringAsFixed()다(toStringAsExponential()과 toStringAsPrecision()도 있다). double을 문자열로 변환하는 동시에 소수점 뒤에 표시되는 정밀도를 설정할 수 있다. 물론 여기서는 소수점 뒤에 숫자를 원하지 않는다. 이 메서드에 0을 전달하는 이유다.

하나의 필드만 남았는데, 대화방을 비공개로 만들려는 필드다.

```
ListTile(title : Row(children : [ Text("Private"),
  Switch(value : _private,
    onChanged : (inValue) {
      setState(() { _private = inValue; });
    }
  )
]))
```

처음으로 Switch 위젯이 사용됐다. 이진^{binary}으로 선택하기 때문에 여기에서 좋은 선택처럼 보였다. 대화방은 공개 또는 비공개다. Checkbox도 가능했을 것이다. 그러나 Switch 작동을 아직은 보지 못했으므로 새로운 것을 보여줄 것이다.

UserList.dart

그림 8-6에 표시된 것처럼 사용자 리스트 화면은 다음에 나올 코드와 같으며 UserList.dart 소스 파일에 포함돼 있다.

그림 8-6. 사용자 리스트 화면

화면 자체는 매우 간단하다. 서버에 등록된 사용자의 항목이 있는 GridView일 뿐이다. 각 사용자 그리드 항목은 Card 위젯에 포함돼 있으며 모양은 일반적인 아이콘을 갖고 있다. 플러터북의 연락처와 같은 아바타 아이콘을 사용자가 선택할 수 있다고 상상할 수는 있지만, 그렇게 하지는 않았다. 항상 말하는 것처럼 연습 삼아 해보기를 제안한다.

코드는 다음과 같이 시작한다.

```
class UserList extends StatelessWidget {
  Widget build(final BuildContext inContext) {
    return ScopedModel<FlutterChatModel>(model : model,
      child : ScopedModelDescendant<FlutterChatModel>(
        builder : (BuildContext inContext, Widget inChild,
```

```
          FlutterChatModel inModel) {
            return Scaffold(drawer : AppDrawer(),
              appBar : AppBar(title : Text("User List")),
              body : GridView.builder(
                itemCount : model.userList.length,
                gridDelegate :
                SliverGridDelegateWithFixedCrossAxisCount(
                  crossAxisCount : 3
                )
```

이미 살펴본 다른 클래스처럼 시작한다. 모델의 데이터가 분명히 필요하므로 모든 것이 일반적인 ScopedModel/ScopedModelDescendant/builder() 계층 구조에 있다. 화면을 만들고 있으므로 반환된 루트 위젯은 Scaffold며, AppDrawer는 Scaffold에서 참조되므로 화면에 나타날 것이다. 그런 다음 body가 시작된다. 앞서 말했듯이 GridView이므로 해당 클래스의 builder() 생성자를 사용하고 model.userList 컬렉션의 길이를 itemCount 속성 값으로 제공한다. 다음으로 gridDelegate는 SliverGridDelegateWithFixedCrossAxisCount 타입으로 제공한다(플러터는 간결한 클래스 이름을 강제하지 않는다). 여기에서는 crossAxisCount 속성을 사용해 행당 3개의 항목을 원한다고 지정한다.

그런 다음 itemBuilder 함수가 수행하는 항목을 만들 차례다.

```
itemBuilder : (BuildContext inContext, int inIndex) {
  Map user = model.userList[inIndex];
  return Padding(padding : EdgeInsets.fromLTRB(10,10,10,10),
    child : Card(child : Padding(padding :
      EdgeInsets.fromLTRB(10, 10, 10, 10),
      child : GridTile(
        child : Center(child : Padding(
          padding : EdgeInsets.fromLTRB(0, 0, 0, 20),
          child : Image.asset("assets/user.png")
```

```
        )),
        footer : Text(user["userName"],
        textAlign : TextAlign.center)
      )
    )
  ));
}
```

각 항목으로 model의 userList 맵에서 사용자 설명자를 가져온다. 그런 다음 주변에 공간이 있는 패딩에 싸인 Card가 만들어진다(GridView의 항목이 불쾌하게 붙어있지 않게 된다). 카드의 자식은 친근한 GridTile이며, GridView의 일반적인 자식이다(보다시피 직계 자식일 필요는 없다). GridTile의 자식은 Image 위젯이며 주변 공간을 제어하고자 user.png를 패딩으로 감싸서(이 경우 사용자의 이름과 공간을 두려고 바닥에 약간의 공간을 만든다) 카드의 중앙에 놓으려고 Center로 감싼다. 마지막으로 카드의 footer는 사용자 이름이 있는 위치며 textAlign은 TextAlign.center로 설정돼 위의 이미지와 같이 중앙에 배치한다. 이것이 사용자 리스트의 전부다. 사용자가 취할 수 있는 액션이 없을 때는 쉽지만, 대화방 화면의 경우는 그렇지 않다. 계속해서 알아보자(이 앱의 마지막 코드가 될 것이다).

Room.dart

마지막으로 대화방 코드까지 오게 됐고, 대부분 작업이 수행되는 곳이며 살펴봐야 할 코드가 가장 많이 나타난다. 여기에서 몇 가지 새로운 플러터 개념을 소개한다. 그러나 먼저 그림 8-7을 살펴보면서 어떤 모습인지 알아보자.

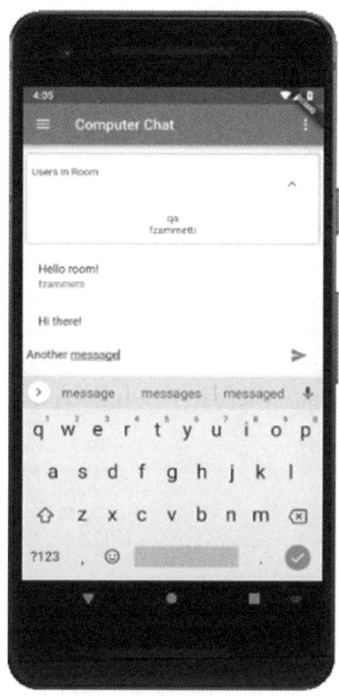

그림 8-7. 대화방 화면

상단에 ExpansionPanelList 위젯이 표시된다. 사용자의 요청에 따라 확장하거나 축소할 수 있는 하위 항목 리스트를 제공하는 위젯이다. 이 경우 대화방의 사용자 리스트를 표시하는 데 사용한다. 아래는 이 화면의 기본 목적인 대화방의 메시지 리스트이므로 확장과 축소가 가능해야 한다. 맨 아래에는 사용자가 메시지를 입력하고 대화방에 게시할 수 있는 영역이 있다. 이 작업을 수행하려는 IconButton은 아이콘일 뿐이다. 오른쪽 상단에는 3점 메뉴 또는 오버플로 메뉴라고도 한다. 여기에는 대화방 나가기, 사용자 초대하기, 사용자 쫓아내기, 대화방 닫기의 기능이 있으며, 마지막 두 개는 대화방 개설자인 경우만 활성화된다.

많은 내용 이전에 어떻게 시작되는지 살펴보자(임포트는 제외한다).

```
class Room extends StatefulWidget {
  Room({Key key}) : super(key : key);
  @override
  _Room createState() => _Room();
}
class _Room extends State {
  bool _expanded = false;
  String _postMessage;
  final ScrollController _controller = ScrollController();
  final TextEditingController _postEditingController =
    TextEditingController();
```

이것은 상태가 있는 위젯이다. ExpansionPanelList를 확장하고 축소하려면 이 위젯에 로컬(범위가 한정적)인 상태가 필요하다. 물론 이것을 scoped_model에도 넣을 수 있었다. 그러나 일반적으로 단일 위젯에 실제로 로컬인 경우에는 상태 기반 위젯으로 만들고 위젯 자체에 해당 범위를 갖는 것이 더 합리적이다. 그러나 이전에 말했듯이 플러터는 유연하며 이와 같은 것의 절대 규칙은 없다.

클래스 레벨 변수가 몇 개 있다. 즉, 사용자 리스트가 확장되는지(_expanded가 true인 경우) 또는 축소되는지(false인 경우)를 결정하는 변수가 있다. 또한 사용자가 게시한 메시지를 포함하는 변수 _postMessage가 있다. 또한 _controller 변수로 참조되는 ScrollController가 있다. 대부분 스크롤 컴포넌트에 자동으로 구성돼 있으므로 일반적으로 직접 처리할 필요가 없는 객체다. 그러나 이 애플리케이션에는 메시지 리스트 뒤에 있는 코드를 고려할 때 조금 나중에 알아볼 필요가 있다. 그 후 마지막으로 TextEditingController가 있으며, TextField 위젯을 처리할 때 사용한다. 정확히는 사용자가 메시지를 입력하는 데 사용한다.

대화방 기능 메뉴

그 후 build() 메서드가 시작된다.

```
Widget build(final BuildContext inContext) {
  return ScopedModel<FlutterChatModel>(model : model,
    child : ScopedModelDescendant<FlutterChatModel>(
      builder : (BuildContext inContext, Widget inChild,
        FlutterChatModel inModel) {
        return Scaffold(resizeToAvoidBottomPadding : false,
          appBar : AppBar(title : Text(model.currentRoomName),
          actions : [
            PopupMenuButton(
              onSelected : (inValue) {
                if (inValue == "invite") {
                  _inviteOrKick(inContext, "invite");
```

음, 이 시점에서는 코드에서 비슷하게 반복되는 몇 줄이 지루할 수 있다. 하지만 PopupMenuButton 줄부터는 완전히 새로운 것이다. PopupMenuButton은 그림 8-8에서 볼 수 있듯이 버튼을 클릭할 때 팝업되는 메뉴를 제공하는 위젯이다. 적어도 구글은 위젯의 이름을 설명적으로 지정한다.

그림 8-8. 대화방 기능 메뉴

메뉴 항목을 아직 구성하지 않았지만(코드가 곧 제공될 예정이다) 메뉴에서 항목을 선택할 때 실행되는 코드인 onSelected 핸들러 함수부터 시작했다. 이 함수는 탭한 메뉴 항목과 연관된 문자열 값을 수신하므로 올바른 조치를 하고자 if문으로 시작한다. invite 문자열의 경우 _inviteOrKick() 메서드를 호출하고 곧 살펴볼 것이다. 이 함수는 사용자 초대와 대화방에서 사용자를 쫓아내는 기능을 처리한다.

그 후에는 leave 문자열의 분기다.

```
} else if (inValue == "leave") {
  connector.leave(model.userName, model.currentRoomName, () {
    model.removeRoomInvite(model.currentRoomName);
    model.setCurrentRoomUserList({});
    model.setCurrentRoomName(
```

```
      FlutterChatModel.DEFAULT_ROOM_NAME
    );
    model.setCurrentRoomEnabled(false);
    Navigator.of(inContext).pushNamedAndRemoveUntil("/",
      ModalRoute.withName("/")
    );
  });
```

대화방을 나가려면 모델 정리 작업을 수행해야 해야 하는데, 참석한 대화방의 초대를 삭제하면서 시작한다. 여러분이 떠날 때 초대받은 대화방에 다시 들어올 수 있어야 한다고 주장할 수 있다. 그것은 합리적이지만 내 생각에는 "이봐, 당신이 떠났고, 이제 끝이야!"라고 생각한다. 대화방의 사용자 리스트도 지워야 하고 기본 대화방 이름 문자열이 다시 설정돼 AppDrawer가 대화방에 있지 않은 사용자를 다시 반영하게 해야 한다. 또한 AppDrawer와 관련해 Current Room 항목을 비활성화해야 하며, 마지막으로 사용자를 홈 화면으로 다시 이동시킨다.

사용자가 대화방을 만든 경우 대화방을 닫을 수도 있다.

```
} else if (inValue == "close") {
  connector.close(model.currentRoomName, () {
    Navigator.of(inContext).pushNamedAndRemoveUntil("/",
      ModalRoute.withName("/")
    );
  });
```

서버에게 대화방을 닫았다고 알리는 것 외에는 여기서 할 일이 없다. 그리고 홈 화면으로 이동한다.

사용자를 쫓아낼 수도 있다.

```
} else if (inValue == "kick") {
  _inviteOrKick(inContext, "kick");
}
```

초대 코드와 동일하며, 다시 그 기능 뒤에 무엇이 있는지 살펴볼 것이다. 그 전에 돌아가서 실제로 itemBuilder 함수를 사용해 메뉴 항목을 구성해야 한다.

```
itemBuilder : (BuildContext inPMBContext) {
  return <PopupMenuEntry<String>>[
    PopupMenuItem(value:"leave",child:Text("Leave Room")),
    PopupMenuItem(value:"invite",child:Text("Invite A User")),
    PopupMenuDivider(),
    PopupMenuItem(value : "close", child : Text("Close Room"),
      enabled : model.creatorFunctionsEnabled),
    PopupMenuItem(value : "kick", child : Text("Kick User"),
    enabled : model.creatorFunctionsEnabled)
  ];
}
```

PopupMenuEntry 위젯의 배열을 반환해야 하며 해낭 배열의 각 PopupMenuEntry에는 value 속성(누구의 값인지 인식해야 한다)과 실제 텍스트를 표시할 자식 Text 위젯이 있다. 대화방을 닫는 것과 사용자를 쫓아내는 옵션의 경우 enabled 속성은 creatorFunctionsEnabled model 속성을 참조해(실제로 로컬 상태와 전역 상태를 혼합하고 일치시킬 수 있음을 보여주려고) 해당 항목을 활성화할지 결정한다.

메인 화면 내용

메뉴가 만들어졌으니 계속 진행한다.

```
    drawer : AppDrawer(),
    body : Padding(padding : EdgeInsets.fromLTRB(6, 14, 6, 6),
      child : Column(
        children : [
          ExpansionPanelList(
            expansionCallback : (inIndex, inExpanded) =>
              setState(() { _expanded = !_expanded; }),
            children : [
              ExpansionPanel(isExpanded : _expanded,
                headerBuilder : (BuildContext context,
                  bool isExpanded) => Text(" Users In Room"),
                body :
                  Padding(padding:EdgeInsets.fromLTRB(0,0,0,10),
                  child : Builder(builder : (inBuilderContext) {
                    List<Widget> userList = [ ];
                    for (var user in model.currentRoomUserList) {
                      userList.add(Text(user["userName"]));
                    }
                    return Column(children : userList);
                  })
                )
              )
            ]
          )
```

자, drawer 이후에 새로운 것들이 있다. 먼저 패딩이 맨 위에 있으므로 모든 화면 요소 주위의 간격을 제어할 수 있다. 상태 표시줄 아래의 그림자를 명확히 하려고 14픽셀로 모두 내리고 왼쪽, 오른쪽, 아래쪽에도 몇 픽셀씩 간격을 뒀다. 화면 끝까지 채워지는 것보다 더 좋아 보인다고 생각하기 때문이다.

그 후 Column 레이아웃과 첫 번째 자식인 ExpansionPanelList가 나타나고 이곳에 사용자 리스트가 표시된다. 가장 먼저 해야 할 일은 사용자가 패널을 펼치거나 접을 때마다 발생하는 이벤트 핸들러를 연결하는 것이다. 흥미롭게도 기본적으로 오른쪽의 작은 화살표가 변경될 때의 작업을 수행하지 않으면 아무 일도 일어나지 않는다. 이 작업이 완료되면 ExpansionPanelList의 첫 번째 자식(필요한 사용자 리스트가 포함된 ExpansionPanel)에 필요한 플래그를 제공한다. 플래그는 isExpanded 속성 값이며 이는 headerBuilder 함수의 isExpanded 인수다. 이 함수는 ExpansionPanel의 헤더를 빌드하는 곳이다. 이것은 간단한 Text 위젯이지만 시작 부분에 두 칸이 있다. 이는 기본적으로 패딩을 주는 또 다른 방법이다. 이 경우 기본적으로 Text는 패널의 왼쪽 가장자리에 맞닿아 있지만 지금까지 알고 있듯이 나는 좋아하지 않는다. Padding을 이용해도 됐겠지만 대신 두 칸을 넣어도 좋다.

일반적으로 ExpansionPanel에는 헤더 외에도 항상 body가 있으며 이는 다르지 않다. 이를 위해 Padding을 사용해 헤더와 비슷한 이유로 사용자 리스트 아래에 약간의 공간을 확보한다. 이렇게 하지 않으면 리스트의 마지막 사용자가 맨 아래 가장자리에 붙을 것이고 별로 보기 좋지 않을 것이다.

이제 이 Padding의 child가 약간 흥미로운 부분이다. 이전에 다양한 빌더 기능을 많이 봤지만 거의 모든 경우에 사용할 수 있는 제너릭 빌더를 보여주지 않았다. 이를 사용하면 클로저가 만들어지기 때문에 가끔 필요할 수도 있다. 이 방법이 아니면 할 수 없는 데이터에 접근해야 하는 경우(클로저의 일반적인 상태 객체에 모든 것을 두지 않은 경우)에 필요하다. 예제의 경우에 반드시 필요하지는 않았지만, 클로저가 필요하지 않더라도 분명히 할 수 있으므로 제너릭 빌더를 보여줄 수 있는 훌륭한 장소라고 생각했다. 다시 말하지만 플러터는 문제를 해결하는 방법의 다양한 선택을 제공한다. 빌더의 builder() 함수 내부에는 각 사용자가 Column 내부의 Text인 상태에서 대화방의 사용자 리스트를 간단히 반복한다.

그 뒤에는 메시지 리스트가 나오며, 그 전에 언급할 한 가지가 있다.

```
Container(height : 10),
Expanded(child : ListView.builder(controller : _controller,
```

```
    itemCount : model.currentRoomMessages.length,
    itemBuilder : (inContext, inIndex) {
      Map message = model.currentRoomMessages[inIndex];
      return ListTile(subtitle : Text(message["userName"]),
        title : Text(message["message"])
      );
    }
  ))
```

Container는 레이아웃에 공간을 만들어주는 또 다른 방법이다. 내용이 없고 정의된 높이로 명시적 Padding 위젯 없이 사용자 리스트와 메시지 리스트를 구분했다. 그리고 메시지의 ListView가 나오는데, 이미 여러 번 본 적이 있으므로 개념적으로나 코드적으로 이해가 됐을 것이다. 리스트의 각 항목에서 title이 메시지 텍스트며, subtitle이 메시지를 게시한 사용자의 이름으로 ListTile이 생성된다.

그 후에는 Divider 위젯과 사용자가 메시지를 게시하는 영역이 있다.

```
Divider(),
Row(children : [
  Flexible(
    child : TextField(controller : _postEditingController,
      onChanged : (String inText) =>
        setState(() { _postMessage = inText; }),
      decoration : new InputDecoration.collapsed(
        hintText : "Enter message"),
  )),
  Container(margin : new EdgeInsets.fromLTRB(2, 0, 2, 0),
    child : IconButton(icon : Icon(Icons.send),
      color : Colors.blue,
      onPressed : () {
        connector.post(model.userName,
          model.currentRoomName, _postMessage, (inStatus) {
```

```
          if (inStatus == "ok") {
            model.addMessage(model.userName, _postMessage);
            _controller.jumpTo(
              _controller.position.maxScrollExtent);
          }
        });
      }
    )
  )
```

우선 입력 영역은 TextField와 IconButton이 바로 옆에 있으므로 Row 레이아웃이 타당하다. 그러나 화면의 크기를 모르므로 명시적 너비를 설정하지 않아도 된다. 플러터는 이런 상황에 편리한 Flexible 위젯을 제공한다. 이를 통해 Flex, Row, Column 위젯 내부의 컴포넌트가 사용 가능한 공간을 줄이고 늘리는 방법을 제어할 수 있다. 지금의 목표는 간단하다. IconButton의 크기가 지정되면 TextField가 사용할 수 있는 나머지 공간을 채울 수 있도록 허용한다. 따라서 TextField를 Flexible 안에 배치한 후 Flexible을 Row 내부에 첫 번째 자식으로 배치한다. Row의 두 번째 자식은 IconButton을 포함하는 컨테이너다. 간격을 맞추려면 IconButton 자체가 아닌 패딩 내부의 IconButton이므로 왼쪽과 오른쪽에 몇 픽셀을 둘 수 있다. 그다음 IconButton이 구성된다. 플러터는 메시지를 보내기 좋은 아이콘을 제공하며 이런 상황에 아주 잘 동작한다.

버튼을 누르면 connector.post() 메서드가 호출돼 사용자 이름, 대화방 이름은 물론 입력한 메시지를 전달한다. ok 응답을 다시 받는다고 가정하면 메시지가 대화방의 메시지 리스트에 추가되고 마지막으로 앞서 언급한 ScrollController가 사용된다. 여기서 목표는 메시지가 ListView의 맨 아래에 표시되므로 메시지 수가 화면에서 넘치면(또는 사용자가 메시지를 읽으려고 다시 스크롤한 경우) 표시되지 않을 수 있다. 따라서 _controller에서는 jumpTo() 메서드를 사용해 _controller.position.

axScrollExtent를 전달할 수 있다. _Controller.position.maxScrollExtent는 'ListView의 맨 아래로 점프'를 의미하며 일반적으로 대화방이 이렇게 작동할 거라고 예상하는 방식이다.

사용자 초대 또는 쫓아내기

마지막으로 살펴볼 것은 사용자가 다른 사용자를 대화방에 초대하거나 쫓아내고자 할 때다. 메뉴 항목 중 하나를 누르면 그림 8-9와 같은 다이얼로그가 나타난다. 물론 '초대invite' 대신 '쫓아내기kicked'라고 표시될 수 있다.

그림 8-9. 사용자 초대 다이얼로그

따라서 코드는 다음과 같이 시작한다.

```
_inviteOrKick(final BuildContext inContext,
  final String inInviteOrKick) {
    connector.listUsers((inUserList) {
      model.setUserList(inUserList);
```

가장 먼저 할 일은 서버에서 업데이트된 사용자 리스트를 얻는 것이다. 다른 곳에서와 마찬가지로 불필요할 수도 있지만 돌다리도 두들겨보고 건너는 것이 좋다. 사용자를 쫓아내면 코드에 이미 대화방의 사용자 리스트를 갖고 있어서 이 처리는 불필요하다. 그러나 이 시점에서 코드가 **inInviteOrKick** 인수에서 분기되지 않았으므로 서버는 어느 쪽이든 참고한다. 코드가 약간 비효율적이지만 서버가 동작하는 데 무리가 없으므로 크게 중요하지 않다.

응답이 돌아오면 다이얼로그를 표시할 수 있다.

```
showDialog(context : inContext,
  builder : (BuildContext inDialogContext) {
    return ScopedModel<FlutterChatModel>(model : model,
      child : ScopedModelDescendant<FlutterChatModel>(
        builder : (BuildContext inContext, Widget inChild,
          FlutterChatModel inModel) {
          return AlertDialog(
            title : Text("Select user to $inInviteOrKick"
          )
```

일반적으로 시작하며 **AlertDialog** 생성자에서 처음으로 뭔가 다른 것을 볼 수 있다. 바로 제목 텍스트를 표시하는 것이다.

다음으로 다이얼로그의 내용을 구성하기 시작한다.

```
content : Container(width : double.maxFinite,
  height : double.maxFinite / 2,
```

```
child : ListView.builder(
  itemCount : inInviteOrKick == "invite" ?
    model.userList.length : model.currentRoomUserList,
    itemCount : inInviteOrKick == "invite" ?
      model.userList.length : model.currentRoomUserList.length,
      itemBuilder:(BuildContext inBuildContext, int inIndex) {
      Map user;
      if (inInviteOrKick == "invite") {
        user = model.userList[inIndex];
      } else {
        user = model.currentRoomUserList[inIndex];
      }
      if (user["userName"] == model.userName)
        { return Container(); }
```

여기서는 다이얼로그로 화면을 거의 채우고 싶기 때문에 너비를 double 클래스의 maxFinite 상수로 설정하고 높이를 그 값의 절반으로 설정하는 약간의 트릭을 사용한다. 이렇게 하면 플러터가 화면의 대부분을 채울 수 있는 최대 크기로 강제 조정한다.

다음으로 ListView가 있다. 물론 이것은 사용자 리스트이므로 ListView다. 초대의 경우 model.userList와 쫓아내는 경우의 model.currentRoomUserList에서 데이터를 가져오는 여부와 관계없이 리스트의 크기를 itemCount 속성의 길이로 결정한다. 현재 사용자에게 도달하면 건너뛰어야 하므로 빈 컨테이너를 반환한다. 여기에서 아무것도 하지 않으면 플러터가 충돌하고 null을 반환하면 예외가 발생할 것이므로 빈 Container를 반환한다.

현재 사용자가 아닌 경우 실제 콘텐츠가 포함된 컨테이너를 반환한다.

```
return Container(decoration : BoxDecoration(
  borderRadius : BorderRadius.all(Radius.circular(15.0)),
```

```
border : Border(
  bottom : BorderSide(), top : BorderSide(),
  left : BorderSide(), right : BorderSide()
)
```

먼저 BorderRadius 속성으로 모서리를 둥글게 할 수 있도록 BoxDecoration을 적용한다. 이 방법으로 일부 또는 모든 모서리를 둥글게 할 수 있다. 여기에서는 모두 둥글게 처리한다. 물론 테두리가 없으면 눈에 약간 펑키해 보이므로 border 속성으로 테두리를 적용한다. 여기서 기본값이 잘 동작하므로 모든 영역에 BorderSide를 사용한다. 다시 말하지만 적합하다고 생각되는 대로 모든 면에 경계를 임의로 적용할 수 있다.

이제 색상에 불만이 있으므로 예쁜 색을 원하게 된다. 다행히 BoxDecoration 클래스의 gradient 속성은 다음을 허용한다.

```
gradient : LinearGradient(
  begin : Alignment.topLeft, end : Alignment.bottomRight,
  stops : [ .1, .2, .3, .4, .5, .6, .7, .8, .9],
  colors : [
    Color.fromRGBO(250, 250, 0, .75),
    Color.fromRGBO(250, 220, 0, .75),
    Color.fromRGBO(250, 190, 0, .75),
    Color.fromRGBO(250, 160, 0, .75),
    Color.fromRGBO(250, 130, 0, .75),
    Color.fromRGBO(250, 110, 0, .75),
    Color.fromRGBO(250, 80, 0, .75),
    Color.fromRGBO(250, 50, 0, .75),
    Color.fromRGBO(250, 0, 0, .75)
  ]
)),
margin : EdgeInsets.only(top : 10.0),
child : ListTile(title : Text(user["userName"])
```

이 코드에는 일부 *Gradient 클래스가 있으며, 위아래로 그래디언트를 만드는 LinearGradient가 있다(RadialGradient, SweepGradient와는 다르다). 이를 위해 시작 위치와 종료 위치를 알려줘야 하며 지금의 경우에는 왼쪽에서 시작해 오른쪽으로 가길 원했다(실제로는 왼쪽 상단과 오른쪽 하단이지만 왼쪽에서 오른쪽으로 동일하게 됐다). 그런 다음 그래디언트를 따라 stops를 정의해야 한다. 즉, 전체 그래디언트의 각 비율이 정의된 색상이 된다. 값은 0에서 1까지며 원하는 대로 나눌 수 있다. 여기서는 각 색상이 동일한 공간을 차지하기를 원하므로 stops의 각 점은 10분의 1이다. 색상 자체는 다음에 정의된다. 플러터로 색상을 정의할 수 있는 몇 가지 방법이 있으며, 이전에는 Colors 컬렉션을 사용하는 것을 봤지만 여기서는 좀 더 명확하게 표현하려고 RGB 값(빨간색, 녹색, 파란색)을 사용했다. 기술적으로 RGBO는 O가 불투명도이고 각각 .75로 75% 반투명하다. 배경과 약간 섞이며 배경색이 흰색이기 때문에 색상이 약간 흐려진다. 마지막으로 약간의 마진을 적용해 첫 번째 사용자와 제목 텍스트 사이에 공간이 있게 한다. 그리고 각 사용자용 ListTile을 만든다.

마지막으로 사용자를 탭했을 때 발생하는 작업을 구현해야 한다.

```
onTap : () {
  if (inInviteOrKick == "invite") {
    connector.invite(user["userName"],
      model.currentRoomName, model.userName, () {
        Navigator.of(inContext).pop();
    });
  } else {
    connector.kick(user["userName"],model.currentRoomName,() {
      Navigator.of(inContext).pop();
    });
  }
}
```

내용은 간단하다. 사용자를 초대한다면 connector.invite()를 호출해 선택된 사용자 이름, 현재 대화방 이름, 초대한 사람의 이름을 넘겨 초대받은 사용자에 표시되게 한다. 사용자를 쫓아냈다면 connector.kick()을 호출해 쫓아낼 사용자 이름과 해당 대화방 이름을 함께 넘긴다. 이 두 상황 모두 다이얼로그가 닫히게 된다.

요약

8장에서는 플러터챗 앱을 정리했고 앱의 플러터 기반 클라이언트를 구축했다. 여기서 상태가 있는 위젯, PopupMenuButton 위젯, ExpansionPanel 위젯, GridView 위젯의 실제 사용, Slider 및 Switch 컴포넌트와 같은 새로운 것들(또는 우리가 실제 앱에서 사용하지 않은 것들)을 봤다. 물론 socket.io와 웹소켓 통신도 확인했다. 보너스로 노드를 약간 사용해 서버를 만들었다.

9장에서는 세 가지 앱 중 마지막 앱을 만든다. 이 앱은 완전히 새로운 방향으로 나아가면서 플러터의 약간 다른 관점을 보여준다. 게임을 만들 것이다.

9장

플러터히어로: 플러터 게임

일만하고 놀지 않으면 우둔한 사람이 된다.

운이 좋으면 그 운명을 피할 수 있지만 요점은 다음과 같다. 장미 냄새를 매일 맡지 않는다면 누릴 수 있는 멋진 인생을 포기하는 것과 같다. 이는 모바일 개발과 플러터에서도 마찬가지다.

이 책 전반에 걸쳐 실제 유용한 코드와 애플리케이션을 작성하는 시각으로 플러터를 살펴봤다. 그러나 이것이 플러터로 할 수 있는 전부라고 말할 수 없다. 아니, 더 사소한 일, 더 재미있는 일, 그렇다. 게임을 만드는 것과 같은 일을 할 수 있다. 게임은 그래픽과 사운드에서 AI, 데이터 구조, 알고리즘 효율성 등에 이르기까지 프로그래밍의 다양한 분야를 다루기 때문에 모든 개발자가 할 수 있는 훌륭한 프로젝트다. 아키텍트 리더로 있는 동안 개발자들에게서 기술을 연마할 방법에 관한 질문을 많이 받았다. 내 대답은 항상 같다. 게임을 만들어라. 어떤 프로젝트도 게임이 하는 다양성과 창의성, 학습 기회를 제공한다고 생각하지 않는다.

또한 본질상 게임은 재미있게 만든다.

9장에서는 플러터를 사용해 게임을 만든다. 이 책의 장점은 몇 가지 새로운 플러터 기능을 볼 수 있고 이전에는 없었던 방식으로 다른 것들을 볼 수 있다는 점이다. 결국, 재미있게 즐기면서 배울 수 있다.

이제 어떤 종류의 게임을 만들지, 모든 위대한 게임의 공통점은 무엇인지 생각해 보자. 바로 스토리다.

지금까지의 이야기

고르고나 6$^{Gorgona\ 6}$의 주민은 우주의 모순 덩어리다. 기술적으로는 진보했지만 동시에 지적으로는 뒤떨어진다. 예를 들어 수레에 바퀴를 달아야 한다고 생각하기 전에 달을 방문했다. 여기서 더 중요한 것은 빠르고 날렵한 우주선을 건조할 수 있지만 살아남을 만큼 튼튼하지 못한 우주선이었다. 우주 물고기에 부딪힐 수 있을 정도였다(그들은 착한 사람이라서 결코 어떤 무기도 개발하지 않았다). 우주 물고기라고 말했지만 나는 여기에 동의하지 않는다. 우주선이 약한 것은 문제가 됐는데, 그들의 항성계에는 해충들이 있기 때문이다. 해충들은 우주를 돌아다니는 생물이며 위험한 요소다. 거대한 우주 물고기가 있는데, 우주 외계인이다(그렇지만 우주 외계인쯤 하나 없는 태양계가 어디 있겠는가?). 그리고 소행성들이 굴러 떨어져 항로나 우주 길을 망쳐놓는다. 작은 충격으로 쓰레기 우주선이 언제라도 파괴될 수 있는 상황에서 즐거울 수 있다는 것은 여전히 고르고나인의 또 다른 모순이기도 하다. 다행히도 이러한 문제들의 해결책이 있다. 태양계 외곽에는 적어도 잠깐은 우주 해충을 죽이는 특별한 형태의 에너지를 방출하는 미지의 거대한 크리스털이 있다. 고르고나인들은 이 에너지를 모으는 방법을 조금씩 알아냈다. 따라서 그들은 우주 유조선을 보내 에너지를 모아 고향 세계로 돌려보낸다.

여러분의 임무는 용감한 크리스털 유조선 선단의 파일럿이 돼 우주 속을 헤치고 나아가 크리스털에서 에너지를 추출한 후 집으로 가져오는 것이다. 충분한 에너지를 모으면 해충은 파괴되고, 여러분은 고르고나의 영웅이 된다.

이것이 바로 플러터로 코딩할 수 있도록 상상할 수 있는 간단한 게임이다. 내 말은 <에이펙스 레전드Apex Legends>나 <헤일로Halo>, <레드 데드 리셉션Red Dead Redemption> 수준의 게임 플레이를 기대한다면 매우 실망할 것이다. 이것은 AAA 타이틀도 아닐 것이고, 반복해서 하고 싶은 게임도 아니다. 하지만 좋은 학습 경험이 될 것이고, 물론 그것이 9장의 목표다.

이제 이야기가 준비됐으니 작업을 시작하자. 이 해충(적)들은 지신을 스스로 파괴하지 않기 때문이다.

기본 레이아웃

이 게임은 어떻게 생겼을까? 음.. 여러분이 다양한 장애물을 뛰어넘어 반대편에 도달하는 개구리 같은 오래된 8비트 게임을 한 적이 있다면 이 게임은 개념적으로 비슷할 수도 있다. 좀 더 정확하게는 그림 9-1에서 어떻게 생겼는지 보여준다.

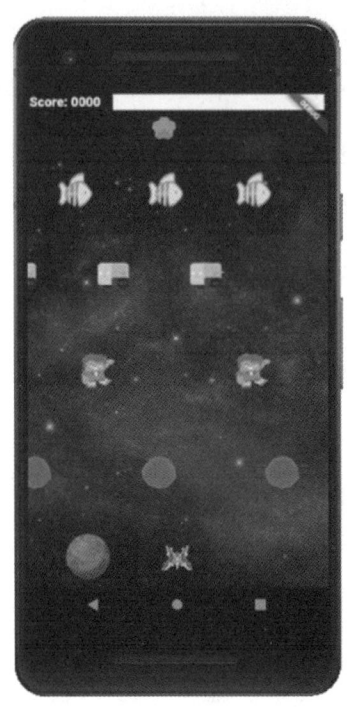

그림 9-1. 어쩌면 우주 개구리라고 불렀을지도?

우주선은 화면 하단의 고향 근처에서 시작한다. 가상 조이스틱의 '앵커' 지점이나 제로 포인트인 화면의 아무 곳에나 손가락을 대고 우주선을 제어한다. 이제 손가락을 여덟 개의 나침반 방향으로 움직이면 우주선이 그 방향으로 움직인다. 목표는 해충(바닥에서부터 소행성, 외계인, 인공지능 기계, 우주 물고기)을 통과하는 것이다. 상단으로 도달하면 크리스털을 터치해서 에너지 막대를 채울 수 있다. 그런 다음 해충 사이를 통과해서 다시 돌아와 고향에 닿으면 에너지가 전달되고, 모든 해충이 폭발하면서 점수를 얻고 새로 게임을 시작한다. 물론 크리스털이나 고향을 제외한 다른 것을 만지면 폭발한다.

내가 말했듯이 복잡하고 일류 게임은 아니지만 이것도 게임이며 플러터로 만들어졌으므로 우리에게는 충분하다.

디렉터리 구조와 구성 요소 소스 파일

디렉터리 구조, 더 중요하게는 그 속에 있는 파일을 살펴보자. 그림 9-2는 관련 세부 정보를 보여준다. 이미 알고 있고 바라건대 좋아할 표준 플러터 애플리케이션 구조다. assets 디렉터리에는 많은 이미지와 오디오 파일이 있다. 이미지의 경우 이름을 모두 알려줘야 하지만 숫자에는 약간의 설명이 필요하다.[1]

---

1. 소스코드를 깃허브에서 받은 경우 의존성을 설치하는 것을 잊지 말자. – 옮긴이

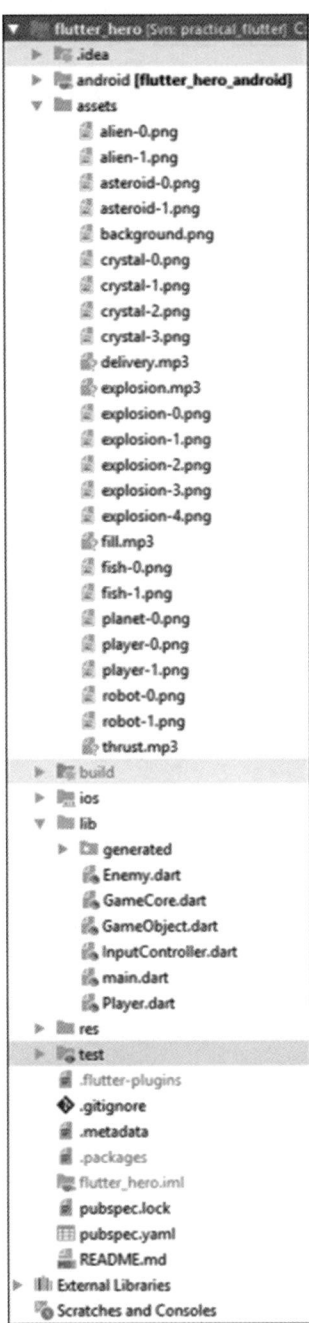

그림 9-2. 애플리케이션의 디렉터리 레이아웃과 구성 소스/자산 파일

곧 알 수 있겠지만 각 이미지는 게임에서 객체의 일부를 나타내며, (놀랍지 않게도) GameObject라는 이름의 공통 클래스에서 사용될 것이다. 예를 들어 player-0.png 와 player-1.png 이미지를 사용하는 플레이어의 우주선용 플레이어 GameObject 와 크리스털 GameObject가 있다. 이 공통 클래스에는 이런 객체를 움직이려는 애니메이션 로직이 있다. 여기서 애니메이션은 여러분이 어린 시절 노트에 그렸던 오래된 트릭과 같다. 일련의 '프레임'인 점프하는 사람일 수 있다. 그런 다음 페이지를 넘겨 애니메이션을 만든다. 여기서 애니메이션의 각 프레임은 파일 이름의 숫자로 표시한다. 이렇게 크리스털에는 crystal-0.png, crystal-1.png, crystal-2.png, crystal-3.png 등 4개의 애니메이션 프레임이 있다.

참고

행성은 애니메이션이 아니다. 따라서 단일 프레임만 있다. 그러나 GameObject로 래핑한다. 나중에 볼 수 있겠지만 Gameobject 클래스가 동작할 수 있도록 파일 이름에 동일한 번호 체계를 사용해야 하므로 planet-0.png가 필요하다.

MP3 파일은 다양한 이벤트 오디오며, 이름만으로도 어떤 용도인지 이해하길 바라지만 그렇지 않으면 사용할 때 명확히 알게 될 것이다.

main.dart 파일에서 필요한 것 외에도 소스의 파일이 lib에 여러 개가 있으니 하나씩 알아볼 것이다. assets와 마찬가지로 이름에서 내용을 유추할 수 있을 것이다. 그 전에 pubspec.yaml를 조금 살펴보자.

구성: pubspec.yaml

pubspec.yaml 파일은 이미 살펴본 파일과 99% 같을 것이고 새로운 요소를 하나 추가했다.

```yaml
name: flutter_hero
description: FlutterHero
version: 1.0.0+1
environment:
  sdk: ">=2.1.0 <3.0.0"
dependencies:
  flutter:
    sdk: flutter
  cupertino_icons: ^0.1.2
  audioplayers: 0.11.0
dev_dependencies:
  flutter_test:
    sdk: flutter
flutter:
  uses-material-design: true
  assets:
    - assets/
```

이 앱은 게임이며 대부분 게임에는 오디오가 있으므로, 이 앱에도 오디오가 있어야 한다. 이 글을 쓰는 시점에서 (플러터는 놀랍게도) 오디오 API가 좋지 않은데, 프로젝트에 포함된 임의의 사운드 파일을 재생할 수 있다는 단순한 수준 정도다. 그래서 플러그인이 필요하다. 다행히도 몇 가지 선택이 있지만 가장 인기 있는 것은 audioplayers 플러그인(https://pub.dartlang.org/packages/audioplayers)이다. 이는 이전 audioplayer(그렇다, 플러그인의 끝부분에 s가 추가됐을 뿐이다) 플러그인의 포크fork로, 기존 플러그인의 기능을 확장한 것이다. 이 플러그인을 통해 원격으로 인터넷에 저장된 오디오 파일을 사용자 장치에서 로컬로 재생하거나, 특히 우리 프로젝트의 assets로 재생할 수 있다. 이 플러그인을 사용하면 파일을 재생하고, 조정할 수 있고(일시 정지, 오디오의 특정 위치로 이동), 원한다면(백그라운드 음악에 적합) 오디오를 반복하고, 재생하는 동안 이벤트를 리슨해 원하는 경우 진행 표시줄을 표시할 수 있다.

플러터히어로에서는 대부분 필요 없다. 단지 특정 이벤트가 발생할 때 소리를 재생할 수 있기만 하면 된다. 첫 번째 사운드를 사용할 때 이 플러그인의 API를 살펴볼 것이다. 하지만 곧 보겠지만 최소한의 기능만 있다.

이런 의존성 외에도 assets 디렉터리는 이전에 살펴본 방식으로 참조되므로 자산, 이미지, 오디오를 모두 사용할 수 있다. 그것들을 assets/images와 assets/audio로 나누는 것을 고려했지만 오디오 플레이어가 오디오를 찾을 수 있게 하는 데 약간의 노력이 필요하며, 필요한 자산이 상대적으로 적기 때문에 모두를 하나인 단일 assets 디렉터리에 넣기로 했다.

GameObject 클래스

이제 코드를 만들어보자. 일반적으로 main.dart로 시작하지만 이 경우에는 앞에서 언급한 GameObject 클래스를 살펴보고 싶다. 여기에 표시되는 내용 중 일부가 명확해 보이지 않을 수 있지만 이 클래스와 해당 서브클래스가 사용되는 것을 보면서 이해가 될 것이다.

서브클래스를 말하자면 그림 9-3과 같이 GameObject는 다른 두 클래스의 부모 클래스다.

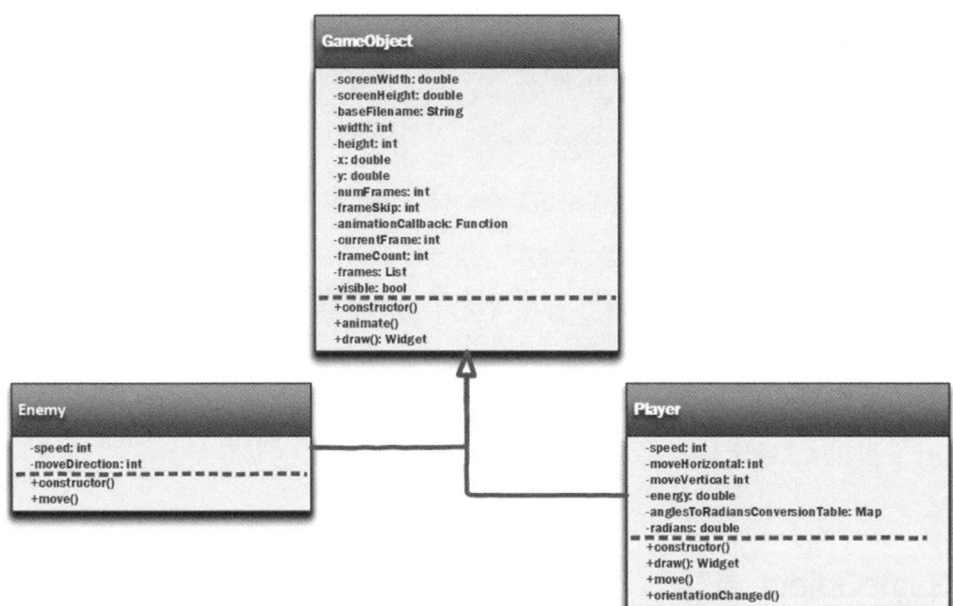

그림 9-3. 클래스의 계층: GameObject와 자식

여기서 기본적인 아이디어는 간단한 객체지향 프로그래밍이다. GameObject 클래스에는 게임의 모든 객체에 공통적인 데이터와 기능이 있다(일반적 개념의 코드 구현인 GameObject 클래스와 달리 게임 객체라고 함). 서브클래스는 필요에 따라 해당 데이터와 기능을 확장한다. 예를 들어 모든 게임 객체(플레이어, 크리스털, 해충, 행성)는 다음과 같은 데이터가 필요하다.

- 화면의 너비와 높이
- 이미지의 기본 파일 이름('planet-*.png' 또는 'crystal-*.png' 예를 들어 여기서 *는 프레임 번호다)
- 객체의 너비와 높이
- 객체의 x와 y 위치
- 애니메이션 주기의 총 프레임 수, 애니메이션 프레임 주기 변경 사이에 건너뛸 게임 프레임 수(조금 혼란스럽겠지만 걱정하지 말자. 곧 알게 될 것이다), 애니메이

션 사이클의 현재 프레임이 무엇인지 다음 애니메이션 프레임으로 플립^{flip}할 시간을 결정하려는 카운터, 애니메이션 사이클이 완료될 때 호출되는 함수, 모든 애니메이션 프레임 이미지
- 물체가 보이는지 아닌지

또한 모든 게임 객체에는 몇 가지 공통 기능이 있다.

- 설정을 위한 생성자
- 애니메이션을 만드는 방법
- 화면에 그리는 방법

그러나 물고기, 로봇, 외계인, 소행성을 나타내는 Enemy 서브클래스는 몇 가지 추가 요구 사항이 있다.

- 화면에서 얼마나 빠르게 움직이는지
- 그들이 움직이는 방향(왼쪽 또는 오른쪽)

Player 클래스는 분명히 플레이어의 우주선을 나타낸다. 그리고 GameObject에서 제공하는 것 이상이 필요하다.

- 이동 속도
- 왼쪽 또는 오른쪽으로 이동하는지(가로 이동), 위아래로 이동하는지(세로 이동)
- 얼마만큼 크리스털의 에너지양을 수용할지
- 얼마만큼 각도(라디안)를 회전할지(이동 방향에 따라 어떤 방향으로든 단일 이미지를 가질 수 있다), 그리고 약간의 성능 향상 측면에서 수학을 반복적으로 수행하지 않도록 데이터 테이블을 갖는다(게임의 성능을 항상 생각하는 것이 좋다).
- 우주선의 방향이 바뀔 때(이동 방향에 따라)마다 사용되는 함수(따라서 적절하게 회전할 수 있게 하는 방법)

자, 이제 이 클래스들이 무엇인지에 대략 알았으니 실제 GameObject 코드를 살펴보자.

```
class GameObject {
    double screenWidth = 0.0;
    double screenHeight = 0.0;
```

다른 클래스에서 확장되지 않고 일반 클래스로 시작하며 처음 두 데이터 속성, 즉 화면의 너비와 높이가 있다. 나중에 보겠지만 플러터는 이 정보를 얻을 수 있는 API를 제공하며, 애플리케이션이 시작하면서 얻어지고 인스턴스화하는 중에 모든 GameObject 인스턴스로 전달된다. 이렇게 잠재적으로 고비용의 API를 반복해서 호출할 필요가 없지만, 이 정보는 게임 객체에 다양한 방식으로 필요하므로 한 곳에서 수행하고 인스턴스에 제공하는 것이 좋다.

```
    String baseFilename = "";
```

baseFilename은 이 게임 객체의 이미지 파일 이름 일부로 변경되지 않는 부분이다. 더 간단히 말하면 그것은 객체의 이름으로, 물고기, 플레이어, 행성, 그 외의 것이다.

```
    int width = 0;
    int height = 0;
```

물체의 너비와 높이도 당연히 필요하다. 로드된 이미지에서 이 정보를 얻을 수 있는 플러터 API를 찾을 수 있었을 것이다. 그러나 변경될 내용이 아닌 경우 코드에 제공하는 것이 더 간단하다.

```
double x = 0.0;
double y = 0.0;
```

화면에서 게임 객체의 가로(x)와 세로(y) 위치가 모든 게임 객체에 필요하다.

```
int numFrames = 0;
int frameSkip = 0;
int currentFrame = 0;
int frameCount = 0;
List frames = [ ];
Function animationCallback;
```

이 6가지 속성은 모두 애니메이션과 관련이 있다. numFrames 속성은 총 프레임 수다. frameSkip 속성은 다음 애니메이션 프레임이 표시되기 전에 메인 게임 루프가 몇 틱tick만큼 지연할지 결정한다(나중에 메인 게임 루프를 살펴보겠지만 간단히 말하자면 초당 60회 발생하며, 각 게임 객체에 동일한 간격으로 애니메이션을 적용하는 것을 포함해 게임 로직을 만든다). currentFrame 속성은 단순히 현재 표시 중인 애니메이션 프레임이다. 메인 게임 루프의 틱마다 frameCount 속성이 증가하고 frameSkip 값에 도달하면 currentFrame 값이 증가한다. frames 속성은 게임 객체의 플러터 이미지 자산 리스트다(애니메이션 프레임당). 마지막으로 animationCallback 속성은 애니메이션 사이클이 끝날 때마다 호출되는 함수의 (선택적) 참조다. 이 모든 것이 왜 필요한지 곧 알게 될 것이다. 그러나 지금은 계속해서 살펴보자.

```
bool visible = true;
```

해충과 플레이어는 특정 시간에 숨길 수 있어야 하며 visible 속성은 게임 객체의 표시 여부를 결정한다.

속성을 살펴봤으니 다음으로 생성자를 알아보자.

```
GameObject(double inScreenWidth, double inScreenHeight,
    String inBaseFilename, int inWidth, int inHeight,
    int inNumFrames, int inFrameSkip,
    Function inAnimationCallback) {
  screenWidth = inScreenWidth;
  screenHeight = inScreenHeight;
  baseFilename = inBaseFilename;
  width = inWidth;
  height = inHeight;
  numFrames = inNumFrames;
  frameSkip = inFrameSkip;
  animationCallback = inAnimationCallback;
  for (int i = 0; i < inNumFrames; i++) {
    frames.add(Image.asset("assets/$baseFilename-$i.png"));
  }
}
```

꽤 간단하지 않은가? 들어오는 모든 인수는 적절한 속성에 저장되고 애니메이션 프레임을 로드해야 한다. 여기에서 각 **Image** 위젯이 **asset()** 생성자로 로드되고 **baseFilename**을 사용해 로드할 각 프레임의 파일 이름을 구성하는 방법을 확인할 수 있다.

다시 말하지만 이는 주로 성능 때문에 수행한다. 프레임을 한 번만 로드하는 것이 좋다. 플러터는 동일한 이미지를 두 번 로드할 경우 이를 캐시^{cache}할 만큼 충분히 똑똑하지만, 이를 가정하지 않고 앱을 설계해서 성능을 보장하는 것이 좋다. 또한 애니메이션 코드를 더 쉽게 작성할 수도 있다.

애니메이션 코드는 다음과 같다.

```
void animate() {
  frameCount = frameCount + 1;
  if (frameCount > frameSkip) {
```

```
      frameCount = 0;
      currentFrame = currentFrame + 1;
      if (currentFrame == numFrames) {
        currentFrame = 0;
        if (animationCallback != null) { animationCallback(); }
      }
    }
  }
}
```

로직은 간단하다. 호출될 때마다(메인 게임 루프 틱당 한 번, 즉 초당 60번을 의미한다) frameCount가 증가한다. 해당 값이 frameSkip 값에 도달하면 다음 프레임으로 증가한다. 프레임 끝에 도달하면 다시 첫 번째 프레임으로 재설정하고 animationCallback이 있으면 호출한다.

애니메이션 이외에도 GameObject는 자체를 그리는 방법을 알아야 한다. 모든 것이 플러터의 위젯이기 때문에 (지금까지 잘 알고 있듯이) 여기서 목표는 어딘가에 있을 build() 메서드에 의해 반환된 위젯 트리에 포함하려고 적절한 위젯을 얻는 것이다(아직 이 부분에 도달하지 않았기 때문에 모호할 수 있지만, 곧 알게 될 것이다). draw() 메서드는 다음을 수행한다.

```
Widget draw() {
  return visible ?
    Positioned(left : x, top : y, child : frames[currentFrame])
      : Positioned(child : Container());
}
```

현명하게 Stack 위젯을 모든 게임 객체의 부모로 사용한다. Stack 내에서는 절대적인 위치로 스택 내부에 배치할 수 있는 Positioned 위젯을 가질 수 있기 때문이다. Stack이 전체 화면을 덮으면 (효과적으로) 게임 개발에 완벽하게 적합한 캔버스를 얻게 된다. 화면의 모든 위치를 픽셀 수준까지 정확하게 제어할 수 있기 때문이다. 이것이 바로 할 일이므로 draw()는 객체의 현재 애니메이션 프레임과 관련된 Image 위젯을 감싸는 Positioned 위젯을 반환해야 한다. 추가로 객체를 숨길 수 있다. 이 작업을 수행하는 방법은 플러터에서 조금 이상하게 보일 수 있다. 위젯이 무엇이든 관계없이 숨기려면 그 속에 아무것도 포함하지 않으면 된다. 다른 많은 프레임워크에서 볼 수 있듯이 hidden:true 또는 이와 비슷한 hide() 메서드는 없다. 그러나 나중에 보게 되겠지만 (단순하게 생각해) null을 반환하면 위젯 트리가 손상돼 작동하지 않는다. 대신 게임 객체가 보이지 않을 때는 빈 컨테이너를 반환한다. 다소 이상한 방식으로도 목표를 달성한다(최소한 처음에는 조금 이상하게 보였다).

GameObject에서 확장: Enemy 클래스

기본 GameObject를 코딩하면 Enemy로 시작하는 두 개의 서브클래스를 볼 수 있다. Enemy가 일반 GameObject와 다른 점은 Enemy가 움직일 수 있다는 것이다.

```
class Enemy extends GameObject {
  int speed = 0;
  int moveDirection = 0;
```

적의 움직임은 간단하다. 주어진 속도로 왼쪽이나 오른쪽으로 움직인다(여기서 속도는 메인 게임 루프 틱당 움직이는 픽셀 수를 의미한다). 이는 speed와 moveDirection 속성으로 나타낸다. moveDirection의 값은 왼쪽이 0이고 오른쪽이 1이다.

그다음 생성자가 있다.

```
Enemy(double inScreenWidth, double inScreenHeight,
  String inBaseFilename, int inWidth, int inHeight,
  int inNumFrames, int inFrameSkip, int inMoveDirection,
```

```
     int inSpeed) :
   super(inScreenWidth, inScreenHeight, inBaseFilename,
   inWidth, inHeight, inNumFrames, inFrameSkip, null) {
     speed = inSpeed;
     moveDirection = inMoveDirection;
   }
```

이제 이 클래스는 GameObject를 확장해서 GameObject와 동일한 속성을 모두 지원하므로 해당 속성도 설정해야 한다. 여기서 바로 super() 호출이 나온다. 보다시피 Enemy 생성자의 특징은 GameObject 생성자가 수행하는 모든 항목과 Enemy에 해당하는 항목도 포함하는 것이다. 따라서 먼저 super() 호출은 GameObject에 공통적인 속성을 설정한 다음 Enemy 생성자 내의 코드는 Enemy에 해당하는 추가 속성을 설정한다. 모든 데이터를 설정한 후 move() 메서드를 구현할 수 있다.

```
void move() {
  if (moveDirection == 1) {
    x = x + speed;
    if (x > screenWidth + width) { x = -width.toDouble(); }
  } else {
    x = x - speed;
    if (x < -width) { x = screenWidth + width.toDouble(); }
  }
}
```

이제 화면의 너비와 높이가 필요한 이유를 확인할 수 있다. 이는 주어진 적이 화면을 어느 방향으로 움직일 때 화면 밖으로 나갔는지 알 수 있는 방법이다. 그런 다음 새로운 위치를 설정하는 데 도움이 된다. 따라서 이 콘셉에서는 주어진 적 물고기가 화면을 가로질러 오른쪽으로 움직이고 있는 것이다(첫 번째 if 분기). 화면 오른쪽 가장자리를 벗어나면(두 번째 if 분기) x 위치는 음수 값으로 설정돼 화면 왼쪽에 표시한다. 그런 다음 이전과 같이 계속 이동하고 다시 수행한다. 왼쪽 이동(else

분기)의 경우에도 마찬가지지만 반대로 수행한다. 이는 적이 움직이는 모든 것이며 매우 간단하다.

GameObject에서 확장: Player 클래스

GameObject에서 확장된 다른 클래스는 Player다.

```
class Player extends GameObject {
    int speed = 0;
    int moveHorizontal = 0;
    int moveVertical = 0;
```

해충과 마찬가지로 플레이어는 (분명히) 움직일 수 있으므로 얼마나 빨리 움직일 수 있는지(speed), 그리고 어떤 방향으로 움직이는지(moveHorizontal, moveVertical) 알아야 한다. 적인 해충과 달리 플레이어는 위/아래, 왼쪽/오른쪽과 각 네 가지 조합의 방향으로 움직일 수 있다. 그러므로 적과 다른 방식으로 움직임을 추적하려면 두 가지 변수가 필요하다. 그러나 플레이어도 움직이지 않을 수 있으므로 적과 같이 2개가 아닌 3개의 값을 갖는다. 0은 어느 방향으로도 움직이지 않는 것을 의미한다. moveHorizontal에서 -1은 왼쪽을 의미하고 1은 오른쪽을 의미한다. moveVertical에서 -1은 위를 의미하고, 1은 아래를 의미한다.

```
    double energy = 0.0;
```

플레이어는 항 크리스털의 에너지를 싣고 있다. 따라서 그것을 추적하는 변수가 필요하다.

```
Map anglesToRadiansConversionTable = {
  "angle45"  : 0.7853981633974483,
  "angle90"  : 1.5707963267948966,
  "angle135" : 2.3387411976724017,
  "angle180" : 3.141592653589793,
  "angle225" : 3.9269908169872414,
  "angle270" : 4.71238898038469,
  "angle315" : 5.497787143782138
};
double radians = 0.0;
```

게임 개발이 독특한 점은 거의 항상 최적화하고 메모리를 절약하려고 약간의 트릭을 찾는다는 것이다. 이 경우 플레이어의 우주선에 두 가지 트릭이 있다. 첫째, 우주선은 항상 이동 방향을 가리켜야 한다(또는 멈췄을 때도 가던 방향으로 향해 있다).

즉, 위, 아래, 왼쪽, 오른쪽, 위쪽/왼쪽, 위쪽/오른쪽, 아래쪽/왼쪽, 아래쪽/오른쪽으로 각각 하나씩 8가지 이미지가 필요하다. 그러나 우주선이 애니메이션화돼 있고 모두 두 프레임을 사용한다고 가정하면 16개의 서로 다른 이미지가 필요하다. 이는 비효율적으로 보인다. 따라서 대신 앞에서 assets를 살펴본 것처럼 각 프레임당 하나씩 두 개만 사용한다. 여덟 방향을 제공하려고 이 두 이미지가 해당 방향으로 실시간 회전한다. 플러터는 이미지를 회전시키는 몇 가지 방법을 제공하지만, 이미지를 곧바로 회전시키는 방법을 알아본다. 그 전에 두 번째 트릭으로 계산을 피해야 한다. 곧 보겠지만 우주선을 회전시키려면 플러터에게 우주선을 얼마나 회전시켜야 하는지 알려줘야 한다. 그리고 라디안radian으로 제공해야 한다. 그러나 이것을 각도degree 형태로 회전시키고 싶다. 물론 회전할 때마다 각도를 라디안으로 계산할 수는 있지만, 계산을 피하면 사이클이 절약되므로 이것이 바로 할 일이다. 가장 간단한 방법은 회전하려는 각도의 라디안을 미리 계산해 쉽게 조회할 수 있도록 맵에 해당 값을 저장하는 것이다. 이것이 바로 anglesToRadiansConversionTable 속성의 목적이다. 회전된 실제 라디안 수는 추적해야 할 부분이며, 여기에서 radians 속성이 들어간다. 곧 둘 다 사용하는 것을 보게 될 것이다.

그다음으로는 생성자가 나타난다.

```
Player(double inScreenWidth, double nScreenHeight,
  String inBaseFilename, int inWidth, int inHeight,
  int inNumFrames, int inFrameSkip, int inSpeed,
) : super(inScreenWidth, inScreenHeight, inBaseFilename,
  inWidth, inHeight, inNumFrames, inFrameSkip, null) {
  speed = inSpeed;
}
```

Player가 GameObject에서 확장되므로 먼저 GameObject 생성자를 호출한 다음 Player에만 해당하는 speed 값을 설정해야 한다. GameObject 생성자의 마지막 인수인 null을 주목하라. 즉, 플레이어에 필요하지 않은 애니메이션 콜백이므로 null을 전달한다.

이제 GameObject는 draw() 메서드를 제공하지만 플레이어가 자체적으로 그리는 행위는 조금 다르므로 해당 메서드를 오버라이드override한다.

```
@override
Widget draw() {
  return visible ?
    Positioned(left : x, top : y, child : Transform.rotate(
      angle : radians, child : frames[currentFrame]))
    : Positioned(child : Container());
}
```

물론 여기에서 차이점은 앞에서 설명한 회전이다. 이를 위해 Image 위젯을 Transform 위젯으로 래핑한다. 이 위젯은 플러터가 해당 자식이 그려지기 전에 변형을 적용하기 위한 것이다. Transform 자체를 사용하려면 달성하려는 작업에 따라 수학적으로 복잡할 수 있는 변환 행렬을 제공해야 하지만 이 클래스는 가장 일반적인 변환의 유용한 생성자를 제공한다. 여기에는 자식의 스케일링(다른 말로 하면 크게 하거나 작게 하는) Transform.scale(), 자식을 트랜스레이팅(다른 말로 하면 이동하는) Transform.translate(), 그리고 지금 가장 중요한 자식을 축 주위로 회전시키는 Transform.rotate()를 포함한다. 보다시피 이 생성자는 라디안 단위의 회전 각도가 필요하다. 여기 radians 속성이 사용되고 있음을 알 수 있다. 해당 값을 설정하는 방법은 orientationChanged() 메서드에서 수행하며, 나중에 배울 내용인 사용자 입력을 처리하는 코드에서 호출한다.

```
void orientationChanged() {
  radians = 0.0;
  if (moveHorizontal == 1 && moveVertical == -1) {
    radians = anglesToRadiansConversionTable["angle45"];
  } else if (moveHorizontal == 1 && moveVertical == 0) {
    radians = anglesToRadiansConversionTable["angle90"];
  } else if (moveHorizontal == 1 && moveVertical == 1) {
    radians = anglesToRadiansConversionTable["angle135"];
  } else if (moveHorizontal == 0 && moveVertical == 1) {
    radians = anglesToRadiansConversionTable["angle180"];
  } else if (moveHorizontal == -1 && moveVertical == 1) {
    radians = anglesToRadiansConversionTable["angle225"];
  } else if (moveHorizontal == -1 && moveVertical == 0) {
    radians = anglesToRadiansConversionTable["angle270"];
  } else if (moveHorizontal == -1 && moveVertical == -1) {
    radians = anglesToRadiansConversionTable["angle315"];
  }
}
```

4가지 기본 방향과 4가지 조합 방향 각각에 플레이어의 이동 방식을 결정하려는 점검을 수행한다. 일단 결정되면 anglesToRadiansConversionTable을 살펴보고 결과 라디안이 radians 속성에 저장된다. 멋진 코드는 아니지만 여기에서 잠재적으로 비용이 많이 드는 수학 연산을 피하면서 작업을 훌륭하게 수행한다.

팁

실제로 비용이 많이 들지는 않지만 게임에서는 코딩할 때 항상 최적화를 생각하는 것이 좋다. 일반적으로 모든 종류의 프로그래밍에서도 마찬가지지만, 모든 사이클이 메인 게임 루프에 영향을 미치는 게임에서 더 그렇다. 물론 지금 이 부분을 너무 깊이 들어가지는 말고 서서히 최적화하도록 확장해야 한다. 항상 조심하자. 그러나 이처럼 미리 계산된 조회 테이블은 매우 일반적이다.

마지막 메서드는 플레이어를 이동하는 것이다.

```
void move() {
  if (x > 0 && moveHorizontal == -1) { x = x - speed; }
  if (x < (screenWidth - width) && moveHorizontal == 1) {
    x = x + speed; }
  if (y > 40 && moveVertical == -1) { y = y - speed; }
  if (y < (screenHeight - height - 10) && moveVertical == 1) {
    y = y + speed; }
}
```

메인 게임 루프 틱마다 한 번씩 호출한다. 수평 방향 이동을 수행한 다음 수직 방향 이동을 개별적으로 수행한다. 플레이어가 움직일 수 있는 방향은 8가지다. 네 가지 기본 방향은 분명히 처리한다. 그러나 조합을 나타내는 다른 4개는 수평과 수직 이동으로 인해 처리된다. x를 다루는 if문 중 하나가 실행하면서 y를 다루는 if문 중 하나가 실행될 수 있어 수직과 수평 운동의 조합을 얻을 수 있다. 물론 플레이어가 화면을 벗어나지 않게 해야 한다. 이는 각 if문에서 경계를 확인하는 것이다. 플레이어의 측면에서 점수의 공간뿐만 에너지 바도 고려해야 한다.

모든 것이 시작되는 곳: main.dart

항상 그렇듯이 앱은 main.dart 소스 파일에서 시작한다.

```dart
import "package:flutter/material.dart";
import "package:flutter/services.dart";
import "InputController.dart" as InputController;
import "GameCore.dart";

void main() => runApp(FlutterHero());

class FlutterHero extends StatelessWidget {
  @override
  Widget build(BuildContext context) {
    SystemChrome.setEnabledSystemUIOverlays(
      [SystemUiOverlay.bottom]
    );
    return MaterialApp(
      title : "FlutterHero", home : GameScreen()
    );
  }
}

class GameScreen extends StatefulWidget {
  @override
  GameScreenState createState() => new GameScreenState();
}
```

services.dart 모듈은 새로운 부분이다. 이 모듈은 클립보드와의 상호작용, 햅틱 피드백 생성(장치 흔들림), 시스템 사운드 재생, 텍스트 선택과 같은 몇 가지 장치 서비스의 액세스를 제공한다. 또 다른 것으로는 앱 주변에서 볼 수 있는 '크롬', 즉 상단의 시스템 상태 표시줄과 (안드로이드의 경우) 하단의 소프트 입력 버튼 행을 제어하는 것이다. build() 메서드에서 최상위 FlutterHero 클래스로 이동하면 SystemChrome.setEnabledSystemUIOverlays()의 호출을 볼 수 있을 것이다. 이는 서비스 모듈에 의해 제공되며, 이 방법을 사용하면 크롬 식별자 배열을 전달해 사용할 수 있다. 여기서는 안드로이드의 소프트 탐색 버튼인 SystemUiOverlay.bottom 요소를 구체적으로 활성화한다. 이것이 배열의 전부이므로 상단의 상태 표시줄이 숨겨져 게임에서 (거의) 전체 화면을 제공한다.

물론 그 전에 FlutterHero 클래스의 MaterialApp에 정의된 홈 화면인 GameScreen을 상태가 있는 위젯으로 이전에 본 패턴대로 만들고 있음을 눈치 챘을 것이다. 그리고 필요한 main() 메서드는 그 위에 정의돼 있다.

예상대로 GameScreen이 상태가 있는 위젯인 경우 연관된 State 클래스가 있으며, 여기서는 GameScreenState가 있다.

```
class GameScreenState extends State with
  TickerProviderStateMixin {
  @override
  Widget build(BuildContext inContext) {
    if (gameLoopController == null) {
      firstTimeInitialization(inContext, this);
    }
```

이 앱에서는 scoped_model을 사용하지 않고 플러터가 제공하는 기본 상태 기능만 사용한다. State 클래스 외에도 이 클래스에는 새로운 TickerProviderStateMixin이 있다. 다음 절에서 모든 것을 알게 될 것이다. 그러나 먼저 말하자면 게임의 라이프타임 동안 초당 60번씩 틱되는 메인 게임 루프와 관련이 있다고 말할 것이다.

build() 메서드는 gameLoopController의 점검으로 시작하며, 곧 보겠지만 GameCore.dart 파일의 일부다. null인 경우 firstTimeInitialization()을 BuildContext와 GameScreenState 클래스 자체의 참조인 this를 전달해 호출한다. 이 함수도 다음 절에서 살펴보겠지만 build() 메서드가 처음 실행될 때 발생하는 일부 작업을 수행한다는 것을 이름으로 추측할 수 있다(build()는 이 게임 내내 여러 번 실행된다는 것을 기억하라). 여기서 문제는 해당 BuildContext가 있을 때만 실행할 수 있는 게임 설정의 몇 가지 작업이 있다는 것이다. 따라서 이런 작업은 build() 메서드에서 수행해야 한다. 그러나 한 번만 발생해야 하는 데 gameLoopController를 검사하는 이유는 무엇일까?

말했듯이 다음 절에서 그 모든 것을 얻을 것이다.

build() 메서드를 계속하면서 위젯 트리를 빌드하기 시작한다.

```
List<Widget> stackChildren = [
  Positioned(left : 0, top : 0,
    child : Container(width : screenWidth,
      height : screenHeight,
      decoration : BoxDecoration(image : DecorationImage(
        image : AssetImage("assets/background.png"),
        fit : BoxFit.cover
      ))
    )
  ),
```

흥미롭게도 앞에서 본 모든 build() 메서드에서 위젯을 반환하는 return문을 거의 즉시 봤으며, 모든 자식 위젯은 해당 위젯과 함께 '인라인'으로 정의됐다. 하지만 여기서는 먼저 리스트를 만든다. 여기서는 위젯 트리를 빌드하는 동안 발생해야 하는 로직과 루프 등이 있고, 우리가 일반적으로 하는 것처럼 하나로 뭉쳐진 인라인 위젯 트리에서 수행할 수 없는 로직이 있다. 궁극적으로 반환하고자 하는 위젯은 Stack(굳이 따지자면 Scaffold 내부에 있는 GestureDetector 내부의 Stack)이며 Stack은 자식 리스트를 갖기 때문에 위젯 정의 외부에서 모든 로직과 루핑을 수행하고 목록을 개별적으로 빌드한 다음 최종 Stack 정의에서 참조할 수 있다. 그것이 여기에서 일어나고 있는 일이다. 리스트의 첫 번째 요소는 Container를 감싸고 있는 Positioned다. 이때 Container는 배경 이미지를 표시하려고 BoxDecoration을 사용한다. fit은 BoxFit.cover로 지정돼 실제 크기와 상관없이 배경이 화면을 채우게 한다. 컨테이너의 너비와 높이는 screenWidth와 screenHeight 변수의 값이다. 다음 절에서 알 수 있듯이(또는 이제는 예상대로) 처음에 한 번 초기화하는 동안 해당 값을 쿼리하고 운영체제에서 값을 얻어 정보가 필요한 모든 곳에서 해당 쿼리를 여러 번 수행하지 않고도 사용할 수 있다.

```
Positioned(left : 4, top : 2,
  child : Text('Score: ${score.toString().padLeft(4, "0")}',
    style : TextStyle(color : Colors.white,
      fontSize : 18, fontWeight : FontWeight.w900)
  )
),
```

배경 다음에는 Text를 감싼 또 다른 Positioned가 있다. 이곳에서 점수를 표시한다. 보다시피 이 위젯은 left와 top 속성에 따라 x/y 위치 4/2에 배치한다. 이것이 Stack을 사용하는 요점이다. 딱 알맞게 이런 요소를 절대 위치에 배치할 수 있다. Stack은 기본적으로 부모가 화면을 채우므로 전체 화면에서 절대 위치를 지정할 수 있는 기능을 갖는다. 게임을 하기에 편리하다고 생각되지 않는가?

그 후 다른 Positioned가 나오고 이번에는 LinearProgressIndicator를 사용한다.

```
Positioned(left : 120, top : 2, width : screenWidth - 124, height : 22,
  child : LinearProgressIndicator(
    value : player.energy, backgroundColor : Colors.white,
    valueColor : AlwaysStoppedAnimation(Colors.red)
  )
),
crystal.draw()
];
```

valueColor 속성은 기본적으로 플러터의 진행율progress 인디케이터가 선형이든 원형이든 애니메이션을 원하기 때문에 중요할 것이다. 원형인 경우 돌아가거나 선형인 경우 채워진다. 그러나 이는 원하는 방식이 아니다. 우리는 우주선이 크리스털과 접촉할 때 조금씩 채워지고, 행성과 접촉할 때 조금씩 비워지는 막대를 원한다. 모든 것은 코드로 컨트롤되고 플러터가 원래 지원하는 방식은 아니다(플러터야, 이건 내 게임이고 내 방식대로 할 것이다). 따라서 인디케이터를 채울 하나의 색상만 지정하는 대신 AlwaysStoppedAnimation 위젯 인스턴스를 사용한다. 이 인스턴스는 진행율 인디케이터 클래스가 처리하는 방법을 알고 있는 특수한 위젯으로, 필요에 따라 지속적으로 움직이지 않는 인디케이터를 제공한다. 물론 채워진 부분의 색상은 여전히 중요한 정보이므로 AlwaysStoppedAnimation 생성자에 전달한다.

LinearProgressIndicator가 있는 Positioned의 너비는 화면의 너비에서 점수가 차지하는 공간을 뺀 값을 사용해 동적으로 설정된다. 이런 식으로 에너지 바는 점수 뒤에 남은 공간을 채운다.

크리스털도 여기에 추가되는데, 선언 중에 추가된 리스트의 마지막 요소다(필요한 경우 인라인).

그런 다음 적들을 추가해야 한다.

```
for (int i = 0; i < 3; i++) {
  stackChildren.add(fish[i].draw());
  stackChildren.add(robots[i].draw());
  stackChildren.add(aliens[i].draw());
  stackChildren.add(asteroids[i].draw());
}
```

각각 세 개가 있으므로 간단한 루프지만 이 루프는 이 리스트를 처음에 만들어야 하는 주된 이유다. 모두 인라인으로 만들면 루프 구성을 사용할 수 없으므로 여기에 열두 개의 적에 대한 참조를 직접 만들어야 한다.

다음으로 행성과 플레이어를 추가한다.

```
stackChildren.add(planet.draw());
stackChildren.add(player.draw());
```

Stack을 사용하면 z축을 중심으로 인식하는 것이 중요할 것이다. 즉, 리스트에서 나중에 추가된 요소가 이전에 추가된 요소 위에 나타난다. 따라서 이 게임에서 적절한 순서로 사물을 추가해야 한다. 예를 들어 플레이어가 행성 근처에서 비행할 때 우주선이 행성에 의해 가려지지 않도록 행성 다음에 플레이어를 추가해야 한다. 우주선은 행성의 위에 있어야 한다. 그러므로 z-order가 더 높아야 하고, 따라서 행성 뒤에 추가돼야 한다.

특정한 때를 제외하고는 보이지 않지만 다음 리스트에 필요한 폭발을 추가해야 한다.

```
for (int i = 0; i < explosions.length; i++) {
  stackChildren.add(explosions[i].draw());
}
```

주어진 게임 객체가 현재 보이지 않으면 draw() 메서드는 빈 Container를 반환하는 것을 떠올려보자. 대부분 게임 객체는 거의 항상 볼 수 있지만 기본적으로 폭발은 일시적으로 보인다.

따라서 이 루프는 대부분 빈 Container 위젯을 많이 그릴지도 모르지만 괜찮다. 이것이 바로 플러터에서 가시성^{visibility}이 제어되는 방식이다.

마지막으로 반환할 위젯을 구성한다.

```
return Scaffold(body : GestureDetector(
  onPanStart : InputController.onPanStart,
  onPanUpdate : InputController.onPanUpdate,
  onPanEnd : InputController.onPanEnd,
  child : Stack(children : stackChildren)
));
```

반환된 Scaffold의 body는 예상대로 Stack이 아니다. 플레이어가 우주선을 조종할 수 있도록 몇 개의 메서드를 만들어야 하고, 대부분 최신 휴대기기는 터치스크린을 지향하므로 터치로 컨트롤할 수 있게 해야 한다. 따라서 터치 이벤트를 인식할 수 있는 위젯이 필요한데, GestureDetector 위젯이다.

이 위젯은 모든 종류의 제스처, 탭 등을 인식하며 이런 제스처 중 하나는 팬^{pan}이다. 이는 단순히 사용자가 손가락으로 화면을 움직이는 것이다. 사용자가 마우스를 가장 많이 사용하는 웹 사이트를 개발하는 경우 mouseDown, mouseMove, MouseUp과 같은 이벤트를 인식한다. 이런 이벤트는 개념적으로 필요해 보이지만 여기에는 없다. 그러나 세 가지 팬 이벤트는 (플레이어의 손가락이 마우스 포인터가 되는 것이) 개념적으로 유사하다. onPanStart는 mouseDown, onPanUpdate는 mouseMove, onPanEnd는 mouseUp과 비슷하다. 이런 이벤트를 처리하는 코드는 InputController 클래스가 캡슐화하는 기능을 나타내지만 나중에 살펴보고, 그 전에 Stack이 GestureDetector의 자식임을 알 수 있다. 즉, Stack이 전체 화면을 차지한다는 사실을 기억한다면 화면의 어느 곳에서나 제스처가 처리된다(GestureDetector에서 볼 수 있듯이 기본적으로 부모를 채운다). 마지막으로 앞에서 언급했듯이 Stack의 children은 조금 전에 작성된 리스트를 참조한다.

지금까지 말한 모든 것은 최상위 위젯의 build() 메서드 안에 있으며, 상태가 있는 위젯을 다루고 있다는 것을 기억하라. 즉, 상태가 변경될 때마다 build()가 다시 호출되고 화면이 다시 렌더링된다. 이것이 바로 모든 작업이 게임으로 동작하게 하는 열쇠다. 다음으로 몇 번 언급한 주요 게임 루프와 게임을 구성하는 핵심 로직을 살펴볼 필요가 있다. 궁극적으로 이 모든 로직은 상태를 변경하고 build() 메서드를 반복 실행해서 모든 게임 객체를 이동시킨다.

메인 게임 루프와 핵심 게임 로직

게임의 핵심 로직은 GameCore.dart 파일에 포함돼 있으며, 언제나처럼 임포트로 시작한다.

킥오프

```
import "dart:math";
import "package:flutter/material.dart";
import "package:audioplayers/audio_cache.dart";
import "InputController.dart" as InputController;
import "GameObject.dart";
import "Enemy.dart";
import "Player.dart";
```

math 패키지는 임의의 숫자를 생성하는 기능이 있어 필요하다. audio_cache.dart 모듈은 audioplayers 플러그인의 일부며, 사운드 자산을 로드하고 재생하는 데 사용할 인터페이스다. 나머지는 플러터히어로에서 필요한 다양한 소스 파일이다.

그리고 다음과 같이 많은 변수를 갖고 있다.

- **State state:** State 클래스의 참조다.
- **Random random = new Random():** Random 클래스를 사용하면 눈치 채겠지만 난수를 생성할 수 있다. 여러 번 필요하지만 인스턴스가 두 개 이상인 것은 의미

가 없으므로 여기에서 한 번 인스턴스화한다.
- **int score = 0:** 게임의 현재 점수다.
- **double screenWidth:** 화면 너비다.
- **double screenHeight:** 화면 높이다.
- **AnimationController gameLoopController:** 곧 살펴본다.
- **Animation gameLoopAnimation:** gameLoopController와 함께 살펴본다.
- **GameObject crystal:** 유일한 크리스털 게임 객체다.
- **List fish:** 적인 물고기 게임 객체의 리스트다.
- **List robots:** 적인 로봇 게임 객체의 리스트다.
- **List aliens:** 적인 외계인 게임 객체의 리스트다.
- **List asteroids:** 적인 소행 게임 객체의 리스트다.
- **Player player:** 유일한 플레이어 게임 객체다.
- **GameObject planet:** 유일한 행성 게임 객체다.
- **List explosions = [ ]:** 폭발의 리스트(GameObject) 인스턴스다(현재 화면에 폭발이 없는 경우 비어 있음).
- **AudioCache audioCache:** 재생할 수 있는 오디오 자산의 캐시다(나중에 더 자세히 설명한다).

변수를 벗어나면 이제 변수를 사용하는 코드를 만날 수 있다.

최초 초기화

가장 처음은 메인 위젯의 build() 메서드에서 호출된 firstTimeInitialization() 함수다. 기억나는가? gameLoopController 변수가 null인 경우에만 호출됐다. 다음과 같다.

```
void firstTimeInitialization(BuildContext inContext,
  dynamic inState) {

  state = inState;
```

이 모듈의 코드는 GameScreenState 객체에 접근이 필요할 것이다. 메인 위젯의 상태를 포함하기 때문이다. 따라서 해당 참조가 전달되고 해당 참조가 state 변수에 저장된다.

다음으로 오디오를 다룰 차례다.

```
audioCache = new AudioCache();
audioCache.loadAll([ "delivery.mp3", "explosion.mp3",
  "fill.mp3", "thrust.mp3" ]);
```

audioplayers 플러그인에는 오디오를 처리하는 여러 가지 방법이 있으며, 그중 하나가 AudioCache 클래스다. 게임에서 중요한 오디오를 미리 로드해 효율적으로 재생하는 데 사용한다. 이것은 (내 생각에는 조금 이상하게도) 앱의 자산[asset]에 있는 사운드를 재생할 수 있어야 한다. 이상하거나 말거나 클래스를 인스턴스화한 다음 loadAll() 메서드를 호출해 로드할 오디오 파일 이름 리스트를 전달하면 (나중에 보겠지만) 언제든지 원하는 사운드를 재생할 수 있다.

그런 다음 화면의 크기를 가져와야 한다.

```
screenWidth = MediaQuery.of(inContext).size.width;
screenHeight = MediaQuery.of(inContext).size.height;
```

MediaQuery 클래스는 material.dart 라이브러리에 의해 제공되며 주어진 미디어의 정보(예, 화면)를 얻을 수 있다. 들어오는 BuildContext에 of() 메서드를 호출하면 주어진 콘텍스트에 MediaQueryData 객체가 생겨 화면 너비와 높이를 얻으려면 드릴다운할 수 있다.

다음으로 게임 객체를 만들 차례다.

```
crystal = GameObject(screenWidth, screenHeight, "crystal", 32, 30, 4, 6, null);
planet = GameObject(screenWidth, screenHeight, "planet", 64, 64, 1, 0, null);
player = Player(screenWidth, screenHeight, "player", 40, 34, 2, 6, 2);
fish = [
  Enemy(screenWidth,screenHeight, "fish", 48, 48, 2, 6, 1, 4),
  Enemy(screenWidth,screenHeight, "fish", 48, 48, 2, 6, 1, 4),
  Enemy(screenWidth,screenHeight, "fish", 48, 48, 2, 6, 1, 4)
];
```

크리스털과 행성은 오래된 GameObject 인스턴스며, 플레이어와 적은 각각 Player와 Enemy 인스턴스다. 로봇, 외계인, 소행성은 물고기와 같은 방식으로 만들어지므로 다시 보여주는 데 아무런 의미가 없다. 이미 쿼리한 screenWidth와 screenHeight가 필요하므로 여기에서 생성한 것을 주목하자. 따라서 이 변수에서 너비와 높이를 직접 찾아오거나 생성자에서 이것을 만들지 않았는지는 선택의 문제라 할 수 있다.

플러터 애니메이션 개요

플러터는 다양한 방식으로 풍부한 애니메이션 지원을 제공하지만, 명시적으로 사용하지 않아도 궁극적으로는 몇 개의 주요 클래스로 이어진다. 예를 들어 자체 애니메이션을 수행하는 위젯들이 있다. 이들도 파고 들어가 보면 이 클래스들을 사용한다. 먼저 Ticker 객체와 Animation 객체가 필요하며, 마지막으로 AnimationController 객체가 필요하다.

Ticker 객체는 일반적으로 초당 60회의 일정한 간격으로 신호를 보내는 객체다.

이 객체가 틱^{tick}될 때마다 애니메이션 관련 작업을 하려고 일부 콜백 함수가 실행된다.

Animation 객체는 각 틱에 숫자를 생성하는 것과 관련이 있다. 이 숫자는 정의된 기간 동안 정의된 두 값 사이의 시퀀스 중 일부며, 간단한 선형이나 복잡한 곡선 방식으로 생성될 수 있다.

AnimationController는 애니메이션을 제어하는 객체다. 애니메이션을 시작, 중지, 일시 중지할 수 있다. 또한 애니메이션을 뒤집을 수도 있다. 여기에서 '애니메이션'은 시퀀스에서 다음 값의 생성을 의미할 뿐이라는 것을 기억하라. 지금까지는 화면에 무엇이 있는지 전혀 알지 못한다.

AnimationController는 Ticker에 바인딩되며, 가장 일반적으로 앱의 State 객체에 바인딩한다. 따라서 Ticker가 틱될 때마다 AnimationController에 신호가 전송된다. 그런 다음 애니메이션 객체에 신호를 보내 새로운 값을 생성한다. 그 후 여러분의 코드가 애니메이션의 생명주기 이벤트에 연결되고 화면에 애니메이션 요소를 그리는 데 필요한 모든 작업을 수행한다. 궁극적으로 화면에 객체를 배치하고 그들을 움직이는 것은(또는 그들의 크기를 조정한다. 여기서 애니메이션은 일반적인 개념이며 움직임을 의미할 필요가 없다는 점을 명심해야 한다. 예를 들어 객체의 크기에 애니메이션을 적용할 수 있다) 여러분의 코드(또는 사용 중인 플러터 위젯의 코드)다.

따라서 Ticker가 초당 60회 틱(똑딱거린다고)된다고 상상해보자. 또한 애니메이션이 AnimationController의 제어하에 0에서 500 사이의 선형 숫자 세트를 뱉어낸다고 상상해보자. 마지막으로 애니메이션이 생명주기에 연결돼 숫자가 생성될 때마다 적의 X 위치가 화면에서 업데이트된다고 상상해보자. 물론 이것은 build() 메서드를 다시 트리거해 화면을 업데이트한다. 갑자기 화면에 움직이는 물체를 보게 된다. 다시 말해 애니메이션을 얻게 됐다.

이것이 핵심 개념이므로 이제 이 이론을 적용하는 실제 코드를 살펴보자.

```
gameLoopController = AnimationController(vsync : inState, duration :
Duration(milliseconds : 1000));
gameLoopAnimation = Tween(begin : 0, end : 17).animate(
  CurvedAnimation(parent : gameLoopController,
    curve : Curves.linear)
);
gameLoopAnimation.addStatusListener((inStatus) {
  if (inStatus == AnimationStatus.completed) {
    gameLoopController.reset();
    gameLoopController.forward();
  }
});
gameLoopAnimation.addListener(gameLoop);
```

AnimationController를 인스턴스화한다. sync 속성은 그 속에 있는 Ticker와 연관되며 이 경우 GameScreenState 객체다. 해당 코드를 살펴보면 TickerProviderStateMixin으로 해당 클래스를 확장하는 것을 볼 수 있다. 이것은 Ticker로 바뀐다. 또한 AnimationController에 얼마나 애니메이션으로 표시할지 시간을 알려주며 이 경우에는 1초(1,000밀리초)다. 다음으로 Animation 객체를 만들어 AnimationController와 연결해야 한다. 선택할 수 있는 몇 가지 서브클래스가 있으며 여기서는 가장 간단한 Tween을 사용했다. 이를 통해 시작 값에서 끝 값까지의 시퀀스를 정의할 수 있다(여기서는 0-17).

왜 이 값을 사용했을까? 자, 여기서 목표는 소위 '메인 게임 루프'를 만드는 것이다. 이는 프레임(그리기 프레임)당 한 번만 실행되게 하는 특정 함수(메인 게임 루프 함수)를 만드는 멋진 방법이다. 그러나 각 실행에는 시간이 얼마나 걸릴까? 여기서 하는 일은 총 시간을 틱 수로 나누는 것이다. 이는 1,000을 60으로 나눈 값으로, 16.666667이다. 이것을 17로 반올림하면 범위가 된다. 간결하게 설명하자면 우리는 메인 게임 루프 함수가 17밀리초마다 한 번씩 실행되기를 원한다. 즉, 초당(대략) 60회 실행한다. 이것이 이 애니메이션이 하는 일이다. 1초 동안 17밀리초마다

0에서 17 사이의 숫자를 뱉는다. curve 속성이 플러터가 제공하는 표준 곡선인 Curves.linear로 설정돼 있어 선형으로 동작한다.

이제 원하는 모든 것을 수행하면서 하려면 생명주기에 작업을 연결해야 한다. 두 군데에서 수행한다. 먼저 1초 후에 애니메이션이 완료될 것임을 알아차려야 한다. 이때 시퀀스 값들이 소진될 것이다. 당연히 이렇게 계속해서 다시 애니메이션이 수행되게 만들어야 한다. 따라서 Animation 상태가 변경될 때마다 리스너 기능을 설정했다. 이 함수는 두 가지 다른 상황에서 호출되는데, 바로 애니메이션이 시작되고 끝나는 시점이다. 우리는 완료될 때만 신경 쓰므로 전달된 상태를 보고 완료되면 AnimationController에서 reset()과 forward() 메서드를 호출한다. 이름에서 알 수 있듯이 정확하게 수행한다. 즉, 모든 값을 시작점으로 재설정하고 정방향으로 애니메이션 시퀀스를 다시 시작한다(0부터 17까지 다시 1초 동안 카운팅한다).

그런 다음 메인 게임 루프 함수를 호출할 수 있도록 숫자가 생성될 때마다 알아야 한다. Animation 인스턴스의 addListener() 메서드는 이를 정확하게 수행한다.

메인 게임 루프가 연결되고 준비가 완료되면 모든 게임의 state 변수를 재설정하기만 하면 된다.

```
resetGame(true);
```

다음에 살펴볼 것이므로 지금은 설명하지 않겠다. 그리고 다음과 같은 코드가 등장한다.

```
InputController.init(player);
```

InputController 객체는 사용자 입력을 처리할 책임이 있지만, 이것도 나중에 살펴볼 내용이므로 지금은 건너뛰고 이 함수에서 또 한 줄이 더 있음을 확인하자.

```
gameLoopController.forward();
```

이는 효과적으로 게임 루프를 시작한다. 즉, 게임이 실행되고 있다.

휴! 화면에서 물체들이 움직이고 있다.

게임 상태 재설정

게임이 시작되고 플레이어가 폭발하거나 에너지가 행성으로 전달된 후 게임을 재설정해야 한다. 이를 위한 resetGame() 함수가 있다.

```
void resetGame(bool inResetEnemies) {
  player.energy = 0.0;
  player.x = (screenWidth / 2) - (player.width / 2);
  player.y = screenHeight - player.height - 24;
  player.moveHorizontal = 0;
  player.moveVertical = 0;
  player.orientationChanged();
```

우주선에서 에너지를 제거하고 화면 하단에서 몇 픽셀 떨어진 화면 중앙에 재배치한다. 그 후 플레이어가 현재 움직이지 않는지 확인하고 orientationChanged()를 호출해 방향^{orientation}을 재설정해야 한다.

```
  crystal.y = 34.0;
  randomlyPositionObject(crystal);
```

플레이어가 죽으면 크리스털이 초기화된다. 이 함수를 처음 호출한 후에는 변경되지 않으므로 y 속성을 설정할 필요가 없지만 아무런 문제가 없으므로 모든 로직을 피하고자 수행한다. x 속성은 randomlyPositionObject() 함수에 의해 설정되는데, 이 함수는 나중에 살펴볼 것이지만 이름으로 유추할 수 있다.

기본적으로 같은 방식으로 행성도 만든다.

```
planet.y = screenHeight - planet.height - 10;
randomlyPositionObject(planet);
```

y 속성은 화면의 바닥에 걸쳐지지 않도록 행성의 높이를 고려해야 한다(10픽셀은 임의의 값이지만 우주선의 시작 위치가 행성의 수직축에서 대략 중앙에 보이도록 선택한 것이다).

다음은 적들이다.

```
if (inResetEnemies) {
  List xValsFish = [ 70.0, 192.0, 312.0 ];
  List xValsRobots = [ 64.0, 192.0, 320.0 ];
  List xValsAliens = [ 44.0, 192.0, 340.0 ];
  List xValsAsteroids = [ 24.0, 192.0, 360.0 ];
  for (int i = 0; i < 3; i++ ) {
    fish[i].x = xValsFish[i];
    robots[i].x = xValsRobots[i];
    aliens[i].x = xValsAliens[i];
    asteroids[i].x = xValsAsteroids[i];
    fish[i].y = 110.0;
    robots[i].y = fish[i].y + 120;
    aliens[i].y = robots[i].y + 130;
    asteroids[i].y = aliens[i].y + 140;
    fish[i].visible = true;
    robots[i].visible = true;
    aliens[i].visible = true;
    asteroids[i].visible = true;
  }
}
```

firstGameInitialization()에서 resetGame()을 처음 호출하면 true가 전달된다.

이로 인해 앞의 블록이 실행된다. 플레이어가 폭발하면 위치를 재설정할 지점이 없기 때문에 (그리고 에너지가 행성에 전달될 때 true가 다시 전달됨) 이 설정을 건너뛰려고 false를 전달한다.

여기서 리셋 로직은 간단하다. 적의 타입마다 x 위치 값을 포함하는 4개의 리스트가 있다. 동적으로 계산하는 대신 '그럴듯한 숫자(매직 넘버)를' 직접 넣는 것이 더 간단하다고 생각했다. 중요한 점은 많은 코드를 사용하지 않고도 변형을 쉽게 도입할 수 있다는 것이다. 플레이어가 쉽게 통과할 수 있는 반복적인 간격을 피하고자 간격이 적을 가로 질러 약간 섞여 있어서(지그재그처럼) 게임의 난이도가 향상된다. y 위치 값의 경우 이전 행의 적을 기반으로 해서 맨 위에 가까워질수록 행이 좀 더 가까워진다. 움직여서 앞으로 갈 때마다 조금씩 더 어려워진다. 또한 이 시점에서 모든 적을 볼 수 있어야 한다. 행성에 에너지가 배달돼 폭발할 때 모든 것이 화면에서 사라질 것이기 때문이다(나중에 좀 더 알아볼 것이다).

그리고 다시 표시해야 하므로 게임을 적절하게 리셋한다.

이제 두 가지 작은 작업만 남았다.

```
explosions = [ ];
player.visible = true;
```

나중에 폭발이 어떻게 처리되는지 알 수 있지만, 이 시점에서 폭발 리스트를 지워야 하며, 폭발을 빈 리스트로 설정하는 것보다 쉬운 방법이 없다는 것을 아는 것으로 충분하다. 마지막으로 플레이어가 다시 표시돼 방금 폭발한 경우 다시 돌아올 수 있게 한다.

메인 게임 루프

이제 마지막으로 살펴본 애니메이션 설정 코드의 결과로 17밀리초마다 1초에 60번 호출되는 메인 게임 루프 함수를 살펴보자.

```
void gameLoop() {
  crystal.animate();
```

가장 먼저 해야 할 일은 크리스털에 애니메이션을 요청하는 것이다. `GameObject` 코드를 보면 알 수 있듯이 프레임을 순환하는 것을 의미하는데, 크리스털의 경우 색상을 순환한다.

다음으로 적에 애니메이션을 적용하고 움직여야 한다.

```
for (int i = 0; i < 3; i++) {
  fish[i].move();
  fish[i].animate();
  robots[i].move();
  robots[i].animate();
  aliens[i].move();
  aliens[i].animate();
  asteroids[i].move();
  asteroids[i].animate();
}
```

세 가지 타입의 적은 움직인 다음에 애니메이션을 적용한다. `GameObject`와 `Enemy` 클래스에서 이런 논리를 함수에 적용하는 것이 이제는 이해가 될 것이다.

그런 다음 플레이어가 움직이고 애니메이션되게 한다.

```
player.move();
player.animate();
```

대부분 경우 이런 모든 호출의 정확한 순서는 실제로 중요하지 않다. `player.move()`를 호출하기 전에 `player.animate()`를 호출해도 괜찮을 것이다. 또한 적 이전에 플레이어를 수행해도 큰 차이가 없다.

이제 전통적인 방식으로 폭발시킨다.

```
for (int i = 0; i < explosions.length; i++) {
  explosions[i].animate();
}
```

이 시점에서 화면에 폭발이 발생하지 않거나, 하나가 폭발하거나(플레이어가 적에게 타격을 가한 경우), 열두 개가 폭발할 수 있다(에너지를 행성에 전달해 모든 적이 폭발하는 경우). 따라서 각 반복이 explosions 리스트의 폭발에 애니메이션을 적용할 수 있는 간단한 루프다.

지금까지는 매우 간단했으며 다양한 게임 객체의 위치와 모양을 업데이트했지만, 이것이 전부가 아니다. 실제 게임으로 만들려면 몇 가지 로직이 있어야 한다.

```
if (collision(crystal)) {
  transferEnergy(true);
} else if (collision(planet)) {
  transferEnergy(false);
} else {
  if (player.energy > 0 && player.energy < 1) {
    player.energy = 0;
  }
}
```

로직의 첫 번째 부분은 플레이어가 크리스털이나 행성에 접촉(충돌)하는 것을 보는 것이다. conflict() 함수는 해당 내용을 확인하는 부분을 구현하지만 다음에 살펴보자. 지금은 플레이어와 게임 객체가 충돌하면 true를 반환하고 그렇지 않으면 false를 반환한다.

크리스털에 닿으면 에너지를 우주선으로(또는 행성의 경우 우주선에서 행성으로) 전달해야 한다. 이 함수는 놀랍지 않게도 transferEnergy()라고 부른다(곧 보게 될 것이다). 여기에 true를 전달하면 충돌이 수정과 관련이 있음을 나타내며, false는 else if 분기에서 볼 수 있듯이 행성을 의미한다.

else 지점은 '속임수' 조건을 다룬다. 플레이어가 에너지를 갖고 있지만 우주선이 100% 가득 차 있지 않다면 모두 버린다. 이것이 없으면 플레이어는 약간의 에너지를 얻어 행성으로 전달할 수 있지만 가득 배달한 것처럼 점수를 얻을 것이다. 그것은 고르고나인의 태양계 내 경제학에 끔찍한 영향을 끼칠 것이다(그리고 사회학적으로 아마도 우주선의 캡틴 사이의 전쟁으로 이어질 것이다. 이들의 우주선을 약하게 만들었기 때문에 아마도 짧은 전쟁일 것이다). 이런 문제가 발생하지 않게 해야 한다. 이 상황은 크리스털이나 행성과 접촉하지 않으면 발생할 수 있어 else 지점은 해당 로직에 적합한 곳이다.

다음으로 적과의 충돌을 확인해야 한다.

```
for (int i = 0; i < 3; i++) {
  if (collision(fish[i]) || collision(robots[i]) ||
    collision(aliens[i]) || collision(asteroids[i])) {
    audioCache.play("explosion.mp3");
    player.visible = false;
    GameObject explosion = GameObject(screenWidth,
      screenHeight, "explosion", 50, 50, 5, 4,
      () { resetGame(false); }
    );
```

```
        explosion.x = player.x;
        explosion.y = player.y;
        explosions.add(explosion);
        score = score - 50;
        if (score < 0) { score = 0; }
      }
    }
```

분명히 모든 적을 확인해야 한다. 중첩 루프를 피하고자 루프의 반복마다 모든 적 중 하나를 확인한다. 충돌이 발생하면 먼저 폭발음을 재생한다. 앞에서 설정한 audioCache는 play()를 제공한다.

이 방법을 사용하면 재생할 파일 이름을 지정할 수 있다(오디오 플레이어는 기본적으로 파일 위치를 가정하므로 assets/ 접두사를 지정하지 않았다). 아주 간단하다. 다음으로 폭발이 해당 자리에 표시될 것이기 때문에 플레이어를 숨겨야 한다. 폭발의 GameObject를 인스턴스화한다. 플레이어가 있는 위치(있었던 위치)에 바로 배치되고 그다음에 GameObject가 폭발 리스트에 추가된다(앞에서 본 이 함수를 기억할 것이다. 다음 프레임부터 시작해서 애니메이션됨을 의미한다). 이렇게 폭발하는 우주선이 만들어진다. 이 사고로 인해 플레이어의 점수에서 몇 점이 차감되고(음수로 가면 안 된다) 모든 것이 끝이 난다. 단지 한 줄의 코드가 남아 있지만 굉장히 중요하다.

```
  state.setState(() {});
```

이 코드가 없으면 (간단히 말하자면) 아무 일도 일어나지 않는다. 상태를 업데이트하지 않으면 플러터는 변경된 내용을 알지 못하므로 build()가 다시 시작되지 않고 화면이 업데이트되지 않는다. 중요한 단계라고 생각하지 않은가?

다음으로 collision() 함수를 살펴보고 어떤 기능을 하는지 알아보자.

충돌 확인

대부분 비디오 게임은 두 객체가 서로 충돌하는 시기를 감지하는 기능이 필요하다. 여기서는 우주선이 해충을 공격했는지 알아야 한다. 이를 수행하는 방법에는 여러 가지가 있으며, 각 방법에는 장단점이 있다. 하나의 간단한 접근 방식을 경계 상자$^{bounding\ box}$라고 한다. 이 방법은 단순히 객체의 네 가지 경계를 확인하고 한 객체의 모서리가 다른 객체의 경계 내에 있으면 충돌이 발생한 것이다. 그림 9-4의 예에서 볼 수 있듯이 각 게임 객체에는 경계 상자라고 하는 사각형/직사각형 영역이 있다. 이 상자는 객체가 차지하는 영역의 경계를 정의한다. 다이어그램에서 객체 2의 경계 상자 왼쪽 상단 모서리가 객체 1의 경계 상자 내에 있는 방식에 유의하라. 이는 충돌을 나타낸다. 각 객체의 경계를 비교하는 일련의 간단한 테스트를 통해 충돌을 감지할 수 있다. 조건 중 하나라도 맞지 않으면 충돌이 발생하지 않은 것이다. 예를 들어 객체 1의 하단이 객체 2의 상단 위에 있으면 충돌이 발생할 수 없다. 실제로 정사각형이나 직사각형 객체를 다루기 때문에 검사할 조건이 4개뿐이다. 조건 중 하나라도 거짓인 경우 충돌 가능성이 없다.

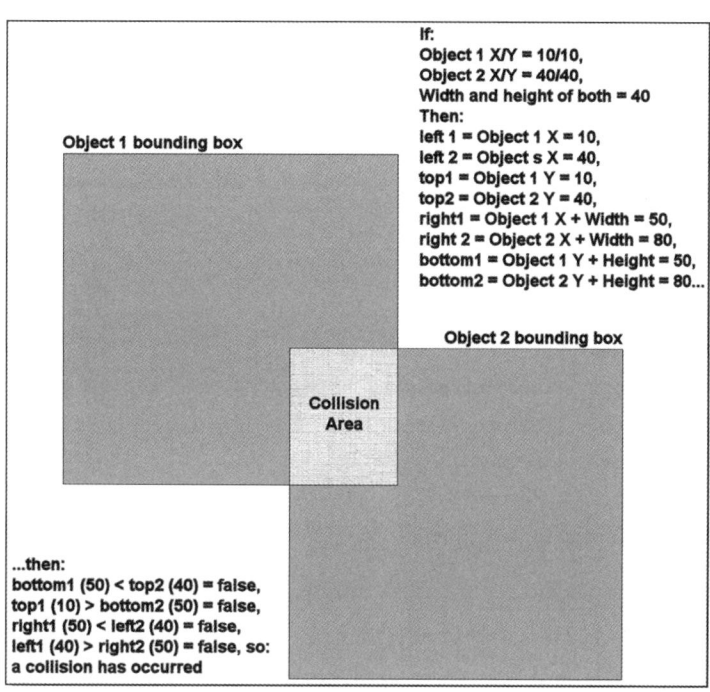

그림 9-4. 경계 상자의 기본 아이디어

이 알고리즘은 완벽한 결과를 제공하지는 않는다. 예를 들어 때로는 실제로 정확히 터치하지 않았음에도 우주선이 물체에 '부딪치는' 것을 볼 수 있다. 또는 간신히 충돌하는 것처럼 보일 수 있지만 충돌로 등록되지는 않는 경우가 있다. 우주선의 회전도 여기서 한몫한다. 이 간단한 알고리즘은 우주선이 정확하게 사각형을 꽉 채우지 않은 모양이기 때문에 변경된 지오메트리^{geometry}를 정확히 처리하지 못한다. 이는 복잡한 버전의 알고리즘이나 픽셀 레벨 감지로 수정할 수 있다. 즉, 한 객체의 모든 픽셀을 다른 객체의 모든 픽셀(또는 적어도 가장자리의 픽셀)과 비교해 검사한다. 그러나 여기에 표시된 경계 상자 접근 방식은 많은 경우 '충분히 좋은' 결과를 산출하는 근삿값을 제공한다. 이런 오류의 한계점이 있어도 게임을 진행할 만하므로 여기서는 적합하다고 할 수 있다.

이 설명과 앞 절에서 참조된 `collision()` 함수를 살펴보자.

```
bool collision(GameObject inObject) {
  if (!player.visible || !inObject.visible) { return false; }
  num left1 = player.x;
  num right1 = left1 + player.width;
  num top1 = player.y;
  num bottom1 = top1 + player.height;
  num left2 = inObject.x;
  num right2 = left2 + inObject.width;
  num top2 = inObject.y;
  num bottom2 = top2 + inObject.height;
  if (bottom1 < top2) { return false; }
  if (top1 > bottom2) { return false; }
  if (right1 < left2) { return false; }
  return left1 <= right2;
```

플레이어가 보이지 않거나 충돌을 확인하려는 객체가 보이지 않으면 충돌을 확인할 필요가 없다. 게임 객체는 폭발할 때만 보이지 않기 때문이다. 그런 다음 비교할 값을 계산한다. 즉, 플레이어와 대상 객체의 위쪽, 아래쪽, 왼쪽, 오른쪽 경계의 좌표를 의미한다. 마지막으로 충돌이 발생했는지 알려주는 간단한 네 가지 점검 부분이 있다.

객체의 무작위 배치

플레이어가 크리스털에서 모든 에너지를 획득하거나, 모든 에너지를 다시 행성으로 옮겼거나, 게임이 재설정되면 크리스털과 행성이 randomlyPositionObject() 호출을 통해 무작위로 배치된다.

```
void randomlyPositionObject(GameObject inObject) {
  inObject.x = (random.nextInt(
    screenWidth.toInt() - inObject.width)).toDouble();
```

```
  if (collision(inObject)) {
    randomlyPositionObject(inObject);
  }
}
```

시작하는 동안 생성된 Random 객체는 nextInt() 메서드를 호출해 사용한다. 원하는 값은 0에서부터 시작해 화면의 너비에서 객체의 너비를 뺀 값이어야 한다. 그래야 항상 화면에 있고 왼쪽이나 오른쪽 가장자리에 걸리지 않는다. 객체의 수평 위치만 임의이므로 랜덤 값은 x 속성으로 설정한다. 다른 고려 사항은 객체가 플레이어와 같은 위치에 있으면 안 된다는 것이다. 따라서 collision()을 호출해 해당 조건을 확인하고 충돌이 발생하면 충돌이 없는 위치가 선택될 때까지 randomlyPositionObject()가 재귀적으로 호출된다.

에너지 전달

우주선이 크리스털이나 행성과 충돌할 때 에너지는 우주선으로 또는 우주선에서 전달돼야 한다. 이 목적을 위해 transferEnergy() 함수를 호출한다.

```
void transferEnergy(bool inTouchingCrystal) {
  if (inTouchingCrystal && player.energy < 1) {
```

호출자가 크리스털이 터치되고 있다고 표시하면 우주선이 꽉 차지 않았는지 확인해야 한다. 값은 0부터 1까지여야 한다. LinearProgressIndicator 위젯이 원하는 값의 범위가 0에서 1이기 때문이다. 그러나 값이 1을 넘지 않도록 체크하지 않으면 마지막에 막대가 약간 넘치게 돼 보기에 좋지 않다.

첫 번째 접촉이 발생하면 적절한 소리를 재생해야 한다.

```
if (player.energy == 0) { audioCache.play("fill.mp3"); }
```

첫 번째 접촉에서 에너지는 0일 것이다. 따라서 이 조건으로 검사하는 것이다. 그 후 에너지를 증가시키고 제한하는 것은 간단하다.

```
player.energy = player.energy + .01;
if (player.energy >= 1) {
  player.energy = 1;
  randomlyPositionObject(crystal);
}
```

또한 우주선이 가득 차면 크리스털이 무작위로 재배치돼 우주선이 에너지를 더 이상 빨아들이지 않는다(여기서는 조건으로 확인하는 것이 아니라 시각적으로 보이지 않는다).

다음의 `else if` 분기는 행성과의 접촉을 의미한다.

```
} else if (player.energy > 0) {
```

이것은 물론 우주선에 에너지가 있을 때만 영향을 미칠 수 있게 체크한다.

그런 다음 크리스털과의 첫 접촉과 마찬가지로 행성과 처음 접촉할 때 다른 소리를 재생한다.

```
if (player.energy >= 1) {
  audioCache.play("delivery.mp3");
}
```

그리고 크리스털과 마찬가지로 우주선의 에너지를 조정한다.

```
player.energy = player.energy - .01;
```

물론 에너지가 조정되고 상태가 조정되면 원하는 대로 막대가 채워지거나 깎이지 않을 것이다.

자, 에너지를 행성으로 전달할 때 구현해야 할 다른 로직이 있다. 바로 행성에 모든 에너지가 전달될 때를 처리하는 것이다.

```
if (player.energy <= 0) {
  player.energy = 0;
  audioCache.play("explosion.mp3");
  score = score + 100;
  for (int i = 0; i < 3; i++) {
    Function callback;
    if (i == 0) {
      callback = () { resetGame(true); };
    }
    fish[i].visible = false;
    GameObject explosion = GameObject(screenWidth,
      screenHeight, "explosion", 50, 50, 5, 4, callback);
    explosion.x = fish[i].x;
    explosion.y = fish[i].y;
    explosions.add(explosion);
    robots[i].visible = false;
  }
}
```

여기서 에너지가 0에 있고(그 이하가 아닌) 폭발음이 재생되며 플레이어의 점수가 올라간다. 바로 적을 날려 버릴 때가 됐기 때문이다. 루프가 실행되면서 모든 적을 숨기고 그 자리에 폭발을 표시한다. **GameObject** 클래스를 볼 때 앞에서 살펴본 애니메이션 콜백이 사용된다.

첫 번째 적은 이 콜백에 연결돼 애니메이션 사이클이 완료되면 적의 위치 재설정을 포함해 게임을 리셋할 수 있다.

참고

물고기의 코드는 로봇, 외계인, 소행성에서도 반복되므로 여기에 표시하지 않음으로써 지면을 약간 절약했다.

이 모든 결과는 그림 9-5에 나와 있다. 아름다운 적의 대학살!

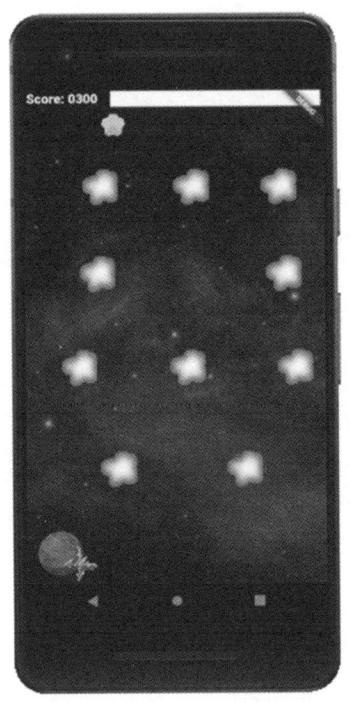

그림 9-5. 붐! 모두 쓰러뜨렸다.

물론 적들은 바로 돌아오기 때문에 우리의 영웅에게는 짧은 승리다.

제어: InputController.dart

마지막으로 살펴볼 코드는 InputController 클래스인데, 이전에 GestureDetector의 이벤트 속성에 연결돼 있는 InputController 클래스다. 플레이어 모션 컨트롤을 모두 구현하며, 다음과 같이 시작한다.

```
import "package:flutter/material.dart";
import "Player.dart";

double touchAnchorX;
double touchAnchorY;
int moveSensitivity = 20;
```

당연한 임포트 줄 다음에 세 가지의 변수가 있다. 컨트롤 체계가 작동하는 방식은 플레이어가 화면의 어느 곳에서나 손가락을 놓으면 그곳이 '기준점'이 되는 것이다. 비디오 게임 조이스틱을 마음속에 그려보자. 중심 위치는 이 기준점을 나타낸다. 이제 플레이어가 손가락을 움직일 때마다 기준점을 중심으로 해당 방향으로 움직이게 된다. 손가락이 기준점보다 20픽셀 높으면 우주선을 위로 이동하려고 한다. 손가락을 들어 다른 곳에 놓으면 새로운 기준점이 생긴다. 어떤 의미에서 화면의 어느 곳에서나 편리한 '가상 조이스틱'을 만들 수 있다. 따라서 기준점의 X와 Y 좌표를 기록하려면 두 개의 변수가 필요하다. 또한 앵커 포인트에서 얼마나 많은 픽셀만큼 벗어나야 우주선을 움직이게 할지 알아야 한다. 원한다면 '민감도' 설정을 할 수 있겠다. 몇 번의 시도 끝에 나는 20픽셀이 너무 예민하지도 않고 움직이기 쉬운 값임에 도달했다.

또한 플레이어의 참조가 필요하다.

```
Player player;
```

그리고 이 참조는 init() 메서드가 firstTimeInitialization() 메서드에서 호출될 때 저장된다.

```
void init(Player inPlayer) { player = inPlayer; }
```

이제 세 가지 이벤트를 처리해야 한다는 것을 기억할 것이다. GestureDetector : onPanStart(플레이어가 손가락을 내릴 때), onPanUpdate(손가락을 드래그할 때), onPanEnd(손가락을 올릴 때) 등의 이벤트를 처리한다.

첫 번째는 onPanStart 이벤트의 onPanStart()다.

```
void onPanStart(DragStartDetails inDetails) {
  touchAnchorX = inDetails.globalPosition.dx;
  touchAnchorY = inDetails.globalPosition.dy;
  player.moveHorizontal = 0;
  player.moveVertical = 0;
}
```

여기에서 작업은 간단하다. 새로운 기준점을 기록하고 플레이어가 움직이지 않게 한다. 이 메서드에 전달된 객체는 몇 가지 정보를 포함하는 DragStartDetails 객체며, 가장 중요한 것은 드래그 이벤트의 가로(x)와 세로(y)의 위치를 가리키는 globalPosition.dx와 globalPosition.dy다. 다음은 onPanUpdate() 함수로, 이 클래스에서 주요 역할을 하는 함수다.

```
void onPanUpdate(DragUpdateDetails inDetails) {
  if (inDetails.globalPosition.dx <
    touchAnchorX - moveSensitivity) {
    player.moveHorizontal = -1;
    player.orientationChanged();
  } else if (inDetails.globalPosition.dx >
```

```
      touchAnchorX + moveSensitivity) {
    player.moveHorizontal = 1;
    player.orientationChanged();
  } else {
    player.moveHorizontal = 0;
    player.orientationChanged();
  }
  if (inDetails.globalPosition.dy <
      touchAnchorY - moveSensitivity) {
    player.moveVertical = -1;
    player.orientationChanged();
  } else if (inDetails.globalPosition.dy >
      touchAnchorY + moveSensitivity) {
    player.moveVertical = 1;
    player.orientationChanged();
  } else {
    player.moveVertical = 0;
    player.orientationChanged();
  }
}
```

코드가 길어 보이지만 간단하다. 드래그 업데이트 이벤트(DragUpdateDetails의 객체인 globalPosition.dx 속성이 나타내는)의 가로 위치가 기준점보다 왼쪽으로 20픽셀 이상인 경우 플레이어의 moveHorizontal 값은 -1이고 player.orientationChanged()를 호출하면서 올바른 회전이 적용된다. 마찬가지로 이벤트가 오른쪽으로 20픽셀 이상 발생하면 플레이어는 오른쪽으로 이동한다(moveHorizontal은 1의 값을 얻는다). 이런 조건 중 어느 것도 적용되지 않으면 수평 이동이 없다(moveHorizontal이 0으로 설정됨). 그런 다음 inDetails.globalPosition.dy 속성을 사용해 수직 위치에 동일한 로직이 적용된다. 결과적으로 움직임을 제어하는 메커니즘인 가상 조이스틱이 만들어진다.

마지막으로 onPanEnd() 핸들러 함수에서 onPanEnd 이벤트를 처리하면 된다.

```
void onPanEnd(dynamic inDetails) {
  player.moveHorizontal = 0;
  player.moveVertical = 0;
}
```

여기서 해야 할 일은 발생할 수 있는 움직임을 멈추는 것이다. 이렇게 플러터 덕분에 완벽하게 제어할 수 있는 플레이어와 플레이할 수 있는 게임을 얻었다.

요약

여러분이 해냈다. 완전한 세 개의 플러터 앱, 마지막 게임까지 말이다. 9장에서는 **Positioned** 위젯, 난수 생성, 팬 입력 이벤트 처리, **AnimationController**, (어느 정도의) 애니메이션용 **Tween**과 **Animation**, 오디오와 같은 새로운 사항을 배웠다. 또한 전에 보지 못했던 게임 제작 방법을 조금 배웠다.

실용적인 플러터를 즐기고 많은 것을 배웠기를 바란다. 플러터의 모든 부분에서 절대적인 전문가가 되게 하는 것이 이 책의 목표가 아니다. 하나의 책으로 달성하기에는 너무 큰일이다. 그러나 내가 제대로 잘 알려줬다면 플러터 지식을 쌓을 수 있는 탄탄한 기초가 생겼을 것이며, 운 좋게도 자신만의 플러터 앱을 만드는 데 필요한 컴포넌트를 제공했다고 생각한다.

플러터와 이 책의 작은 도움으로 더 나아가 위대함을 창조하라!

찾아보기

ㄱ
가비지 수집 언어 32
가상 조이스틱 463
가상머신 드롭다운 51
각도 431
객체 리터럴 78
검증자 함수 155
게터 97
경계 상자 456
공통 Object 클래스 71
구상화 제네릭 32
그래들 59
그래디언트 411
그리드 구조 123
기본 UI 구조 231
기본 디렉터리 구조 59
깃 버전 컨트롤 61

ㄴ
내비게이션 위젯 136
네이티브 ARM 코드 57, 63
네이티브 웹뷰 컴포넌트 27
노드 319

ㄷ
다이얼로그 169
다트 28
다트 가상머신 33, 57
다트 라이브러리 218
다트 연산자 87
다트 클래스 36
단일 비동기 함수 108
단일 소스 저장소 263
대시보드 324
대화방 318
데이터 뷰 191
데이터 타입 73
도메인 정보 50

도커 컨테이너 63
독립 실행형 엔티티 102
드래그 앤 드롭 상호작용 189
디버그 배너 57
딕셔너리 78

ㄹ
라디안 431
라우트 137
라이브러리 109
람다 표기법 106
레이아웃 122, 415
렉시컬 스코프 69
롱폴링 324
루프 83
리스트 35
리액트 네이티브 40, 322

ㅁ
마샬링 335
마크다운 파일 62
마크업 언어 39
매개변수 103, 104
맵 인스턴스 79
머티리얼 스타일 위젯 124
머티리얼 디자인 위젯 29
메모 리스트 247
메서드 92
메타데이터 98, 115
멤버 접근 88
명명된 매개변수 103
모바일 전용 40
문서 주석 68
문서화된 프로그램 요소 69
문자열 값 74
문자열 리터럴 74
믹스인 32, 100
밑줄로 시작하는 문자 73

ㅂ

반응형 프로그래밍 42
배정도 부동소수점 74
버튼 35
범위 모델 353
변수 70
변수 선언 70
변환 행렬 433
병행성 32
불리언 값 76
비동기 107
비주얼 스튜디오 코드 33
빌더 함수 137

ㅅ

사물인터넷 32
사용자 리스트 339
사용자 인터페이스 35
상수 72
상태 관리 42
상태 없는 위젯 36
상태 있는 위젯 37
상태 클래스 37
상태 표시줄 51, 56
색상 팔레트 아이콘 272
생명주기 이벤트 38
생성 SQL 301
생성자 93
생성자 메서드 42
서버 코드 32, 328
서브클래스 96
서식 함수 280
선택적 매개변수 103
세터 92, 97
소스 제어 61
소프트 키보드 269, 309
수학 함수 221
숫자 값 74

스낵바 363
스위프트 27
스캐폴딩 위젯 125
스크롤 269
스키아 그래픽 엔진 29
스테핑 145
슬라이드 애니메이션 261
시간 선택기 162
식별표 226
싱글톤 패턴 251

ㅇ

아바타 이미지 230
아이솔레이트 32
안드로이드 SDK 27
안드로이드 가상 장치 45
안드로이드 스튜디오 45
암호 라이브러리 222
애니메이션 143, 183, 419
애니메이션 라이브러리 214
애니메이션 코드 426
앱 테스트 61
어휘 범위 104
에뮬레이터 52, 56
엑스코드 IDE 46
연락처 299
열거형 81
예외 처리 111
오버라이드 432
오버플로 메뉴 397
오브젝티브C 27
오픈소스 그래픽 라이브러리 29
완료 플래그 278
원격 서버 201
웹 앱 66
위젯 29
위젯 그리드 196
위젯 리스트 39

위젯 배열　126
위젯 스타일링　177
위젯 트리　35, 39, 41, 428
유효성 검사기　271, 391
유효성 검증 이벤트　270
유휴 시간　63
의존성　205, 229
이미지　35
이벤트 리스너 함수　214
이식성　33
이징 곡선　214
인덱스　77
인수　104
인스턴스 변수　91
인터넷 도메인　50
인터롭 행위　80
인터페이스　98
인텔리제이 아이디어　33
일급 시민　102
입력 위젯　148

ㅈ

자동 코드 완성 기능　142
자산 번들　207
자식 위젯 세트　137
작업 리스트　228
작은따옴표　74
정적 인스턴스　127
정적 콘텐츠　269
정적 타이핑　32
제너레이터　113
제네릭　117
주석　67
중괄호　105
지오메트리　457
진행율 인디케이터 클래스　439

ㅊ

참조　70
채팅 앱　318
초깃값 리스트　73
최상위 레벨 위젯　141
최종 불변 값　72
추상 클래스　32, 99
추상화 계층　27

ㅋ

캐스케이드 표기　88
캐스트　82
캡슐화된 데이터　38
컨테이너 컴포넌트　154
컴파일 타임 상수　76
컴파일 타임 오류　71
코드 결합　41
코딩　26
코로나 SDK　63
코틀린　51
콘솔 창　58
콜백 메시지　344
콜백 함수　154, 446
쿠퍼티노 디자인 위젯　29
크로스페이드　185
크로스플랫폼 개발　26, 27
크로스플랫폼 모바일 앱　28
크로스플랫폼 모바일 프레임워크　28
크롬 식별자 배열　436
큰따옴표　74
클로저　105

ㅌ

타입 안전성　76
타입 주석　72
탭 내비게이션 바　125
터치 이벤트　272, 441
텍스트 레이블　159

텍스트 폼 필드 35
토큰 74
툴바 아이콘 58
툴팁 58
트윈 작업 215

ㅍ

파운데이션 라이브러리 29
팜파일 225
패키지 관리자 62
팬 이벤트 441
페이드아웃 185
페이드인 185
페인팅 API 216
포커스 트리 269
포팅 26
폰트 어썸 202
폴링 방식 324
프로젝트 마법사 229
프리뷰 버전 28
플랫폼별 위젯 43
플러터 UI 39
플러터 모듈 48
플러터 애플리케이션 48
플러터 위젯 카탈로그 39
플러터 위젯 클래스 37
플러터 코어 프레임워크 38
플러터 패키지 48
플러터 플러그인 48, 229
플러터챗 318, 334
플레이어 모션 컨트롤 463
플로팅 액션 버튼 126
핀치 제스처 216

ㅎ

한 줄 주석 67
함수 애플리케이션 88
함수 호출 38

핫 리로드 40, 47, 56
핫 리스타트 58
해시 78
핵심 플러터 프레임워크 라이브러리 214
햅틱 피드백 435
형 변환 82
화면 라우팅 125
화살표 표기법 106
후쿠시아 40
흐름 제어 82

A

add() 78
Ahead-Of-Time 컴파일 33, 63
AlertDialog 170
ALGOL 31
Align 위젯 127
alignment 속성 127
AlwaysStoppedAnimation 클래스 201
Android Virtual Machine 관리자 45
Animated* 위젯 189
AnimatedContainer 위젯 183
AnimatedCrossFade 위젯 185
AnimatedDefaultTextStyle 187
AnimatedOpacity 위젯 188
AnimatedPositioned 위젯 188
animation 183
AOT 33, 63
AppBar 위젯 136
AppDrawer.dart 377
AppointementsList.dart 287
Appointments.dart 287
AppointmentsDBWorker.dart 286
AppointmentsEntry.dart 296
AppointmentsModel.dart 285
argument 104
as 키워드 110
assert 106

async 219
async 키워드 107
AVD 관리자 45
await 키워드 107

B

backgroundColor 속성 209
base64 220
BASIC Auth 221
body 속성 126
bool 타입 76
boolean 76
BottomNavigationBar 138
BottomSheet 위젯 174
bounding box 456
break 84
build() 36

C

CalendarCarousel 위젯 291
Card 위젯 132
Cascade notation 88
case 81
cast 82
catch 절 113
Center 위젯 56, 126
CheckBox 37, 155
Chip 위젯 207
CircularProgressIndicator 201
coding 26
collection 219, 223
Column 위젯 56, 127
comet 324
concurrency 32
Connector.dart 354
const 변수 72
Container 위젯 56, 128
contains() 77

containsAll() 77
continue 84
convert 220, 223
Cookie 클래스 221
copySync() 313
core 218
create() 274
CreateRoom.dart 386
cross-fade 185
CRUD 작업 256
crypto 222
Cupertino 디자인 위젯 29
Cupertino 위젯 202
CupertinoActionSheet 174
CupertinoAlertDialog 170
CupertinoDialog 167
CupertinonavigationBar 위젯 136
CupertinoSlider 159
CupertinoSwitch 159
CupertinoTabView 142

D

Dart 28
DartPad 66
data view 191
DataTable 위젯 194
DecoratedBox 위젯 181
decoration 속성 155
DefaultTabController 위젯 144
degree 431
dependencies 205, 229
dictionary 78
diff 알고리즘 242
Dismissible 위젯 165
Divider 위젯 131, 293
do-while 83
docDir 234
double 타입 74

DragTarget 190
Drawer 위젯 133, 136, 318
DrawerHeader 위젯 135

E

easing curve 214
elementAt() 142
else if 460
Enumerations 81
Exception 클래스 112
execute() 253
Expo 컴포넌트 40
extends 99

F

FAB 290
factory 키워드 95
fade-in 185
fade-out 185
FadeTransition 위젯 187
fakeMethod() 80
finally 절 113
first-class citizens 102
fit 속성 130
FittedBox 130
fixedColor 속성 142
FloatingActionButton 위젯 210
flutter doctor 45
FlutterLogo 위젯 186
Font Awesome 202
for-in 83
forEach 80, 83
Form 위젯 148
FormatException 112
FormField 위젯 149
foundation 215
Fuscia 40
Future 107

G

GameObject 클래스 421
Generic 117
geometry 457
gestures 215
getAll() 256
Git 버전 컨트롤 61
GlobalKey 152
GOTO 콘퍼런스 31
Gradle 59
GridView 위젯 196

H

hanging-GET 324
hash 78
hashCode() 80
hot reload 40
HTTP 서버 221
HTTP 쿠키 221
HttpClient 221

I

Icon 위젯 36, 202
IconButton 134
Icons 클래스 142
IEEE 754 표준 74
if문 85
Image 위젯 205
implements 키워드 99
import 109, 205, 214
indexing scheme 77
init() 메서드 252
Input 위젯 148
insert() 255
IntelliJ IDEA 33
Internet of Things 32
interop 행위 80
io 221

iOS SDK　27
ios 전용 프로젝트　59
IoT　32
is 키워드　82, 118
isActive 속성　148
isEmpty()　79
isExpanded　404
isNotEmpty()　79
isolate　32

J
JAXente　32
join()　253
joined()　362
JSON　220
jsonDecode()　359

K
Kasper Lund　32
Kotlin　51

L
Lars Bak　31
lexical scope　69
lib　61
lightImpact()　217
LinearProgressIndicator　202
List　75, 76
listen()　219
ListTile　199, 262
ListView　135, 198
LLVM　63
loadAll()　444
loadData()　264, 274
Lobby.dart　381
long-polling　324
LongPressDraggable 위젯　191
loop　83

Low-Level Virtual Machine　63

M
main()　55
main.dart　364, 435
Map　75, 78
Markdown 파일　62
marshalling　335
Material 디자인 위젯　29
MaterialApp 위젯　178
math　221
MD5 해시 생성용 클래스　222
mediumImpact()　217
mixin　32, 100
Model.dart　349
move()　429
mutator 메서드　42
MyHomePage　55

N
Navigation 위젯　136
new 키워드　79, 92
Node Package Manager　328
Node.js　319
notifyListeners()　241
NPM　62, 328
null　86
null 포인터 오류　90

O
object literal　78
Object 클래스　70
Objective-C　27
obscureText 속성　155
of()　269
onChanged　159, 281
onDeleted 속성　209
onDragComplete 핸들러　191

onPanEnd 465
onPressed 153, 211
onSaved 속성 154
onSelected 212, 213
onStepTapped 속성 148
onTap 142, 272, 283
Opacity 위젯 180
override 432

P
padding 속성 213
PageView 위젯 200
PaginatedDataTable 위젯 196
painting 216
PalmPilot 225
parameter 104
parse() 75
pending-POST 324
PIM 225
play() 217
pop() 137, 264
PopupMenuButton 위젯 212
PopupMenuItem 위젯 리스트 213
print() 82
pubspec.yaml 62, 205, 419
push() 137

Q
quarterTurns 속성 130

R
radian 431
Radio 위젯 160
RaisedButton 43
rawInsert() 255
React Native 40, 322
reified generic 32
remove() 78, 79

res 61
resetGame() 449
RGBO 411
RotatedBox 130
route 137
Row 위젯 126
runApp() 55

S
same() 89
save() 155
Scaffold 위젯 55
scaffolding 위젯 125
scale() 128
scoped model 353
secure() 222
sendMessage() 327
services 217
Set 클래스 77
setColor() 273
setState() 142
setter 메서드 92
shape 속성 211
showDatePicker() 162
showDialog() 167
showSnackBar() 264
showTimePicker() 162
SimpleDialog 167
Single Source Of Truth 263
SizedBox 위젯 131
Skia 그래픽 엔진 29
Sky 28
Slider 37, 159
SnackBar 171, 173
socket.io 323, 332
sound typing system 32
split() 366
SQLite 245

SSOT 263
state 클래스 37
stateful 위젯 37
StatefulWidget 37
stateless 위젯 36
Step 위젯 148
Stepper 145
Stepping 145
Stream 107
String 75
strongly typed 41
subscribe() 327
Swift 27
Switch 위젯 159
switch문 81, 84

T
TabBarView 142, 145
TabController 144
Table 위젯 191
tabs 226
TCP 소켓 221
TexField 37
text label 159
Text 위젯 36, 56, 126
TextFormField 268, 270, 371
Theme 위젯 178
ThemeData 179
then() 219
this 키워 95
TimeOfDay 생성자 294
token 74
Tooltip 위젯 166
toString() 75, 80, 239, 249
Transform 위젯 128, 182, 183
True Type Font 파일 203
try ... catch 블록 113
try 블록 112

TTF 파일 203
type safety 76

U
ui 218
UI 레이아웃 128
UI 컴포넌트 29
update() 274
URL 인코딩 224
UTF-16 코드 74
UTF-8 타입 220

V
V8 자바스크립트 엔진 32
validate() 155
validator 154, 155
visible 속성 425
Visual Studio Code 33
void 85

W
while-do 83
widgets 217
with 키워드 100

X
Xcode IDE 46

Y
yield 키워드 114

플러터 실무 개발
3가지 애플리케이션을 만들면서 배우는

발   행 | 2020년 8월 31일

지은이 | 프렝크 자메티
옮긴이 | 김 성 일

펴낸이 | 권 성 준
편집장 | 황 영 주
편   집 | 이 지 은
디자인 | 박 주 란

에이콘출판주식회사
서울특별시 양천구 국회대로 287 (목동)
전화 02-2653-7600, 팩스 02-2653-0433
www.acornpub.co.kr / editor@acornpub.co.kr

한국어판 ⓒ 에이콘출판주식회사, 2020, Printed in Korea.
ISBN 979-11-6175-446-8
http://www.acornpub.co.kr/book/practical-flutter

이 도서의 국립중앙도서관 출판시도서목록(CIP)은 서지정보유통지원시스템 홈페이지(http://seoji.nl.go.kr)와
국가자료공동목록시스템(http://www.nl.go.kr/kolisnet)에서 이용하실 수 있습니다.(CIP제어번호: CIP2020033978)

책값은 뒤표지에 있습니다.